Rißzeichnung
Typ UC II
Serie UC 49 – UC 54

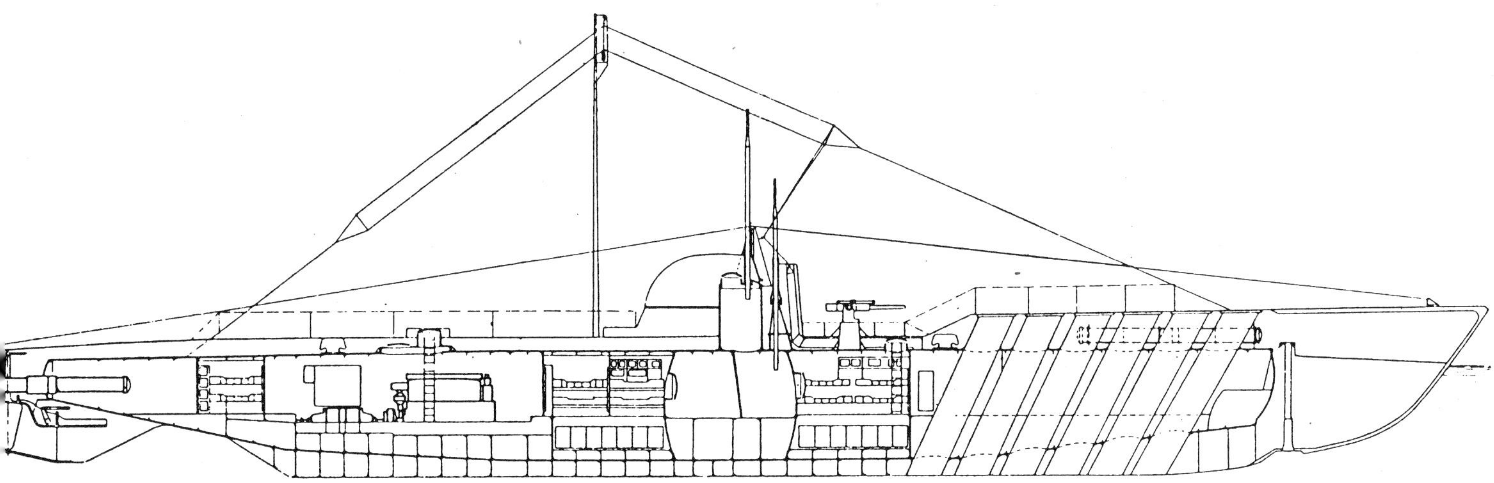

Längsschnitt

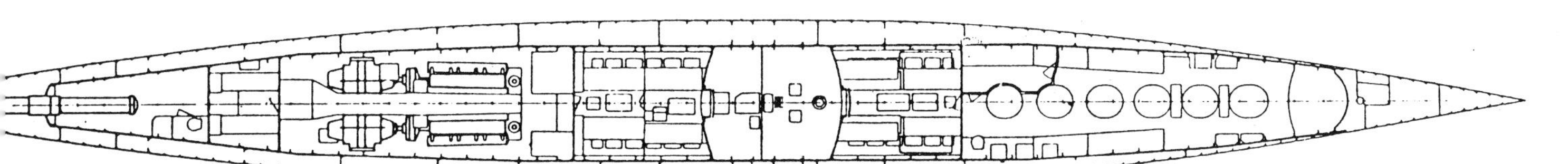

Einrichtungsplan

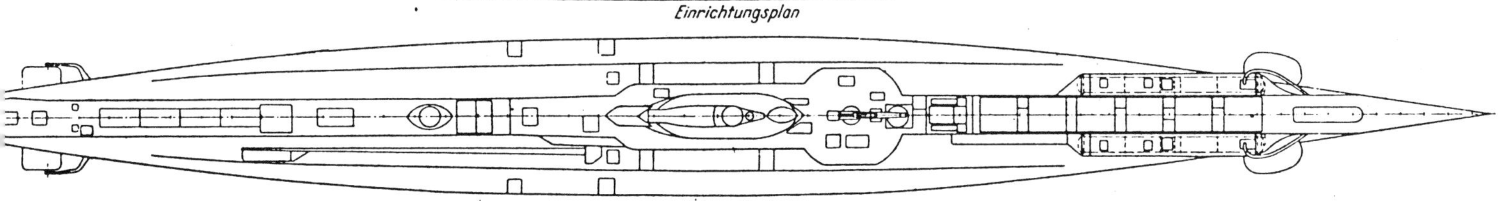

Obere Ansicht

Harald Bendert

Die UC-Boote der Kaiserlichen Marine 1914–1918

Minenkrieg mit U-Booten

Den Besatzungen der UC-Boote
gewidmet

Harald Bendert

Die UC-Boote der Kaiserlichen Marine 1914–1918

Minenkrieg mit U-Booten

Seit 1789
Verlag E.S. Mittler & Sohn GmbH
Hamburg · Berlin · Bonn

Bildnachweis

Bibliothek für Zeitgeschichte, Stuttgart
U-Boot-Archiv, Cuxhaven
U-Boot-Archiv, Deisenhofen
National Maritime Museum, Greenwich
Imperial War Museum, London
Service historique de la Vincennes
Bundesarchiv Koblenz
Royal Navy Submarine Museum, Gosport
Ufficio Storico della Marina Militare, Rom
Sammlung Dr. Dieter Jung
Wissenschaftliches Institut für Schiffahrt und Marinegeschichte, Hamburg
Bernd Oesterle
Archiv Verfasser

Ein Gesamtverzeichnis der lieferbaren Titel der Verlagsgruppe Koehler/Mittler schicken wir Ihnen gern zu. Sie finden es aber auch im Internet unter: www.koehler-mittler.de

Die Deutsche Bibliothek – CIP-Einheitsaufnahme

Bendert, Harald: Die UC-Boote der Kaiserlichen Marine 1914–1918:
Minenkrieg mit U-Booten / Harald Bendert
Hamburg; Berlin; Bonn : Mittler, 2001
ISBN 3-8132-0758-7

ISBN 3-8132-0758-7

Layout und Produktion: WA-Druckberatung, München
Lithographie: Repro GmbH, Kaisheim
Belichtung, Druck und Bindung: druckhaus köthen GmbH
Printed in Germany

Inhaltsverzeichnis

Anhang

Vorwort

Die positiven Reaktionen auf mein Buch über die UB-Boote der Kaiserlichen Marine veranlaßten mich, auch die Minen-U-Boote des Typs UC vor dem Vergessen zu bewahren. Immerhin bildete dieser besondere Bootstyp mit 79 zum Einsatz gelangten Einheiten ein Viertel des Frontbootbestandes. Es werden die Lebensläufe sämtlicher Boote dokumentiert. Grundlage waren die Kriegstagebücher, die im Militärarchiv in Freiburg archiviert sind, und das amtliche Seekriegswerk. Eine wichtige Ergänzung bilden die schriftlichen Mitteilungen ehemaliger Kommandanten. Besonderen Wert legte der Autor auch auf die Veröffentlichung weitgehend unbekannter Daten der feindlichen und neutralen Handelsschiffe (Baujahr und Größe). Darüber hinaus wird der Entwicklungsstand der Minen-U-Boote der Ententemächte England und Rußland skizziert.

Vorangestellt ist der Einzelbeschreibung eine ausgewählte Darstellung des U-Boot-Krieges 1914-18 unter besonderer Berücksichtigung des Einsatzes von UC-Booten.

Trotz geöffneter Archive des In- und Auslands gibt es bis heute über die tatsächlichen Verluste durch U-Boot-Minen Unklarheiten und Widersprüche. Anders als bei den Versenkungserfolgen durch Torpedos, Artillerie oder Sprengungen standen keine eigenen Berichte oder Unterlagen zur Verfügung, die die unmittelbare Versenkung hätten belegen können. Man war also auf die Analyse des Funkverkehrs und nach dem Krieg auf den Austausch mit den ehemaligen Gegnern angewiesen. So entstand mosaikartig eine Verluststatistik, die aber immer wieder Lücken oder Vermutungen enthielt. Oftmals herrschte Uneinigkeit bei Freund und Feind, ob ein Torpedo- oder Minentreffer den Untergang eines Schiffes verursachte. Häufig erreichten getroffene Schiffe den Hafen oder strandeten. Obwohl wieder flottgemacht, galten sie aber zunächst als versenkt. Zusätzliche Berechnungsprobleme ergaben sich aus den möglichen Erfolgen nicht zurückgekehrter Boote. So entstand zwischen den gemeldeten Versenkungen von 2 512 942 BRT durch U-Boot-Minen im Verlauf des Krieges und den nachgewiesenen Verlusten von 1 224 225 BRT nach Kriegsende eine Differenz von 1 288 717 BRT[1]. Das Lloyd's Register über die Verluste der Welthandelsflotte von 1914-18 gibt als Untergangsursache durch Minen 1 177 878 BRT an. Diese Zahl beinhaltet allerdings auch die Anteile durch Überwasserminenleger. Manch kleines Segelschiff oder Dampfer, vorwiegend unter griechischer oder russischer Flagge, die kein Register verzeichnete, verschwanden unbekannt in der Tiefe. Insgesamt fielen den Minen der UC-Boote während ihres Fronteinsatzes vom Juni 1915 bis November 1918 648 764 BRT zum Opfer. Weitere 2 064 260 BRT gingen durch andere Waffenwirkungen verloren. Zur Aufstellung der Schiffsverluste wurden herangezogen: Lloyd's War losses The First World War, Registro Italiano 1899-1919, die vom Bureau Veritas herausgegebenen Listen des Navires coules, saisis par fait de Guerre 1914-19, die Veröffentlichung des Naval Staff »British Vessels lost at Sea 1914–19«, »Foreign Vessels sunk or damaged by Enemy 1914–19« und das amtliche Seekriegswerk.

Türkische Ortsnamen werden so geschrieben, wie es in den damaligen Verbänden (U-H.Fl.Konstantinopel), Befehlen, Publikationen, Karten und Atlanten üblich war.

Ein abschließendes Wort zu den Leistungen der Besatzung der UC-Boote, die nach Auffassung des

Die goldenen Bücher mit den Namen der gefallenen Besatzungen im U-Boot-Ehrenmal Möltenort.

Autors nicht immer die ihnen gebührende Anerkennung fanden[2]. Ihre kühnen Einsätze in den komplizierten Küstengewässern, die wegen ihrer Verminung häufig als unpassierbar galten, rangen sogar dem Gegner hohe Anerkennung ab. Den Minen und Torpedos fielen u. a. 1 Linienschiff, 4 Kreuzer, 14 Zerstörer, 7 Torpedoboote sowie 3 U-Boote zum Opfer. Dazu kamen 127 von den alliierten Marinen zu den vielfältigsten Zwecken verwendete Marinetrawler.

57 von 79 Front-U-Booten kehrten nicht zurück. 1 218 Mann gingen mit ihren Booten unter oder fanden durch andere Kriegseinwirkungen bzw. Unfälle den Tod.

Abschließend möchte der Verfasser jenen Personen seinen Dank aussprechen, die ihm bei der vorliegenden Arbeit Unterstützung gewährten. Hier sind vor allem Bernd Oesterle für das Fachlektorat sowie Frau Marlies Oesterle für die Übertragung des Manuskriptes auf moderne Datenträger zu nennen. Ebenso zu Dank verpflichtet ist der Verfasser Herrn Dr. Dieter Jung für die zur Verfügung gestellten Fotos sowie Herrn Thomas Weis von der Bibliothek für Zeitgeschichte in Stuttgart für sein freundliches Entgegenkommen in der Beschaffung von benötigtem Archivmaterial. Nicht vergessen werden soll die wertvolle Hilfe von Frau Britta Busse und Herrn Biedermann vom DRK Suchdienst München sowie Herrn Karl Brida von der Meisterschule München bei der Übersetzung anfallender Korrespondenz. Gleichermaßen Dank gebührt auch den nachfolgenden Instituten: Bundesarchiv Freiburg; Bibliothek für Zeitgeschichte Stuttgart; Internatinales Submarine Document Center Deisenhofen; National Maritime Museum Greenwich; Royal Navy Submarine Museum Gosport; U-Bootarchiv Cuxhaven; Service historique de la Marine Chateau de Vincennes; Ufficio Storico Marina Militare, Rom; US-Naval Institute Annapolis; WZ Bilddienst Wilhelmshaven; Wissenschaftliches Institut für Schiffahrts- und Marinegeschichte Hamburg.

Einführung

Am frühen Morgen des 1. Juni 1915 lief der britische Zerstörer MOHAWK sechs Seemeilen nordöstlich von Dover auf eine Mine und mußte mit stark beschädigtem Vorschiff eingeschleppt werden. Die Herkunft der Minen in den eigenen Gewässern blieb für die Männer der Dover Patrol längere Zeit ein Rätsel. Ihr ständiger Patrouillendienst in diesem Gebiet machte es feindlichen Schiffen unmöglich, sich unbemerkt zu nähern. Woher stammten aber dann die Minen? Gelegt hatte die Sperre *UC 11*, ein kleines Minen-U-Boot der U-Flottille Flandern. Damit war zum ersten Mal in der Seekriegsgeschichte eine von einem U-Boot gelegte Mine gegen ein Kriegsschiff erfolgreich. Der Gedanke, den Gegner auf diese Weise anzugreifen, war nicht neu. Schon der Amerikaner Bushnell hatte im nordamerikanischen Unabhängigkeitskrieg 1775-83 eine Mine konstruiert, die durch ein ebenfalls von ihm entwickeltes U-Boot an das Ziel herangebracht werden sollte. Die Versuche schlugen fehl, da es dem Bootsführer nicht gelang, den für die Mine erforderlichen Schraubhaken durch die Kupferbeschläge des britischen Linienschiffes EAGLE (1771;1369;64 Kan.) zu treiben. Das U-Boot mußte schließlich umkehren, weil die Atemluft nur noch für 30 Minuten reichte. 1813 konstruierte der Amerikaner Fulton die erste brauchbare Ankertaumine. Ihre Weiterentwicklung wurde von den seefahrenden Nationen im 19. Jahrhundert zügig vorangetrieben. Allen voran Rußland, das im Krimkrieg 1854-56 zum ersten Mal in großem Stil Kontaktminen einsetzte, die über eine Bleikappenzündung verfügten. Der Gegner passierte die Minenfelder jedoch, ohne Schaden zu nehmen. Weitere Vorboten moderner Seekriegführung waren die von den Konföderierten im amerikanischen Sezessionskrieg eingesetzten Tauchboote DAVID (63; L.15 m;Ø 2,75 m) und H. L. HUNLEY (63; L.11,66 m;Ø1,83 m). Letzteres brachte am 17. Februar 1864 vor Charleston seine Speermine an der HOUSATONIC (61; 1240;13 Kan.) zur Zündung. Die Sloop der Unionsflotte sank binnen weniger Minuten, aber auch HUNLEY verschwand mit ihrem Opfer in der Tiefe. Größere Verluste gab es im russisch-japanischen Krieg 1904–05. Japan verlor vor Port Arthur zwei Linienschiffe durch russische Defensivsperren. Die Veröffentlichung dieses Erfolges war das Signal für viele Marinen, minenlegende Schiffe zu entwickeln. Den entscheidenden Schritt in Rußland unternahm der Eisenbahningenieur M. Naljetov. Er konstruierte das 1908 in Auftrag gegebene erste Minen-U-Boot der Welt KRAB (12;512;60 M;2 TR). Technische und andere Probleme führten zu permanenten Verzögerungen, so daß das Boot erst im Juli 1915 in Dienst gestellt wurde. Es führte anschließend einige Mineoperationen im Schwarzen Meer durch. In Deutschland war der Kriegsbeginn für die Entwicklung von Minen-U-Booten bedeutend. Für diese Entscheidung gab es zwei wesentliche Gründe. Der erste war die unerwartet rasche Inbesitznahme der Häfen an der Küste Flanderns, und der zweite waren die aus völkerrechtlicher Sicht noch ungeklärten Fragen über die Verwendung bzw. Kampfführung von Unterseebooten. Schon auf der I. Haager Konferenz 1899 konnte diesbezüglich keine Einigung erzielt werden. Das Führen des Minenkrieges hingegen galt unter Beachtung bestimmter Regeln als zulässig. Zwar verbot das VIII. Haager Abkommen von 1907 im Artikel 1 und 2[3] u. a. »das Legen von verankerten Kontaktminen vor den Küsten und Häfen des Gegners zu alleinigem Zweck, seine Handelsschiffahrt zu unterbinden«. Gegen diese Klausel hatten Frankreich und Deutschland Vorbehalte eingebracht, da beide Staaten die Mine als Blockademittel betrachteten. Letztendlich erlangte das VIII. Haager Abkommen keine Wirksamkeit. Staaten wie Rußland, Spanien und Schweden unterzeichneten nicht. Bulgarien und Griechenland unterzeichneten zwar, ratifizierten aber nicht. Deutschland, die Türkei, Frankreich und Großbritannien unterzeichneten, ratifizierten jedoch nur unter Vorbehalt. Die dann von Beginn des Ersten Weltkrieges an verwendete Minenwaffe kam einer allgemeinen völkerrechtlichen Anerkennung gleich. Die deutschen Anstrengungen zum Bau von Minen-U-Booten begannen im Oktober 1914. Für die Werftingenieure war es technisches Neuland, da man weltweit über keinerlei praktische Erfahrungen im Einsatz solcher Fahrzeuge verfügte. Zum Ausbringen der Minen gab es zwei Wege. Man konstruierte einen neuen Minentyp, der durch die normalen Torpedorohre ausgestoßen werden konnte. Die zweite Möglichkeit sah die Verwendung vorhandener Minen vor. Dazu bedurfte es aber eines neuen U-Boot-Typs. Man entschied sich für die letztere Variante und baute den Typ *UC I* mit Minenschächten. Von April

Ein Boot des Typs UC I im Kanal von Brügge.
(Wiss. Inst. für Schiffahrts- und Marinegesch.)

bis Juli 1915 wurden 15 Einheiten in Dienst gestellt. Obwohl die russische Krab schon seit 1908 in Bau war, kommt *UC 11* die Ehre zu, das erste in Dienst gestellte Minen-U-Boot der Welt gewesen zu sein. Zugleich eröffnete *UC 11* mit dem Legen seiner ersten Sperre am 31. Mai 1915 den Minenkrieg mit U-Booten. Wie die UB-Boote kamen auch die U-Minenleger auf allen Seekriegsschauplätzen zum Einsatz. Zeitweise bildeten sie sogar das Rückgrat des offensiven Minenkrieges. Die seelische und körperliche Anspannung war für die Besatzungen enorm. Die technischen Mängel an der Ausrüstung machten jede Feindfahrt zu einem unkalkulierbaren Risiko. Drei Eigenverluste durch Minendetonation bei 15 Booten sind ein schmerzlicher Beweis. Weitere Belastungsmomente entstanden aus der Monotonie der Einsätze: auslaufen, Minen legen und Rückkehr. Inzwischen räumte der Gegner. So wiederholte sich der Vorgang in endloser Folge. Kriegsjahr für Kriegsjahr, ohne daß ein sichtbarer Erfolg eintrat. Es verstrichen Tage oder Wochen, manchmal sogar Monate, ehe ein Schiff durch einen Minentreffer sank. Häufig konnte der Verlust nicht einmal dem jeweiligen Boot zugeordnet werden. Manchmal war es inzwischen schon selbst untergegangen. Dennoch konnten die kleinen Boote 172 Schiffe mit zusammen 320 522 BRT sowie 112 Kriegsschiffe vernichten. Der Preis, den die Männer dafür zu entrichten hatten, war hoch. Bis auf *UC 4* gingen sämtliche UC-I-Boote auf Feindfahrt verloren.

Der Nachfolgeentwurf *UC II* erfüllte eine Reihe neuer Forderungen des Reichsmarineamtes. Dazu gehörten u. a. die wesentliche Vergrößerung der Fahrstrecke, zuverlässigere Antriebsanlagen und eine Erweiterung der Bewaffnung, um auch Handelskrieg führen zu können. Viele Kommandanten kritisierten die fehlende Möglichkeit, auf dem Rückmarsch lohnende Ziele angreifen zu können. Auf dem Anmarsch mit der Minenlast schloß sich ein Angriff aus Geheimhaltungs- und Sicherheitsgründen in der Regel aus. Mit diesem Bootstyp verfügten die U-Flottillen ab Herbst 1916 über ein geeignetes Kampfmittel, mit dem auch in den entlegenen Gewässern Minenkrieg geführt werden konnte. 64 bis Juni 1917 in Dienst gestellte Einheiten verstärkten die U-Boot-Kräfte, was sich auch in rasch ansteigenden Versenkungsziffern dokumentierte. Schwerpunkt der von Flandern aus operierenden Boote waren die Gewässer südlich und westlich der Britischen Inseln. Bevorzugt waren die Wege, wo der Schiffsverkehr aus Süden und Westen zusammenlief. Dazu gehörten der Westausgang Englischer Kanal, der St.-Georgs-Kanal, der Bristol-Kanal und die Irische See. Im Südwesten erstreckte sich ihr Operationsgebiet von der französischen Küste über die Biscaya bis Cap Sao Vicente an der portugiesischen Südwestspitze. Der von Skandinavien kommende Handelsverkehr sowie die Handelsschiffahrtsrouten an der englisch-schottischen Ostküste einschließlich der Orkney- und Shetland-Inseln waren Ziel der in den Nordseehäfen stationierten UC-II-Boote. Im Süden ermöglichte ihr erweiterter Aktionsradius, die Tätigkeit auf das gesamte Mittelmeergebiet auszuweiten. Dort war nach dem Kriegseintritt

UC 1 bei der Probefahrt auf der Unterelbe.
(Wiss. Inst. für Schiffahrts- und Marinegesch.)

Minenleger vom Typ UC II an ihren Liegeplätzen in Cattaro. (U-Boot-Archiv Deisenhofen)

Italiens im August 1916 und Griechenlands im folgenden Jahr die gesamte Küstenlinie, ausgenommen Spanien, zum Operationsgebiet geworden. Den 62 Frontbooten fielen bis Kriegsende 1642 Schiffe mit zusammen 2 392 502 BRT zum Opfer, davon 329 629 BRT durch Minentreffer. 121 versenkte Kriegsschiffe zeugen von dem gleichbleibend hohen Ausbildungsstand und der Kampfmoral der Besatzungen. 43 Boote, mehr als zwei Drittel des Bestandes, blieben vor dem Feind oder kehrten aus anderen Gründen nicht mehr zum Stützpunkt zurück. Zu den Ursachen zählte die Explosion der eigenen Minen, denen fünf Boote nachweislich zum Opfer fielen, das waren über zehn Prozent. Die Quote muß wahrscheinlich noch höher angesetzt werden, weil diese Ursache auch für einen Teil der fünf ungeklärten Verluste zutreffen kann. Ein Grund für die vorzeitigen Explosionen der Minen lag in ihrer Naßlagerung an Bord. Ständig dem Seewasser ausgesetzt, korrodierten empfindliche Teile relativ schnell, und es kam zu Funktionsstörungen. Dieses System entsprach nicht mehr den Anforderungen des modernen U-Boot-Krieges. Beweis ist u. a. die Tatsache, daß im Gegensatz zum UC-Typ keines der zehn Minenboote vom Typ UE I mit Trockenlagerung durch eigene Minen verlorenging. Dennoch hatte auch der neue C-III-Typ die Naßlagerung der Minen. Außer einer Modifikation der Geschützplattform und der Überwasserlage der Torpedorohre im Bootskörper sowie einiger Verbesserungen bei der inneren Ausstattung, gab es keine wesentlichen Unterschiede zum UC-II-Boot. Die Reihe der Minen-U-Boote mit überflutetem Minenvorrat war damit abgeschlossen. Von den 113 in Auftrag gegebenen Einheiten stellten bis Kriegsende nur 16 Boote in Dienst, die aber nicht mehr zum Fronteinsatz kamen.

Die UC-Boote in den westlichen Gewässern

Mit Beginn des Krieges, Anfang August 1914, verhängte Großbritannien eine Blockade gegen Deutschland, der die deutsche Marineführung zunächst nichts entgegenzusetzen hatte. Weder die Hochseeflotte noch der Kaperkrieg der in Übersee stationierten Kreuzer konnten etwas ausrichten. Der mehrmalige Versuch schwerer deutscher Seestreitkräfte, mit Vorstößen an die englische Ostküste die britische Home Fleet aus ihren Stützpunkten zu locken, scheiterte. So blieb dem deutschen Admiralstab nur der Einsatz von U-Booten, von dessen Erfolg nicht einmal alle Mitglieder überzeugt waren, als einzig erfolgversprechendes Mittel. Über die Verwendung der U-Boote im Seekrieg herrschten widersprüchliche Auffassungen und Unsicherheit. Erst die spektakulären Erfolge gegen britische Kampfschiffe bewiesen die Wirksamkeit der neuen Waffe. Die Versenkung mehrerer Frachtschiffe zeigte auch die Möglichkeit zur Handelskriegführung. Die Führung eines warnungslosen U-Boot-Krieges war völkerrechtlich umstritten, und man fürchtete politische Verwicklungen mit neutralen Staaten, vornehmlich den USA. Deshalb führten die deutschen U-Boote den Krieg bis Februar 1915 gegen die Handelsschiffahrt nach Prisenordnung. Obwohl Anfang 1915 nur 22 frontbereite Boote zur Verfügung standen, hielt die deutsche Admiralität den Zeitpunkt für gekommen, den U-Boot-Krieg zu verschärfen. Am 4. Februar 1915 erklärte der Chef des deutschen Admiralstabs von Pohl die Gewässer um Großbritannien und Irland zum Kriegsgebiet. Die Reaktionen des neutralen Auslands ließen nicht auf sich warten. Protestnoten wurden überreicht. Der amerikanische Präsident drohte unverhohlen mit »Schritten zur Wahrung der Rechte amerikanischer Bürger auf hoher See«. Die deutsche Marineführung sah sich zu entsprechenden Auflagen an die U-Boot-Kommandanten gezwungen. Am 22. (18.) Februar eröffneten deutsche U-

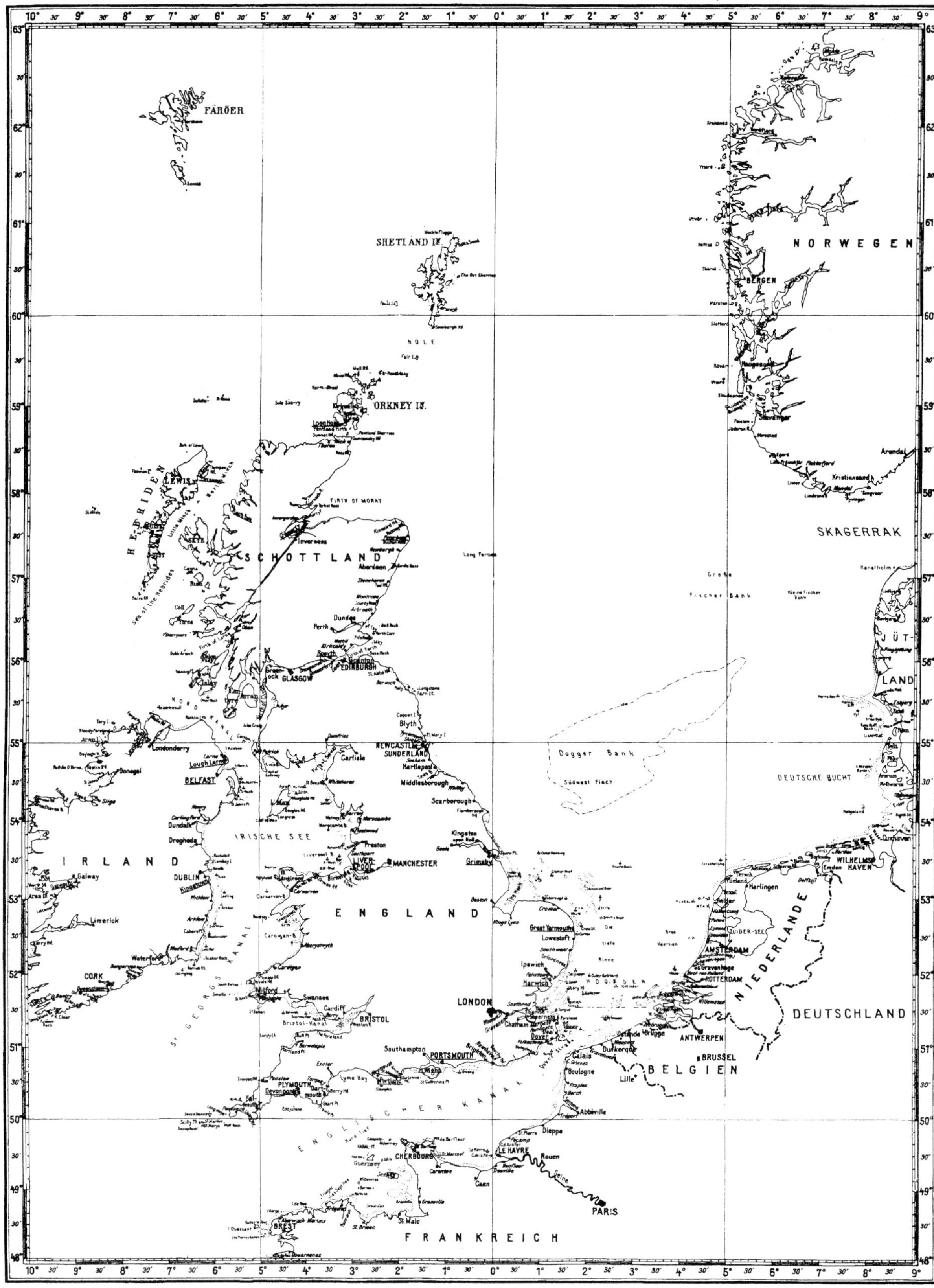

Die westlichen Gewässer.

Boote den Kampf gegen den britischen Seehandel. Die Erfolge der wenigen Boote blieben weit hinter den Erwartungen zurück. Die Versenkung der LUSITANIA durch *U 20* am 7. Mai 1915 löste heftige amerikanische Proteste aus, die sich in weiteren Auflagen für die deutschen U-Boote niederschlugen. Deshalb richtete sich im Frühsommer 1915 das Augenmerk wieder auf die Seemine. Bereits zu Kriegsbeginn hatten die Seestreitkräfte der kriegführenden Staaten Defensivsperren zum Schutz der eigenen Gewässer ausgelegt. Innerhalb der Sperren gab es minenfreie Zwangswege für die eigene oder verbündete Schiffahrt. Mit dem offensiven Einsatz dieses Kampfmittels begann die Hochseeflotte bereits am 5. August 1914. Das Hilfsminenschiff KÖNIGIN LUISE (13;2163;200 M) verlegte 180 Minen in der Themse-Mündung. Von britischen Einheiten aufgebracht, versenkte sich das Schiff selbst. Die Minen wurden am nächsten Tag dem britischen Kreuzer AMPHION zum Verhängnis. Er sank mit 169 Mann, darunter 18 Überlebende der KÖNIGIN LUISE. Zwei weitere Offensivunternehmungen der Minenkreuzer ALBATROS (08;2506; 288 M) und NAUTILUS (06; 2345;186+205 M) vom 23. bis 26. August in der Tyne- bzw. Humbermündung blieben ohne Wirkung. Zum Desaster wurde der Mineneinsatz der 7. Torpedo-Halbflottille mit *S 115, S 117, S 118* und *S 119*, die von überlegenen britischen Seestreitkräften ausnahmslos versenkt wurden. Über diesen Fehlschlag war die Flottenführung so bestürzt, daß sie die Mineneinsätze an der englischen Ostküste durch Überwasserschiffe vorerst einstellte. So entwickelte sich schnell der Gedanke von einem »un-sichtbaren Minenleger«. Diese Überlegungen nahmen im Herbst 1914 mit der Eroberung Flanderns konkrete Formen an. Abgesehen von einer seeseitigen Küstensicherung mit Minen eröffnete sich nun auch die Chance offensiver Torpedo- und Minenoperationen gegen die nahe gelegene englische Ostküste und im Kanal. Deshalb verlangte die Oberste Heeresleitung (OHL) den beschleunigten Bau kleiner U-Boote zum Einsatz gegen die feindlichen Truppentransporte über den Kanal nach Frankreich. Angesichts der zu erwartenden Besetzung der flandrischen Küste durch deutsche Truppen war das Reichsmarineamt bereits am 8. August 1914 an die U-Boot-Inspektion mit der Forderung herangetreten, eine größere Anzahl rasch zu bauender Küsten-U-Boote mit Torpedobewaffnung und einem Fahrbereich von etwa 500 Seemeilen zu konstruieren. Darüber hinaus sollte die Mitnahme von Seeminen ermöglicht werden. Wegen des geringen Deplacements des neuen U-Boot-Typs ließ sich dieser Wunsch vorerst nicht realisieren. Dennoch erfüllten die Ingenieure die Forderungen im Oktober 1915 mit dem Entwurf eines Torpedoträgers vom Typ B I. Zeitgleich entstand auf den Reißbrettern ein Minen-U-Boot. Den Auftrag zum Bau von 15 Minen-U-Booten mit der Konstruktionsbezeichnung UC I erhielt am 23. November 1914 die Vulkan-Werft in Hamburg für die Serie *UC 1 – UC 10*, während *UC 11 – UC 15* bei der AG Weser in Bremen auf Kiel gelegt werden sollten. Für diesen ungewöhnlichen Entwurf war eine Bauzeit von vier Monaten veranschlagt. Die Aussicht, Minen unbemerkt vom Gegner auf dessen Zufahrtswegen auszulegen, war eine neue Dimension. Achterschiff und Turm wurden in wenigen Modifikationen von der

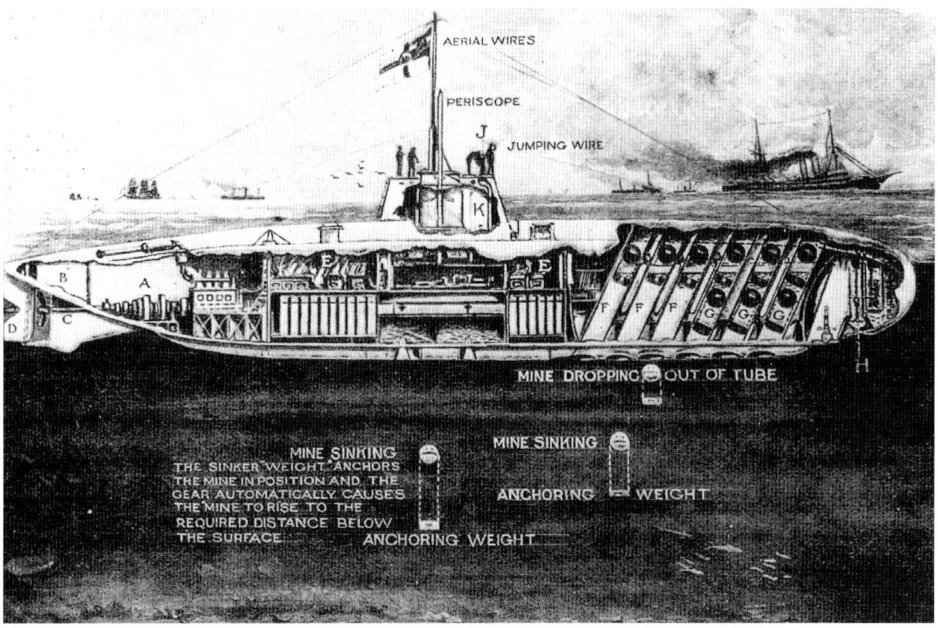

Das Minenlegen eines UC-Bootes in einer englischen Darstellung. (Archiv Verfasser)

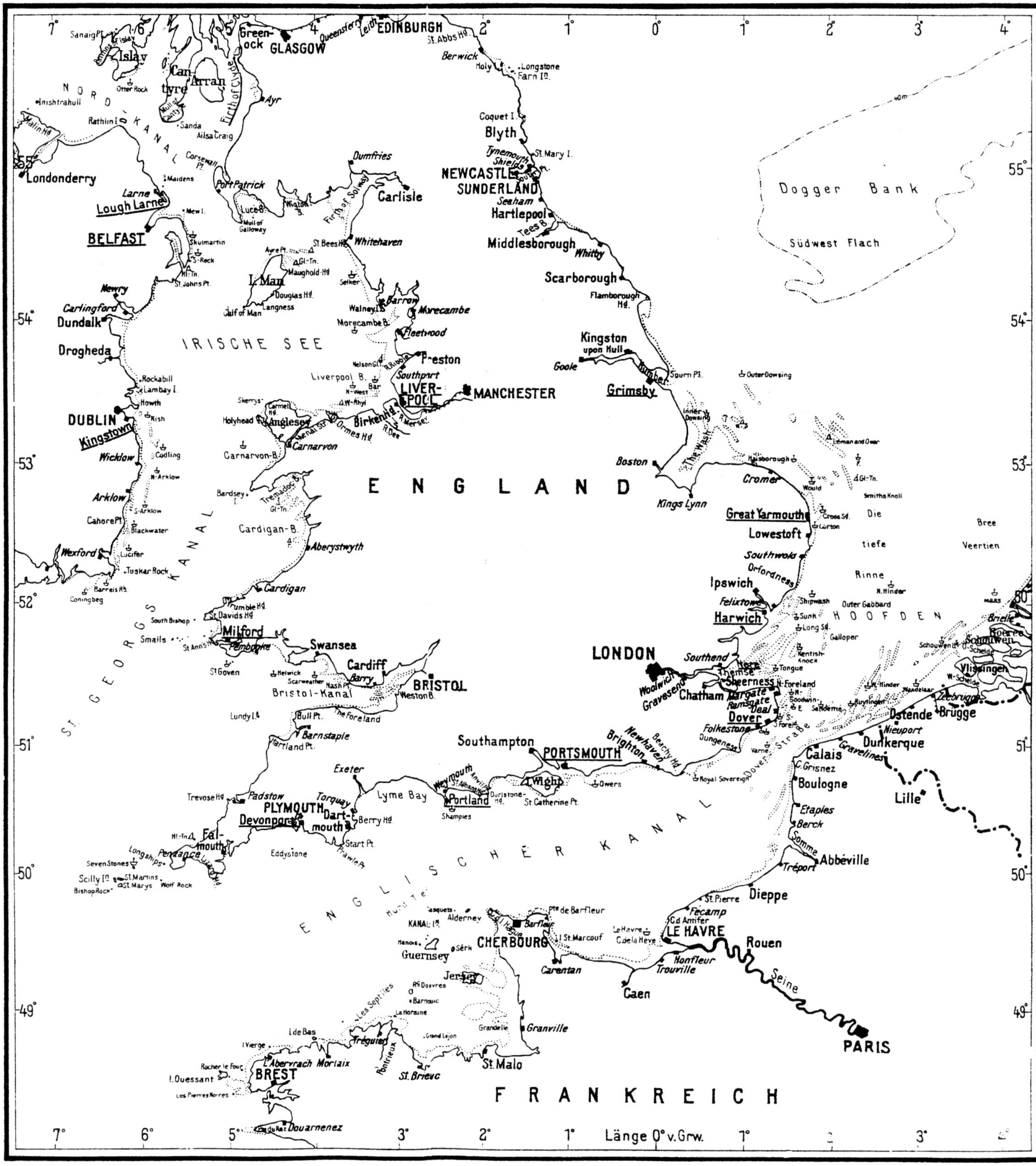

Das Einsatzgebiet der Flandern-U-Boote.

B I-Konstruktion übernommen. Das Vorschiff hingegen mußte völlig neu entwickelt werden. Als Minenleger von nur 168 t Überwasserverdrängung besaßen sie keine Torpedorohre, sondern im Vorschiff sechs Schächte von 100 cm Durchmesser, in denen jeweils zwei Minen aufgehängt waren. Die Schächte hatte man schräg stehend angeordnet, um die Minen auch während der Fahrt werfen zu können. Den dadurch entstehenden Gewichtsverlust kompensierten entsprechende Ausgleichstanks, die sich in der Nähe der Schächte befanden. Somit war das Ausbringen der Minen möglich, ohne das Trimm- und Auftriebverhalten des Bootes zu stören. Infolge der Einhüllenbauweise befanden sich die Minen außerhalb des Druckkörpers. Das hatte eine ständige Überflutung der Minen zur Folge, so daß sie während der Operation nicht zugänglich waren und deshalb von innen geslippt werden mußten. Das war ein taktischer Nachteil, weil die Tiefeneinstellung der Minen vor Übernahme im Stützpunkt erfolgen mußte und das Legen der Sperre also nur auf vorher bestimmte Wassertiefen erfolgen konnte. Eine Änderung des Operationsgebietes während der Unternehmung war so fast ausgeschlossen, es sei denn, man fand die entsprechenden Wassertiefen vor. Das Minenlegen mit U-Booten erforderte deshalb höchste Präzision und Konzentration. Die Minen mußten genau im Fahrwasser des Gegners gelegt werden, sonst blieben sie wirkungslos. Dabei spielte nicht nur genaueste Navigation eine entscheidende Rolle, um das Boot über die vorher festgelegte Wurfstelle zu manövrieren. Gleichzeitig mußten z. B. die Gezeiten berücksichtigt werden, um bei Niedrigwasser die Lage der Sperren nicht vorzeitig zu verraten. Nach dem Seekriegsrecht mußte außerdem die Position der Minen exakt festgehalten werden, um sie nach Einstellung der Feindseligkeiten wieder auffinden und räumen zu können. Verwendet wurde die speziell konstruierte U-Boot-Mine UC 120, eine verkleinerte EMA[4] mit runder Ankerplatte und Ankertautrommel. Abklappbare Schienen von 1,75 m Länge am Ankerstuhl erleichterten das Gleiten der Minen aus dem Schacht. Die Ladung bestand aus 120 kg TNT, das gegenüber der früher verwendeten Nitrozellulose eine wesentlich höhere Sprengkraft besaß. Die außerhalb des Druckkörpers gelagerten Minen mußten so druckfest konstruiert sein, wie es die Tauchtiefe des Bootes erforderte. Nach dem Ausklinken sanken Mine und Anker auf den Grund. Die maximale Wurftiefe lag bei ca. 100 m. Nach Auflösen eines Salzstückes öff-

Eine von den Engländern aus *UC 5* geborgene Mine des Typs *UC 120*. (National Maritime Museum Greenwich)

nete sich die Verriegelung, und die Mine schwamm am Ankertau empor, bis der Federdruck die im Hydrostaten eingestellte Wassertiefe erreichte. Stieß ein Schiff an die Bleikappen (Herzhorn)[5], zerbrach ein mit Chromsäure gefülltes Glasröhrchen. Darunter befand sich ein Zink-Kohle-Element, in das die Säure floß. Der so entstandene elektrische Strom brachte über den Minenzünder die Ladung zur Detonation. Ein Auftriebsentschärfer schaltete die Mine unscharf, sobald sich diese von der Verankerung losriß oder beim Räumen geschnitten wurde[6]. Neben der Minenausrüstung als Hauptbewaffnung hatten die UC-I-Boote nur ein MG[7]. Die Boote hatten einen 90-PS-Dieselmotor, der ihnen eine Überwassergeschwin_digkeit von 6,5 Kn ermöglichte. Mit der E-Maschine erreichte das Boot bei Unterwasserfahrt 5 Kn. Der Treibstoffvorrat von 3 t reichte für eine Fahrstrecke von 800 Seemeilen. 14 bis 16 Mann gehörten zur Besatzung, die das vorgeflutete Boot in 22 Sekunden unter die Wasseroberfläche brachte. Die Tauchtiefe lag bei 50 m. In der Zentrale gab es eine kleine FT-Station. Die Antenne war an einem ausfahrbaren Holzmast befestigt. Auf Anordnung des Flottillenchefs der U-Flottille Flandern hatte jedes Boot Brieftauben an Bord zu nehmen. Sie sollten eine sichere Verbindung zum Stützpunkt für den Fall garantieren, daß der Hauptantrieb ausfiel. Wie beim

UB-I-Typ zeigte sich auch hier die Schwäche des Einschraubenantriebs. Versagte der Dieselmotor, reichte der Akkumulatorenstrom nur kurze Zeit, und das Boot trieb hilflos in der See.

Dennoch erwies sich der Entwurf als überraschend seetüchtig, so daß die für Flandern bestimmten Einheiten auf dem Seeweg nach Zeebrügge verlegten. Dort lief am 26. Mai 1915 *UC 11* ein. Das Boot hatte fünf Monate nach Auftragsvergabe am 11. April 1915 als erstes UC-I-Boot die Helling in Bremen verlassen. Während vier der fünf dort gefertigten Boote für das Mittelmeer bestimmt waren und per Bahn nach Süden rollten, machte sich *UC 11* am 24. Mai auf den Weg nach Flandern. Es war das erste Minenboot, das zur U-Flottille Flandern stieß, die am 29. März 1915 unter dem Kommando von Kptlt. Karl Bartenbach aufgestellt wurde. Ihr gehörten bereits neun Einheiten vom Typ UB I an. Sie waren in Ostende und Zeebrügge stationiert. Die Versenkungsergebnissse erfüllten nicht die Erwartungen, und so hoffte die Flottillenführung auf die neu eingetroffene Waffe. In Vorbereitung der Minenunternehmen hatten bereits mehrere Erkundungs- und Aufklärungsfahrten stattgefunden. Besonders die Downs, ein schmales Fahrwasser südlich der Themse und die Lage der Kanalsperren Dover – Calais waren häufiges Ziel der UB-Boote. Art und Stärke der gegnerischen Abwehrmaßnahmen sowie des Schiffsverkehrs ließen einen Mineneinsatz bei Dover als aussichtsreich erscheinen. Drei Tage nach dem Einlaufen in Zeebrügge ging *UC 11* wieder in See, um bei South Goodwin Feuerschiff die erste U-Boot-Minensperre der Seekriegsgeschichte zu legen. Nach Passieren feindlicher Minenfelder legte das Boot am Abend des 30. Mai 1915 seine zwölf Minen an der befohlenen Stelle. Noch in der Nacht lief der britische Zerstörer Mohawk auf eine der Minen und mußte nach Dover eingeschleppt werden. Acht Tage später verseuchte *UC 11* das Gebiet zwischen Sunk Feuerschiff und Shipwash Südboje. Innerhalb von fünf Minuten waren die zwölf Minen in der Nacht des 8. Juni 1915 während der Tauchfahrt geworfen worden. Auch diese Operation verlief unbemerkt vom Gegner. Ihre Wirkung überraschte selbst die Flottillenführung. Aufgefangenen Funksprüchen zufolge gingen auf dieser Sperre bis 15. Juni zwei Torpedoboote, ein Bewachungsfahrzeug und zwei Handelsschiffe verloren. Angesichts dieser Resultate sah man in Flandern der Verstärkung durch die zehn neu in Dienst gestellten UC-I-Boote gespannt entgegen. Doch nicht alle Einheiten kamen nach Flandern. *UC 4* verblieb bei den Ostseestreitkräften, *UC 8* gehörte zunächst zur U-Schule, und *UC 10* traf wegen einer Maschinenreparatur erst im Dezember 1915 ein. *UC 2* ging am 2. 7. 1915 durch eigene Mine verloren. So gehörten Ende September 1915 mit *UC 1, UC 3, UC 5, UC 6, UC 7, UC 9* und *UC 11* nur sieben Minen-U-Boote zur Flottille. Während die UB-Boote, neben ihrem Vorpostendienst zur Sicherung der flandrischen Küste, an der englischen Ostküste bis hinauf nach Yarmouth und im Kanal bis vor Le Havre operierten, erstreckte sich die Tätigkeit der UC-Boote auf den Süden Englands zwischen Folkstone und Portsmouth und grenzte im Norden an die Humber-Mündung. Solange nur wenige Boote zur Verfügung standen, konzentrierte sich der Einsatz auf das Gebiet der Themse-Mündung und den Downs. *UC 1* machte am 25. Juni 1915 in Zeebrügge fest und ging schon drei Tage später nach Kentish Knock Feuerschiff in See. In die am 30. Juni ausgebrachte Sperre lief noch am selben Abend bei dichtem Nebel der britische Zerstörer Lightning und mußte eingeschleppt werden. An diesem Tag traf *UC 3* in Flandern ein und lief am 3. Juli nach Long Sand Feuerschiff aus. Am frühen Morgen des 5. Juli legte das Boot seine Minen, die drei Schiffen zum Verhängnis wurden.

Die Lightning konnte noch eingeschleppt werden.
(National Maritime Museum Greenwich)

Bemerkenswert sind die Versuche, anschließend die Straße von Dover zu

+ Verlustpositionen der 1914 - 1918 verloren-gegangenen UC-I-U-Boote
(x) = interniert
10°
5°
0°
60°
55°
50°
Shetland In
Fair I.
Orkney In
Utsire
Skudesnes Fj.
Stavanger
Lindesnes
ATLANTISCHER
OZEAN
Hebriden
N-Minch
F. of Moray
Aberdeen
SCHOTTLAND
Skerryvore
F. of Forth
Glasgow
Edinburgh
Farn In
NORDSEE
Nord-Kanal
Tory I.
Coquet I.
Blyth
Belfast
Hartlepool
Whitby
Scarborough
Flamborough Hd
Broadhaven B.
IRLAND
Irische See
Spurn Pt
Humber
DUBLIN
Liverpool
ENGLAND
UC 11 +
Gt Yarmouth
UC 2 +
St. Georgs-Kanal
Waterford
UC 10 +
NIEDERLANDE
UC 9 +
UC 8 (x)
Inishtearaght
Cork
Milford
UC 5 +
UC 6 +
UC 3 +
Gt Skellig
Bull R.
UC 7 +
UC 14 +
Bristol
LONDON
Themse
UC 1 +
Fastnet Rock
Bristol Kanal
Lundy I.
Southampton
Dover
Portsmouth
BELGIEN
Boulogne
Plymouth
Scilly In
Lizard Hd
Englischer Kanal
Cherbourg
Le Havre
I. Ouessant
Brest
FRANKREICH
Meridian 0° v. Greenwich

passieren. Hier war bereits Ende 1914, Anfang 1915 von der Dover-Patrol eine an Flößen aufgehängte Netzsperre in der Linie Folkstone – Gris Nez verankert worden, um das Eindringen von U-Booten zu verhindern. Auf britischer und französischer Seite hatte man eine Durchfahrtslücke gelassen. Häufig zerstörten der starke Gezeitenstrom, Sturm und Wellen die Netzsperre. Die Schäden konnten nicht immer schnell genug beseitigt werden, und so blieben oftmals mehr oder weniger große Lücken, die von den deutschen Booten genutzt wurden, um hindurch zu schlüpfen. Obwohl der Versuch von *UC 3* Ende Juli noch am Netz scheiterte, gelang es *UC 5* im August/September dreimal, die Doversperre ohne Schwierigkeiten zu passieren, um die Ansteuerungswege vor Boulogne und Folkstone zu verminen. Fünf verlorengegangene Schiffe ließen die britische Admiralität aufhorchen. Die Erfolge der Flandernboote im Bereich der Themse-Mündung sowie vor Calais und Dover und jetzt auch noch im sicher geglaubten Kanalgebiet nahmen bedrohliche Ausmaße an. Zeitweise kam der Nachschubverkehr für die alliierten Armeen in Frankreich zum Erliegen. Aufgeschreckt durch die Verluste, rüstete die Royal Navy eine ganze Flotte von Fischtrawlern mit 90 Meter langen und zehn bis 35 Meter tiefgehenden Stahlnetzen aus, die mit Glaskugeln und besonderen Anzeigeindikatoren versehen waren, die nachts aufleuchteten und anzeigten, wenn sich ein U-Boot im Netz verfing. Dazu kamen im Netz verknüpfte Minen, die am Bootskörper detonieren sollten. Jeder Trawler hatte zehn solcher Netze an Bord. Sie wurden bei Niedrigwasser zwischen den Goodwin- und Ruytingen-Sänden ausgelegt. Dann ließen sich die Netzschlepper bis zur Linie Folkstone – Gris Nez treiben. Dort nahm man die Netze wieder auf, und der gleiche Vorgang wiederholte sich bei Einsetzen von Hochwasser in umgekehrte Richtung. Die Erfolge blieben mäßig, weil die deutschen Boote den mit geringer Geschwindigkeit laufenden Suchgruppen ausweichen konnten. Auch die Wirksamkeit der fest verankerten U-Boot-Abwehrnetze wurde überschätzt. Die Boote fuhren solange wie möglich über Wasser. Mußten sie tauchen und kamen im Netz fest, warteten die Kommandanten die Nacht ab, ließen Auftauchen und das Boot mit den für diese Fälle mitgeführten Drahtscheren freischneiden. Den Kriegstagebüchern nach zu urteilen, hatten fast alle Besatzungen derartige Erfahrungen gemacht. So ging trotz aller Gegenmaßnahmen nur ein Minen-Boot bis September 1915 verloren. *UC 2* sank am 2. Juli mit hoher Wahrscheinlichkeit durch Minen-Eigendetonation. Britischen Angaben zufolge soll das Heck von *UC 2* beschädigt worden sein, was darauf hindeutet, daß eine bereits geworfene Mine durch technisches Versagen vorzeitig unter dem Achterschiff detonierte. Eine Explosion im Schacht widerspricht der Konstruktion der Mineneinrichtung. Vermutlich löste die Sicherung vorzeitig aus, worauf die Mine eher als vorgesehen emporstieg und noch das Heck des Bootes traf.

Die Herkunft der Minen blieb den Engländern längere Zeit unbekannt. Erst die Hebung des Wracks löste das Rätsel der geheimnisvollen Minensperren, die seit Ende Mai 1915 der Schiffahrt in den südostenglischen Küstengewässern so zugesetzt hatten. Diese neuartige Konstruktion interessierte auch die Royal Navy, und so erteilte sie noch im selben Monat der Tragödie von *UC 2* den Auftrag, die auf Helgen liegenden Boote der E-Klasse *E 24*, *E 34*, *E 41*, *E 45*, *E 46* und *E 51* zu Minenlegern umzurüsten. Die Boote erhielten statt der mittschiffs gelegenen zwei Torpedorohre zehn vertikale Schächte auf jeder Seite, die, anders als bei den deutschen Booten, nicht im Vorschiff, sondern in den Satteltanks untergebracht waren. Sie nahmen je eine Ankertau-Kontaktmine (Herzhorn) vom Typ S-MK IV auf. Sie wog etwa 250 kg und hatte einen Durchmesser von ca. 0,53 m. Die Ladung bestand aus 95 kg Amatol. Die Wurftiefe lag bei 50 m. Wie beim UC-Typ waren sie nach dem Laden

Die zum Minenlegen umgerüsteten *E 41, E 34* und *E 45* längsseits am Depotschiff.. (Archiv Verfasser)

vom Bootsinneren aus nicht mehr zugänglich. Nach Lösung technischer Probleme sollte spätestens im Frühjahr 1916 der Minenkrieg auch vor die deutschen U-Stützpunkte getragen werden. Wegen der bis dahin schwachen U-Boot-Abwehr konzentrierte sich die Royal Navy auf die Beschießung der Flandern-Stützpunkte mit schweren Geschützen. Beispielsweise erschienen britische Monitore am 23. August 1915 südwestlich der Thornton-Bank und begannen die Schleuseneinfahrt von Zeebrügge mit über 70 Schuß zu belegen, ohne nennenswerte Schäden zu verursachen. Ein Gegenangriff der in Brügge auslaufbereiten *UB 5, UB 10, UB 17* war erfolglos – die Monitore befanden sich schon auf dem Rückmarsch. Die Beschießungen wiederholten sich ziemlich regelmäßig, ohne die deutschen U-Boot-Basen ausschalten zu können. Auch die zahlreichen Fliegerangriffe vermochten nicht dieses Ziel zu erreichen. Zum Schutz gegen Bombenwürfe baute das Marine-Korps zunächst Kragunterstände, später, als die Sprengwirkung größer wurde, errichtete man U-Boot-Bunker, die Boot und Besatzung auch vor Splitterwirkung schützten. Es gelang den Alliierten nicht, die Einsatzfähigkeit der Boote wesentlich einzuschränken. Bis Ende September 1915 führten die wenigen von Flandern aus operierenden UC-Boote insgesamt 42 Unternehmungen gegen den alliierten Schiffsverkehr durch. Sie legten 39 Sperren, die 25 Schiffen zum Verhängnis wurden. Besonders erwähnenswert ist das Ergebnis von *UC 7* mit 14 501 BRT. Ab 18. September 1915 trat der U-Boot-Krieg in eine neue Phase. Bei Versenkung der Arabic (03;15801) am 19. August 1915 durch *U 24* kamen erneut US-Amerikaner ums Leben. Die drohende Haltung der USA veranlaßte die Reichsregierung zur weitgehenden Einstellung des U-Boot-Krieges. Künftig sollte er nur wieder nach Prisenordnung geführt werden dürfen: Die Operationen an der britischen Westküste stellte man vorerst ganz ein. Da immer mehr feindliche Frachter Geschütze zur U-Boot-Abwehr trugen, war die Kriegführung nach gültigem Prisenrecht für ein U-Boot fast aussichtslos. »Die völkerrechtlich anerkannte Form der Versenkung, bei der das Schiff angehalten, die Papiere überprüft und die Besatzung in die Boote geschickt wurde, war ein Relikt der Vergangenheit« – so der frühere Kommandant von *UC 77*, Kptlt. von Rabenau. Kein U-Boot-Kommandant konnte unter diesen Umständen die Verantwortung für Boot und Besatzung tragen. Deshalb rückte die Seemine erneut in den Mittelpunkt des Interesses. Die korrekte Anwendung dieses Kampfmittels ließ keine völkerrechtlichen Konflikte befürchten, wie sie der warnungslose Torpedoangriff heraufbeschworen hatte. Die wenigen Minenboote der U-Flottille Flandern trugen in den kommenden Monaten die Hauptlast bei der Bekämpfung der alliierten Schiffahrt. Für diese schwere Aufgabe war die Flottille allerdings nicht einmal annähernd gerüstet, denn entgegen anfänglicher Hoffnungen ging der Krieg im Jahre 1916 mit zunehmender Heftigkeit weiter. Mit der Unterstützung durch größere Minen-U-Boote war jedoch nicht vor dem Frühjahr 1916 zu rechnen. Als man dann auch noch am 20. Oktober 1915 *UC 9* als verschollen melden mußte und später *UC 8* interniert wurde, das eigentlich als Ersatz für das vorübergehend zur U-Schule kommandierte *UC 11* nach Flandern kommen sollte, verfügte der Flottillenchef für den Minienkrieg nur noch über fünf frontbereite Minen-U-Boote. Das im Dezember neu hinzugekommene *UC 10* verstärkte den Verband nur unwesentlich. Trotzdem leisteten die wenigen Boote Beachtliches. Entsprechend ihrem technischen Zustand und den Wetterbedingungen kamen sie in rascher Folge ohne übliche Nebenaufgaben gegen den alliierten Nachschub zum Einsatz. Rückschlüsse über neu zu verminende Gebiete zog die Flottillenführung aus der Analyse des gegnerischen Funkverkehrs, der Fahrwege nach Entdeckung und Räumung der Sperren wieder freigab. Vom Herbst 1915 bis zum Frühjahr 1916 lag der Schwerpunkt der Operationen hauptsächlich im Ansteuerungsbereich der Themse. Im Dreieck Sunk – Kentish Knock und Galloper Feuerschiff operierten überwiegend *UC 1, UC 3* sowie *UC 5*, während *UC 6, UC 7* und *UC 10* die Wege nördlich der Themse bis hinauf zur Humber-Mündung verminten. Die Flottillenführung setzte die erstere Gruppe auch gegen feindliche Seestreitkräfte vor der belgisch-französischen Küste zwischen Nieuport und Calais an. In den Downs operierte zwischenzeitlich *UC 4*, das Anfang Februar von den Ostseestreitkräften nach Flandern verlegt hatte. Bei den Vorstößen in den Kanal gelang es *UC 3, UC 5* und *UC 6* bis April 1916 in der Linie Boulogne – Le Havre und im Gebiet Dover – Isle of Wight insgesamt 14 Sperren auszulegen. Dabei drang *UC 5* bis zu den Needles vor. Die Doversperre überwanden die Kommandanten im Schutz der Dunkelheit bei Überwasserfahrt. Eine intensivere Überwachung durch die Dover-Patrol und einsetzende Winterstürme erschwerten zunehmend den Durchbruch.

Doch kehrten sämtliche Boote sicher zum Stützpunkt zurück. Nur *UC 6* kam kurzzeitig im Netz fest, konnte sich aber freischneiden. Die Minen wurden meistens in Überwasserfahrt nachts oder im Morgengrauen geworfen, wenn die Aufmerksamkeit der Bewacher etwas nachließ. Bevorzugt waren aktuell geräumte Fahrwasser, um die Wirkung zu verstärken. Als der Gegner erkannte, daß die Sperren aus sechs oder zwölf Minen bestanden, umfuhr er das gefährdete Gebiet in einem Abschnitt von zwei Seemeilen, ohne den Verkehr stillzulegen. Zwei bis drei Tage wurden benötigt, um die Minen zu suchen und zu räumen. Anschließend wurde das Gebiet minenfrei gemeldet. Diese Vorgehensweise blieb den U-Boot-Kommandanten nicht verborgen, und sie begannen, einige ihrer Minen in unregelmäßiger Folge zu streuen; manchmal fünf an einer Stelle, an anderer nur drei oder sogar nur eine. So erreichten sie eine wesentliche Verlängerung der Such- und Räumtätigkeit. Auf der anderen Seite versuchten die Alliierten, mit einer ausgedehnten Verminung der flandrischen Küste die Tätigkeit der deutschen Boote einzuschränken. Den Minenverbänden des Marinekorps gelang es jedoch immer rechtzeitig, notwendige Lücken zu schaffen. Während die Räumboote den einen oder anderen Verlust zu beklagen hatten, blieben die U-Boote verschont. Nur *UC 7* wäre beinahe ein Opfer der britischen Minenoffensive geworden, als es im März 1916 auf dem Weg nach Boulogne eine Mine mit dem Tiefenruder abschor, die jedoch nicht detonierte. Sämtliche alliierten Abwehrmaßnahmen konnten nicht verhindern, daß auf den von Oktober bis April 1916 gelegten Sperren 52 feindliche und 23 neutrale Schiffe mit zusammen 154 176 BRT verlorengingen. Den größten Einzelerfolg erzielte dabei *UC 6* mit 38 946 BRT. Obwohl diese Leistungen der kleinen Minenboote bemerkenswert waren, reichten sie in keiner Weise aus, um den feindlichen Nachschub für die beabsichtigte Offensive in Frankreich nachhaltig zu schwächen. Auch der seit dem 23. Februar 1916 wiederbelebte Zufuhrkrieg gegen die Britischen Inseln konnte nicht die zunehmend schwierige Situation der Mittelmächte verbessern. Nach Torpedierung der SUSSEX (96;1353) am 24. März 1916 durch *UB 29* kam der U-Boot-Krieg infolge ultimativ formulierter amerikanischer Noten am 24. April 1916 erneut zum Erliegen. Der deutschen U-Boot-Waffe fiel nun wieder hauptsächlich die Unterstützung der Hochseeflotte zu, die u. a. in der Lösung von Aufklärungsaufgaben bestand. Verstärkt richtete sich das Augenmerk der deutschen Marineführung auf die neuen Minen-U-Boote vom Typ UE I der Serie *U 71 – U 80*, die ab Frühjahr 1916 zur Front kamen und bis auf *U 73* zur I. U-Halbflottille gehörten. Im Gegensatz zum UC-Typ hatten diese Anfang August 1915 in Auftrag gegebenen Boote etwa 750/830 t Wasserverdrängung. Ihre Minen befanden sich nicht mehr außerhalb des Druckkörpers in Schächten, sondern im achteren Bootsinneren. Ein Zahntrieb förderte die Minen über zwei Heckrohre nach achtern, wo sie dann entladen wurden. Die Minen vom Typ UME lagerten horizontal und kamen erst in der Schleuse mit dem Seewasser in Berührung. So konnte die Tiefeneinstellung erst kurz vor dem Wurf erfolgen. Zum Schutz von Mine und Boot waren die Bleikappen versenkt angebracht. Erst nach dem Wurf kamen sie aus dem Minenkörper. Neben 34 bis 38 Minen hatten die Boote zwei Torpedorohre an Oberdeck. Eins lag backbord vorn, das andere steuerbord achtern, für die vier Torpedos zur Verfügung standen. Zur Artilleriebewaffnung gehörte ein 8,8-cm- oder 10,5-cm-Geschütz. Die Trockenlagerung der Minen mit nun unbegrenzter Haltbarkeit der Tiefeneinstellmechanik gehörte neben dem vergrößerten Fahrbereich von ca. 7 000 Sm zu den Voraussetzungen für weitreichende Unternehmungen. Erstmals ließen sich jetzt die Ansteuerungswege rund um die Britischen Inseln verminen. Erste Einsätze gab es ab Ende März 1916 mit *U 74, U 76, U 77, U 80* vor der schottischen Ostküste und *U 72, U 75, U 78* im Westen Schottlands. *U 71* und *U 79* drangen in das Gebiet südlich von Irland vor. Auf eine der von *U 75* bei den Orkneys gelegten Sperren lief am 5. Juni 1916 der britische Kreuzer HAMPSHIRE auf. Er befand sich auf dem Marsch nach Rußland. Unter den etwa 650 Opfern befand sich auch der britische Kriegsminister Lord H. Kitchener. Zwei der sowieso wenigen Minenboote kehrten vom Einsatz nicht zurück. *U 74* ging am 27. Mai 1916 vor dem Firth of Forth verloren, *U 77* im Juli 1916 in der Nordsee. Eine neue Generation von U-Minenlegern lief 1918 vom Stapel. Die U-Minenkreuzer *U 117 – U 126* verdrängten 1 163 t und führten 46 Minen mit. Nur vier Boote kamen noch bis Kriegsende zum Einsatz.

Im Frühjahr 1916 mußte der Minenkrieg von Flandern aus auch weiter mit nur wenigen UC-Booten geführt werden. Deshalb trafen Verluste die Flottille besonders schwer. Am 27. April 1916 kam *UC 5* durch Stromversetzung bei Shipwash Sand fest und fiel in britische Hand. Im Mai ging *UC 3* auf dem Rückmarsch durch Minentreffer verloren. Als dann auch noch *UC 7* im Juli vor dem Feind blieb und *UC 10* einen Monat später von einem britischen U-Boot torpediert wurde, sank der Bestand auf zwei einsatzbereite Minen-U-Boote. Insgesamt verfügte die U-Flottille Flandern im September 1916 über 17 Einheiten, von denen 15 zum Typ UB I und UB II gehörten. Die Rückkehr von *UC 11* zum Marinekorps bedeutete angesichts der Verluste nur ungenügenden Ersatz. Neue Boote waren dringend notwendig. Ohne weitere Verstärkung ließ sich der ursprüngliche Auftrag zur nachhaltigen Bekämpfung des feindlichen Handels sowie der Kanaltransporte nicht mehr erfüllen, wie die rückläufigen Versenkungsergebnisse bereits dokumentierten. Obwohl viele Einsätze bis zur äußersten Belastbarkeit von Personal und Material gingen, wobei die UB-Boote den Minenlegern wertvolle Aufklärungs- und Patrouillendienste leisteten, gingen auf den von Mai bis August 1916 gelegten Sperren insgesamt nur 17 Schiffe mit zusammen 27 367 BRT verloren. Eine gewisse Entspannung der Lage gab es erst am 11. und 12. September 1916, als *UC 16* und *UC 26* von der Heimat zur Flottille verlegten. Es handelte sich um die ersten Minen-U-Boote vom Typ C II, die auch über eine Torpedobewaffnung verfügten. Das Fehlen dieser Bewaffnung hatte schon der Kommandant von *UC 6* am 8. November 1915 im KTB bedauert, als das Boot vor Le Havre auf etwa 1 000 Meter Entfernung einen Truppentransporter von 15 000 BRT ungehindert ziehen lassen mußte. Mit der Konstruktion des größeren Minenträgers hatte die U-Boot-Inspektion schon im Herbst 1915 vor Einstellung des U-Boot-Krieges begonnen, als feststand, daß mit einer baldigen Beendigung des Krieges nicht mehr zu rechnen war. Ein Weiterbau des UC-I-Typs kam wegen der gestiegenen Anforderungen des Krieges nicht mehr in Frage. Der von der U-Boot-Inspektion im Sommer 1915 vorgelegte Entwurf des Typs UC II hatte ein Deplacement von ca. 400/500 t. Die 18 Minen UC/200 waren in sechs Schächten im Vorschiff gelagert, die Grätings abdeckten. Die Nachteile der wieder angewendeten Naßlagerung beseitigte man mit der Entwicklung eines geschlossenen Ankers, auf dem das Minengefäß wasserdicht aufsaß. So blieben alle empfindlichen Teile seewassergeschützt und 21 Tage gefechtsklar. Außerdem hatte der neue Bootstyp zwei Bugtorpedorohre, ein Heckrohr und sieben Torpedos vom Kaliber 50 cm. Die Bugrohre befanden sich außerhalb des Druckkörpers, um Platz für die Minen zu schaffen. Dazu kam ein 8,8-cm-Geschütz. Damit vervielfachte sich die operative Verwendung. Da die druckfesten Überwassertorpedorohre neben den aus dem Druckkörper ragenden Minenschächten angeordnet waren, entstand für die Geschützplattform zwischen Turm und Vorschiff eine wannenförmige Vertiefung, die dieser Bootsklasse ihre unverwechselbare Silhouette verlieh. Bei rauher See war diese Plattform allerdings ständig überspült, was an die

UC 5 in einem englischen Trockendock.
(Wiss. Inst. für Schiffahrts- und Marinegesch.)

UC-Boot der Serie UC 25-33.
(Wiss. Inst. für Schiffahrts- und Marinegesch.)

Geschützbedienung besondere Anforderungen stellte. Um eine bessere Seefähigkeit zu erzielen, verwendete man wieder das Zweihüllenprinzip, wobei das Vorschiff den Druckkörper im Kielbereich nicht völlig umschloß. Zwei 250-PS-Dieselmotoren sorgten für 11,6 Kn in Überwasserfahrt, während die zwei 230-PS-E-Maschinen 7 Kn unter Wasser ermöglichten. Der Fahrbereich betrug hier 9 400 Sm bei 7 Kn über Wasser und 55 Sm bei 4 Kn unter Wasser. Die Tauchzeit war mit 35 bis 40 Sekunden vergleichsweise kurz. Die Besatzung bestand aus 28 Mann. Die Forderung, daß die für das Mittelmeer vorgesehenen Boote ihre Stützpunkte auf dem Seeweg erreichen mußten, hatte u. a. eine Steigerung der Verdrängung um fast das Doppelte gegenüber den UB-II-Booten zur Folge. Dennoch gelang es den Werften, die Bauzeit auf acht Monate zu beschränken. Nach Prüfung der Werftkapazitäten erteilte das Reichsmarineamt am 28. August 1915 den Auftrag für die neuen Boote der Serie *UC 16 – UC 24* der Werft Blohm & Voß, der Auftrag für *UC 25 – UC 33* ging an AG Vulcan in Hamburg. Die ersten Einheiten standen im Frühsommer 1916 zur Verfügung. Als der U-Boot-Krieg im Herbst 1915 fast zum Erliegen kam, schlug die U-Boot-Inspektion Anfang Oktober 1915 den Bau weiterer UC-II-Boote vor. Das Reichsmarineamt ging einen Monat später sogar noch einen Schritt weiter und erteilte die Genehmigung, soviel Boote zu bauen, wie bis Ende September 1916 fertiggestellt werden könnten. Daraufhin wurden nochmals 15 Einheiten in Auftrag gegeben. Den Bau der Serie *UC 34 – UC 39* übernahm Blohm & Voß, *UC 40 – UC 45* die AG Vulcan in Hamburg, und den Auftrag für *UC 46 – UC 48* erhielt die AG Weser. Bezeichnend für den Stellenwert des Minenkrieges waren die Folgeaufträge für 31 Minenleger am 11. 10. 1916. Noch vor der Frontbewährung des neuen Typs erteilte man der Germania-Werft in Kiel den Auftrag für *UC 49 – UC 54*, der Kaiserlichen Werft Danzig für *UC 55 – UC 60*, der AG Weser für *UC 61 – UC 64* und Blohm & Voß für *UC 65 – UC 73*. Die AG Vulcan Hamburg übernahm die Serie *UC 74 – UC 79*. Wegen dieser Anschlußaufträge konnte vornehmlich Blohm & Voß eine Serienfertigung einführen, die die veranschlagte Bauzeit um mehr als einen Monat verkürzte. Durch den erhöhten Ausstoß hoffte die Marineführung auf einen rapiden Anstieg des Bootsbestandes, der deutlich über der Verlustrate lag. Zwischen Oktober 1916 und Januar 1917 kamen von den Ausbildungsverbänden insgesamt 27 Boote vom Typ UC II zur Front. In Flandern wurden *UC 16 – UC 19, UC 21, UC 26, UC 46* und *UC 47* stationiert. Die I. U-Flottille auf Helgoland erhielt Verstärkung durch *UC 24, UC 29, UC 30, UC 31, UC 32, UC 33, UC 40, UC 41* und *UC 43*. Hier lagen auch schon die größeren Minenleger vom Typ UE I. Im Verlauf des Jahres 1917 verlegte die Flottille nach Brunsbüttel, weil meistens auf dem Ostweg ausgelaufen wurde. Die Minenverbände der Ostseestreitkräfte wurden durch *UC 25* und *UC 27* verstärkt. Die anderen acht Boote waren für den Mittelmeerraum bestimmt.

Mit dem Eintreffen der leistungsfähigeren Boote in Zeebrügge erweiterten sich die Operationsräume der Flandern-Flottille. Bisher konnten die UC-I-Boote nur bis zur Linie Portsmouth – Le Havre vorstoßen. Nun drangen die UC-II-Boote bis zu den westlichen Zugängen des Kanals vor, wo eine der Hauptseeverbindungen der Alliierten verlief. Während die UB-II-Boote auf den Ansteuerungswegen lauerten, warfen die Boote ihre Minen direkt in die Fahrwasser der englischen und französischen Atlantikhäfen. So war *UC 26* vor Cherbourg und Dieppe tätig, während *UC 18* das Seegebiet um Brest verminte. *UC 21* drang bis zur Mündung der Gironne vor. Die britische Seite mit Plymouth, Portland und Falmouth wurde von *UC 17* heimgesucht. *UC 46* stieß sogar bis zum Eingang des Bristol-Kanals vor, wo es eine Sperre von neun Minen vor Swansea legte. Insgesamt errichteten die Boote von Oktober bis Januar 1917 45 Sperren mit 219 Minen. Im gleichen Zeitraum operierten im östlichen Teil des Kanals sowie an der englischen Ostküste UC-I- und UC-II-Boote, die 83 Sperren mit 734 Minen legten. Dabei fuhren die kleinen Boote ihre Einsätze in stützpunktnäheren Seegebieten, während der Gegner um Flamborough Head von *UC 46* und *UC 47* vom Typ UC II bekämpft wurde. Erfolgreichstes Boot war mit 37 598 BRT *UC 26*. Insgesamt fielen den Minen 60 Schiffe, darunter auch 16 Neutrale zum Opfer. Aber auch der Gegner hatte Erfolge. Die UB-II-Boote *UB 29* und *UB 37* gingen im Englischen Kanal verloren. *UC 19* wurde Anfang Dezember 1916 vernichtet. Anfang Januar 1917 kam *UC 14* von Pola nach Flandern zurück und wurde in Ostende erneut in Dienst gestellt. Man versprach sich hier die größeren Erfolge.

Mit dem Einsatz von *UC 29* Anfang November 1916 begannen die UC-II-Boote der I. U-Flottille ihre Minenoffensive. Als Operationsgebiet galt die gesamte schottische Küste. Schwerpunkt waren die Fahrwasser der Tyne-Mündung, des Firth of Tay, Firth of Forth, vor Dundee und Aberdeen, des Moray Firth bis hinauf zu den Orkney-Inseln und den Shetlands. Anfang Januar 1917 legte *UC 33* vor der Einfahrt von Kirkwall und Lerwick Minen. Um möglichst viele Einsätze zu fahren, hatten die Kommandanten den Befehl, den kürzesten Weg zum Einsatzort zu wählen, die Minen zu legen und sofort wieder zurückzukehren. Der Handelskrieg sollte nur dann geführt werden, wenn die Situation extrem günstig war und wenig Zeit kostete. Der Gegner war offensichtlich vom massiven Mineneinsatz überrascht, denn die Abwehr blieb relativ schwach. Ohne Verluste legten die UC-II-Boote von November 1916 bis Ende Januar 1917 26 Sperren mit 468 Minen, 28 Schiffe gingen darauf verloren. Unterwegs hielten die Boote insgesamt 31 neutrale Handelsschiffe an und prüften die Schiffspapiere. Vier Frachter hatten Konterbande geladen und wurden versenkt. Mit der weitestgehenden Einhaltung der Prisenordnung unter gleichzeitiger Intensivierung des Minenkrieges meinte man deutscherseits, eine wichtige Voraussetzung für die Anfang Dezember 1916 aufgenommenen Friedensverhandlungen erfüllt zu haben. Die Hoffnung auf einen Verhandlungsfrieden mit den Ententemächten erfüllte sich jedoch nicht. Als die Alliierten Ende 1916 das deutsche Friedensangebot ablehnten, gab die deutsche Reichsregierung der Forderung nach einem uneingeschränkten U-Boot-Krieg nach. Um die britische Blockade zu lockern, die sich auf die wirtschaftliche Lage der Mittelmächte immer bedrohlicher auswirkte und den Tod vieler Zivilisten zur Folge hatte, wurden die westlichen Gebiete der Nordsee sowie die Gewässer rund um die Britischen Inseln und Frankreich zu Sperrgebieten erklärt. Deren Ausdehnung reichte im Westen bis 400 Seemeilen in den Atlantik und schloß im Norden unterhalb der Färöer Inseln ab. Innerhalb dieser Gebiete waren angetroffene Schiffe ohne Warnung zu versenken. Die gleiche Anordnung galt auch für das Mittelmeer mit Ausnahme der Gewässer um Spanien und eines schmalen Fahrwegs nach Griechenland. Die Änderung der deutschen Strategie hatte auch unmittelbare Auswirkungen auf die Hochseeflotte. Vom 1. Februar 1917 an erhielt der U-Boot-Krieg einen neuen Stellenwert. Zu den ersten gravierenden Maßnahmen gehörte die Deckung des Personalbedarfs der U-Boot-Waffe. Aus diesem Grund wurden u. a. viele Geschwader außer Dienst gestellt. Zugleich mußten die deutschen U-Boot-Stützpunkte gesichert werden, die zunehmend von alliierten Streitkräften angegriffen wurden. Die U-Boote mußten sicher durch die feindlichen Minensperren geleitet werden. Die zunehmende Minenverseuchung der Deutschen Bucht und der Nordsee erforderte immer mehr Minensucheinheiten, die in verlustreichen Einsätzen die Auslaufwege freiräumten. Auch dafür benötigte man mehr Personal. Für die

Ein Segler wird nach Prisenordnung angehalten.
(Wiss. Inst. für Schiffahrts- und Marinegesch.)

Handelskriegsoffensive standen der Kaiserlichen Marine zu diesem Zeitpunkt 105 frontbereite Boote zur Verfügung; 46 Boote, davon neun vom Typ UC II, waren bei den U-Flottillen in den Nordseehäfen stationiert. Von Flandern aus operierten 23 Einheiten, darunter zwölf Minenleger. Der Schwerpunkt für die UC-Boote lag in den südwestlichen Zugängen zu den Britischen Inseln und im Ansteuerungsbereich der alliierten Häfen bis zur Irischen See. Kommandanten hatten weitgehende Entscheidungsfreiheit im Einsatzgebiet und so stiegen die Versenkungsziffern rapide an. Bis Ende April 1917 fielen den Booten insgesamt 1 945 243 (1 943 927) BRT[8] zum Opfer. Minen und Torpedos von UC-Booten zerstörten 573 401 BRT. Erfolgreichstes UC-Boot war *UC 65* mit 60 159 BRT. *UC 76* erzielte einen tödlichen

Minentreffer gegen das britische *E 49*, das unterging. Dieser erfolgreichen Bilanz stand der Verlust von elf Booten gegenüber. Die Hochseeflotte verlor *U 83* und *U 85* durch britische U-Boot-Fallen. *UC 30* lief auf eine britische Mine. Eine Mineneigendetonation vernichtete vermutlich *UC 32* beim Legen einer Sperre vor der britischen Küste. Einem feindlichen U-Boot-Torpedo fiel *UC 43* zum Opfer. In Flandern kehrten vier UC-II-Boote nicht zum Stützpunkt zurück. Bereits am 8. Februar versenkten britische Zerstörer *UC 39* und *UC 46*. *UC 18* wurde von der britischen U Falle Lady Olive (13;702;1-10,2 cm;4-7,5 cm) vernichtet. Das Q-Ship Farnborough (04;3207;5-7,5 cm;2-5,7 cm) versenkte *U 83*, und schließlich schaffte es die Falle Privet (16,803;1-10,2 cm;4-7,5 cm), *U 85* auf den Grund des Meeres zu schicken. Eine eigene Mine war die Ursache für den Verlust von *UC 68*.

Anfang April 1917 stießen erstmals Minen-U-Boote ins nördliche Eismeer vor. Durch dieses Seegebiet liefen die britischen Transporte mit Kriegsmaterial für Rußland. Deshalb erweiterte das Deutsche Reich ab 23. März 1917 das Sperrgebiet zwischen 24° östlicher Länge und 75° nördlicher Breite. Für diese entlegene Region kamen nur MS-Boote und Minenleger vom Typ UE I wegen ihrer größeren Seeausdauer in Frage. Als erstes Boot lief *U 75* am 28. März 1917 von Helgoland aus. Im Operationsbefehl stand, die Ausfahrt von Murmansk nahe der Rybatschij-Halbinsel und die Fahrwasser nach Archangelsk am Ostende der Kola-Halbinsel mit jeweils zwei Sperren zu verminen. Am 9. April versenkte das Boot während des Werfens den russischen Transporter Gansley (04;1273) durch UT-Schuß. Die Sperren blieben weitgehend wirkungslos. Nur ein Minensucher wurde beschädigt. Insgesamt blieb das Ergebnis hinter den Erwartungen zurück. *U 22* lief auf eine britische Mine und mußte umkehren, und *U 45* hatte nach 33 Tagen vier Schiffe mit 7 833 BRT versenkt. Deshalb stellte der Admiralstab die Operationen gegen den Eismeerverkehr wieder ein. Schwerpunkt blieb die Zufuhrbekämpfung um die Britischen Inseln. Die eigenen U-Boot-Verluste konnten zwischenzeitlich ersetzt werden, so daß Anfang Mai 1917 126 Frontboote, davon 36 vom Typ UC, zur Verfügung standen. Da sich die britische Seite nur ungenügend auf die deutsche U-Boot-Offensive vorbereitet hatte, gelang es unter Anspannung aller Kräfte von Mai bis Ende Juli 1917 ein ähnlich gutes Ergebnis wie in den Vormonaten zu erreichen. Die Alliierten verloren 1 868 555 BRT, davon gingen 598 117 BRT auf das Konto der UC-Boote. Sie waren auch erfolgreich in der Bekämpfung feindlicher Kriegsschiffe. Im Mai sank der britische Zerstörer Derwent durch eine Mine. In den Sperren von *UC 1* sanken am 24. Juni die britischen Minensucher Kempton und Redcar. Die am 27. Juni von *UC 61* vor Brest gelegten Minen wurden noch am selben Tag dem französischen Panzerkreuzer Kleber zum Verhängnis. Der Zerstörer Cheerful sank am 30. Juni infolge eines Minentreffers; *UC 33* hatte sie gelegt. Wie kaltblütig die Kommandanten auch bei einem Torpedoangriff vorgingen, dokumentiert das KTB von *UC 65* mit dem Eintrag vom 26. Juni 1917 über die Versenkung des britischen Minenkreuzers Ariadne durch UT-Schuß: »3.50 Uhr Nm. Aus Osten nähert sich ein stark qualmendes Vierschornsteinschiff im Geleit von drei Zerstörern, steuert Zickzack, passiert hart nördlich Royal Sovereign Feuerschiff und wird nun als älterer Kreuzer ausgemacht. Zum Heckschuß manövriert. Einige Minuten vor dem Schuß dreht der Kreuzer nach Steuerbord ab. Mit höchster Fahrt und im Hart Drehen wird das Boot in Schußlage zum Bugschuß gebracht. 4.22 Uhr Schuß. Entfernung 1000 m. Treffer unter dem achteren Schornstein. Der Kreuzer sackt achtern schnell weg, bekommt Schlagseite, dreht auf Land zu. Eine sehr starke Sicherung sammelt sich um das Schiff in kurzer Zeit. So weit bei den kurzen Rundblicken, die häufig durch Tieftauchen vor heran brausenden Zerstörern und Motorbooten abgebrochen werden, zu erkennen ist, umkreisen es drei Zerstörer, vier Motorboote, ein halbes Dutzend Minensuchboote und etwa 20 Fischdampfer. 4.40 Uhr. Zum neuen Anlauf gefahren. Boot kommt in gute Schußlage. Der Kreuzer hat aber mittlerweile um 20 Strich nach Steuerbord gedreht, so daß ich die hoch liegende Steuerbord-Seite beschießen müßte. Außerdem ist die Sicherung nach See außerordentlich stark. Daher unter ihm durchgetaucht und ihn von der weniger gesicherten Landseite angegriffen. 5.10 Uhr. Der Kreuzer ist gerade von einem Fischdampfer in Schlepp genommen, die Besatzung ist an Oberdeck. Heckschuß auf das Vorschiff auf 600 Meter. Treffer unter dem vorderen Mast. Unmittelbar darauf kentert der Kreuzer. Abgelaufen. 5.20 Uhr. Vom Kreuzer ist nur noch der Boden zu sehen. Auf der Sinkstelle liegt ein Schwarm von Fischdampfern und anderen Fahrzeugen.« Trotz dieser Erfolge – die deutschen Berechnungen, wonach Großbritannien infolge der steigenden Schiffsraumverluste nach fünf Monaten zum Einlenken gezwungen sein würde, waren falsch. Obwohl gewaltige Verluste an Handelsschiffen und Personal zu verzeichnen waren, dachten die Briten nicht daran, nachzugeben. Die militärpolitische und wirtschaftliche Lage Großbritanniens verschärfte sich, die Alliierten überwanden die Krise nicht zuletzt mit massiver Unterstützung der USA. Der mit dem warnungslosen U-Boot-Krieg verbundene Kriegseintritt der USA am 6. April 1917 schuf dann die Voraussetzungen für den systematischen Aufbau einer wirksamen U-Boot-Bekämpfung. Damit schwanden auch die erneuten Hoffnungen des Deutschen Reiches auf aussichtsreiche Friedensverhandlungen. Bereits am 2. Mai traf der erste amerikanische Verband von sechs Zerstörern in britischen Gewässern ein. In den Folgemonaten machten weitere 31 Einheiten mit zwei Tendern in Queenstown fest. Von dort wurden sie zur U-Jagd und zum Geleitschutzdienst unter britischem Kommando eingesetzt. Die alliierte U-Boot-Abwehr holte schnell auf. Im Sommer standen für Abwehr- und Geleitschutzaufgaben in den heimischen Gewässern insgesamt 17 Flottillenführer und 209 Zerstörer zur Verfügung. Auf deutscher Seite überstiegen im Juli 1917 deshalb erstmals wieder die Verluste die Neuzugänge an Booten. Im Mai 1917 standen den zehn neuen Booten sieben Verluste gegenüber, darunter *UC 36* und *UC 26*. Nach den Abgängen von *UC 29* und *UC 66* konnte im Juni der Bestand noch ausgeglichen werden. Im darauf folgenden Monat kamen zwei Neubauten zur Front, aber sieben Boote gingen verloren. Dazu gehörten *UC 1*, das am 18. Juli aus ungeklärter Ursache nicht mehr zurückkehrte, und *UC 61*, das vor der französischen Küste strandete und von der Besatzung gesprengt wurde. Die wirkungsvollste Maßnahme der Alliierten gegen die deutsche Bedrohung ihrer Handelsflotte bestand in der Einführung eskortierter Konvois. Damit begann man ab Mitte 1917 in den am stärksten gefährdeten Gebieten. Ab Mitte Juli liefen dann auch die Überseetransporte zu den Britischen Inseln und Frankreich in Geleitzügen. Einen Monat später verließ der erste Atlantikkonvoi England.

Der Geleitschutz für die auslaufenden Schiffe endete bei 15° West, etwa 450 Seemeilen von der irischen Küste entfernt. Das Geleit verließ den Konvoi, und die Handelsschiffe setzten ihre Fahrt allein fort. Die Geleitfahrzeuge nahmen nun ihrerseits den aus Westen kommenden Konvoi auf, der den Atlantik meist unter dem Schutz eines größeren Kriegsschiffs überquert hatte. In der Folgezeit bildeten sich zwei Geleitrouten über den Atlantik nach Westeuropa. Die Nordroute führte entlang des 49. Breitengrades zu den Britischen Inseln und die südliche Route zu den französischen Biscayahäfen Brest, St. Nazaire und Bordeaux. Mit der steigenden Zahl von Geleitzügen sank der Tonnageverlust. Die deutschen Boote hatten vor allen Dingen Probleme mit dem Auffinden des Gegners. Immer spürbarer machte sich das Fehlen geeigneter Aufklärungsmittel bemerkbar. Von den Bewachern geschleppte Fesselballons sichteten die Angreifer schon auf großer Entfernung, so daß der Konvoi rechtzeitig umgeleitet werden konnte. Gelang es trotzdem einem Boot, ein Schiff aus dem Konvoi herauszuschießen, sah es sich häufig einer gut geführten und konzentrierten Abwehr gegenüber. Die starke Bewachung des Gebietes westlich von Irland veranlaßte die deutschen Boote, ihr Operationsgebiet in die Irische See und in den Kanal zu verlegen. In diesen Gewässern traf man immer noch auf genügend Einzelfahrer, die die Versenkungsquote vorläufig wieder ausglichen. Versenkt wurden vom August bis Ende Dezember 1917 1 989 946 BRT (1 967 462), davon 104 853 BRT durch U-Boot-Minen. Parallel mit der Verstärkung der U-Boot-Abwehr, u.a. auch durch US-Verbände, forcierte die britische Admiralität den Ausbau der Minensuchverbände. Anlaß dafür war die verstärkte Operationstätigkeit deutscher U-Minenleger. Sämtliche geeigneten Vorpostenboote erhielten Minensuchgeschirre. Dazu kamen zahlreiche Fischtrawler und größere Motorboote bis hin zur Yacht, die mit Suchgeräten ausgestattet wurden. Bis Ende 1917 stieg die Zahl der Suchfahrzeuge auf 726 Einheiten, darunter 412 Fischdampfer. Die Zahl der geräumten Minen stieg deutlich an. Belief sich 1916 die monatliche Durchschnittszahl der geräumten Minen in britischen Gewässern auf 178, erhöhte sie sich im darauf folgenden Jahr auf 355 Minen pro Monat. Infolge dessen sanken die britischen Schiffsverluste durch U-Boot-Minen rapide. Nach britischen Angaben betrug der Verlust im ersten Halbjahr 1917 noch 90 Handelsschiffe. In der zweiten Jahreshälfte waren es 49. Dieser Erfolg war mit erheblichen Verlusten bei den Räumeinheiten verbunden. So verloren die britischen Minensuchverbände im zweiten Halbjahr 1916 35 Fahrzeuge, 1917 stieg die Zahl auf 84.

Die britische Erfolgsstatistik beruhte nicht zuletzt auf den schweren Verlusten bei den Minen-U-Booten zwischen August und Ende Dezember. Eine Hauptursache waren die Operationsgebiete in Küstennähe, wo eine frühzeitige Entdeckung weitaus häufiger war als auf hoher See. Hinzu kam der wirksamere Einsatz gegnerischer U-Jagdkräfte. Von den 37 vernichteten U-Booten gehörten 17 zu den Minenlegern. Während *UC 42* und *UC 44* in eigene Sperren gerieten, gingen *UC 6, UC 14, UC 16, UC 21, UC 51* und *UC 62* durch gegnerische Minen verloren. *UC 41* sank nach Mineneigendetonation, und *UC 69* kollidierte nachts mit *U 96* vor Cap Barfleur. Tauchunklar endete *UC 55* durch Selbstsprengung vor Lerwick. Die U-Falle Acton überlistete *UC 72*. Ein Rammstoß des britischen Patrouillenbootes *P 61* war Ursache für die Versenkung von *UC 33* vor Waterford. *P 57* vernichtete *UC 47* vor Flamborough Head. Die Boote *UC 63* und *UC 65* sanken nach Torpedotreffer der britischen U-Boote *E 52* bzw. *C 15*. *UC 38* fiel französischen Zerstörern zum Opfer. Zwei der 37 Bootsverluste waren auf Minen der britischen E-Klasse zurückzuführen. Auf diesen Booten der 9. Flottille in Harwich ruhte bis Frühjahr 1918 die Hauptlast der Bekämpfung deutscher U-Boote durch Minen. Der erste Einsatz von *E 24* erfolgte am 7. März 1916 vor der Elbmündung. Von einer weiteren Unternehmung kehrte das Boot nicht zurück, denn es lief am 24. März 1916 vor Helgoland auf eine deutsche Minensperre. In der Folgezeit fuhren die britischen Minenboote Einsätze in der Deutschen Bucht und auf den Auslaufwegen der deutschen Boote. Häufiges Operationsziel waren der Auslaufweg bei Horns Riff und der Auslaufweg »Gelb« an der niederländischen Küste. Dort legte *E 51* im November und Dezember 1917 nördlich der westfriesischen Inseln seine tödliche Fracht ab. In dieses Feld geriet am 29. November das auslaufende *UB 61* (17;508;5 TR) und sank. Am 13. Dezember ereilte *U 75* auf dem Weg ins Einsatzgebiet das gleiche Schicksal. Während ihrer Einsätze legten die sechs britischen Minenboote der E-Klasse 2 469 Minen. Ihre Tätigkeit hatte erhebliche Konsequenzen für die deutsche Seite. Nicht nur die schweren Verluste der deutschen Räumdienste waren schmerzlich, die deutschen U-Boote mußten nun den zeitraubenden Ostweg nehmen, um Verlusten vorzubeugen. Der Anmarschweg von den Nordseestützpunkten durch den Kaiser-Wilhelm-Kanal, Sund und Kattegat verlängerte sich erheblich. Damit verbunden war eine nicht unerhebliche Verkürzung der Verweildauer im Einsatzgebiet. Außerdem schränkte es die Handelskriegführung ein.

Turm und Schrauben von *E 24* im Cuxhavener Wrackmuseum. (Bernd Oesterle)

Anfang 1918 hatte sich die Seekriegslage für die Mittelmächte verschlechtert. Während die alliierten Seestreitkräfte, an der Spitze die USA, zahlreiche Neubauten in Dienst stellen konnten, blieben die Zugänge auf deutscher Seite weit dahinter zurück. Zunehmende Reparaturen des stark beanspruchten Schiffsmaterials blockierten einen erheblichen Teil der Werftkapazitäten für Neubauten. Besonders gravierend war der stetige Mangel an Facharbeitern und Marinepersonal. Um den U-Boot-Krieg weiter er-

Tiefenruder eines U-Bootes.
(Wiss. Inst. für Schiffahrts- und Marinegesch.)

folgreich fortsetzen zu können, unternahm das am 5. Dezember 1917 neu gebildete U-Boot-Amt große Anstrengungen, um den Bau von U-Booten und die Fertigung von Torpedos zu beschleunigen. Zwischen Dezember 1917 und Sommer 1918 vergab das Amt Bauaufträge für 360 Boote aller Typen. Das Fertigungstempo blieb allerdings weit hinter den Erwartungen zurück. Der Zugang von 87 Booten bis Oktober 1918 bedeutete acht bis neun Einheiten pro Monat. Damit ließen sich aber lediglich die Verluste des laufenden Jahres ausgleichen. Ende Juni 1917 hatte bereits die U-Boot-Inspektion an die KWD, AG Weser und Blohm & Voß 37 Einheiten vom Typ UB III und 39 vom Typ UC III in Auftrag gegeben, von denen bis Kriegsende nur 16 Einheiten in Dienst gestellt wurden. Hinter dem Auftrag für den neuen U-Minenleger stand die Forderung, die 1917 eingetretenen Verluste an Minenlegern zu ersetzen. Nach Beseitigung einiger wesentlicher Mängel des UC-II-Typs entstand wieder eine Bootsklasse mittlerer Größe von annähernd 500/600 t. Vom Vorgänger unterschied sich das Projekt besonders in seiner Silhouette. Neue Merkmale waren das hochgezogene Vorschiff, die bis auf Höhe der Brücke zurückgenommenen seitlichen Torpedorohre sowie die Höhersetzung des 10,5-cm-Geschützes. Vor allem die Artilleristen schätzten diese Neuerungen, weil die Geschützplattform länger trocken blieb. Darüber hinaus bewirkte die Vergrößerung der Treibölbunker eine Verlängerung der Fahrstrecke auf annähernd 10 000 Seemeilen bei 7 Kn. Die neue Tauchtiefe lag jetzt bei 75 Meter. Die konstruktiven Veränderungen hatten allerdings auch zur Folge, daß statt der ursprünglich 18 Minen nur noch 14 Minen Platz fanden. Gegenüber dem C-II-Typ hatten die neuen Boote etwas günstigere Seeeigenschaften. Wegen der beiden Seitentorpedorohre mußte ein minimaler Geschwindigkeitsverlust hingenommen werden. 43 der im Bau befindlichen Boote wurden nicht mehr frontreif.

UC 80 – UC 89 wurden unvollendet auf den Helgen abgewrackt. *UC 106 – UC 114* liefen zwar noch vom Stapel, gingen aber ohne die Motoren nach Kriegsende an die Alliierten. Die bereits im Bau weit fortgeschrittenen Boote *UC 115 – UC 138* wurden auf den Werften abgewrackt. So erhielt die Front keine Neuzugänge, und die verbliebenen UC-Boote waren auf sich allein gestellt. Ihr Bestand nahm mittlerweile stark ab. Der I. U-Flottille standen *UC 31, UC 40, UC 49* und die beiden im Dezember 1917 von der aufgelösten Kurland-Flottille hinzu gekommenen *UC 58* und *UC 59* zur Verfügung. Ergänzt wurde dieser geringe Bestand durch die drei UE-I-Boote *U 71, U 79* und *U 80*. In Zeebrügge verblieben die UC-I-Boote *UC 4* und *UC 11* sowie die beiden UC-II-Boote *UC 17* und *UC 50*. Von den Ostseestreitkräften kamen *UC 56, UC 77, UC 78* und *UC 79* zur U-Flottille Flandern I[9]. Die U-Flottille II bestand aus *UC 21, UC 48, UC 49, UC 64, UC 70, UC 71* und *UC 75*. Dazu kam das zum Minenträger umgebaute *UB 12*. Mit einer Entlastung war vor dem Frühsommer 1918 nicht zu rechnen. Die Indienststellung eines neuen Minenkreuzers vom Typ UE II beispielsweise war frühestens Ende März 1918 zu erwarten. So ging die deutsche U-Boot-Waffe Anfang Januar 1918 mit nur wenig mehr frontverwendungsfähigen Booten aller Typen einschließlich Minenleger in das fünfte Kriegsjahr. Inzwischen erstarkte der Gegner immer mehr mit seinem Konvoisystem, ohne daß die deutsche U-Boot-Führung eine wirkungsvolle Taktik dagegen gefunden hätte. Nach wie vor operierten die Boote im küstennahen Bereich rund um die Britischen Inseln und vor den französischen und spanischen Atlantikhäfen. Die Operationsziele lagen vor dem Nord-Kanal, im St.-Georgs-Kanal und im Westausgang des Englischen Kanals, wo sich die Geleite auflösten, um als Einzelfahrer zu ihren Bestimmungshäfen zu kommen. Allerdings erschwerte die wachsende Zahl von Flugzeugen und Luftschiffen die Angriffstätigkeit ganz erheblich. Die Flugzeuge zwangen die Boote häufig unter Wasser, so daß ein bereits gesichtetes Angriffsziel entkommen konnte. Den Minenlegern mit ihrer Doppelfunktion erwuchsen wegen der verstärkten See- und Luftüberwachung zusätzliche Gefahren. Trotzdem gab es erwähnenswerte Einzelerfolge, wie z. B. *UC 31*, das im Februar und April 1918 in die Irische See vorstieß und drei Schiffe mit zusammen 9 239 BRT versenkte. Zwischen Februar und Mai operierte *UC 40* an der schottischen Ostküste und versenkte vier Einheiten mit zusammen 9 086 BRT sowie zwei Trawler durch Minentreffer. Schlechtes Wetter und schwere See zwangen *UC 59* im Januar 1918, die Unternehmung gegen die schottische Ostküste abzubrechen. Im Februar konnten nur die Sperren bei den Orkneys ausgelegt werden. Mit allen Torpedos kehrte das Boot nach Helgoland zurück. Das Wetter hatte eine Waffenverwendung verhindert. *UC 4* und *UC 11* operierten in der Themse-Mündung und im südlichen Teil der englischen Ostküste. Die im Zeitraum von Januar bis Ende April 1918 gelegten Minen von *UC 4* waren Ursache für fünf versenkte Handelsschiffe, einen Minensucher und einen Marinetrawler. Auf den von *UC 11* zwischen Anfang Januar und Ende Mai ausgebrachten 14 Sperren sanken der britische Zerstörer Kale und der Marinetrawler John E. Lewis. Ohne Erfolg blieb *UC 17* vor der französischen Westküste. *UC 56* kam von Kurland und stieß Ende Februar von Zeebrügge aus zum Nord-Kanal und dem Firth of Clyde vor. Nach dem Mineneinsatz torpedierte das Boot vor dem Kanal von Bristol irrtümlich das britische Lazarettschiff Glenart Castle, das unterging. Eine Minenunternehmung von *UC 77* im Januar 1918 vor der französischen Küste bei Cap Barfleur verlief ergebnislos. Im März lief das Boot zur Handelskriegführung an die Cornwall-Küste, wo es drei Schiffe torpedierte. *UC 79* legte Anfang Februar vor Brest eine Sperre, die ohne Wirkung blieb. Nach zwei Torpedoangriffen auf Geleitzüge sanken zwei Sicherungsfahrzeuge. Die U-Flottille Flandern II setzte ihre Minenboote hauptsächlich vor der englischen Ostküste ein. Nach dem Mineneinsatz erfolgte die Bekämpfung des gegnerischen Handelsverkehrs. *UC 64* und *UC 75* operierten auch im Gebiet des Bristol-Kanals und der Irischen See, wo *UC 64* vor Trevose Head einen norwegischen Frachter von 720 BRT versenkte. Den Torpedos von *UC 75* fielen Anfang Januar 1918 sieben Einheiten mit zusammen 11 534 BRT zum Opfer. Durch Torpedotreffer von *UC 49* sanken im Juni 1918 im Kanal drei Schiffe, darunter der britische Hilfskreuzer Patia. Auffallend war der Rückgang der Verluste durch Minentreffer. Überwiegend waren Torpedos die Untergangsursache. Folgerichtig änderte die Flottillenführung die Verwendung der UC-II-Boote. Deshalb fuhren viele Kommandanten nur noch Einsätze mit der Torpedowaffe. Diese Reaktion war ein deutliches Zeichen für das bevorstehende Ende des Minenkrieges durch U-Boote. So sanken noch im zweiten Halbjahr 1917 insgesamt 128 880 BRT Schiffsraum auf von U-Booten gelegten Minen. Davon entfielen 112 453 BRT auf die Sperren der I. U-Flottille und der beiden Flandern-Flottillen. Den alliierten Räumverbänden gelang es, die Verlustzahlen im ersten Halbjahr 1918 auf insgesamt 57 735 BRT zu reduzieren. Am 22. Mai 1918 verlegte *UC 49* von Helgoland nach Zeebrügge. Die beiden Flandern-Flottillen hatten schwere Verluste hinnehmen müssen. Allein vom Januar bis Ende Juni 1918 kehrten 20 Boote, darunter acht UC-Minenleger, nicht mehr von der Feindfahrt zurück. Wegen schwerer Havarien mußten *UC 48* und *UC 56* spanische Häfen anlaufen und wurden interniert. *UC 11, UC 64* und *UC 79* gingen durch feindliche Minentreffer verloren. Britische Zerstörer versenkten *UC 50* und *UC 75, UC 78* blieb verschollen. Die Gesamtverluste betrugen im ersten Halbjahr 1918 41 Boote, wobei der Mai mit einem Verlust von 15 Booten zum schwarzen Monat der Kaiserlichen U-Boot-Waffe wurde. Die Differenz zwischen Ersatzbauten und Verlusten vergrößerte sich zusehends. Im gleichen Maße verringerten sich die alliierten Verluste. Im Juni 1918 sank die Zahl auf 268 505 BRT (262 858). Obwohl sie im Juli und August nochmals geringfügig anstieg, fiel sie im September auf den Tiefstand von 171 927 BRT (191 495). Das bedeutete gegenüber den ursprünglich geforderten 600 000 BRT eine Verringerung auf weniger als ein Drittel. Zeitgleich übertraf im zweiten Quartal 1918 der alliierte Handelsschiffneubau die durch U-Boote verursachten Verluste. Um das Geleitsystem erfolgreich bekämpfen zu können, wäre der Gruppeneinsatz von Booten notwendig gewesen – entsprechende Überlegungen gab es bereits, die allerdings erst im Zweiten Weltkrieg als Rudeltaktik wirksam wurden. Weder die vorhandene Bootszahl noch die Kommunikationsmöglichkeiten oder notwendige Aufklärung ließen jedoch zu diesem Zeitpunkt diese Taktik zu. So operierten die Boote weiter einzeln, ohne die Versorgung Großbritanniens ernsthaft zu gefährden. Die Hoffnung des deutschen Admiralstabs mit dem scho-

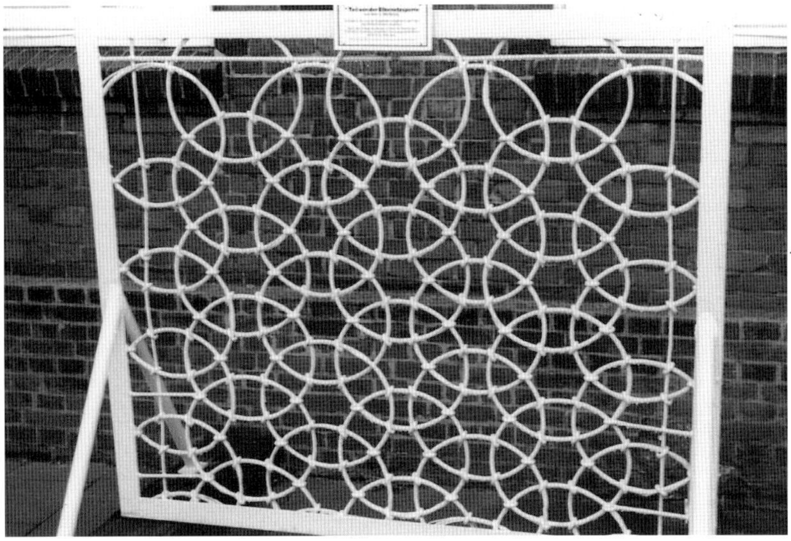

Teil eines Sperrnetzes im Wrackmuseum.
(Bernd Oesterle)

nungslosen Einsatz sämtlicher Boote noch eine Wende herbeizuführen, schwand endgültig im Sommer 1918 mit der Einführung des Konvoisystems in der Küstenfahrt. Am 20. Juni 1918 geriet *UC 64* in die Minensperre der Doverenge und ging verloren. Dasselbe Schicksal erlitt am 29. August 1918 *UB 109*. Von diesem Zeitpunkt ab war die Straße von Dover für die deutschen U-Boote gesperrt. Bereits Ende 1917 hatten die Engländer an einen tiefgestaffelten Minensystem mit Richtung Folkstone – Cap Gris Nez begonnen, um den Kanaleingang zu schließen. Der Minenwall bestand aus parallel verlaufenden Minenreihen, die stufenförmig angeordnet waren. Um nächtliche Durchfahrten über Wasser zu verhindern, erleuchteten starke Scheinwerfer das Gebiet, und ständig patrouillierten Zerstörer. Als letztem Boot gelang es *UB 88*, am 11. August 1918 die Sperren unbeschadet zu überwinden. Die Unpassierbarkeit der Dover-Straße hatte nicht nur den Verlust von sieben Booten zur Folge; es gab auch nachhaltige strategische Auswirkungen. Um nun von Flandern aus zu den südwestlichen Gebieten der Britischen Inseln und nach Frankreich zu gelangen, mußte der zeit- und brennstoffraubende Weg um Schottland genommen werden. Um den deutschen Booten auch diese Möglichkeit zu versperren, faßten die Amerikaner den Plan, die Durchfahrt zwischen den Orkneys und Norwegen durch Minen zu blockieren. Diese Sperrlinie von rund 250 Seemeilen hätte aus 200 000 Minen bestanden, die selbst die amerikanischen Streitkräfte nicht aufbringen konnten. So behalf man sich mit neuartigen Antennenminen, von denen etwa nur ein Drittel der ursprünglichen Minenkapazität benötigt wurden.

Bei der Antennenmine mußte das Boot nicht mehr den Minenträger direkt berühren. Ein Kontakt mit den Antennen genügte bereits, um eine Explosion auszulösen. Der Minenkörper befand sich in der Mitte zwischen der oberen Kupferantenne, die mit einer Boje verbunden war, und der unteren, die als Kupfermantel um das Ankerseil gelegt war. Die Ladung bestand aus 200 kg TNT. Berührte das U-Boot eine der beiden Antennen, floß ein galvanischer Strom, der über ein Relais den Zündmechanismus auslöste. Die Länge der oberen Antenne betrug zunächst 35 m, wurde aber später gekürzt, weil die Sprengentfernung zum Objekt zu groß war und die Wirkung minderte. Mit dem Auslegen der sogenannten Northern Barrage wurde Anfang März 1918 begonnen. Bis Kriegsende waren über 70 000 Minen ausgebracht worden. Es gab drei Sektoren. Der westliche Sektor B riegelte die Fair Isle-Durchfahrt zwischen den Orkneys und den Shetlands ab. Der mittlere Teil, als Sektor A bezeichnet, lief nach Nordosten und hatte eine Ausdehnung von ca. 130 Seemeilen. Sektor C reichte bis zu den norwegischen Hoheitsgewässern auf Höhe von Utsire. Die mit enormem Aufwand errichtete Sperre brachte aber nicht den gewünschten Erfolg. Nur der Verlust von vier Booten kann als gesichert gelten. Manchmal war es für die alliierten Minenleger gefährlicher als für die deutschen Boote, weil viele Minen schon beim Auslegen detonierten. Zahlreiche Frühdetonierer infolge von Stürmen rissen große Lücken. Immer wieder berichteten deutsche Kommandanten von Minenexplosionen während des Durchbruchs. Britische Einheiten hatten im Gebiet von Flamborough Head weitere Minenfelder gegen die Flandernboote ausgelegt, die dort den von Skandinavien nach dem Humber und der Themse laufenden Konvois auflauerten. Diese Maßnahmen blieben gänzlich wirkungslos, denn die deutschen Boote operierten weiter auf diesem Schiffahrtsweg. Im August 1918 kehrte *UC 49* von einer Unternehmung im Kanal nicht mehr zurück. *UC 70* wurde bei Whitby vernichtet. Mit dem Rückzug der 4. Armee hinter den Lys-Kanal im Oktober 1918 war

Das Ende – rechts ein U-Boot-Körper der Serie UC 119-138 bei Blohm & Voß.
(Wiss. Inst. für Schiffahrts- und Marinegesch.)

auch die Aufgabe der Flandernstützpunkte verbunden. Das war aber bereits bedeutungslos, weil die Reichsregierung nach Forderungen des US-Präsidenten den Handelskrieg mit U-Booten einstellte. Am 20. Oktober 1918 erhielten alle in See stehenden Boote den Rückruf. Zuvor verlegten die in Flandern stationierten Boote, darunter *UC 17, UC 31* und *UC 71*, zur I. U-Flottille nach Helgoland. Das unklare *UC 4* wurde gesprengt. Die in den Heimatstützpunkten liegenden Boote sollten zu einem letzten Einsatz zur Unterstützung der Hochseeflotte auslaufen. Der Admiralstab beabsichtigte, in die Hoofden vorzustoßen, um in einer letzten Entscheidungsschlacht doch noch eine Wende herbeizuführen. Die auf den 30.Oktober festgesetzte Operation scheiterte am Widerstand der Matrosen und Heizer auf einigen Linienschiffen und Kreuzern. Von den ausgelaufenen U-Booten meldete lediglich *UC 58* die Sichtung eines feindlichen Panzerkreuzers, wurde aber danach zusammen mit den anderen Booten in die Wartestellung zurückgerufen.

Gemäß den Waffenstillstandsbedingungen mußten die deutschen U-Boote nach Kriegsende in Staffeln nach Harwich an der englischen Ostküste ausgeliefert werden.

Der Minenkrieg in der Ostsee

Der Kriegsausbruch 1914 war in den östlichen Gewässern mit einer Vielzahl von offensiven und defensiven Minenunternehmungen verbunden. Um das Eindringen von britischen Seestreitkräften in die Ostsee zu verhindern, verminten deutsche Verbände den Großen und den Kleinen Belt. Weitere Einsätze betrafen den Zugang zum Finnischen Meerbusen und den Hafen Libau, um die russische Flotte abzuwehren. Eine Hauptaufgabe der Ostseestreitkräfte war die Sicherung der Erzzufuhr aus Schweden.

Die russische Seite riegelte mit umfangreichen Minensperren den Finnischen Meerbusen gegen mögliche deutsche Flottenvorstöße ab. Bereits im Juli 1914 waren im Eingang zum Finnischen Meerbusen 2 200 Minen ausgelegt worden. Die als Zentralposition bezeichneten Sperren wurden bei Kriegsausbruch durch die sogenannte 1. Position in Höhe

UC 97 wurde mit der 3. Staffel an England ausgeliefert. (Wiss. Inst. für Schiffahrts- und Marinegesch.)

von Dagö, ergänzt. Weitere Winkelsperren verstärkten die Zentralposition. Die Hauptverteidigungslinie wurde 1915 auf die 1. Position verlegt und die Minenzahl auf 4 000 erhöht. Anschließend begann die Balitische Flotte mit einer Reihe von offensiven Minenunternehmungen. Zwischen Oktober und Dezember 1914 legte man vor der deutschen Ostseeküste bis auf Höhe Danzig annähernd 1 200 Minen aus, auf denen über ein Dutzend deutsche Handelsschiffe und der Panzerkreuzer FRIEDRICH CARL sanken. Jedoch auch der Gegner mußte Verluste hinnehmen. So sicherte sich *U 26* am 11. Oktober 1914 mit der Versenkung des Panzerkreuzers PALLADA durch UT-Heckschuß den ersten Erfolg; 568 Mann gingen mit dem Schiff unter. Zusammen mit *U 23* und *U 25* gehörte *U 26* zur neu aufgestellten V. U-Halbflottille[10] in Danzig. Eine Woche später drangen die ersten britischen U-Boote *E 9* und *E 1* durch den Sund in die Ostsee ein. Sie steuerten Libau an und verlegten Ende Oktober nach Lapvik. Anschließend übernahmen sie die Flankensicherung eines russischen Minenverbandes, der aus den Panzerkreuzern RJURIK, ADMIRAL MAKAROW, BAJAN und dem Minenleger ENISEJ (06;2926;1-12 cm;11-7,5 cm; 250 M) bestand. Letzteren deckten die Kreuzer OLEG und BOGATYR. Das Operationsziel war die Danziger Bucht, deren Verminung mit 424 Minen nicht den gewünschten Erfolg brachte. Nur ein Frachter und zwei Minensucher erlitten Schäden. Im Januar 1915 weitete die russische Admiralität die Minenoffensive bis vor Rügen aus. Östlich von Bornholm wurden die Kreuzer AUGSBURG und GAZELLE beschädigt. Vor Memel ging Anfang April 1915 der Minensucher *T 57* (09;152;1-5cm;2 TR) unter. Zwei Wochen später verlegte das Minenschiff DEUTSCHLAND (09; 2847;4-8,8 cm; 420 M) als Gegenmaßnahme auf den russischen Auslaufwegen nordwestlich von Dagö eine Sperre von 180 Minen. Treibeis verhinderte das Ausbringen zwei weiterer Felder. Am 7. Mai 1917 fiel Libau in deutsche Hand. Trotz intensiver Räumarbeiten gelang es nicht, alle russischen Minen vor Libau zu orten. Deshalb erhielt das Torpedoboot *S 128* einen Minentreffer. *V 107* lief ebenfalls auf eine Mine und ging verloren. Nach Umbau wurde

Russischer Panzerkreuzer RJURIK. (Bernd Oesterle)

Libau die wichtigste Basis der Ostseestreitkräfte, die einen zähen Kleinkrieg besonders in der Irben-Straße, im Norden der Schäreneinfahrten zur Aaland-See und im Bottnischen Meerbusen führten. Am 4. Juni 1915 gelang es *U 26*, westlich von Baltisch Port den russischen Minenleger ENISEJ durch UT-Schuß zu versenken. Nur 21 Mann von etwa 200 konnten sich retten. Dem Gegner gelang es, den deutschen Minenkreuzer Albatros zu versenken. Die Briten entsandten weitere U-Boote bis Oktober 1915 in die Ostsee, darunter *E 8, E 18* und *E 19*. Dazu kamen noch vier Boote der C-Klasse. Um der feindlichen U-Boot-Gefahr zu begegnen und den Verlust von *U 26* auszugleichen, sah sich die deutsche Flottenführung gezwungen, Boote aus den westlichen Gewässern abzuziehen. Deshalb verlegten bis Oktober 1915 *U 9, U 10, U 17, U 66, UB 5* und mit *UC 4* auch eines der neuen Minen-U-Boote vom Typ UC I zur V. U-Halbflottille. Das Boot sollte seine Minen hauptsächlich in die Schärenausfahrten des Gegners legen. Am 25. Juli 1915 machte *UC 4* unter Oblt. z. S. Vesper in Libau fest. Mit dem Auslegen seiner zwölf Minen am 4. August in die Fahrwasser südlich der Insel Oerö begann der Minenkrieg mit U-Booten in der Ostsee. In diese Sperre geriet der russische Minenleger LADOGA am 15. August und sank nach drei Stunden. Zuvor hatte das Schiff mit 800 Minen die Einfahrt zum Bottnischen Meerbusen verseucht. Eine Woche später mußte *UC 4* bei Utö wegen einer Havarie gestoppt liegenbleiben. Das auf der Lauer liegende *E 9* feuerte drei Torpedos ab, die ihr Ziel verfehlten. Zwischenzeitlich gab es eine Reihe von Einsätzen, u.a. von Einheiten der Hochseeflotte in der Irben-Straße. Dabei erhielt der Schlachtkreuzer MOLKTE einen Torpedotreffer vom britischen U-Boot *E 1*. Nach weiteren ergebnislosen Unternehmen ging man wieder verstärkt zum Minenkrieg über. Auf der von *UC 4* Mitte September vor der Nordeinfahrt des Moon Sundes ausgebrachten Sperre sank der russischen Minensucher *N 1*. Währenddessen verminten russische Zerstörer die Irben-Straße und versenkten zwei Blockschiffe, um deutsche Verbände daran zu hindern, in die Rigaer Bucht vorzudringen. So konnten russische Schiffe, u.a. die SLAVA, den ungestörten Beschuß deutscher Truppen von See her fortsetzen. Die ersten Sperren im Rigaer Meerbusen entstanden

Der russische Minenleger ENISEJ konnte 250 Minen an Bord nehmen. (Archiv Verfasser)

bereits im Oktober 1914. Im Sommer 1915 verstärkten die Russen diese Sperren, um die Flanken ihrer Truppenverbände vor der deutschen Flotte zu schützen. Mitte August 1915 gelang den deutschen Verbänden der Durchbruch durch die Irben-Straße. Die Wasserstraße zwischen Gotland und Kurland wurde durch einen ausgedehnten Minengürtel verengt. *UC 4* verseuchte zusätzlich die Auslaufwege der Baltischen Flotte. Wegen der Verlegung mehrerer Verbände für den Geleit- und Patrouillendienst war die deutsche Seekriegführung gezwungen, in der Ostsee defensiv vorzugehen. Zur Sicherung der Linie Östergarn – Lyserort legte man im Oktober 1915 drei Sperren mit insgesamt 1 210 Minen. Dahinter lag eine schwach besetzte Vorpostenlinie. Begünstigt durch die länger werdenden Nächte verstärkten beide Seiten ihre Minentätigkeit. So verminte *UC 4* Anfang November zusätzlich die Wege nordöstlich von Utö, ohne daß die Sperre wirksam wurde. Am 10. November liefen zwei russische Schlachtschiffe und vier Kreuzer mit Minen an Bord von Oerö aus. Ziel der Operation war die Errichtung einer umfangreichen Sperre südlich von Gotland. Der erhoffte Erfolg blieb aus, lediglich der Kleine Kreuzer Danzig erhielt einen Treffer am Achterschiff. Auch russische U-Boote waren an der Offensive beteiligt. Um unbemerkt vor Danzig und Libau Minen auszulegen, rüstete man drei U-Boote zu provisorischen Minenlegern um. Bars und Vepr mit 650/780 t erhielten acht, Akula mit 370/475 t vier Minen. Akula sollte eine kurze Sperre vor Libau legen, kehrte aber von diesem Einsatz nicht mehr zurück. Letztmalig wurde es am 29. November vor Ösel gesichtet. Vermutlich geriet es in die deutschen Minenfelder vor Lyserort. Erfolgreicher operierten russische Zerstörer, die Mitte Dezember 1915 dicht unter der Küste zwischen Libau und Lyserort ihre Minen ablegten. Darauf sanken die Torpedoboote *S 177* und *V 191*, der Kleine Kreuzer Bremen und das Vorpostenboot Freya (08;256). Die einsetzende Vereisung beendete die Operation. Deshalb gab es auch keine Aufgaben mehr für *UC 4*. Es verlegte im Dezember nach Kiel und kam Anfang Februar 1916 zur U-Flottille Flandern, wo es fünf Einsätze fuhr. Mit Beginn der bereits zeitig einsetzenden Eisschmelze in der Ostsee Ende März 1916 kehrte *UC 4* über Kiel nach Libau zu den Ostseestreitkräften zurück. Wieder standen die Auseinandersetzungen um die Rigaer Bucht im Mittelpunkt. Die russische Seite ergriff energische Maßnahmen, um den Fall von Riga zu verhindern. Nach Luftaufklärung der Eisverhältnisse gingen Ende März 1916 die bewaffneten Eisbrecher Gerkules (09;528;2-7,5 cm), Vladimir (02;232;2-7,5 cm) und Libavskij Nr. 2 (13;-) sowie der Minenleger Amur (07;2926;3-12 cm;240 M) in See. Der Verband sammelte sich bei Werder östlich von Moon. Hier hatte auch die Slava den Winter verbracht. Das Halten der Moon-Sund-Position war eine der wichtigsten Aufgaben der Baltischen Flotte. Russische Verbände begannen am 23. April mit dem Minenlegen in der Irben-Straße. Im Laufe des Jahres waren es dann annähernd 6 000 Minen, vor allem im südlichen Gebiet der kurländischen Küste. Auf deutscher Seite warfen die Minenschiffe Deutschland und Rügen (14;1894;153 M) sowie die Kreuzer Augsburg und Strassburg (11;5281;12-10,5 cm) in mehreren Einsätzen bis Anfang Mai 1916 zwischen Dagö und den Stockholmer Schären insgesamt 3 485 Minen. Am 12. Juli wurden die Sperren bis zur schwedischen Küste bei Hufvudskär verlängert. Deshalb mußte die russische Marineführung nun vermehrt U-Boote zur Bekämpfung des deutschen Handelsverkehrs einsetzen. Um die Kurse der deutschen Konvois aufzuklären, gingen Mitte Mai 1916 die beiden britischen Boote *E 9* und *E 19* sowie das russische Volk in See. Während die Briten keine Ziele fanden, versenkte Volk am 17. Mai in der Norköpping-Bucht die Frachter Hera (89;2800), Kolga (03; 2086) und Bianca (07;1054). Von einer weiteren Unternehmung Ende Mai 1916 mit Bars, Gepard, *E 1*, *E 8* und *E 18* kehrte letzteres nicht zurück. Es fiel am 27. Mai der deutschen U-Falle *K* (14;1768) zum Opfer. Auf deutscher Seite erhielt die Halbflottille *UB 20, UB 30, UB 31, UB 32* und *UB 33* als Ersatz für die abkommandierten bzw. verlorengegangenen *UA, U 9, U 10, U 17. UB 33* klärte die russischen Minenfelder vor dem Finnischen Meerbusen auf. Das bislang einzige Minenboot *UC 4* warf Ende Mai 1916 zwölf Minen vor dem Westausgang der Rigaer Bucht. Obwohl erfolglos, setzte das Boot im August seine Tätigkeit in diesem Seegebiet fort. Diesmal sollte die Nordeinfahrt zum Moon-Sund blockiert werden. Russische Funksprüche meldeten die vorzeitige Entdeckung und Entschärfung der Minen. Von Ende Juli bis Mitte September gab es auf beiden Seiten verstärkte Anstrengungen, die Irben-Straße jeweils für sich zu gewinnen, mit wechselnden Erfolgen. Ende September 1916 eröffnete die deutsche Flottenführung eine neue Minenoffensive gegen den Finnischen Meerbusen. Für diese Einsätze

Die Verluste der UC-Boote in der Deutschen Bucht und in der Ostsee.

standen die neuen *UC 25* und *UC 27* vom Typ UC II zur Verfügung. *UC 25* begann am 29. September, zuerst die Schäreneinfahrten östlich von Lagsklär zu verminen. Diese Sperre ergänzte die am Vortage von Torpedobooten der X. Flottille nördlich von Bogskär gelegte Sperre. Anfang Oktober verseuchte *UC 27* die westlichen Fahrwasser vor Reval mit 18 Minen. Bei Kap Tachkona passierte *UC 25* die zuvor von *UB 33* erkundete Sperrlücke, um am 19. Oktober vor der Kronstädter Bucht Minen zu legen. Eine Woche später brachte *UC 27* vor der Insel Hochland 16 Minen aus. Zwei weitere Minen warf das Boot auf dem Rückmarsch in die Ansteuerung von Reval. Bereits am 19. Oktober geriet das russische Vermessungsschiff Jug (15;75) in die Sperre von *UC 25* und sank. Die Minen von *UC 27* versenkten am 28. Oktober den Zerstörer Kazanec und am 22. November den Minensucher Fugas. Die Sperre bei Nargön verursachte den Untergang des Truppentransporters Buki. Der Zerstörer Letun verlor das Achterschiff am 7. November durch eine Mine nördlich von Reval. Auf die bei Hochland ausgebrachten Minen lief der Panzerkreuzer Rjurik und fiel für ein halbes Jahr aus. Mit dem Untergang des russischen Minensuchers Scit am 6. Dezember im Soelo-Sund durch eine von *UC 25* im November gelegte Sperre endete der Minenkrieg 1916. Der folgende strenge Winter dauerte bis in den Mai 1917. Obwohl die Baltische Flotte in Reval und Helsingfors noch vom Eis eingeschlossen war, begann man frühzeitig auf deutscher Seite mit der Erneuerung und Erweiterung der Minensperren. Die Minenschiffe Deutschland, Nautilus und der Zerstörer *V 77* legten vom 18. bis 26. April 2 227 Minen aus. In der darauf folgenden Woche setzte *UC 78* die Verminung fort. Das seit dem 21. März zur U-Flottille Kurland gehörende Boot verminte am 7. Mai das Schärengebiet südlich der Aaland-Inseln. Im August lief das russische Torpedoboot Lejtenant Burakov auf die Sperre und sank. Als Ersatz für die nach Pola kommandierten

UC 25 und *UC 27* traf im April 1917 *UC 79* in Libau ein und bildete nun mit *UC 78* und *UB 33* vorläufig die U-Flottille Kurland. Alle anderen Einheiten waren wegen des uneingeschränkten U-Boot-Krieges vom östlichen Kriegsschauplatz abgezogen worden. Als jedoch klar wurde, daß sich trotz der russischen Februarrevolution die Lage in der Ostsee nicht entspannte, sondern die Baltische Flotte sogar verstärkt wurde und ihre Tätigkeit intensivierte, verlegten bis Juli 1917 die Minenboote *UC 57, UC 58* und *UC 59* nach Kurland. Mit dem Rückgang des Eises konzentrierten sich die neuen Boote auf den Schiffsverkehr im Bottnischen Meerbusen. Hier versenkte *UC 58* bereits bei der ersten Unternehmung zehn Schiffe mit Bannware und brachte drei Frachter als Prise auf. *UC 57* fielen im Juni fünf Schiffe zum Opfer. Bis auf die beiden britischen Prisen handelte es sich nur um kleinere Fahrzeuge. Darüber hinaus verzeichnete *UC 58* im November einen Minenerfolg mit der Versenkung des russischen Torpedobootes BDITELNYJ. Wegen der gut ausgebauten deutschen U-Boot-Abwehr waren die Erfolge des Gegners gering. Nur VEPR konnte am 8. August den Dampfer FRIEDRICH CAROW (54;873) im Bottnischen Meerbusen versenken. Zwei Boote gingen verloren, im Juni 1917 die LVICA (15;620;1-5,7 cm;4 TR) und einen Monat später das neue *AG 14* (16;330;1-4,7 cm;4 TR). Im August und September 1917 konzentrierten sich die Kämpfe auf die Rigaer Bucht und Riga. Die UC-Boote hatten die Aufgabe, das Eindringen russischer Kriegsschiffe in den Moon Sund zu verhindern. Bei den Räumarbeiten lief der russische Minensucher ILJA MUROMEC nordwestlich von Worms auf eine Mine von *UC 59* und sank. Trotz hartnäckiger Verteidigung konnten die Russen Riga nicht halten. Deutsche Verbände besetzten die Stadt am 3. September. Am nächsten Tag folgte Dünamünde, das die Kurland-Flottille sofort als Stützpunkt ausbaute. Im September erhielt die Flottille mit *UC 58* und *UC 60* erneute Verstärkung. Nach Verlegung von *UC 79* nach Flandern standen am 1. Oktober 1917 sechs moderne Minenboote zur Verfügung. Als nächstes folgte die Eroberung der Baltischen Inseln. In einer größeren amphibischen Operation eroberten deutsche Truppen vom 11. bis 20. Oktober 1917 mit Unterstützung von Teilen der Hochseeflotte und der Ostseestreitkräfte die der Rigaer Bucht vorgelagerten Inseln. Die deutschen Kriegsschiffe kämpften die Landbatterien nieder und ermöglichten so die Landung. Das Linienschiff SLAVA und der Zerstörer GROM (15;1260;2-10,2 cm) sanken. Unterstützt wurde die Operation auch durch UC-Boote. *UC 56* und *UC 59* lagen auf Wartestellung, um die auf dem Rückmarsch befindlichen russischen Seestreitkräfte nördlich des Moon-Sundes zu bekämpfen. Beide Boote kollidierten am 22. Oktober, wobei sich *UC 59* das Sehrohr beschädigte, so daß es den Rückmarsch antrat. *UC 60* erhielt den Befehl, den Nuckö-Worms-Kanal zu verminen. Nach dem Legen einer Teilsperre in der Nacht des 12. Oktober nahm das Boot Kurs auf Odensholm. Kurz nach Mitternacht rammte *UC 58* das Boot an Backbord. Trotz eines beschädigten Tiefenruders blieb es auf seiner Position. Danach steuerte *UC 58* den Moon-Sund an, um 18 Minen zu werfen. Von Dünamünde aus liefen *UC 57* und *UC 78* in das Gebiet südlich des Moon-Sundes ohne Schußgelegenheiten zu bekommen. Die russischen Verbände erreichten ohne weitere Verluste ihre Stützpunkte Reval und Helsingfors. Nur der deutsche Minensucher *T 66* geriet auf eine eigene U-Boot-Mine und sank. Von den gegnerischen U-Booten kam lediglich das britische *C 27* zum Erfolg. Nach zwei Fehlschüssen auf einen Linienschiffsverband traf der dritte Torpedo das Räumbootmutterschiff INDIANOLA (12;4566) mittschiffs. Es mußte eingeschleppt werden. Die in See befindlichen *E 9, E 19, C 32, C 35,* VEPR, RYS und GEPARD hatten keinen Erfolg. GEPARD blieb spurlos verschwunden. Der letzte Kriegsverlust in den östlichen Gewässern war *UC 57.* Das Boot hatte Danzig am 12. November 1917 verlassen, um Soldaten, Waffen und Munition zur Unterstützung des finnischen Freiheitskampfes zur Insel Hamnskär zu bringen. Es traf am 17. November ein, löschte die Fracht und trat am nächsten Morgen den Rückmarsch an. Es kehrte von dieser Transportfahrt nicht mehr zurück.

Am 7. Dezember 1917 trat der Waffenstillstand zwischen Rußland und den Mittelmächten in Kraft. Drei Tage später wurde die U-Flottille Kurland aufgelöst, und die noch in der Ostsee verbliebenen Boote wurden an die Westfront verlegt.

Die Minen-U-Boote im Mittelmeer

Am 3. Dezember 1915 lief vor Valona an der albanischen Küste der italienische Transportdampfer Re Umberto auf eine Mine und sank. Es war der erste Schiffsverlust in den mediterranen Gewässern durch eine U-Boot-Mine. Die Sperre stammte von *UC 14*. Es gehörte zusammen mit *UC 13* und vier Einheiten vom Typ UB I zu den Booten, die ab Frühjahr 1915 im zerlegten Zustand per Bahn zum österreichischen Kriegshafen Pola transportiert worden waren. Der Zusammenbau dauerte etwa 14 Tage. Die Boote verstärkten die deutsche Mittelmeerdivision, die der türkischen Dardanellenfront Entlastung bringen sollte. Nach der Kriegserklärung Frankreichs und Großbritanniens an die Türkei am 5. November 1914 versuchten alliierte Seestreitkräfte seit Februar 1915 mit amphibischer Unterstützung, den Weg ins Schwarze Meer zu öffnen. Statt der erwarteten Mineneinsätze mußten die UC-Boote von Juli bis September zunächst dringend benötigte Waffen und Munition nach Konstantinopel transportieren. Der Nachschub mit U-Booten war notwendig geworden, weil die Landverbindung zwischen Deutschland und der Türkei unterbrochen war. Um diese Aufgabe zu lösen, erhielten die Boote anstelle der Minenschächte ein speziell konstruiertes Vorschiff, das eine Ladung von 30 t Kriegsmaterial erlaubte. Die Versorgungsfahrten nach Kleinasien und an den Bosporus verliefen ohne Zwischenfälle. Dabei versenkte *UC 13* am 26. August 1915 vor Orak einen italienischen Segler. Für den Fall eines Einsatzes gegen italienische Schiffe erhielten die UC-Boote k.u.k. Bootsnummern. Das Deutsche Reich hatte die diplomatischen Beziehungen zu Italien abgebrochen, aber der Kriegszustand trat erst am 28. August 1916 ein. Italien hatte dagegen schon am 24. Mai 1915 der Donaumonarchie den Krieg erklärt. Seitdem betrachtete Deutschland den abgefallenen Bündnispartner als künftigen Gegner. Deshalb operierten *UC 13* unter österreichischer Flagge als *U 25, UC 14* als *U 18* und *UC 15* als *U 19*. Der Kriegseintritt Italiens veränderte nicht nur das Kräfteverhältnis im Mittelmeergebiet zu ungunsten der Mittelmächte, sondern hatte vor allem auch strategische Nachteile. Durch die nahegelegenen Stützpunkte Brindisi auf italienischer und Valona auf albanischer Seite beherrschten die Alliierten den Zugang zur Straße von Otranto. So blieb die österreichische Flotte in der Adria eingeschlossen und fiel für die Mittelmeerkriegführung weitgehend aus. Die schweren Einheiten mußten sich für die Dauer des Krieges auf gelegentliche Vorstöße an die italienische Adriaküste beschränken. Deshalb erlangten die wenigen U-Boote der Mittelmächte zunehmende Bedeutung. Zu diesem Zeitpunkt gelang es nur Tauchbooten, die bewachte Meerenge in Überwasserfahrt bei Nacht zu passieren. Später verstärkte sich die Überwachung, und Netzsperren zwangen die Boote zur Unterwasserfahrt. Als sich die Einstellung des U-Boot-Krieges um Großbritannien im September 1915 abzeichnete, entsandte die deutsche Marineführung weitere U-Boote ins Mittelmeer. Nach *U 21*[11] verlegten auch mit *U 34, U 35, U 38, U 39* vier MS-Boote und der Minenleger *UC 12* (k.u.k. *U 24*) zur U-Halbflottille Pola, die am 1. Juli 1915 aufgestellt wurde. Zusammen mit den Booten vom Typ UB I sollten die alliierten Dardanellenkräfte von ihren Seeverbindungen abgeschnitten werden. Doch schon bald zeigte sich, daß der Handelskrieg im Mittelmeer aussichtsreicher als in den britischen Gewässern war. Begünstigt durch das bessere Wetter und die Sichtverhältnisse sowie einer unterentwickelten U-Boot-Abwehr stiegen die Versenkungszahlen rapide an. Außerdem gab es wegen fehlender Passagierdampferlinien von und nach den Vereinigten Staaten keine unmittelbare Konfrontation mit den Amerikanern. Am 27. Juni 1915 wurde *UC 12* in Pola in Dienst gestellt. Es führte im Zusammenhang mit dem inzwischen auf beiden Seiten der Adria aufgenommenen Minenkrieg zunächst für die k.u.k. Kriegsmarine im Juli und August zwei kurze Unternehmungen vor Tarent durch. Danach rüstete man das Boot in Pola für Transportzwecke um. Zwischenzeitlich kehrte *UC 14* vom Bosporus nach Pola zurück. Im Arsenal erfolgte der Rückbau des Vorschiffes mit sechs Schächten für je zwei Minen. Am 20. November legte das Boot vor Valona seine ersten zwölf Minen. Bis Mitte April 1916 verzeichnete *UC 14* insgesamt zehn Einsätze vor Brindisi, Korfu und mehrheitlich vor Valona, wo am 4. Dezember 1915 der italienische Zerstörer Intrepido nach Minentreffer unterging. Das gleiche Schicksal erlitten auch die Frachtschiffe Re Umberto und Brindisi. Auf den taktisch gut angeordneten Sperren sanken am 8. Januar 1916 vor Brindisi der italienische Hilfskreuzer Citta di Palermo und drei britische Drifter[12]. Vor Korfu erwischte es am 20. März 1916 ein französisches Bewachungsfahrzeug. Beeindruckt von diesem Resultat, verfolgte die Flottillenführung in Pola mit Nachdruck die rasche Umrüstung von

UC 12, das am 23. Dezember 1915 von seiner Transportfahrt an die nordafrikanische Küste zurückgekehrt war. Bereits am 14. Februar 1916 konnte das Boot mit seinen neuen Minenschächten von Cattaro zur Unternehmung nach Durazzo auslaufen. Es folgten zwei weitere Operationen u. a. vor Brindisi. Diesmal verloren die Alliierten zwei Frachtschiffe und drei Drifter. Mitte März 1916 kehrte das Boot von einem Einsatz vor Tarent nicht mehr zurück. Das war ein empfindlicher Verlust für die U-Flottille Pola[13], denn jetzt stand nur noch *UC 14* für Minenaufgaben zur Verfügung. *UC 13* und *UC 15* wurden nach Ankunft am Bosporus der U-Halbflottille Konstantinopel unterstellt. Als Ausgleich verlegte *U 73* vom Typ UE I in die Adria. Auf der Überführungsfahrt warf das Boot am 17. April 1917 zwölf Minen in die Einfahrt von Lissabon. Noch am selben Tag sank der norwegische Frachter Terje Viken (02;3579). Die verbleibenden Minen legte *U 73* zehn Tage später vor La Valletta auf Malta. Der Sperre fielen das britische Linienschiff Russel (01;14200;4-30,5 cm;12-15 cm) und das Kanonenboot Nasturtium (15;1250;2-12 cm) zum Opfer. Einen Tag später folgte die Yacht Aegusa (96;1242). Am 30. April 1916 machte *U 73* in Cattaro fest. Im September folgte *U 72*. Als Folge des »Sussex«-Zwischenfalls stellte der deutsche Admiralstab am 24. April 1916 erneut den U-Boot-Krieg gegen die Britischen Inseln ein. Nun rückte der Nebenkriegsschauplatz Mittelmeer in den Mittelpunkt des Interesses. Deshalb verlegte ein Teil der frei werdenden U-Boot-Kräfte nach Süden. Bis Ende 1916 machten sich sechs MS-Boote und sechs UB-II-Boote auf den Weg. Auch der Minenkrieg sollte ausgedehnt werden, und so folgten bis Januar 1917 *UC 20, UC 22, UC 23, UC 34, UC 35, UC 37* und *UC 38* vom Typ UC II. Während der Überführung verzichtete man auf die Minen. Stattdessen sollten die Kommandanten je nach Gelegenheit Handelskrieg führen. *UC 20* erhielt einen Sonderauftrag. Anstelle der Schächte hatte das Boot Laderäume, in denen eine siebenköpfige Landungsgruppe mit Ausrüstung und Material untergebracht war. Die Soldaten sollten an der westmarokkanischen Küste auf der Höhe von Lanzarote abgesetzt werden, was wegen der starken Brandung nur teilweise gelang. Nach über 6 000 Seemeilen und 54 Tagen in See erreichte das Boot am 11. September 1916 mit leergefahrenen Treibölbunkern Cattaro. Die Minenleger wurden dringend erwartet, da *UC 14* im Sommer durch längere Werftliegezeit ausgefallen war. Nach dessen Instandsetzung operierte das Boot vor Bari und Valona. Auf den am 16. April 1916 gelegten Sperren sank am 11. Dezember 1916 das italienische Linienschiff Regina Margherita.

Nach dieser Unternehmung stellte *UC 14* außer Dienst. Zerlegt erreichte es am 14. November 1916 per Bahn Ostende. In Flandern gab es für die störanfälligen UB- und UC-I-Boote ausreichende Werftkapazitäten, die in den Adria-Stützpunkten den größeren Booten vorbehalten sein mußten. Mit der Ankunft der neuen Minenleger konnte die U-Flottille Pola nun auch Minenkrieg führen. Die größeren Boote *U 72* und *U 73* operierten im westlichen bzw. östlichen Mittelmeer. Die erste Minenunternehmung führte *UC 22* am 25. November 1916 nach Malta. Dort legte das Boot 18 Minen und ging anschließend zur Handelskriegführung über. Dabei fielen dem Boot zwei britische und ein französischer Transporter zum Opfer, von dem sieben Überlebende geborgen und an Bord genommen wurden. Fünf Tage vor *UC 22* lief *UC 23* von Cattaro in Richtung Bosporus aus. Dort mußte die U-Halbflottille Konstantinopel im November auch *UC 15* auf die Verlustliste setzen, nachdem schon *UC 13* verloren gegangen war. Auf seinem Anmarschweg warf *UC 23* je sechs Minen in der Suda-Bucht und vor Candia. Mit den restlichen Minen verseuchte der Kommandant die Fahrwasser vor Melos. Dieser Einsatz kostete die Alliierten am 29. November bzw. 31. Dezember zwei Frachtschiffe. Am 6. Dezember lief *UC 23* in Konstantinopel ein und wurde von der U-Halbflottille übernommen.

Der vermehrte Ausstoß von Booten des Typs UC II zwischen November 1916 und Januar 1917 mit 29 Einheiten bei nur zwei Verlusten (*UC 15* und *UC 19*) ermöglichte dem Admiralstab die Verlegung von weiteren Einheiten zum Mittelmeer. So standen bis zur Jahresmitte 1917 in Pola *UC 24, UC 25, UC 27, UC 52, UC 53, UC 54, UC 73* und *UC 74* für eine Ausweitung des Minenkrieges zur Verfügung. Im März 1917 führte *UC 22* erneut zwei Fahrten im zentralen Mittelmeer durch. Die Minensperren vor Malta hatten keine Wirkung. Dagegen erhielt der britische Dampfer Cloughton vor Kap Bon schwere Schäden. Außerdem sprengte das Boot im Sizilianischen Meer drei griechische Segler. Im Juni konnte der Kommandant Obltn.z.S. von Heimburg im gleichen Gebiet seinen vierten Erfolg über ein U-Boot[14] mit der Versenkung der französischen Ariane erringen. *UC 24* verließ Helgoland am 31. Januar 1917 und passierte am 13. Februar die Straße von Gibraltar. Acht Tage später traf es in Cattaro ein. Auf dem Verlegungsmarsch versenkte das Boot nach Prisenordnung[15] drei Norweger. Nach Übernahme von Minen meldete *UC 24* am 11. April wieder einsatzklar und nahm Kurs auf Sizilien. Es legte vier Sperren, auf denen aber nur ein Frachter sank. Am 24. Mai 1917 sank das Boot nach einem Torpedotreffer des französischen U-Bootes Circe. Mitte Mai nahm *UC 25* an einem k.u.k. Kreuzervorstoß gegen die Straße von Otranto teil. Das Boot sollte Brindisi blockieren und das Auslaufen des Gegners vereiteln, was auch gelang. Zu den alliierten Verlusten gehörte auch der französische Zerstörer Bouteféu. Der britische Kreuzer Dartmouth erhielt beim Rückmarsch nach Brindisi einen Torpedotreffer von *UC 25*, der ihn für längere Zeit einsatzunfähig machte. Auf österreichischer Seite fielen die Kreuzer Novara (13;3500;9-10 cm) und Helgoland (12;3500;9-10 cm) aus. Der Angriff bewirkte nur eine zeitlich begrenzte Verringerung der Bewachung der Otranto-Straße, was jedoch die U-Boot-Tätigkeit erleichterte. Das eigentliche Ziel aber, die Meerenge zu öffnen, wurde nicht erreicht. Deshalb kam es in der Folgezeit wiederholt zu Entlastungsvorstößen von k.u.k.-Verbänden gegen die alliierten Absperrmaßnahmen der Adria. Dabei sank das österreichische Linienschiff Szent Istvan (11;20008;12-30,5 cm;12-15 cm) am 11. Juni 1918 während des Ausmarsches mit Kurs auf Otranto durch Torpedotreffer. Ab Mitte 1918 war die U-Flottille Pola in der Lage, mit 15 Booten, abzüglich der für Transporte genutzte *UC 20* und *UC 73*, dem Gegner offensiv zu begegnen und seine U-Boot-Abwehr sowie den Räumdienst zu dezentralisieren. Trotzdem reichten die Boote nicht aus, um auch nur die wichtigsten Wasserstraßen und Häfen nachhaltig zu blockieren. Dazu waren Einsatzhäufigkeit und -dauer zu kurz sowie der Minenvorrat zu gering. Den weitesten Weg mußten *UC 27* und *UC 35* zurücklegen, die vor Marseille bzw. Genua operierten. In der Straße von Bonifacio, zwischen Sardinien und Korsika, verseuchte *UC 53* die Gewässer. *UC 38* warf seine Minen vor Neapel. Die Angriffsziele von *UC 37, UC 52, UC 54* und *UC 67* waren Tunis, Algier und Oran. Alexandria und Port Said standen als Einsatzorte im KTB von *UC 34*. *UC 22* und *UC 25* operierten vor Malta und Sizilien, während *UC 74* seine Ziele in der Ägäis suchte. Anschließend nahm das Boot Kurs auf die syrische Küste, um mit den anderen Booten zum Torpedoeinsatz überzugehen. Der

Ein Frachter wird versenkt.
(Wiss. Inst. für Schiffahrts- und Marinegesch.)

seit dem 1. Februar 1917 herrschende uneingeschränkte U-Boot-Krieg ermöglichte den Kommandanten die Bekämpfung der nun auch im Mittelmeer immer häufiger anzutreffenden Frachter mit Geschützen. Manche verteidigten sich hartnäckig, wie das Gefecht von *UC 35* am 13. Oktober an der Nordspitze Sardiniens mit dem italienischen Frachter Tripoli (12;1743) zeigte. Der Gegner zwang nach einem Torpedotreffer durch gutliegendes Geschützfeuer *UC 35* zum Tauchen und entkam nach Genua. Auch im Mittelmeer kamen U-Boot-Fallen zum Einsatz. Als *UC 67* einen italienischen Segler versenken wollte, wurde es plötzlich mit Torpedos vom britischen U-Boot *E 2* angegriffen, das den Segler als Köder nutzte. Die beiden für Nachschubzwecke verwendeten *UC 20* und *UC 73* versorgten die türkische Nordafrikafront. Bei Misrata löschten sie Kriegsmaterial und setzten Personal ab, um sofort Rohgummi und Baumwolle zu übernehmen. Anschließend führten auch diese Boote Handelskrieg, denn sie verfügten wie die anderen UC-II-Boote über eine Torpedo- und Artilleriebewaffnung.

Im Juli 1917 trat Griechenland auf der Seite der Ententemächte in den Krieg ein. So konnte *UC 73*

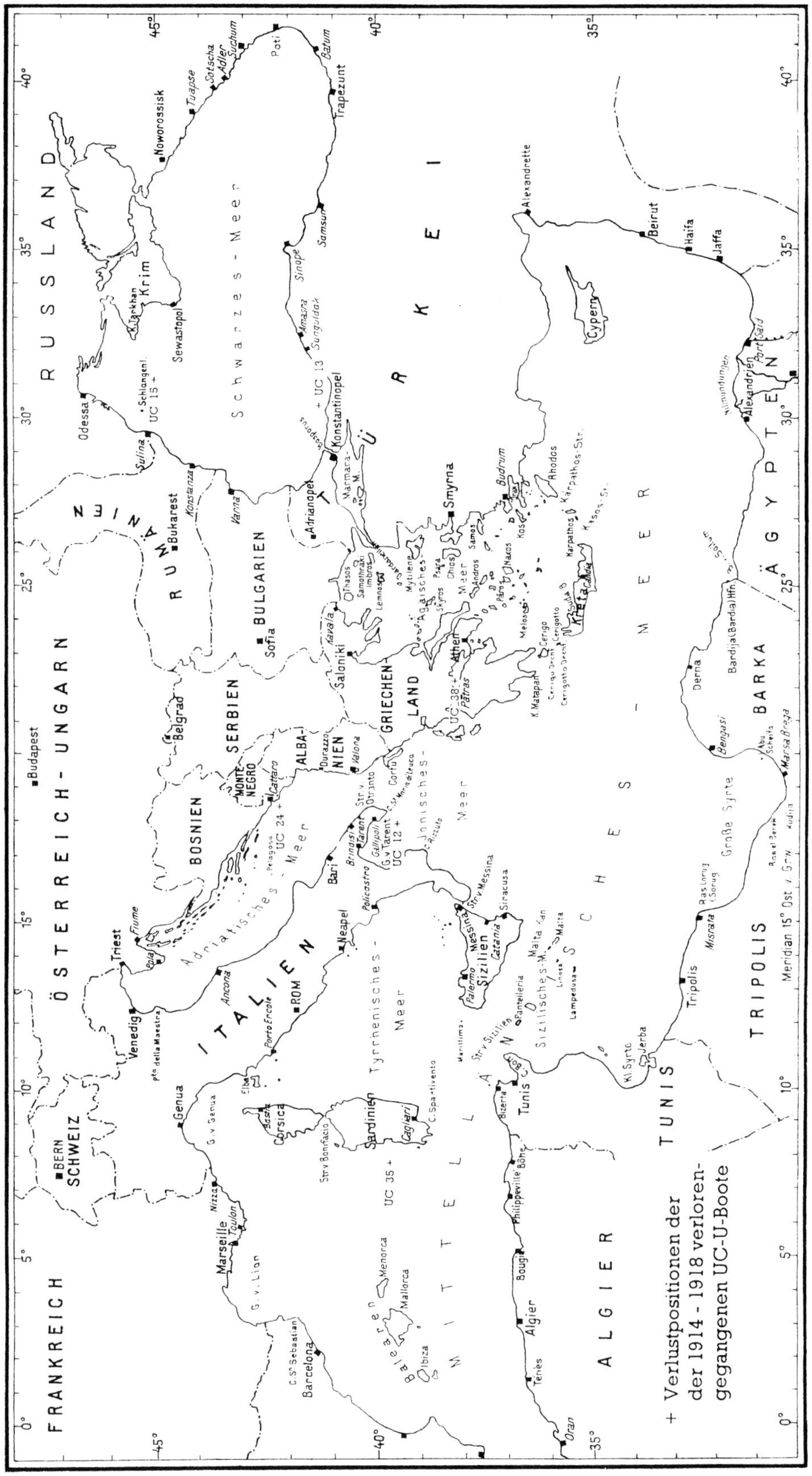

Das Einsatzgebiet der Mittelmeer-U-Boote.

am 10. Oktober nordöstlich von Misrata den griechischen Segler GEORGIOS durch Granaten versenken. Nach der erweiterten Sperrgebietserklärung des deutschen Reiches vom 22. November 1917 gehörte nun auch das schmale Fahrwasser nach Griechenland dazu. Von den 1 514 501 BRT versenkter Tonnage 1917 im Mittelmeerraum entfielen 379 489 BRT auf die UC-Boote. Besonders *UC 74* operierte in diesem Zeitraum sehr erfolgreich, wie das Ergebnis von 70 329 BRT versenkter Tonnage auswies. Verloren gingen nur *UC 24* und *UC 38*. Ab 1. Januar 1918 verfügte der Admiralstab eine neue Gliederung der U-Boot-Kräfte im Mittelmeer. Von jetzt ab gab es die I. U-Flottille Mittelmeer mit dem Standort Pola und die II. U-Flottille Mittelmeer in Cattaro. Bei der I. U-Flottille waren nur Torpedoträger. Im Jahresverlauf 1918 stieg die Zahl auf zehn MS-Boote und neun Boote vom Typ UB III. Dazu kamen *UC 20* und *UC 73*, die als Transportboote keine Minen trugen. Bis auf vier UB-III-Boote waren alle Minenträger in Cattaro stationiert. Dazu gehörten die beiden großen Boote *U 72* und *U 73* sowie elf Einheiten des Typs UC II, von denen *UC 37* im Juli 1918 nach Konstantinopel verlegte.

Anfang 1918 wuchsen die Probleme mit den Werften der Adria-Stützpunkte. Ihre Kapazitäten hatten mit der steigenden Zahl deutscher U-Boote ihre Grenzen erreicht, denn sie mußten zugleich die Gefechtsbereitschaft der 21 österreichischen Boote aufrechterhalten. Die ausgedehnten Werftliegezeiten und die mangelnde Ausrüstung reduzierten die Frontverwendung der Boote erheblich. Die Dauerbeanspruchung führte zu einem enormen Verschleiß, der auch vor den Minenträgern nicht halt machte. Kamen sie noch 1917 auf durchschnittlich 82 Seetage, sank diese Zahl ein Jahr später deutlich auf 71 Seetage pro Boot ab. So hatten beispielsweise *UC 34* und *UC 35* bis zu drei Monaten Werftliegezeit. *UC 25* von Oblt. z. S. Dönitz lag von Mitte April bis Ende Juni 1918 in Pola fest. Die Minenboote vom Typ UE I fielen 1918 fast gänzlich aus. Von Anfang Juli 1917 bis Ende September 1918 lag *U 72* zur Reparatur in Pola. Es konnte nur im Oktober noch eine kurze Unternehmung an die albanische Küste durchführen. Dem Schwesterboot *U 73* ging es nicht viel besser. Von Ende Oktober 1917 bis Anfang Juni 1918 lag es im Arsenal von Pola. Bis Kriegsende reichte es nur für zwei ergebnislose Einsätze. Als Folge sanken die Verlustzahlen durch Minentreffer im Jahr 1918 bis zur Bedeutungslosigkeit. Der Gegner verlor im Vergleich mit 1917 (5 064 BRT) nur noch 1 371 BRT pro Monat. Die Ausweitung des Konvoisystems hatte auch spürbare Auswirkungen auf Torpedo- und Artillerieeinsätze, die merklich zurückgingen. Unter Anspannung aller Kräfte gelang es noch einmal, 761 060 BRT zu vernichten. Die Versorgung der Alliierten konnte aber nicht mehr dauerhaft gefährdet werden. Beweis dafür waren u.a. die zehn Bootsverluste, darunter *UC 35*, das im Mai 1918 versenkt wurde.

Die inzwischen unsichere innere Lage der Donau-Monarchie im Oktober 1918 veranlaßte den deutschen Admiralstab, Vorkehrungen zur Räumung von Pola und Cattaro zu treffen. In Reparatur befindliche Boote wurden beschleunigt fahrbereit gemacht. Die in See befindlichen Einheiten erhielten am 21. Oktober den Befehl, Kurs auf die Heimat zu nehmen. Ausgenommen davon war *UC 73*, das erst nach Löschen seiner Ladung in Misrata Heimatkurs einschlagen sollte. Das vor Alexandria operierende *UC 74* erreichte der FT-Spruch erst am 5. November. Es befand sich schon seit 18 Tagen in See. Da eine Brennstoffergänzung in den Adria-Stützpunkten nicht mehr ratsam schien, entschloß sich der Kommandant, Barcelona anzulaufen, wo das Boot am 21. November 1918 interniert wurde. In den k.u.k.-Stützpunkten traf der Befehl zur Räumung am 23. Oktober ein. Zehn unklare Boote, darunter *UC 25*, *UC 34*, *UC 53* und *UC 54*, sprengte man oder versenkte sie vor den Häfen. Zwölf fahrbereite Boote, zu denen auch *UC 20*, *UC 22*, *UC 27*, *UC 52* und *UC 57* gehörten, liefen ab 28. Oktober innerhalb von fünf Tagen von Pola bzw. Cattaro aus. Auf dem Rückmarsch durften keine Handelsschiffe mehr angegriffen werden, Kriegsschiffe nur noch bei Tage. Alle Boote nahmen den Weg nördlich der Britischen Inseln und sammelten sich mit Zustimmung der norwegischen Regierung bei Lervik im Korsfjord. Anschließend liefen sie nach Kiel, wo sie Ende November 1918 eintrafen.

Die UC-Boote im Schwarzen Meer

Der Minenkrieg im Schwarzen Meer begann am 29. Oktober 1914. Vor Odessa legte der türkische Minenleger SAMSUN (84;275) eine Sperre von 28 Minen. Etwa zur gleichen Zeit verseuchte der Minenleger NILÜFER die Hafeneinfahrt von Sewastopol mit 60 Minen. Beide Operationen standen im Zusammenhang mit dem Unternehmen türkischer Flotteneinheiten gegen die russische Schwarzmeerflotte. Dieser überraschende Vorstoß ohne Kriegserklärung, an dem auch die GOEBEN und die BRESLAU teilnahmen, sollte das Kräfteverhältnis zugunsten der türkischen Flotte verändern. Das mißlang gründlich, denn nur zwei kleinere Kriegsschiffe und einige Dampfer konnten versenkt werden. Die Minensperren hatten überhaupt keine Wirkung. Ein russisches Geschwader eröffnete nach der Kriegserklärung an die Türkei am 2. November 1914 mit einer Minenoperation die erste Gegenoffensive. Die Zerstörer GROMKIJ, BESPOKOJNYI , PRONZITELNY und DERZKI, mit jeweils 60 Minen an Bord, warfen am Abend des 5. November etwa zehn Seemeilen nordwestlich der Bosporus-Einfahrt 160 Treibminen und 80 Ankertauminen. Die Minenfelder lagen jedoch ungünstig, denn es gab nur einen nachweisbaren Erfolg mit dem Untergang des Minenlegers NILÜFER (90;1088), der am 22. November 1914 mit der gesamten Besatzung sank. Die Sperrung der Ein- und Auslaufwege gelang nicht. Ungehindert liefen türkische Verbände auch weiter ins Operationsgebiet Schwarzes Meer. Einen Monat später erschien erneut ein russischer Verband vor dem Bosporus. Die Minenleger KSENIJA (96;2006;1-15,2 cm;3-7,5 cm;160 M), KONSTANTIN (91;1915;1-15,2 cm;3-7,5 cm;200 M), ALEKSEJ (90;1850;1850;1-15,2 cm;3-7,5 cm;200 M) und GEORGIJ (96;1960;1-15,2 cm;3-7,5 cm;280 M) warfen unbemerkt in den Abendstunden des 21. Dezember, nordöstlich der Einfahrten, insgesamt 607 Minen. Die beiden Sperren waren in einer Wassertiefe von 150 m ausgebracht worden, was man zu dieser Zeit für unmöglich hielt. Die Wirkung war entsprechend – erstes Opfer war bereits vier Tage später die GOEBEN. Der Schlachtkreuzer erhielt etwa 20 Seemeilen nordöstlich der Bosporus-Einfahrt zwei Minentreffer und fiel für mehrere Monate aus. Anschließend sank bei den Räumarbeiten der Minensucher RHONE (95;181). Das Torpedoboot BERK (06;760;2-10,5 cm;6-5,7 cm;3 TR) erlitt am 2. Januar 1915 schwere Schäden, als es auf eine Mine lief. Noch im Juni 1915 war die Sperre wirksam, als die BRESLAU einen Minentreffer erhielt. Nach dem Ausfall der GOEBEN hatte die Schwarzmeerflotte für längere Zeit keinen ebenbürtigen Gegner. Der Versuch türkischer Seestreitkräfte, die Initiative zurückzugewinnen, scheiterte. In der Folgezeit gab es eine Reihe von Einsätzen und Unternehmungen, die aber bis auf wenige Ausnahmen zugunsten der russischen Flotte entschieden wurden. Erst der Einsatz deutscher U-Boote in russischen Gewässern ließ die Offensive etwas abflauen, weil die Mehrzahl der Zerstörer zur Bekämpfung der Boote abgestellt werden mußte. Im Juli 1915 operierte überraschend *UB 7* vor Odessa; allerdings ohne Erfolg. Zwei Monate später versenkte das Boot im gleichen Gebiet den britischen Dampfer PATAGONIA (13;6011). *UB 7* gehörte wie auch *UB 8* und *U 21* zur U-Halbflottille Konstantinopel. Im Juli kam noch *UB 14* (15;127;2 TR) hinzu. Ursprünglich für den Kampf um die Dardanellen vorgesehen, fanden die kleinen U-Boote infolge der Kriegslage vorrangig im Schwarzen Meer und im Marmarameer Verwendung. Türkische Bewachungsfahrzeuge stellten im Marmarameer wiederholt feindliche U-Boote fest, denen es gelungen war, die Netzsperren in den Dardanellen zu überwinden. Daraufhin wurde *UB 14* zur U-Boot-Jagd entsandt und versenkte dann das britische *E 20*. Auf dem Anmarsch hatte *U 21* zwei britische Linienschiffe versenkt und operierte nun in der Ägäis. Wegen einer Beschädigung am 4. Juli und mangelnder Werftkapazität am Goldenen Horn, verlegte das Boot im September wieder nach Cattaro. Im Spätsommer 1915 erreichten die Transporter *UC 15* und *UC 13* Konstantinopel. Damit verfügte die U-Halbflottille über fünf Boote, von denen aber nur der Typ UB I einsatzbereit war. Den beiden Minenlegern fehlte noch die Minenausrüstung. So blieben die UB-Boote vorläufig auf sich allein gestellt. Die türkische Marine besaß keine nennenswerte U-Boot-Waffe. Die beiden im Jahre 1886 und 1887 gebauten ABDUL HAMID (86;100;2 TA) und ABDUL MEDJID (87;100; 2 TA) vom Typ Nordenfelt[16] hatten keinen Gefechtswert und lagen eingemottet im Arsenal. Am 30. Oktober 1915 fiel den Türken im Marmarameer das französische TURQOUISE[17] in die Hände, das am 10. November als MÜSTECIP ONBASI[18] neu in Dienst stellte. Wegen schwerwiegender Mängel konnte dieses Boot nicht offensiv verwendet werden und diente deshalb als Ladestation für die deutschen Boote. So stand der U-Flottille Konstantinopel zunächst mehr als die doppelte Zahl von russischen U-Booten gegenüber. Dazu gehörten die sechs kleineren KARP (06;205;1 TR), KARAS (06;205;1 TR), LOSOS (05;110;1 TR), SUDAK (06;110;1 TR), NALIM (04;142;4 TA) und SKAT (04;142;4 TA), die mittleren Boote MORSH, TJULEN, NERPA sowie KRAB als Minenleger. Der war als Einhüllentyp konstruiert, verdrängte 533/736 t und erzielte mit 4 x 300-PS-Benzinmotoren über zwei Schrauben 11,8 Kn. Die

2 x 330 PS der E-Maschinen brachten getaucht 7,07 Kn. Unter Wasser reichte die Akku-Ladung bei 4 Kn für 82 Seemeilen. Die Tauchtiefe betrug 45 Meter. Die Besatzung bestand aus 50 Mann. Das Boot war mit zwei Bugrohren vom Kaliber 45 cm und mit zwei Drzewiecji-Lancierrahmen sowie mit vier Torpedos ausgestattet. Auf dem Deck standen ein 7,5-cm-Geschütz und zwei MG. Die Minenkapazität betrug 60 Minen, was ein bemerkenswerter Vorrat ist, wenn man die Größe des Bootes berücksichtigt. Die Minen lagen dicht unter dem Oberdeck in zwei Röhren, die sich vom Heck bis fast zum Vorschiff erstreckten. Hinzu kamen zwei seitlich parallel laufende Schienen, zwischen denen mittels zwei Nocken die Minen bis zum Wurf arretiert wurden. Der Transport der Minen bis zu den Hecköffnungen erfolgte über eine Greiferkette. Neben der russischen Standardmine M 08 war 1912 die U-Bootmine M 12, Typ PLT 10, eingeführt worden. Die Verankerung auf dem Meeresboden erfolgte mittels Voreilgewicht. Die Wurftiefe lag bei 120 m. Ein Uhrwerk löste die Mine, die durch einen Membrantiefensteller auf die vorgesehene Tiefe stieg. Die Gefechtsladung bestand aus 250 kg Trotyl. Die Wurfgeschwindigkeit lag bei maximal 8 kn. Unter ihrem Kommandanten Obtl. Fanshav lief die KRAB am 8. Juli 1915 zur ersten Minenunternehmung von Sewastopol aus. Am Abend des 10. Juli warf das Boot 58 Minen in die Einfahrt der Bosporus-Mündung. Begleitet wurde der Minenleger von den U-Booten MORSH (13;460;4 TR;8 TA), NERPA (13;460;4 TR; 8 TA) und TJULEN (13;460;4 TR;8 TR), die die Deckung übernahmen. Operationsziel war die Blockierung der GOEBEN, um eine ungefährdete Überführung des neuen russischen Linienschiffes IMPERATRICA MARIJA (13;22600;12-30,5 cm;20-13 cm) von Nikolajew nach Sewastopol sicherzustellen. Die Minenfelder wurden am nächsten Tag entdeckt und innerhalb von vier Tagen geräumt. Bei diesen Arbeiten erhielt das Kanonenboot ISA REIS (11;413;3-7,5 cm) einen Minentreffer und beschädigte sich das Vorschiff.

Das russische Minen-U-Boot KRAB in der Bauwerft. (Archiv Verfasser)

Die Ladung. Gut zu erkennen sind die Führungsbolzen der Minen.

UC 13 operierte als erstes deutsches Minen-U-Boot im Schwarzen Meer. Der bevorstehende Kriegseintritt Bulgariens auf seiten der Mittelmächte ließ russische Angriffe befürchten. Deshalb bat die bulgarische Regierung, Varna durch deutsche U-Boote zu schützen. Um Flagge zu zeigen, lief *UC 13* am 30. September 1915 in den Hafen ein. Nach kurzem Aufenthalt kehrte es wieder nach Konstantinopel zurück. Der Kriegseintritt Bulgariens am 6. Oktober 1915 brachte der U-Halbflottille mit Euxinograd, einem vor Varna gelegenen Hafen, strategische Vorteile. Der kürzere Anmarschweg zu russischen Häfen verlängerte die Einsatzdauer. Das erkannte auch die russische Admiralität und reagierte sofort mit einer ersten Beschießung Varnas vom 20. bis 21. Oktober, die aber nur geringe Schäden verursachte. Der zweite Anlauf erfolgte Ende Oktober. Obwohl die inzwischen in Euxinograd stationierten *UB 7* und *UB 8* keinen unmittelbaren Erfolg erzielen konnten, stellten die Russen ihre Beschießung vorläufig ein. Das dritte einsatzbereite Boot *UB 14* machte im November Jagd auf feindliche U-Boote im Marmarameer. Sowohl *UC 13* als auch *UC 15* lagen untätig in Konstantinopel. Beiden Booten fehlte immer noch die zum Minenlegen notwendige Technik. Kurzfristig rüstete die Flottillenführung *UC 13* provisorisch zur Handelskriegführung aus. Die fehlende Torpedobewaffnung ersetzte man durch eine britische 3,7 cm Beutekanone. Am 12. November 1915 nahm das Boot Kurs auf die Kaukasusküste. Bei seinem ersten und zugleich letzten Handelskriegeinsatz gelang es, einen kleinen Dampfer und vier Segelschiffe zu versenken. Auf dem Rückmarsch geriet *UC 13* am 29. November wegen Kompaßversagens bei schwerer See, etwa 50 Seemeilen östlich des Bosporus, auf Strand. Die Besatzung konnte sich retten. Der Versuch, die aus dem Boot geborgene Ausrüstung später abzutransportieren, führte am 10. Dezember vor Kirpen zur Vernichtung der türkischen Kanonenboote YOZGAT (96;185;2-5,7 cm) und TASKÖPRÜ (08;112; 2-4,7 cm;1 TR) durch überraschend auftauchende russische Zerstörer. *UC 15* operierte erfolglos vom 21. Januar bis 25. Januar 1916 vor der Sulina-Mündung[19] und an der rumänischen Küste. Im März trafen endlich die Minen vom Typ UC/120 für *UC 15* in Konstantinopel ein. Die Eroberung Serbiens durch die Mittelmächte im Spätherbst 1915 öffnete den Landweg durch den Balkan für Transporte in die Türkei. Am 17. Januar 1916 traf der erste Zug auf der Direktverbindung Berlin – Konstantinopel ein. Gleichzeitig räumten die Alliierten Gallipoli und gaben Anfang Januar 1916 ihr Dardanellenunternehmen endgültig auf. Das Ziel, dem russischen Verbündeten den Weg ins Mittelmeer zu öffnen, scheiterte am hartnäckigen Widerstand türkischer Streitkräfte. Die militärische Lage am Bosporus entspannte sich. Im Marmarameer verkehrten wieder Schiffe, ohne von feindlichen U-Booten bedroht zu werden. Alle Kräfte, einschließlich der wenigen deutschen U-Boote, benötigte die Marineführung zur Abwehr der russischen Offensive gegen die türkische Kohlezufuhr im Schwarzen Meer. Die Blockade der wichtigsten Verladeanlagen von Erigli und Zonguldak durch russische Kriegsschiffe war mit den schwachen türkischen Seestreitkräften nicht aufzubrechen. Täglich liefen in Konstantinopel Meldungen von der Kohleküste über Kriegsschiffe ein, die alles versenkten oder abschleppten, was in Sicht kam. Allein im Januar 1916 gingen 204 Segelschiffe verloren. Am 24. März begannen auch russischen U-Boot-Erfolge mit der Versenkung des Schleppers DARICA (-;-) und fünf Kohleschuten durch MORSH. Vor dem Bosporus operierte TJULEN und torpedierte am 1. April den Kohletransporter DUTOR (-;4232), der strandete. Zwei Tage später vernichtete dasselbe Boot elf Schoner mit Kohle für Konstantinopel. Diese Ausfälle gefährdeten zunehmend die Brennstoffversorgung der türkischen Seestreitkräfte und der Rüstungsindustrie. Eine wirksame Bekämpfung der russischen Seetransporte zur Kaukasusfront war mit den wenigen U-Booten nicht möglich. Deshalb verlegte als erstes größeres deutsches U-Boot *U 33* (14;685;4 TR) ins Schwarze Meer. Ende März begann das Boot in die Kämpfe einzugreifen – mit einem fatalen Ergebnis. Es versenkte im östlichen Schwarzen Meer irrtümlich das Lazarettschiff PORTUGAL (86;5358). Der U-Boot-Kommandant hielt das Lazarettschiff für einen russischen Truppentransporter. Dann versenkte *U 33* vor Suchumi einen russischen Segler und den Minensucher *T 233* (04;442). Die Flottillenführung wollte dem Gegner auch offensiv begegnen. So erhielt *UC 15* am 6. März den Befehl, vor Sewastopol Minen zu legen. Zunächst nahm das Boot Kurs auf Euxinograd, um mit *UB 8* Nachrichten auszutauschen, das Anfang Februar die Ansteuerungswege vor Sewastopol aufgeklärt hatte. Am 9. März legte *UC 15* zur ersten Minenunternehmung ab, doch eine schwere See verursachte Schäden und zwang das Boot zur Umkehr. Ähnlich erging es dem Minenleger KRAB bei seinem Einsatz im Bosporus. Er mußte nach Sewastopol zurückkehren. *UC 15* lief am 21. März erneut in Richtung Sewastopol aus, wo es drei Tage später unmittelbar vor der Einfahrt zum Kriegshafen eine Sperre von elf Minen legte. Dasselbe wiederholte sich eine Woche später mit der gleichen Minenzahl. Anschließend kehrte *UC 15* nach Konstantinopel zurück. Eine unmittelbare Wirkung hatten die Minen nicht, sie banden aber die Räum- und Abwehrkräfte des Gegners. Aus diesem Grund machte *UC 15* schnell wieder seeklar. Diesmal verseuchte das Boot am 25. April die Fahrwasser in Höhe des Leuchttums von Chersonnes. Einen Monat später war es der Seeweg von Odessa nach Nikolajew. Diese Operation ergänzte den Mineneinsatz der BRESLAU, die Anfang Mai 1916 die Fahrwasser zwischen Kap Tarchankut – Eupatoris – Sewastopol mit

60 Minen blockierte. Beide Einsätze von *UC 15* waren erfolgreich. Vor Chersonnes sank am 25. April das russische Torpedoboot Zivucij nach Minentreffer, am 20. Juni folgte wenige Seemeilen vor Odessa der Dampfer Mercurij (10;762). Die Hoffnung, die auslaufende Imperatrica Marija in die Sperre zu locken, erfüllte sich nicht, da mit dem Verlust der Zivucij auch die Lage der Minen bekannt wurde. Das russische Linienschiff[20] deckte den Truppentransport nach Trapezunt, das am 19. April 1916 in russische Hand gefallen war. Um diesen Transporten Einhalt zu gebieten, verlegte die Mittelmeerdivison am 22. Mai mit *U 38* ein weiteres MS-Boot an den Bosporus. Bereits Ende des Monats fuhr es Einsätze gegen den feindlichen Nachschub zwischen Sotschi und Tuapse, bei denen der Gegner sieben Schiffe verlor. Auch Goeben und Breslau unterstützten Anfang Juli die türkische Gegenoffensive vor Trapezunt, bei der die Schiffe auf den russischen Nachschublinien entlang der Kaukasusküste erhebliche Erfolge erzielten. Deshalb wechselte Mitte Juli 1916 die Führung der Schwarzmeerflotte. Einer der ersten Befehle des neuen Oberbefehlshabers betraf die dauerhafte Verminung des Bosporus. So sollte sichergestellt werden, daß die deutschen Schiffe nicht mehr auslaufen konnten und der Verkehr zu den Kohlegebieten und dem verbündeten Bulgarien unterbunden wurde. Der Minenleger Krab begann mit der Umsetzung des Befehls am 31. Juli 1916 mit einer Sperre von 60 Minen direkt im Bosporus. Bis zum 9. August legten Pronzitelnyj, Gromkij, Derzkij und Bespokojnyj der 1. Zerstörerdivision in drei Unternehmungen 820 Minen in einem Halbkreis nördlich der Meerenge, ohne von der türkischen Seite bemerkt zu werden. Um auch die Küstenregion unpassierbar zu machen, wurden zwei weitere Sperren mit 156 und 160 Minen im flachen Wasser ausgebracht. Das zur U-Jagd in diesem Gebiet positionierte *UB 7* überraschte am 21. August das russische U-Boot Nerpa (13;460; 4 TR;8 TA) und griff es mit zwei Torpedos an, von denen einer traf, jedoch nicht detonierte.

Auf die Kriegserklärung Rumäniens an die Mittelmächte am 27. August 1916 reagierte der deutsche Admiralstab mit der Entsendung von vier Booten des Typs UB II von Pola ans Goldene Horn. Die hier stationierten großen Boote *U 33* und *U 38* wurden an die Adria zurückbefohlen. Etwa zur gleichen Zeit gingen auf den russischen Minensperren die ersten türkischen Schiffe verloren; am 27. August der Segler Aydin und einen Tag später die Gironne. Damit war der deutschen Flottenführung in Konstantinopel klar, daß es auch für die Seestreitkräfte eine akute Minengefahr gab. Für die Räumung standen nur ungenügende Kräfte zur Verfügung. Die 1. Minenräumdivision mit den Suchbooten Castor (90;52) und Pollux (90;52) erhielt nur noch Verstärkung durch zwei weitere Räumboote. Darüber hinaus improvisierten die Türken mit vier Torpedobooten zusätzliche Kräfte. Trotz der Risiken machte sich das neu angekommene *UB 42* nach Brennstoff- und Proviantübernahme auf den Weg nach Varna. *UB 7* bezog vor Sewastopol Wartestellung, während *UB 45* vor der kaukasischen Küste operierte. Inzwischen setzten russische Zerstörerverbände zwischen dem 6. und 17. September die Verminung der türkischen Gewässer fort. Aus diesem Grund erhielten die deutschen Boote den Befehl, die Bosporusenge vorläufig nicht mehr anzusteuern, sondern Euxinograd anzulaufen. Die russische Minenoffensive auf der einen Seite und die mangelnde Räumung auf der anderen Seite sorgten für einen dramatischen Höhepunkt in der Kohlenkrise. Davon blieben auch die schweren Seestreitkräfte nicht verschont, die sogar zeitweise ihre Kampfhandlungen einstellen mußten; aber die Natur half bei der Minenvernichtung. Wegen des schlechten Wetters zwischen dem 23. und 25. September 1916 rissen sich zahlreiche flachstehende Minen aus ihrer Verankerung und detonierten in der Brandung. So war wenigstens die Küstenregion wieder bedingt für die Schiffahrt befahrbar. Um die Gefährdung durch die deutschen U-Boote gänzlich auszuschalten, faßte die russische Seite den Entschluß, auch Euxinograd zu verminen. Nach Aufklärung durch Tjulen begannen in der Nacht zum 9. September die Zerstörer Pronzitelnyj, Gnevnyj und Bespokojnyj, die nordöstliche Einfahrt des Stützpunktes mit 240 Minen zu verseuchen. Ein bulgarisches Torpedoboot sank, ein zweites erlitt Beschädigungen. Bei den darauffolgenden Räumarbeiten sanken nochmals zwei Suchboote. Die Sperren wurden in den Abendstunden des 15. September südlich von Varna durch die Krab mit 30 Minen ausgedehnt. Diese dritte Unternehmung war für das Boot auch die letzte. Wegen technischer Probleme bei der Minenausbringung mußte das Schiff zur Instandsetzung in die Werft. Es kam nicht mehr zum Einsatz und fiel im Juni 1918 in Sewastopol in deutsche Hand. Es folgte die Auslieferung an die Engländer im November 1918, die den Minenleger vor Sewastopol versenkten, um ihn nicht in bolschewistische Hände fallen zu lassen. Das Wrack wurde 1935 gehoben und verschrottet. Ungeachtet der massiven russischen Maßnahmen gingen die deutschen Boote an die mit Rumänien neu entstandene Front. Einem solchen mutigen Einsatz fiel am 6. November 1916 *UB 45* zum Opfer, als es im Kielwasser der Minensucher in eine neue tiefgelegte Sperre lief. Daraufhin wurde Euxinograd nicht mehr als U-Boot-Stützpunkt genutzt. *UC 15* meldete nach längerer Werftliegezeit in Konstantinopel am 5. November wieder seeklar und traf einen Tag später vor Varna ein. Als der Kommandant die Warnung vor der Minengefahr erhielt, mußte er unverrichteter Dinge wieder nach Konstantinopel zurück. Zusammen mit *UB 14* warf das Boot am 13. November erneut die Leinen los und lief zur rumänischen Küste aus. Während das U-Boot vor Konstanza in Wartestellung gegen anlaufende russische Kriegsschiffe ging, nahm *UC 15* Kurs auf die Donaumündung, wo die Luftaufklärung wiederholt feindliche Truppentransporte meldete. In diesen flachen Gewässern bestand keine Möglichkeit eines unbemerkten Torpedoangriffs. So kamen nur Minen in Frage. Seit diesem Einsatz gilt *UC 15* als spurlos verschollen. Fest steht, daß die Minenaufgabe erfüllt wurde. Das ergab die Tätigkeit einer österreichischen Minensuchdivision, die am 4. Mai 1918 vor der Sulina-Mündung zwei deutsche Minen räumte, die nur von *UC 15* stammen konnten. Ende September kehrte *UB 7* von einem Einsatz vor der Krim nicht mehr zurück, und der Verlust von *UB 46* am 7. Dezember durch Minentreffer vor dem Bosporus reduzierte den Bestand der U-Halbflottille um zwei Drittel innerhalb eines Vierteljahres. Die Räumarbeiten an der türkischen Küste schritten auch weiter nur langsam voran, die gegenseitige Minentätigkeit hatte nichts von ihrer Intensität verloren. So entschloß sich die Mittelmeerdivision, die U-Boot-Einsätze im Schwarzen Meer vorläufig einzustellen. Aus diesem Grund blieb auch *UC 23*, das am 5. Dezember 1916 als Ersatz für *UC 15* aus Cattaro kam, im Stützpunkt. Deshalb lag die Überlegung nahe, die Boote bis zur Freiräumung der türkischen Gewässer außerhalb der Dardanellen anzusetzen. Es standen jedoch nur zwei Boote zur Verfügung, weil z. B. *UB 14* bis Ende Mai 1917 wegen Reparaturarbeiten ausfiel. Zwischen der syrischen Küste und Alexandria operierte *UB 42*, während *UC 23* in der nördlichen Ägäis stand. Die Resultate erfüllten nicht die Erwartungen. In den beiden Unternehmungen vom 18. bis 24. Februar und vom 22. bis 29. Mai 1917 in der Mudros-Bucht konnte nur durch einen Minentreffer der britische Dampfer Princess Alberta (05;1586) registriert werden. Die lange Verweildauer zwischen den beiden Einsätzen in der Werft verdeutlicht die unzureichende Leistungsfähigkeit der Betriebe. Das war u. a. auch ein Grund dafür, daß es den Russen gelang, den Bosporus auch für kleinere Fahrzeuge abzuriegeln. Außer den U-Booten Narval (15;621;4 TR;4 TA), Kasalot (15;621;4 TR;4 TA), Nerpa, Kit (15;621; 4 TR;4 TA) und Morsh[21], die regelmäßig in den türkischen Gewässern zu finden waren, um die wenigen Blockadebrecher anzugreifen, erschien am Abend des 17. Mai der Kreuzer Pamjat Merkurija (03; 6800;12-15 cm) vor der Meerenge. Er setzte ein Schnellboot und vier Motorbarkassen aus. Diese übernahmen etwa 30 Seemeilen nördlich der Einfahrt von zwei Begleitzerstörern 30 kleine Minen mit einer 30-kg-Ladung. Danach fuhren sie allein in die Bosporuseinfahrt und legten im Schutz der Dunkelheit unbemerkt ihre Fracht. In den Morgenstunden nahm sie das Mutterschiff wieder auf. Am nächsten Tag wiederholte sich die Operation, gesichert von der Imperatrica Ekaterina Velikaja (14;23783;12-30,5 cm;12-13 cm). Doch bei der Wiederholung eines solchen Unternehmens detonierten die Minen auf einer Barkasse, die mit der gesamten Besatzung sofort unterging. Zwei weitere Barkassen erlitten durch die Explosion schwere Schäden. Ein Boot sank bald darauf im Schlepp eines Schnellbootes. Es war eine der letzten großen Minenoperationen der Schwarzmeerflotte. Nach einem Einsatz am 19. Juli 1917 mußte die russische Flottenführung aus Mangel an Minen auf weitere Offensiven verzichten. Der Grund lag in der innenpolitischen und wirtschaftlichen Lage Rußlands im Revolutionsjahr 1917. Die Einsatzfähigkeit der Schwarzmeerflotte verringerte sich dramatisch. Immer mehr Kriegsschiffe warteten auf ihre Instandsetzung. Im September waren nur noch wenige Zerstörer, bei den U-Booten nur noch eines gefechtsbereit.

In Konstantinopel konnten inzwischen die schwachen Räumkräfte durch sechs Boote einer deutschen Räumflottille verstärkt werden. Nach acht Wochen schafften es die Boote, einen Weg freizuräumen. Ende Mai konnte *UB 14* ins Schwarze Meer zurückkehren. Auch die Breslau ging am 23. Juni wieder in See. Ihr Ziel war die rumänische Küste, wo in den drei Donauarmen Minensperren gelegt wurden. Anschließend zerstörte der Kreuzer die FT-Station und den Leuchtturm auf der Schlangeninsel. Ein alarmiertes russisches Geschwader nahm sofort die Jagd nach dem Gegner auf. Nach kurzem Feuerwechsel mit dem Zerstörer Gnevnyi und dem Schlachtschiff Svobodnaja Rossija (14;22600;12-30,5 cm;20-13 cm) konnte die Breslau durch Nebel entkommen. Die Verfolgung ging bis an die russischen Minensperren vor dem Bosporus. Am 25. Juni nahm das zum Geleit ausgesandte türkische Torpedoboot Basra (08;305;1-6-6,5 cm) den Kreuzer auf und kehrte nach nochmaligem Nebeln unbeschädigt nach Konstantinopel zurück. Sowohl die vor der Meerenge postierte Nerpa als auch *UC 23*, das auf die Verfolger lauerte, kamen nicht zum Schuß. Nach diesem vergeblichen Einsatz kehrte *UC 23* zum Minen- und Handelskrieg in die Ägäis zurück. In den noch folgenden Unternehmungen bis zum Oktober gab es wenig Angriffschancen auf größere Ziele. Nur zwei britische Trawler von 220 BRT, die den Minen im Golf von Orfani zum Opfer fielen, und kleinere Segelschiffe waren die Opfer. Nach dem Ausbruch der Oktoberrevolution kam es Mitte Dezember 1917 zum Waffenstillstand. Deshalb konnte sich nun die U-Halbflottille verstärkt auf die Bekämpfung des gegnerischen Nachschubs für die Mazedonienfront konzentrieren. Endpunkt des alliierten Versorgungsweges war Saloniki, wo laufend Verstärkungen für die geplante Offensive der Entente eintrafen. Zweimal mußte *UB 42* seine Fahrten im Dezember wegen technischer Störungen abbrechen. Dagegen errang *UC 23* am 19. bzw. 23. Januar 1918 mit der Versenkung der britischen Transporter Trocas und Birkhall im Gebiet der Insel Skyros seine ersten größeren Erfolge. Die Unternehmung vom 13. Februar bis zum 9. März war wegen häufigen schlechten Wetters wenig erfolgreich. Inzwischen hatte sich die militärische Situation erneut verändert. Das vorläufige Scheitern der Friedensverhandlungen in Brest-Litowsk im Januar/Februar 1918 veranlaßte die deutsche OHL, die Kampfhandlungen gegen Sowjetrußland wieder aufzunehmen. Die instabilen Verhältnisse im Süden Rußlands und in der Ukraine festigten diesen Entschluß. Schrittweise besetzten deutsche Truppen diese Gebiete. Die seeseitigen Flanken übernahmen im März *UB 14, UB 43* und *UC 23* mit einer Wartestellung zwischen Odessa und Sewastopol. Ursprünglich sollte die U-Halbflottille noch durch *UB 66* verstärkt werden, das Boot ging aber auf der Überführungsfahrt verloren. Am 13. März 1918 lief *UC 23* zur Sicherung der Lage und zur Demonstration deutscher Stärke in Odessa ein. Anschließend brachte das Boot vor der Krimküste auf Höhe von Eupatoria zwei russische Schiffe als Prise auf. Ein drittes Schiff lief nach einem Feuergefecht auf Grund. Nach kurzem Aufenthalt in Odessa kehrte der Minenleger über Konstanza nach Konstantinopel zurück. Nachdem die in den Waffenstillstandsbedingungen vereinbarte Übergabe der Schwarzmeerflotte an das Deutsche Reich scheiterte, liefen die Schlachtschiffe Svobodnaja Rossija[22] und Volja[23] (14;2260;12-30,5 cm;12-13 cm), gefolgt von 15 Zerstörern, nach Noworossisk. Die zurückgelassenen älteren Kriegsschiffe ließen sich gemäß einer deutsch-russischen Übereinkunft desarmieren. Danach kehrte die Volja mit einigen Torpedobooten und Zerstörern nach Sewastopol zurück. Die anderen Einheiten am Kuban versenkten sich selbst. Von den drei Booten der U-Halbflottille Konstantinopel verblieb nur *UB 14* im Schwarzmeergebiet. Es sollte eigentlich an den Bosporus zurückkehren, um der türkischen Kriegsmarine überlassen zu werden. Die Besatzung unternahm jedoch noch längere Zeit Probefahrten mit den russisch-sowjetischen U-Booten *US 3* (ex Utka;16;650;4 TR;4 TA) und *US 4*[24] (ex Gagara;16;650;4 TR;4 TA). *UB 42, UC 23* und das am 18. Juli 1918 zur U-Halbflottille befohlene *UC 37* operierten außerhalb der Dardanellen.

Nach Inkrafttreten des Waffenstillstandsvertrages zwischen der Türkei und den Ententemächten am 1. November 1918 verlegten die Boote nach Sewastopol, wo sie außer Dienst gestellt wurden. Später wurden sie an die Siegermächte ausgeliefert.

Modell Typ UC I. (U-Boot-Archiv Deisenhofen)

Chronik aller UC-Boote

UC 1

(U-Flottille Flandern)

Stapellauf: 26.4.1915

In Dienst gestellt am 7.5.1915 von Oblt.z.S. Egon von Werner.

1. Unternehmung: 24.6. – 25.6.1915 Überführung nach Flandern.

Auf dem Marsch mußte das Boot wegen Seeschäden die Ems-Mündung anlaufen.

24.6. Wieder in See.

25.6. In Zeebrügge eingelaufen.

2. Unternehmung: 28.6. – 30.6.1915 in das Gebiet der Themse-Mündung.

Dort legte das Boot am 30.6. morgens von 04.17 bis 04.30 Uhr befehlsgemäß zwölf Minen nordwestlich von Kentish Knock Feuerschiff. In die Sperre geriet noch am selben Tag der britische Zerstörer LIGHTNING (95;275; 1-7,5; 5-5,7 cm)[25]. Dabei riß das Vorschiff ab und sank. Das Achterschiff wurde eingeschleppt. 14 Mann fanden den Tod.

3. Unternehmung: 10.7. – 12.7.1915 englische Ostküste vor Orfordness.

Wie zuvor brachte *UC 1* zwölf Minen in den frühen Morgenstunden aus; am 11.7. von 04.31 bis 04.55 Uhr je sechs Minen östlich und westlich von Shipwash Feuerschiff. Dieser zweite Mineneinsatz zerstörte am 14.7. den norwegischen Dampfer RYM (08;1073) mit Kohle von Tyne für Rochefort. Einen Tag später sank der Bewacher AGAMEMNON (07;225), und am 30.7. sorgte ein Minentreffer für den Untergang des belgischen Frachters PRINCE ALBERT (04;1820).

4. Unternehmung: 26.7. – 27.7.1915 englische Südküste, nördlich von Dover.

Das Ziel der Operation waren die Downs, eines der meist überwachten Gebiete. In Sehrohrtiefe arbeitete sich *UC 1* am 27.7. nachts bis an Gull Feuerschiff heran, warf am frühen Morgen seine Minen in die schmale Fahrrinne und lief ab. Britische Einheiten entdeckten die Sperre vorzeitig und beseitigten sie.

5. Unternehmung: 30.7. – 31.7.1915 Nordausgang der Downs.

Diesmal zeigte die Sperre Wirkung. Noch am selben Tag lief der britische Dampfer GALICIA (01;5922) auf die im Morgengrauen des 31.7. bei North Goodwin Feuerschiff gelegten Minen. Er konnte jedoch noch auf Strand gesetzt werden. Zehn Tage später gelang es, das Schiff wieder flott zu machen.

6. Unternehmung: 4.8. – 6.8.1915 gleiches Gebiet.

Ausgelaufen am Vormittag des 4.8. von Zeebrügge. Am Abend des nächsten Tages legte UC 1 zwischen 11.19 und 11.30 Uhr in Unterwasserfahrt östlich der Elbow-Boje seine fünfte Sperre. Kurze Zeit nach der letzten Mine kollidierte das Boot in 12 m Tiefe mit dem Kiel eines Dampfers. Da keine Schadensmeldung erfolgte, setzte von Werner den Unterwassermarsch zunächst fort, um freies Wasser zu erreichen. Nach dem Auftauchen stellte man erhebliche Schäden am Netzabweiser fest. Versenkt wurde der britische Marinetrawler BEN ARDNA (12;197).

7. Unternehmung: 13.8. – 14.8.1915 gleiches Gebiet.

Am 13.8. zwischen 22.58 – 23.18 Uhr Ausbringung von zwölf Minen nordwestlich der Elbow-Boje. Einen Tag später lief der britische Frachter HIGHLAND CORRIE (10;7583) auf. Er war mit Fleisch und Bananen unterwegs von La Plata nach London. Das Schiff erreichte noch den Hafen von Tilbury/Themse. Es fiel am 17.5.1917 *UB 40* zum Opfer.

8. Unternehmung: 18.8. – 19.8.1915 französische Küste.

Noch am Auslauftag verminte *UC 1* die markierten Fahrwasser des Westausgangs von Dünkirchen, einen der wichtigsten Häfen der Alliierten auf dem Festland. Der Einsatz blieb ergebnislos.

9. Unternehmung: 24.8. – 25.8.1915 Nordausgang der Downs.

Bei Vollmond lief *UC 1* in Unterwasserfahrt von North Goodwin Feuerschiff in Richtung Gull-Stream. Am 25.8. kurz nach Mitternacht entledigte sich das Boot südwestlich von Goodwin Knoll seiner Minen, erzielte aber keine Wirkung.

10. Unternehmung: 8.9. – 9.9.1915 Themse-Mündung.

Das Ziel der Operation war die Verseuchung des Ostausgangs des Edinburgh-Kanals. Das Auslegen der Sperre dauerte am 8.9. von 23.22 bis 23.48 Uhr. Kurz danach kam das Boot beim Ablaufen unter Wasser nördlich Tongue Feuerschiff bei Long Sand fest. Das sofortige Ausblasen der Tanks löste das Problem. Auf den Minen sank am nächsten Tag der von Port Arthur kommende britische Tankdampfer BALAKANI (99;3696), bei dem des sechs Tote gab.

11. Unternehmung: 29.9.1915 flandrische Küste.

Legen einer Defensivsperre nördlich von Middlekerke gegen britische Monitore.

12. Unternehmung: 20.10. – 21.10.1915 Themse-Mündung.

Links *UC 1*. An Backbord ein Schwesterboot sowie ein Boot des Typs UB II. (U-Boot-Archiv Deisenhofen)

Diesmal legte *UC 1* zwölf Minen vor dem Queens-Channel (mittlere Themse-Ausfahrt). Auf dieser unentdeckten Sperre sanken am 21.10. der britische Marinetrawler SCOTT (13;288) und am 9.11. die Trinity House Yacht IRENE (90;543). Es gab 21 Tote, darunter auch der Kapitän, nur 13 Besatzungsmitglieder überlebten.

13.-14. Unternehmung: 5.11. – 17.11.1915 Nordausfahrt der Downs.

Beide Sperren bei der Elbow-Boje entdeckte der Gegner vorzeitig und räumte sie.

15. Unternehmung: 23.11. – 24.11.1915 Nordausfahrt der Downs.

Der Norweger KLAR (84;518) sank am 27.11. auf der am 24.11. südlich der Elbow-Boje gelegten Sperre.

16. Unternehmung: 3.12. – 4.12.1915 Südausfahrt der Downs.

Kurz vor Mitternacht des 3.12. wurden vor South Goodwin Feuerschiff zwölf Minen gelegt. Darauf sank einen Tag später der britische Marinetrawler Etoile Polaire (15;278).

17. Unternehmung: 14.12. – 16.12.1915 südlich Kentish Knock.

Die Sperre hatte keine Wirkung.

18.-19. Unternehmung: 23.12. – 31.12.1915 Nordausfahrt der Downs.

Der Einsatz in dieser navigatorisch schwierigen Wasserstraße konnte erfolgreich abgeschlossen werden. Auf der am 24.12. gelegten Sperre sanken noch am selben Tag nördlich von Elbow-Boje 2, auf der Höhe von Margate, der britische Marinetrawler Carilon (15;226) und der britische Frachter Embla (82;1172) mit Jute für Dünkirchen an Bord. Der erst am 18.1.1916 erzielte Minentreffer auf den niederländischen Dampfer Rijndam (01;12527) reichte nicht aus, um ihn zu versenken. Das von New York nach Rotterdam laufende Schiff konnte sich auf Strand setzen und wurde später abgeborgen.

20. Unternehmung: 9.1. – 10.1.1916 südlich von Kentis Knock.

Ohne Resultate.

21.-22. Unternehmung: 16.1. – 25.1.1916 gleiches Gebiet.

Diesmal verlor der Gegner durch Minen vor der Themse-Mündung am 19.1. den französischen Dampfer Leoville (09;775) und elf Tage später den von Rotterdam kommenden und nach New York laufenden Holländer Maasdijk (15;3557). Das am 28.01. beschädigte norwegische Frachtschiff Perth (95;3522) konnte noch eingeschleppt werden.

23. Unternehmung: 27.1. – 28.1.1916 südlich Galloper Feuerschiff.

Die Minen wurden vorzeitig geräumt.

24. Unternehmung: 9.2. – 10.2.1916 Themse-Mündung zwischen Elbow-Boje und Tongue Feuerschiff.

Diesmal ging der norwegische Dampfer Alabama (97; 891) unter.

25. Unternehmung: 20.2. – 21.2.1916 Nordausfahrt der Downs.

Erneut fuhr *UC 1* von Zeebrügge aus zum Mineneinsatz in dieses Gebiet. An der Nordspitze von South Falls traf das Boot auf Zerstörer und etwa 40 U-Jäger. In 45 Meter Tiefe hörte die Besatzung plötzlich ein Scharren am Turm, das von einem Suchgerät stammte, daß das Boot auf 33 Meter zog. Mit AK und Hartruderlage gelang es, wieder auf Tiefe zu gehen. Kurz darauf erfolgten drei heftige Detonationen, die zwar *UC 1* heftig erschütterten, es aber nicht beschädigten. Da der Bestimmungsort nicht mehr rechtzeitig erreicht werden konnte, kehrte von Werner zum Stützpunkt zurück.

26. Unternehmung: 17.3. – 18.3.1916 Noord Hinder Feuerschiff.

UC 1 legte seine zwölf Minen in die Fahrwasser beim Feuerschiff. Eine Wirkung gab es erst vier Monate später, als am 25.7. der Holländer Maas (14;1234) mit Phosphat an Bord eine Mine berührte und sank. Es gab zehn Tote. Sechs Tage später war die Sperre Ursache für den Untergang der niederländischen Koningin Wilhelmina (95;1964). Das Schiff hatte 1 Mio. £ für die Bank von England an Bord und befand sich auf der Fahrt nach Tilbury. Zwei Tote waren zu beklagen.

27. Unternehmung: 20.3. – 22.3.1916 südöstlich von Kentish Knock Süd-Boje.

Es konnten am 26.3. der niederländische Frachter Duiveland (08;1297), am 27.3. der britische Dampfer Empress of Midland (07;2224) und am 4.4. der britische Transporter Bendew (09;3681) versenkt werden.

28. Unternehmung: 4.4. – 5.4.1916 englische Ostküste, südlich von Orfordness.

Die am Nordausgang des Shipway gelegten Minen beschädigten am 12.4. den Holländer Colombia (-;5644). Er konnte nach London eingeschleppt werden.

29. Unternehmung: 10.4. – 11.4.1916 Südende von Kentish Knock.

Die in der Nacht des 10.4. gelegte Sperre blieb erfolglos.

Ab 14.4. übernahm Oblt.z.S. Kurt Ramien das Kommando.

30. Unternehmung: 20.4. – 21.4.1916 nach Nordende Galloper Sand/Nord Galloper Boje.

Fünf Menschen fanden den Tod, als der niederländische Frachter Lodewijk van Nassau (13;3350) auf eine Mine lief, die von *UC 1* am Auslauftag ausgebracht wurde. Der Frachter hatte Salpeter geladen und war auf dem Weg von Caleta Buena/Chile nach Rotterdam.

31. Unternehmung: 24.4. – 26.4.1916. Fahrt nach Kentish Feuerschiff zur Unterstützung des deutschen Flottenvorstoßes gegen Lowestoft und Great Yarmouth.

Kurz nach dem Auslaufen aus Zeebrügge begegnete *UC 1* britischen Streitkräften, die die flandrische Küste beschossen. Mehrfach erfaßten Suchgeräte das

Boot, das jedoch stets wieder freikam. Wegen der verlorenen Zeit erreichte es nicht mehr die befohlene Position und kehrte wieder um. Am 25.4. lief *UC 1* erneut aus und legte um 20.20 Uhr östlich von Kentish Knock Feuerschiff eine Sperre. Mehrfach zwangen Flugzeuge das Boot unter Wasser. Die neu ausgelegten britischen Netzsperren mit Minen überwand das Boot aufgetaucht mit AK.

32. Unternehmung: 28.4. – 30.4.1916 Nordende von Galloper Sand.

In diese Sperre geriet am 2.5. der schwedische Dampfer FRIDLAND (10;4960), der sich aber bei Blyth Sand auf Grund setzen konnte. Das Schiff wurde einige Tage später geborgen. Schließlich sank es am 7.2.1918 in der Nordsee nach Minentreffer.

33. Unternehmung: 20.5. – 21.5.1916 französische Küste, nördlich Dünkirchen.

Die Minen zwischen Ost Dyck Sände und Buiten hatten keinen Erfolg.

34. Unternehmung: 24.5. – 26.5.1916 englische Ostküste.

Die Operation stand im Zusammenhang mit dem deutschen Flottenunternehmen, das zur Skagerrak-Schlacht führte. *UC 1* bekam den Auftrag, die Wege bei Galloper Feuerschiff, östlich von Harwich, zu verminen. *UC 1* traf nach Beendigung der Aufgabe in der Nacht zum 26.5. *UC 3* und *UC 6*. Beim Anlaufen von Zeebrügge entdeckte das Boot die am selben Tag gelegte britische Minensperre südöstlich der Rabs-Bank. Beim Versuch, eine Lücke zu finden, tauchte kurzzeitig ein anderes UC-Boot auf, das aber sofort wieder verschwand. Vermutlich handelte es sich um *UC 3*, das anschließend in dem Minenfeld sank. Für *UC 1* erhöhte sich das Versenkungskonto mit dem Untergang des in Ballast fahrenden britischen Frachtschiffes EL ARGENTINO (07;6809) und des spanischen Dampfers MENDIBIL MENDI (03;4051).

35. Unternehmung: 30.5. – 31.5.1916 nach Galloper Feuerschiff.

Das Boot lief in der Nacht von Zeebrügge aus, mußte aber kurz danach wegen einer Maschinenhavarie umkehren.

36. Unternehmung: 18.6. – 20.6.1916 vor die Themse-Mündung, südlich von Kentish Knock.

Ohne Wirkung.

37. Unternehmung: 25.6. – 26.6.1916 englische Ostküste.

Vor Ort ließ der Kommandant am 26.6. kurz nach Mitternacht nordöstlich von Southwold den Minenvorrat in zwei Teilsperren zu je sechs Minen ausbringen. Kurz nach dem Werfen rammte ein Dampfer das Boot unter Wasser, verursachte aber keine ernsthaften Schäden. Die beiden Kurzsperren waren so günstig gelegt, daß noch am selben Tag der britische Dampfer ASTROLOGER (90;912) und der Marinetrawler TUGELA (00;233) sanken. Zwei Tage später traf es dann den britischen Bagger MERCURIUS (89;129), wobei sechs Tote zu beklagen waren. Am 30.6. folgten der Marinetrawler WHOOPER (14;302) und am 16.7. die beiden Dampfer ALTO (16;2266) und MOPSA (02;885). Den Schluß bildete am 30.7. der britische Frachter CLAUDIA (97;1144).

38. Unternehmung: 28.6. – 1.7.1916 englische Ostküste, südlich von Cross Sand.

Ohne Ergebnis.

39. Unternehmung: 5.7. – 7.7.1916 englische Ostküste, nordöstlich von Aldeborough Napes.

Eine halbe Seemeile nördlich der Markierungsboje ging nach einem Minentreffer am 11.8. der britische Frachter F. STOBART (94;801) mit einer Ladung Kohlen in die Tiefe, wobei es vier Tote gab.

40.-43. Unternehmung: 14.7. – 11.8.1916 englische Ostküste, Lowestoft-Eingang Stanford-Channel. Französische Küste zwischen Cris Nez und Boulogne. Nordausgang der Downs und nordöstlich von Great Yarmouth/südlich Smith Knoll.

Sämtliche Einsätze waren erfolglos.

44. Unternehmung: 18.8. – 21.8.1916 englische Ostküste, Lowestoft-Eingang Stanford-Channel.

Dieser quer zur Einfahrt gelegten Sperre fiel am 23. 8. der brit. Marinetrawler BIRCH (12;215) zum Opfer. Es folgte am 27. 8. der Kutter OCEAN PLOUGH (-;99) und schließlich am 31. 8. TUBEROSE (-;67).

45. Unternehmung: 28.8. – 31.8.1916 an die englische Ostküste.

Ein weiteres Mal warf *UC 1* seine Minen in die Fahrwasser querab von South Barnard Boje, wo es schon Ende Juni Erfolge gab. Die wiederholten sich, als der norwegische Dampfer DRONNING MAUD (07;1102) mit Zement für London und am 4. 9. der britische Marinetrawler JESSIE NUTTEN (08;187) den Weg in die Tiefe antraten.

Anschließend übernahm Oblt.z.S. Heinrich Küstner das Kommando.

46. Unternehmung: 7.9. – 10.9.1916 englische Ostküste, vor Cromer.

Die am 8.9. gelegte Sperre von sechs Minen blieb längere Zeit unbemerkt, so daß am 6.10. der britische Kohlefrachter LANTERNA (82;1685) auf eine Mine lief und sank.

HMS ZULU gehörte zur Dover Patrol.
(National Maritime Museum Greenwich)

HMS NUBIAN, dessen Achterschiff mit dem Vorschiff der ZULU zum Zerstörer ZUBIAN zusammengefügt wurde. (National Maritime Museum Greenwich)

47. Unternehmung: 19.9. – 23.9.1916 englische Ostküste, nordöstlich von Yarmouth.

Am Abend des 21.9. warf das Boot zwölf Minen südöstlich von Haisborough Sand, bei Would Feuerschiff, und kehrte ohne Zwischenfälle zum Stützpunkt zurück. Die Operation blieb jedoch ohne Erfolg.

48. Unternehmung: 28.9. – 30.9.1916 englische Ostküste, vor Yarmouth.

Die am 2.9. ausgelegte Sperre entdeckten gegnerische Minensucher vorzeitig und räumten sie.

49.-50. Unternehmung: 4.10. – 24.10.1916 französische Nordwestküste.

Im Hafenvorfeld von Calais legte *UC 1* am 5.10. eine Winkelsperre von zwölf Minen. Es folgte am 23.10. eine weitere nordwestlicher, die aber beide keinen Erfolg hatten.

51. Unternehmung: 2.11. – 4.11.1916 an die französische Nordwestküste.

Der britische Zerstörer ZULU (09;1027; 2-12 cm; 2 TR) lief am 8.11. auf eine am 3.11. ausgelegte Sperre südwestlich von Dyck Feuerschiff. Die ZULU befand sich auf der Fahrt von Dover nach Dünkirchen, als die Mine das Heck abriß. Den noch schwimmenden Schiffskörper schleppte der französische Zerstörer CAPITAINE MEHL (12;800;2-10 cm;2 TR) nach Calais ein. Später fügte die Werft das Achterschiff des torpedierten britischen Zerstörers NUBIAN (08;990;2-10,2 cm) an, und es entstand der Zerstörer ZUBIAN.

Neuer Kommandant ab 4.11.1916 Oblt.z.S. Hugo Thielmann.

52.-57. Unternehmung: 9.11. – 16.12. 1916 französische Nordwestküste, Gravelines – Dünkirchen – Calais.

Französische Minensucher räumten die Sperre, bevor Verluste eintreten konnten.

Nach Rückkehr übernahm Oblt.z.S. Oskar Steckelberg das Boot.

58. Unternehmung: 27.12. – 28.12. 1916 vor Calais.

Auf der Sperre sank am 28.12. das französische Torpedoboot *Nr. 317* (05;99; 2-3,7 cm, 3 TR). Es konnten nur drei Besatzungsmitglieder gerettet werden. Das bewaffnete britische Kühlschiff SUSSEX (00;5686) kam von Sydney und hatte Fleisch für die britische Armee an Bord. Am 1.1.1917 erhielt es einen Minentreffer und strandete.

59. Unternehmung: 5.1. – 7.1.1917 zwischen Gravelines und Calais.

Ohne Erfolg.

Oblt.z.S. Hugo Thielmann übernahm wieder das Kommando.

60.-61. Unternehmung: 13.1. – 24.1.1917 vor Gravelines.

Die im Morgengrauen des 14.1. geworfenen Minen brachten am nächsten Tag den britischen Dampfer PORT NICHOLSON (11;8418) zum Sinken. Das Schiff transportierte Fleisch von Sydney nach Dünkirchen. Es gab zwei Tote. Die am 23.1. ausgelegte Sperre erzielte kein Ergebnis.

62.-64. Unternehmung: 31.1. – 17.3.1917 englische Ostküste, Great Yarmouth-Hewett-Channel. Southwold und nordöstlich von Aldeborough, bei der Sizewell Bank.

Ohne Erfolg.

Kommandoübergabe am 18.3. an Oblt.z.S. Walter Warzecha.

65.-69. Unternehmung: 22.3. – 27.4. 1917 englische Ostküste, vor der Sizewell Bank, südöstlich von Orfordness bei Shipwash Feuerschiff sowie vor Lowestoft-Stanford-Channel.

Auch unter dem neuen Kommandanten wollte sich kein Erfolg einstellen. Alle Minen entdeckte der Gegner rechtzeitig und räumte sie.

70. Unternehmung: 1.5. – 3.5.1917 englische Ostküste bei Great Yarmouth.

Vor dem Hewett-Channel sank am 11.5. der britische Marinetrawler BRACKLYN (14;303), der auf eine von *UC 1* am 2.5. geworfene Mine aufgelaufen war.

71. Unternehmung: 7.5. – 9.5.1917 gleiches Gebiet, Eingang Haisborough Gate.

Ohne Ergebnis.

72. Unternehmung: 14.5. – 16.5.1917 französische Nordwestküste vor Gravelines.

Die am 16.5. gelegten acht Minen westlich von Dyck-Feuerschiff und vier Minen weiter nördlich blieben erfolglos.

73.-74. Unternehmung: 25.5. – 1.6.1917 zwischen den Sänden von Gravelines und Dünkirchen.

Nach einem Mineneinsatz in der Nacht zum 26.5. geriet das Boot in ein U-Boot-Netz, kam aber durch Maschinenmanöver wieder frei. Beide Sperren blieben wirkungslos.

Am 2.6. erhielt Oblt.z.S. Christian Mildenstein das Kommando.

75. Unternehmung: 11.6. – 12.6.1917 gleiches Gebiet.

Keine Erfolge.

76. Unternehmung: 21.6. – 22.6.1917 zwischen den Sänden von Gravelines.

Aufgrund abgehörter Funksprüche gab es einen ersten Erfolg mit den am 22.6. geworfenen Minen. Zwei Tage später sanken die britischen Minensucher REDCAR (16;810) und KEMPTON (16;810).

77.-79. Unternehmung: 27.6. – 13.7.1917 in das Gebiet vor Gravelines.

Alle Sperren wurden vorzeitig geräumt. Zunehmend erschwerten U-Boot-Netze die Operationen. *UC 1* verfing sich am Morgen des 28.6. in einem dieser Hindernisse, konnte sich aber freischneiden.

80. Unternehmung: 18.7.1917 - ? nach Calais.

Das Boot kehrte von dieser Operation nicht zurück.

UC 2 am Kran. Die Untersuchung des Wracks löste für den Gegner das Rätsel ungeklärter Schiffsuntergänge.
(Wiss. Inst. für Schiffahrts- und Marinegesch.)

Es lief am 18.7. vormittags von Zeebrügge aus, um die Einfahrt von Calais zu verminen. Seitdem ist *UC 1* verschollen.

UC 2

(U-Flottille Flandern)

Stapellauf: 12.5.1915

In Dienst gestellt am 17.5.1915 von Oblt.z.S. Karl Mey.

1. Unternehmung: 24.6. – 25.6.1915 Überführungsfahrt nach Zeebrügge, die ohne Zwischenfälle blieb.

2. Unternehmung: 29.6. – 2.7.1915 englische Ostküste, Lowestoft-Stanford-Channel.

Während dieses Mineneinsatzes ging *UC 2* verloren. Am 2.7. meldete der britische Dampfer COTTINGHAM (07;513) über Funk die Kollision mit einem Hindernis. Sofort alarmierte Minenräumer suchten mit Leinen nach der Ursache. Dabei ereignete sich gegen 21.40 Uhr eine starke Unterwasserdetonation. Taucher fanden später das Wrack von *UC 2* in 15 Meter Tiefe. Ihren Angaben zufolge war das Heck des Bootes stark beschädigt. Dies läßt die Vermutung zu, daß *UC 2* beim Minenlegen von einer eigenen Mine am Heck getroffen wurde.

UC 3

(U-Flottille Flandern)

Stapellauf: 28.5.1915

In Dienst gestellt am 1.6.1915 von Kptlt. Erwin Weisbach.

UC 1 und *UC 3* in der Schleuse von Zeebrügge. Außen ein Boot vom Typ UB II. (Sammlung Dr. Dieter Jung)

1. Unternehmung: 29.6. – 30.6.1915 Überführungsfahrt nach Flandern.

Ohne Zwischenfälle lief das Boot am 30.6. in Zeebrügge ein.

2. Unternehmung: 3.7. – 5.7.1915 vor der Themse-Mündung.

Bereits der erste Mineneinsatz führte zum Erfolg. Auf die am 5.7. zwischen 04.20 – 04.26 Uhr bei Long Sand geworfenen Minen lief am nächsten Tag der in Ballast fahrende Norweger PEIK (96;1168). Das Feld blieb noch längere Zeit unentdeckt, und so sanken am 20.7. das britische Bewachungsfahrzeug RHIANNON (14;137) sowie tags darauf der Marinetrawler BRITON (06;196).

3. Unternehmung: 11.7. – 12.7.1915 an die französische Nordwestküste.

Die erste Teilsperre von sechs Minen legte Weisbach am 11.7. zwischen 22.54 und 22.57 Uhr bei der Ansteuerungstonne Calais. Die anderen sechs Minen wurden 20 Minuten später zwischen der grünen und der roten Leuchttonne vor Calais geworfen. Nach sechs Stunden entdeckte ein französischer Minensucher eine Mine, die durch Gewehrschüsse vernichtet wurde. Danach gelang es, weitere zehn Minen zu räumen. Die zwölfte Mine geriet ins Netz des belgischen Fischkutters NIEUPORT (-;150) und detonierte. Das Fahrzeug sank mit der gesamten Besatzung.

4. Unternehmung: 16.7. – 17.7.1915 an die französische Nordwestküste.

Dort verseuchte *UC 3* am Morgen des 17.7. die Einfahrt von Dünkirchen mit elf Minen. In 10,5 m Tiefe berührte das Boot den Grund. Deshalb blieb die zwölfte Mine an Bord. Die Sperre blieb wirkungslos.

5. Unternehmung: 24.7. – 26.7.1915 in den Englischen Kanal.

Das Boot lief am 24.7. nachmittags von Zeebrügge mit dem Befehl aus, die Durchfahrt für die Schiffahrt bei Folkstone zu blockieren. Weisbach versuchte, die Netzsperre am Kanaleingang bei Gris Nez zu überwinden, und kam dabei am 25.7. vormittags fest. Den ganzen Tag versuchte *UC 3* freizukommen. Wegen der Nähe von Zerstörern mußte das Boot unter Wasser bleiben. Erst bei Dunkelheit tauchte das Boot auf und konnte freigeschnitten werden, allerdings blieb die Schraube unklar, und so brach Weisbach die Operation ab.

6. Unternehmung: 19.8. – 20.8.1915 nach Calais.

Keine Erfolge.

7. Unternehmung: 27.8. – 28.8.1915 nordöstlich der Themse-Mündung.

Ohne Erfolg.

8. Unternehmung: 5.9. – 6.9.1915 gleiches Gebiet.

In die am frühen Morgen des 6.9. am Eingang zum Knock Deep gelegte Sperre von zwölf Minen lief sechs Tage später der britische Frachtdampfer ASHMORE (99;2519) und sank.

9.-10. Unternehmung: 15.9. – 26.9.1915 nach Boulogne sowie Varne Bank Feuerschiff.

Ohne Erfolg.

Neuer Kommandant ab 27.9.1915 wurde Oblt.z.S. Erwin Waßner.

11. Unternehmung: 5.10. – 7.10.1915 an die englische Ostküste.

Dieser Einsatz brachte *UC 3* vor Southwold. Am 6.11. sank das britische Frachtschiff ALASTAIR (02;366) mit sieben Opfern. Zwanzig Seeleute forderte die Sperre am 11.11. beim Untergang des britischen Dampfers RHINELAND (12;2071).

12. Unternehmung: 12.10. – 13.10.1915 nordöstlich der Themse-Mündung.

Erneut verloren die Briten durch eine aus zwölf Minen bestehende Sperre am Nordausgang des Knock Deep drei Schiffe. Den von Hull nach Neapel fahrenden Frachter SALERNO (12;2071) erwischte es am 14.10. Zwei Tage später traf es den Dampfer VOLSCIAN (98;570), der aber vor Harwich auf Grund gesetzt werden konnte. Einen Tag später sank der Marinetrawler JAVELIN (-;205).

13. Unternehmung: 29.10. – 1.11.1915 englische Ostküste, südöstlich von Orfordness.

Dort blockierte das Boot am 31.10. mit seiner

Die Duchess of Hamilton, hier noch als Passagierschiff.
(National Maritime Museum Greenwich)

gesamten Minenladung den Nordausgang des Shipway und vergrößerte seine Erfolgsbilanz mit der Versenkung des Norwegers Nereus (98;742), der Kohlen geladen hatte.

14.-15. Unternehmung: 16.11. – 28.11.1915 vor die Themse-Mündung.

Bei Galloper Feuerschiff legte das Boot am 17.11. zunächst sechs, dann eine und nochmals fünf Minen. Noch am selben Tag sank der norwegische Frachter Ulriken (91;2379), der von New York kam und für Rotterdam bestimmt war. Zwölf Tage später traf es bei Räumarbeiten den britischen Radminensucher Duchess of Hamilton (90;533). Die am 27.11. bei Galloper Sand gelegten zwölf Minen wurden schnell entdeckt und beseitigt.

16. Unternehmung: 9.12. – 10.12.1915 französische Nordküste.

Das Boot verminte noch am Abend des Auslauftages die Durchfahrt bei Cap Gris Nez. Darauf sank zwei Tage später der in Ballast von Dünkirchen nach London fahrende britische Frachtdampfer Pinegrove (96;2847). Es gab zwei Tote.

17. Unternehmung: 17.12. – 18.12.1915 nordöstliche Ansteuerung der Themse.

Der erste Erfolg dieser Operation westlich von Long Sand Feuerschiff war der Norweger Nico (12;712), der am 18.12. mit zwei Mann der Besatzung unterging. Drei Tage später folgte der britische Minensucher Lady Ismay (11;495) während Räumarbeiten.

18. Unternehmung: 21.12. – 22.12.1915 englische Ostküste, südöstlich von Orfordness.

Diesmal richtete sich der Einsatz gegen den Schiffahrtsweg östlich von Shipwash Feuerschiff. Auf der in der Nacht zum 22.12. ausgebrachten Sperre ging am 27.12. der britische Frachter Hadley (01;1777) mit Kohle für London unter. Auf dem Weg von Marbella nach West Hartlepool traf es am 28.2.1916 den britischen Dampfer Thornaby (89;1782). 19 Mann einschließlich des Kapitäns fanden den Tod.

19. Unternehmung: 10.1. – 12.1.1916 an die französische Kanalküste.

Hier legte *UC 3* am 11.1. zwölf Minen vor die Einfahrt von Boulogne. In die Sperre lief am 14.1. der britische Frachtdampfer Breslau (82;1339), der aber noch den Hafen erreichte.

20. Unternehmung: 17.1. – 18.1.1916 Südeingang der Downs.

Ohne Ergebnis.

21. Unternehmung: 25.1. – 26.1.1916 französische Kanalküste.

UC 3 suchte erneut das Hafenvorfeld von Boulogne auf, wo Waßner am 26.1. seine Minen werfen ließ. Da die Sperre unentdeckt blieb, sank in ihr am 8.2. der mit Grubenholz für Dünkirchen bestimmte Brite Argo (82;1720).

22. Unternehmung: 1.2. – 2.2.1916 gleiches Gebiet.

Das Boot lief am 1.2. zum Einsatz aus, mußte aber wegen starken Nebels umkehren.

23. Unternehmung: 22.2. – 23.2.1916 französische Kanalküste.

Diesmal legte *UC 3* am Abend des 22.2. zwei Teilsperren von acht bzw. vier Minen nördlich von Boulogne, die aber ohne Wirkung blieben.

24. Unternehmung: 6.3. – 7.3. 1916 englische Ostküste, Zufahrt Flottenstützpunkt Harwich. Unterstützung beim Vorstoß der Hochseeflotte in die Hoofden.

Die am frühen Morgen des 7.3. bei Shipwash Feuerschiff gegen die britischen Seestreitkräfte gelegten Minen erzielten keinen Treffer.

25. Unternehmung: 16.3. – 17.3.1916 Ansteuerung Themse-Mündung.

Ohne Erfolg.

26. Unternehmung: 11.5. – 12.5.1916 Küste Flandern.

Ohne Erfolg.

Am 13.5.1916 kam *UC 3* unter das Kommando von Oblt.z.S. Günther Kreysern.

Turm von *UC 4*. Davor die Abdeckung des sechsten Minenschachtes. (U-Boot-Archiv Deisenhofen)

Der russische Minenleger Ladoga fiel einer Mine zum Opfer. (Archiv Verfasser)

27.-28. Unternehmung: 14.5. – 21.5.1916 französische Nordwestküste.

Beide Einsätze richteten sich gegen den kleinen alliierten Hafen Gravelines, zwischen Calais und Dünkirchen. In beiden Fällen entdeckte der Gegner die Minen vorzeitig und räumte sie.

29. Unternehmung: 25.5. – 26.5.1916 englische Ostküste.

Das Boot machte am 25.5. in Zeebrügge Leinen los und lief zum Einsatz südlich der Aldeborough Napes Tonne aus. Das Unternehmen stand im Zusammenhang mit der deutschen Flottenunternehmung, die später zur Skagerrak-Schlacht führte. Nachts wurde die Sperre von zwölf Minen ausgelegt. Am frühen Morgen des 26.5. sichteten *UC 1* und *UC 6* das rückkehrende Boot. Gegen 11.00 Uhr nahm *UC 3* bei Noord Hinder Feuerschiff mit dem auf Vorposten befindlichen *UB 6* (-;127;2 TR) Signalverkehr auf. Das war das letzte Lebenszeichen des Bootes, das am Nachmittag beim Ansteuern von Zeebrügge, südlich der Schouwen Bank, auf eine neu ausgelegte britische Minen- und Netzsperre lief. Die gesamte Besatzung von 18 Mann fand den Tod.

Noch am selben Tag sank auf den von *UC 3* geworfenen Minen der britische Dampfer Denewood (05;1221) mit einer Kohlenladung. Am 2.6. folgte der nach Kalkutta laufende britische Frachter Golconda (87;5874), der 19 Seeleute mit in die Tiefe nahm.

UC 4

(U-Halbflottille Kurland, U-Flottille Flandern und Flandern I)

Stapellauf: 6.6.1915

In Dienst gestellt am 10.6.1915 von Oblt.z.S. Karl Vesper.

Am 11.7.1915 kam *UC 4* in Danzig zur Front, von wo es zwei Wochen später nach Libau verlegte.

1. Unternehmung: 2.8. – 6.8.1915 Eingang Finnischer Meerbusen.

In Libau warf *UC 4* am 2.8. seine Leinen zum ersten Mineneinsatz los. Der Kommandant hatte die Aufgabe, die Fahrwasser südlich der Schäreninsel Oerö zu verminen. Mit Zick-Zack-Kurs legte das Boot die zwölf Minen am 4.8.1915. Diese wurden am 14.8. dem russ. Minenleger Ladoga (69;6136;800 M) zum Verhängnis, der gerade von einer defensiven Minenunternehmung bei Utö zurückkehrte.

2. Unternehmung: 11.8. – 16.8.1915 in das Gebiet vor Utö.

Wegen Kompaßstörungen mußte das Boot am 12.8. nachmittags auf Höhe von Filsand, westlich von Ösel, stoppen. Dabei wurde es vom britischen *E 9* mit drei Torpedos erfolglos angegriffen. Durch Schnelltauchen entzog sich *UC 4* weiteren Attacken. Nach einem Erfahrungsaustausch mit *U 9* legte Karl Vesper im Morgengrauen des 14.8. seine zwölf Minen nordwestlich von Utö, die keinen Erfolg brachten.

3. Unternehmung: 11.9. – 16.9.1915 Nordeinfahrt Moon-Sund.

Ein Sturm verzögerte den Auslauftermin um vier Tage, und so legte *UC 4* erst am 11.9. ab. Auf die am 13.9. mittags bei Stapelbotten gelegte Sperre lief vier Tage später der russische Minensucher *N 1* (92;739) und sank. Auf dem Rückmarsch begegnete Vesper mehrmals gegnerischen U-Booten, denen er durch Tauchen auswich.

4. Unternehmung: 1.11. – 4.11.1915 Schärengebiet nordöstlich von Utö.

Um Brennstoff zu sparen, ließ sich *UC 4* ein Stück seines Weges vom Torpedoboot *V 108* schleppen. Nach Loswerfen der Trossen drang das Boot über Dagerort (Dagö) in den Skift-Sund nordöstlich von Utö vor. Dort verseuchte das Boot unter ständiger Lotung auf verschiedenen Positionen die Fahrwasser Abo – Korpa – Utö. Nachts konnte das von Sänden durchsetzte Schärengebiet ohne Zwischenfälle passiert werden. Diese navigatorische Höchstleistung blieb allerdings erfolglos.

Der beginnende Winter verhinderte weitere Operationen, so daß *UC 4* Ende November 1915 zur Überholung nach Kiel verlegte. Von dort aus ging es am 29.12.1915 unter dem Kommando von Obtl.z.S. Fritz Moecke in die Nordsee.

5. Unternehmung: 3.2. – 4.2.1916 Überführungsfahrt nach Flandern.

Am 4.2. traf *UC 4* in Zeebrügge ein und gehörte nun zur U-Flottille Flandern.

6. Unternehmung: 9.2. – 11.2.1916 englische Ostküste.

Gleich der erste Einsatz im Westen war erfolgreich. In die am 10.2. bei Aldeborough Napes gelegten Minen liefen am 12.2. der brit. Dampfer CEDARWOOD (07;654) und der Belgier ADUATIEK (90;2221), der Kohlen geladen hatte. Am Tag darauf folgte der britische Frachter TERGESTEA (11;4308) mit gleicher Ladung auf dem Weg von Tyne nach London.

7. Unternehmung: 26.2. – 27.2.1916 Südeingang der Downs.

Auch die am Morgen des 27.2. gelegte Sperre zeigte Wirkung. Der von New York kommende britische Dampfer DEN OF OGIL (13;5689) wurde zwar schwer beschädigt, konnte aber noch seinen Bestimmungshafen London erreichen.

8. Unternehmung: 3.3. – 5.3.1916 Themse-Mündung.

Ohne Erfolg.

9. Unternehmung: 11.3. – 12.3.1916 Südeingang der Downs.

Die bei den Goodwin Sänden geworfenen Minen blieben wirkungslos. Auf dem Rückmarsch gelang es Moecke, die am 10. und 12.3. von den Engländern vor der flandrischen Küste nachlässig gelegten Minen festzustellen und zu umfahren.

10. Unternehmung: 15.3. – 19.3.1916 Überführungsfahrt nach Kiel.

Am 15.3. legte *UC 4* in Zeebrügge ab und kehrte nach Kiel zu den Ostseestreitkräften zurück.

Neuer Kommandant wurde Oblt.z.S. Max Hamm.

Anschließend verlegte das Boot nach Libau zur V. U-Halbflottille.

11. Unternehmung: 30.5. – 2.6.1916 Westausgang Rigaer Bucht – Irbenstraße.

Ohne Ergebnis.

Ab 16.8.1916 übernahm Oblt.z.S. Ulrich Pilzecker das Kommando.

12. Unternehmung: 18.8. – 25.8.1916 Moon-Sund Nordeinfahrt.

Zunächst beeinträchtigte schlechtes Wetter die Navigation, dann klemmte zeitweise das Tiefenruder. Trotzdem fiel am 22.8. um 09.38 Uhr die letzte Mine. Am 25.8. machte *UC 4* wieder in Libau fest. Die Russen entdeckten die Sperre frühzeitig und beseitigten sie.

13. Unternehmung: 30.8. – 3.9.1916 in die Aaland-See.

Am 30.8. abends ging *UC 4* erneut in See. Nach einem Prüfungstauchen schleppte ein Vorpostendampfer das Boot vorbei an Steinort-Leuchtturm. Nachts entließ man den Dampfer. Dann nahm *UC 4* Kurs auf das Gebiet Hangö – Utö – Abo. Die Erkrankung des Kommandanten war Grund für den vorzeitigen Abbruch der Fahrt am 1.9. Der Steuermann brachte *UC 4* sicher zum Stützpunkt zurück.

Einem Fliegerangriff bei Filsand entzog man sich durch Schnelltauchen.

Am 15.9.1916 wurde Oblt.z.S. Gustav Buch zum Kommandanten ernannt. Er brachte das Boot nach Kiel, um dann anschließend nach Flandern zu verlegen.

Im Kanal von Zeebrügge. In der Mitte *UC 4*, daneben jeweils ein UB-I-Boot. (Wiss. Inst. für Schiffahrts- und Marinegesch.)

14. Unternehmung: 25.9. – 30.9.1916 Überführungsfahrt nach Flandern.

Dort wechselte *UC 4* am 30.9. wieder zur U-Flottille Flandern.

15. Unternehmung: 17.10. – 20.10.1916 englische Ostküste.

Ohne Erfolg.

Nach dieser Operation übernahm Oblt.z.S. Hans Howaldt das Kommando.

16. Unternehmung: 24.10. – 26.10.1916 an die englische Ostküste.

Die am 26. 10. vor Southwold gelegte Sperre zerstörte am 27. 10. den Norweger BYGDÖ (87;2345) mit Kohle für Genua. Es folgte einen Tag später der britische Frachtdampfer SPARTA (92;480), der Koks von Hull nach Le Havre transportieren sollte. Den Schluß bildete am 6. 11. der britische Dampfer SUNNISIDE (05;447), der vier Mann mit in die Tiefe nahm.

17. Unternehmung: 4.11. – 9.11.1916 englische Ostküste, Lowestoft.

Die Sperre brachte zunächst keine Erfolge, blieb aber auch unentdeckt. Das wurde am 3.12. dem britischen Marinetrawler REMARKO (14; 245) zum Verhängnis.

Die Behauptung, daß auch die britische U-Falle KENT COUNTY (11;86) am 8.12. bei Cross Sand auf eine Mine von *UC 4* auflief, ist falsch, da *UC 4* nie in dem Gebiet war.

18. Unternehmung: 23.11. – 25.11.1916 englische Ostküste, Einfahrt Orfordness.

Am 25.11. sank der britische Marinetrawler BURNLEY (16;275), am 5.12. folgte die TERVANI (14;457).

Neuer Kommandant ab 27.11.1916 Oblt.z.S. Georg Reimarus.

19. Unternehmung: 1.12. – 4.12.1916 nach Galloper Sand.

Ohne Erfolg.

20. Unternehmung: 7.12. – 10.12.1916 englische Ostküste, östlich Orfordness.

Auf einer der am 8.12. ausgelegten Minen sank am 2.2.1917 der britische Marinetrawler HOLDENE (15;274).

21. Unternehmung: 14.12. – 17.12. 1916 englische Ostküste, vor Lowestoft.

Wieder sorgte *UC 4* am 7.1.1917 im Stanford-Channel für einen Erfolg, als der britische Marinetrawler DONSIDE (00;182) von der Wasseroberfläche verschwand.

22.-23. Unternehmung: 27.12.1916 – 7.1.1917 englische Ostküste.

Wegen vorzeitiger Räumung ohne Erfolg.

24. Unternehmung: 15.1. – 16.1.1917 englische Ostküste südöstlich von Aldeborough Napes.

Am 18.1. verschwand der Däne DAGMAR (88;768), und zwei Tage später kam der britische Marinetrawler NEW COMET (10;177) hinzu.

25. Unternehmung: 22.1. – 24.1.1917 englische Ostküste, südöstlich von Yarmouth.

Ohne Erfolg.

26. Unternehmung: 31.1. – 2.2.1917 englische Ostküste, vor Orfordness.

Auf der am 1.2. nördlich von Shipwash Feuerschiff gelegten Sperre verloren die Briten den Trawler SISTERS MELVILLE (15;260). Während des Rückmarsches griff ein britisches Luftschiff an, dem sich *UC 4* durch Tauchen entzog.

27.-29. Unternehmung: 10.2. – 1.3.1917 englische Ostküste, Sizewell Bank – Shipwash Feuerschiff und Aldeborough Napes.

Ohne Erfolge.

30. Unternehmung: 9.3. – 11.3.1917 englische Ostküste.

Auf der am 11.3. südlich von Aldeborough Napes gelegten Sperre sanken am nächsten Tag die beiden britischen Frachtdampfer PONTYPRIDD (83;1556) und AMBIENT (04;1517) mit Kohle an Bord.

31.-36. Unternehmung: 22.3. – 11.5.1917 englische Ostküste, Orfordness – Aldeborough Napes – Sizewell Bank und Shipwash Feuerschiff.

Alle sechs Einsätze waren vergebens, weil die britischen Räumkräfte aktiver wurden.

Der nachfolgende Einsatz wurde unter dem Kommando von Oblt.z.S. Oskar Steckelberg durchgeführt.

37. Unternehmung: 17.5. – 20.5.1917 englische Ostküste, nördlich von Great Yarmouth.

Nur der britische Fischlogger CHRYSOLITE (-;57) konnte als kleiner Erfolg gemeldet werden.

Das Kommando übernahm wieder Oblt.z.S. Georg Reimarus.

38. Unternehmung: 25.5. – 26.5.1917 englische Ostküste, nördlich von Aldeborough.

Es gab keinen Erfolg, denn der am 3.6. angeblich durch eine *UC 4*-Mine zerstörte britische Fischkutter GIRALDA (-;58) sank nach britischen Angaben vor Cromer.

Neuer Kommandant wurde ab 30.5.1917 Oblt.z.S. Erich Hecht.

39. Unternehmung: 2.6. – 3.6.1917 englische Ostküste, Aldeborough Napes.

Der Erfolg dieser ersten Feindfahrt des neuen Kommandanten konnte erst am 11.11. registriert werden, als der mit Stückgut von Rotterdam nach London laufende britische Frachter LAPWING (11;1192) auf eine Mine lief und sank.

40.-42. Unternehmung: 7.6. – 22.6.1917 gleiches Gebiet.

Ohne Erfolge.

43. Unternehmung: 28.6. – 29.6.1917 gleiches Gebiet.

Der Verlust des Marinetrawlers KELVIN (15;322) ist nach deutschen Quellen *UC 4* zuzuordnen. Britische Angaben nennen als Untergangsposition Harwich, was eine *UC 4*-Mine als Verlustursache ausschließt.

44.-46. Unternehmung: 5.7. – 22.7.1917 englische Ostküste, Shipwash Feuerschiff.

Nur die am 14.7. nordöstlich des Feuerschiffs gelegte Sperre führte zum Verlust des britischen Minensuchers QUEEN OF THE NORTH (95;594) am 20.7. während eines Räumeinsatzes.

47.-49. Unternehmung: 21.8. – 12.9.1917 englische Ostküste, Aldeborough Napes.

Die drei Sperren blieben wirkungslos. Die Versenkung des Marinetrawlers EROS (07;286), die ursprünglich von deutscher Seite *UC 4* zugerechnet wurde, muß nach britischen Quellen revidiert werden, nach denen das Schiff am 5.9. vor Felixtowe gesunken ist.

Am 13.9.1917 erhielt Oblt.z.S. Walter Schmitz das Kommando über *UC 4*.

50. Unternehmung: 17.9.1917 englische Ostküste, gleiches Gebiet.

UC 4 lief am 17.9. morgens von Zeebrügge aus, mußte aber wegen einer Maschinenhavarie umkehren. Gegen Mittag sichtete der Ausguck an der flandrischen Küste ein in der See treibendes französisches Flugboot. Die Besatzung nahm man an Bord, das Flugbbot mit der Kennung *D 40* wurde mit MG-Feuer versenkt, da die hohe See ein Einbringen unmöglich machte.

51.-53. Unternehmung: 20.9. – 13.10.1917 englische Ostküste, Sizewell Bank und Aldeborough Napes.

Ohne Ergebnis.

54. Unternehmung: 18.10. – 21.10.1917 gleiches Gebiet.

Die am 20.10. ausgebrachte Sperre brachte nur den Untergang des Marinetrawlers VITALITY (14;202).

55.-59. Unternehmung: 28.10. – 11.12.1917 englische Ostküste, südöstlich von Southwold – Aldeborough Napes – Lowestoft und Sunk Feuerschiff.

Ohne Ergebnis.

60. Unternehmung: 20.12. – 21.12.1917 englische Ostküste, Orfordness.

Hier legte *UC 4* in der Nacht des 21.12. südlich und südöstlich von Aldeborough Napes zwei Teilsperren von je sechs Minen. Auf der ersten sank zwei Tage später der von Villaricos kommende und nach Middlesborough laufende britische Dampfer GRANTLEY HALL (02;4008) mit einer Ladung Stahl.

61.-62. Unternehmung: 3.1. – 7.1.1918 engl. Ostküste südlich und nördlich von Aldeborough Napes.

Britische Räumboote beseitigten schnell die Minen, so daß keine Verluste eintraten.

Für die Zeit vom 20.1. bis 26.2.1918 erhielt Oblt.z.S. Kurt Loch das Kommando. Oblt.z.S. Schmitz übernahm *UC 75*.

63.-65. Unternehmung: 24.1. – 26.2.1918 englische Ostküste, Orfordness.

Auch diese bei Shipwash und Sunk Feuerschiff gelegten Minen brachten keine Ergebnisse.

66. Unternehmung: 23.2. – 25.2.1918 englische Ostküste, südlich von Aldeborough Napes.

Dort erzielte Obtl.z.S. Loch mit *UC 4* seinen einzigen Erfolg mit der Versenkung des britischen Frachtdampfers RUBIO (09;2395).

Anschließend übernahm Oblt.z.S. Ernst Berlin das Boot.

67. Unternehmung: 4.3. – 5.3.1918 englische Ostküste vor Harwich bei Shipwash Sand.

Gleich bei seiner ersten Feindfahrt konnte Oblt.z.S. Ernst Berlin das Erfolgskonto um drei neue Positionen vergrößern. Auf der am Morgen des 5.3. geschickt ausgelegten Sperre sanken die beiden in Ballast fahrenden britischen Frachtschiffe ESTRELLA (12;1740) mit 20 Mann und COALGAS (-;2257) auf ihrem Weg zum Tyne. Auch die Fahrt des Norwegers TUSNASTABB (16;1136) von Rouen nach Sunderland endete.

68. Unternehmung: 10.3. – 13.3.1918 englische Ostküste.

Ohne Erfolg.

69. Unternehmung: 8.4. – 10.4.1918 nördlich von Shipwash Feuerschiff.

Der britische Dampfer LONHELEN (-;1282) hatte Kohlen in Newcastle geladen und war nach London unterwegs, als am 12.4. eine Mine das Schiff versenkte.

70. Unternehmung: 17.4. – 21.4.1918 gleiches Gebiet.

Am 20.4. hatte *UC 4* eine neue Sperre gelegt, in die noch am selben Tag der britische Marinetrawler NUMITOR (03;242) lief. Fünf Tage später ereilte den Radminensucher ST. SEIRIOL (14;928) dasselbe Schicksal.

Nach dieser Feindfahrt übernahm Oblt.z.S. Eberhard Schmidt das Kommando.

UC 4 mußte zur Überholung und zum Einbau neuer Akkumulatoren für zwei Monate in die Werft.

71. Unternehmung: 21.6. – 26.6.1918 englische Ostküste.

Dieser Einsatz brachte den letzten Erfolg für das Boot. Es handelte sich um den britischen Marinetrawler ACHILLES II (06;225), der am 26.6. sank.

72.-73. Unternehmung: 30.6. – 17.7.1918 gleiches Gebiet.

Der Einsatz hatte keinen Erfolg.

Wegen der Grundüberholung des Motors mußte das Boot erneut in die Werft. Die Arbeiten konnten bis zur Räumung der Flandern-Stützpunkte nicht beendet werden. Deshalb sprengte man das Boot am 2.10.1918 vor der Mole von Zeebrügge.

UC 5

(U-Flottille Flandern)

Stapellauf: 13.6.1915

In Dienst gestellt am 19.6.1915 von Oblt.z.S. Herbert Pustkuchen.

1. Unternehmung: 26.7. – 27.7.1915 Überführungsfahrt nach Flandern.

2. Unternehmung: 2.8. – 3.8.1915 nördlich der Themse-Mündung.

Die Operationstätigkeit begann am 3.8. morgens mit vier Minen östlich von Kentish Knock Feuerschiff. Weitere acht Minen legte das Boot vormittags innerhalb von zehn Minuten am Nordausgang des Knock Deep. Drei Tage später sank hier der britische Marinetrawler LEANDROS (07;276).

3. Unternehmung: 11.8. – 13.8.1915 englische Ostküste, vor Lowestoft.

Am Abend des 12.8. brachte das Boot eine Sperre von sechs Minen im Ostausgang des Hewett-Channel aus. Die anderen sechs Minen wurden am nächsten Morgen bei dichtem Nebel während der Überwasserfahrt im Stanford-Channel gelegt. Auf diese Sperre liefen noch am selben Tag der schwedische Dampfer SVERIGE (82;1638) und der britische Frachter SUMMERFIELD (13;687) auf und sanken.

4. Unternehmung: 20.8. – 22.8.1915 französische Kanalküste.

Nach dem Passieren der Netzsperre bei Gris Nez nahm *UC 5* Kurs auf Boulogne. Kurz vor der Hafenmole befahl Pustkuchen am 21.8. morgens aufzutauchen. Durch das Periskop registrierte er zahlreiche Bewacher. Innerhalb von sechs Minuten waren die Minenschächte leer. Anschließend lief das Boot mit AK unter Wasser ab. Eine der Minen beendete wenig später die Fahrt des britischen Dampfers WILLIAM DAWSON (72;284) nach Dünkirchen.

5. Unternehmung: 26.8. – 27.8.1915 nordöstlich der Themse-Mündung.

Die am 27.8. morgens bei Long Sand errichtete Sperre sollte *UC 5* den bis dahin größten Erfolg bringen. Drei Tage später sank das britische Frachtschiff HONITON (14;4914), das von Buenos Aires nach Hull mit Mais unterwegs war. Der am 3.9. beschädigte französische Dampfer ST. CHAMOND (13;2866) konnte noch Harwich erreichen. Das Schiff fiel dann aber am 29.4.1918 *U 60* (Kptlt. Grünert) zum Opfer.

6. Unternehmung: 6.9. – 8.9.1915 französische Kanalküste.

Erneut hieß das Ziel Boulogne. Während der Unterwasserfahrt legte *UC 5* sechs Minen vor der Hafeneinfahrt. Anschließend nahm das Boot Kurs auf die gegenüberliegende Küste und warf dort am 7.9. die restlichen sechs Minen in die Fahrrinne vor Folkstone. Während die erste Sperre wenig später geräumt wurde, sank auf der zweiten am Tag darauf

Die Brighton Queen diente später als Minensucher. (National Maritime Museum Greenwich)

der britische Kabeldampfer Monarch (83;1122). Es gab drei Tote.

7. Unternehmung: 15.9. – 17.9.1915 englische Kanalküste.

Das Operationsziel war die Sperrlücke auf halbem Wege zwischen Folkstone und Dungeness. Nachts überwand das Boot die Doversperre und begann am 16.9. nachmittags inmitten starken Schiffsverkehrs mit dem Auslegen von sechs Minen. Mit dem Rest verminte Pustkuchen die Fahrwasser westlich der Durchfahrt. Gegnerische Minensucher entdeckten die erste Sperre und räumten sie. Die zweite Sperre blieb unentdeckt, und so liefen am 19.9. der schwede Frachter Tord (07;1313) und am 4.10. der britische Frachter Enfield (87;2124) auf; beide strandeten. Der am 10.10. von Mauritius mit Stückgut für London ankommende Frachtdampfer Newcastle (99;3403) wurde zunächst beschädigt, ging dann aber unter.

8. Unternehmung: 2.10. – 3.10.1915 vor der belgischen Küste.

Der Einsatz richtete sich gegen gegnerische Seestreitkräfte. Die am 3.10. im West Diep vor Nieuport gelegten Minen verursachten am 6.11. nur die Versenkung des britischen Minensuchers Brighton Queen (97;533).

9. Unternehmung: 11.10. – 12.10.1915 Themse-Einfahrt zwischen Elbow-Boje und den Goodwin Sänden.

Vor der Elbow-Boje erhöhte *UC 5* sein Erfolgskonto am 12.10. mit der Versenkung des Drifters Frons Oliviae (-;98).

10. Unternehmung: 17.10. – 21.10. 1915 Englischer Kanal.

Das Boot warf bereits auf dem Anmarsch zur Insel Wight eine Mine auf dem Dampferweg südöstlich von Dungeness. Am 19.10. folgten sechs Minen östlich der Insel in der Nähe von Nab Feuerschiff. Die restlichen fünf machten die Gewässer vor den Needles unsicher. Die Position der ersten Mine war so geschickt gewählt, daß am 23.10. der britische Dampfer Ilaro (84;2799) mit Mais auf dem Weg nach Hull in die Tiefe ging. Aber auch die anderen beiden Teilsperren hatten eine beträchtliche Wirkung. Bei Nab Feuerschiff sank noch am selben Tag der britische Marinetrawler Erin II (03;181) und einen Tag später der Drifter Star of Buchan (-;81). Die Fortsetzung gab es dann am 22.10. mit dem Schlepper Grappler (84;102). Drei Tage später vernichtete eine weitere U-Boot-Mine den englischen Zerstörer Velox (02;400; 1-7,5 cm; 5-5,7 cm; 2 TR). Schließlich erwischte es bei den

HMS Velox sank auf einer UC 5-Mine.
(National Maritime Museum Greenwich)

Needles am 12.1.1916 den britischen Frachter ALGERIAN (96;3837) und tags darauf den britischen Marinetrawler ALBION II (07;240).

11. Unternehmung: 31.10. – 1.11.1915 nordöstlich der Themse-Mündung.

Die Operation gegen die Schiffahrtswege bei Sunk Feuerschiff mußte wegen schlechten Wetters und hohem Seegang abgebrochen werden.

12. Unternehmung: 6.11. – 7.11.1915 gleiches Gebiet.

Ohne Erfolg.

13. Unternehmung: 16.11. – 18.11.1915 vor Dover.

Die Operation hatte einen tragischen Mittelpunkt. Auf die am 17.11. gelegte Teilsperre mit vier Minen lief noch am selben Tag das britische Lazarettschiff ANGLIA (00;1862) auf. Es war auf der Fahrt von Frankreich nach England. An Bord befanden sich 385 Verwundete. Die Wucht der Detonation schleuderte den Kommandanten von der Brücke auf das Oberdeck. Die Rettung der Verwundeten wurde erheblich beeinträchtigt, weil das Schiff nicht stoppte, sondern mit voller Fahrt weiterfuhr. Dennoch gelang es einem Zerstörer, längsseits zu gehen und einen Großteil der Verwundeten zu retten. Beim Untergang waren trotzdem 134 Tote zu beklagen. Bei der Hilfeleistung für die ANGLIA lief auch noch der britische Dampfer LUSITANIA (03;1834) auf eine Mine und sank. Die zweite Teilsperre sorgte am 19.11. für das Verschwinden des Marinetrawlers FALMOUTH III (09;198).

14. Unternehmung: 28.11. – 30.11.1915 französische Kanalküste.

Je sechs Minen bildeten die beiden Sperren, die *UC 5* am 29.11. nördlich von Boulogne auslegte. Eine zerstörte den britischen Dampfer DOTTEREL (04;1596) auf seiner Fahrt nach Dünkirchen.

15. Unternehmung: 17.12. – 18.12.1915 nordöstlich der Themse-Mündung.

Die Taktik der Teilsperren erwies sich auch diesmal wieder als erfolgreich. Auf den vier am 17.12. südöstlich von Sunk Feuerschiff geworfenen Minen sank am 26.12. der britische Marinetrawler RESONO (10;230). In die südwestlich stehenden Minen geriet am selben Tag das britische U-Boot *E 6* (12;665/796; 4 TR, 8 T), das die gesamte Besatzung mit in die Tiefe nahm.

Nach Rückkehr übernahm Oblt.z.S. Ulrich Mohrbutter das Kommando.

16.-17. Unternehmung: 29.12.1915 – 18.1.1916 nordöstlich der Themse-Mündung – Nord Galloper Boje und vor Orfordness-Nordausgang Shipway.

Beide Operationen verliefen ergebnislos.

18. Unternehmung: 31.1. – 1.2.1916 westlich und südwestlich von Sunk Feuerschiff.

Zum wiederholten Male suchte das Boot dieses Gebiet auf, um seine Minen in der Nacht des 31.1. in zwei Gruppen zu fünf und sieben zu legen. Am folgenden Tag lief der Holländer PRINSES JULIANA (09;2885) auf und sank.

19. Unternehmung: 9.2. – 10.2.1916 Themse-Mündung.

Südlich von Kentish Knock brachte *UC 5* am 9.2. erneut seine Minenladung aus, die am 20.2. den britischen Dampfer DINGLE (14;593) und am 24.2. die TUMMEL (12;531) zum Sinken brachte. Sie hatten beide Kohle geladen und verloren je neun Seeleute.

20. Unternehmung: 20.2. – 22.2.1916 Südteil von Galloper Feuerschiff.

Diesmal traf es ein holländisches Schiff. Der Tanker LA FLANDRE (88;2018) transportierte Petroleum, kam von New York und steuerte Rotterdam an. Die 29-köpfige Besatzung kam ums Leben.

21. Unternehmung: 25.2. – 27.2.1916 vor Calais.

Ohne Erfolg.

22.-23. Unternehmung: 6.3. – 17.3.1916 nordöstlich der Themse-Mündung.

Am 6.3. entlud *UC 5* seine Schächte westlich von Sunk Feuerschiff. Hier sank am 27.3. der dänische Frachter HARRIET (99;1372). Eine weitere Sperre blieb ohne Erfolg.

24. Unternehmung: 24.3. – 25.3.1916 östlich von Harwich.

Auf dem Anmarsch zur Minenoperation bei Inner Gabbard Sund entdeckte das Boot die am 20.3. und 23.3. von den Engländern an der flandrischen Küste ausgelegten Minenfelder. Am Abend des 24.3. verließen wieder Minen die Schächte. Zwei Tage später sanken der französische Dampfer HEBE (09;1494) und der britische Fischdampfer KHARTOUM (99;303), sechs Seemeilen nordöstlich von Long Sand mit neun Mann.

25. Unternehmung: 30.3. – 31.3.1916 englische Ostküste, bei Yarmouth.

Dort errang UC 5 nach Verseuchung des Südeingangs zum Hewett-Channel noch am selben Tag seinen nächsten Erfolg mit dem in Ballast fahrenden britischen Frachter ALACRITY (83;1080). Dieser ging mit 14 Mann Besatzung unter.

26.-27. Unternehmung: 9.4. – 22.4.1916 Zugang Themse-Mündung, nördlich von Galloper Sand und Südende Shipwash Sand.

Angehörige der Royal Navy bei der Bergung von *UC 5*. (Bibliothek für Zeitgeschichte Stuttgart)

UC 5 längsseits eines britischen Schleppers. An Deck eine UC 120-Mine. (Archiv Verfasser)

Während die Minen das Boot verließen, griff am 9.4. ein Flugzeug erfolglos mit zwei Bomben an. Die Sperren konnte der Gegner rechtzeitig räumen.

28. Unternehmung: 24.4. – 25.4.1916 englische Ostküste zur Unterstützung des deutschen Flottenvorstoßes gegen Lowestoft.

Schon zwei Tage nach seiner Rückkehr ging *UC 5* wieder in See, um Minen östlich der Shipwash 0 Tonne zu legen. Auf dem Marsch kamen zahlreiche Kriegsschiffe in Sicht, die das Boot unter Wasser drückten. Nach einer fünfstündigen Tauchfahrt mußte Mohrbutter feststellen, daß Shipwash nicht mehr rechtzeitig zu erreichen war. Er entschloß sich deshalb zur Umkehr. Am Abend verließ *UC 5* abermals Zeebrügge zu einem erneuten Vorstoß. Doch noch immer kreuzten feindliche Einheiten vor der flandrischen Küste. Hinzu kam ein ungewöhnlich intensives Meeresleuchten, so daß die Gefahr des Entdecktwerdens schnell wuchs. Deshalb kehrte *UC 5* abermals unverrichteter Dinge zurück. Am nächsten Morgen unternahm Mohrbutter den dritten Anlauf. Bereits auf dem Weg ins Operationsgebiet zwang ein britischer Zerstörer das Boot für vier Stunden unter Wasser. Gegen 14.00 Uhr sah sich das Boot plötzlich einer großen, soeben ausgelegten britischen Minennetzsperre gegenüber. Beim Versuch, mit Sprengpatronen eine Durchfahrt zu schaffen, griff ein französisches Flugzeug an und zwang *UC 5* erneut zum Tauchen. Nach einer halben Stunde ließ Mohrbutter wieder auftauchen, um doch noch eine Lücke im Netz zu finden. Da man keine fand und viel Zeit verloren hatte, trat das Boot den Rückmarsch an und machte um 19.00 Uhr wieder in Zeebrügge Mole fest.

29. Unternehmung: 26.4. – 27.4.1916 englische Ostküste.

Am Vormittag des 26.4. versuchte *UC 5* erneut, in das Gebiet von Harwich vorzustoßen. Es passierte die Netzsperre durch die von deutschen Torpedobooten geschaffene Lücke und nahm Kurs auf die

Zurschaustellung von *UC 5* in Sheerness.
(Wiss. Inst. für Schiffahrts- und Marinegesch.)

UC 6 brachte es auf 89 Unternehmungen. (Archiv Verfasser)

englische Küste. Gegen Mitternacht kam das Boot während der Überwasserfahrt auf Shipwash Sand fest. Etwa drei Stunden später sorgte Niedrigwasser dafür, daß das Boot fast trocken lag. Etwa um 06.00 Uhr kam es bei steigendem Wasser wieder frei und ging auf Nordostkurs. Sowohl die Präsenz feindlicher Patrouillenfahrzeuge als auch der Wunsch, eine präzise Positionsbestimmung vorzunehmen, veranlaßten den Kommandanten, *UC 5* vorläufig auf Grund zu legen. Gegen 09.15 Uhr kam das Boot wieder an die Oberfläche, um ein in der Nähe liegendes Feuerschiff anzusteuern. Da es aber keine Aufschrift trug, drehte man wieder ab. Eine Stunde später lief *UC 5* auf 51°59'N-01°38'0 abermals auf. Die Strömung legte das Boot quer und drückte es immer weiter auf die Bank, wo es sich auf die Seite legte. Mohrbutter befahl, die Geheimsachen zu vernichten und das Boot zur Sprengung vorzubereiten. Gleichzeitig meldete er seine mißliche Lage über FT nach Zeebrügge. Den Funkspruch hörten die Briten und setzten den Zerstörer FIREDRAKE (12;778;2-10,2 cm;2 TR) in Marsch. Als der Zerstörer in Sicht kam, gab Mohrbutter den Befehl zur Sprengung. Da die Minen nicht detonierten, entstanden nur leichte Schäden, so daß *UC 5* von den Engländern geborgen werden konnte. Es wurde später in England und den USA zu Propagandazwecken zur Schau gestellt. Die Besatzung ging in brit. Gefangenschaft.

UC 6

(U-Flottille Flandern)

Stapellauf: 20.6.1915

In Dienst gestellt am 24.6.1915 von Oblt.z.S. Mathias Graf von Schmettow.

1. Unternehmung: 30.7. – 31.7.1915 Überführungsfahrt nach Flandern.

Am 31.7. machte das Boot in Zeebrügge fest.

2. Unternehmung: 4.8. – 6.8.1915 nordöstlich Themse-Zufahrt.

Am 4.8. machte sich *UC 6* zum ersten Mineneinsatz auf den Weg. Die Minen fielen am Morgen des 5.8. in unregelmäßigen Abständen westlich von Sunk Feuerschiff. Auf dem Rückmarsch geriet das Boot um 06.40 Uhr zwischen Long Sand Feuerschiff und Inner Gabbard unter Wasser in ein Netz. Wegen der Bewacher konnte nicht aufgetaucht werden. Es gelang aber kurze Zeit später, allein mit Maschinenkraft wieder freizukommen. Auf dieser Sperre sank am 16.8. der britische Marinetrawler JAPAN (04;205).

3. Unternehmung: 11.8. – 13.8.1915 englische Ostküste, nordöstlich von Orfordness.

Zunächst beobachtete *UC 6* am frühen Morgen des 13.8. südlich von Aldeborough Napes den Schiffsverkehr und legte dann zwei Teilsperren zu je sechs Minen. Der Kommandant hatte die Situation richtig erkannt, denn schon am folgenden Tag sank der britische Marinetrawler WORSLEY (13;309). Für den schwedischen Frachter DISA (03;788) hieß das Untergangsdatum 25.8. Die Sperre war noch Wochen aktiv, denn am 20.9. sank der in Ballast fahrende britische Frachter HORDEN (06;1434) und am 3.11.1915 der britische Dampfer FRIARGATE (10;264).

4. Unternehmung: 18.8. – 22.8.1915 englische Ostküste, nordöstlich von Yarmouth.

Für die beiden Teilsperren bei Cockle Feuerschiff gab es nur einen Erfolg mit dem von Newcastle nach London laufenden britischen Frachter Sir William Stephenson (06;1540). Er hatte Stückgut geladen.

5. Unternehmung: 27.8. – 28.8.1915 englische Ostküste, nordöstlich von Aldeborough.

Eine westlich der Aldeborough Napes Tonne quer zur Fahrrinne angelegte Minensperre führte zur Versenkung des britischen Marinetrawlers Dane (13;265).

6. Unternehmung: 8.9. – 9.9. 1915 nordöstliche Themse-Zufahrt.

Die am Abend des 8.9. in unmittelbarer Nähe der britischen Bewachungsfahrzeuge am Nordausgang des Black Deep gelegten Minen vernichteten am 23.9. das britische Frachtschiff Groningen (02;988).

7. Unternehmung: 14.9. – 16.9.1915 Südeingang der Downs.

UC 6 verließ Zeebrügge am 14.9. und nahm Kurs auf die Goodwin Sands. Hier kam das Boot im Morgengrauen des 15.9. während einer Tauchfahrt kurzzeitig fest, konnte sich aber durch Ausblasen der Tauchtanks wieder befreien. Anschließend wurden die Fahrwasser westlich von South Goodwin Feuerschiff verseucht. Auf der Sperre sank am nächsten Tag zwei Seemeilen vor Kingsdown der von London mit Stückgut nach Boulogne laufende Brite Africa (03;1038). Es gab zwei Tote. Mit dem Untergang des Marinetrawlers Lydian (08;244) am 18.9. verlor die Royal Navy ein weiteres Schiff. Am selben Tag gab es noch zwei Teilerfolge vor South Foreland mit den beiden britischen Frachtdampfern San Zeferino (14;6430) und Nigretia (10;3187), die sich beschädigt auf Grund setzten, wo sie später abgeborgen werden konnten.

8. Unternehmung: 21.9. – 23.9.1915 gleiches Gebiet.

Abgehörte britische Funksprüche meldeten eine freie Durchfahrt zwischen South Goodwin Feuerschiff und dem Wrack der Africa.

Daraufhin erhielt von Schmettow den Befehl, diese von einem verankerten Fischtrawler markierte Lücke zu schließen. Mit der aufkommenden Dämmerung erreichte das Boot am 22.9. South Goodwin, um im Schutz der Dunkelheit nochmals zwei kurze Sperren auszubringen. Darauf sank zwei Tage später der britischen Drifter Great Heart (-;78), der zur Dover Patrol gehörte. Der Kommandant und sieben Mann fielen, zwei weitere wurden verwundet.

Am 26.9. sollte eine neue Unternehmung zu den Downs führen. Kurz nach dem Auslaufen beschädigte ein Flugzeug durch Bordwaffen den Turm, und so mußte das Boot umkehren.

9. Unternehmung: 5.10. – 6.10.1915 an die französische Nordwestküste.

Der Befehl führte das Boot erstmals in französische Gewässer, wo es am 5.10. abends nördlich von Gravelines zwölf Minen absetzte. Noch am selben Abend verlor die französische Marine den Trawler Alose (00;214) mit zwölf Mann.

10. Unternehmung: 12.10. – 13.10.1915 nordöstlich der Themse-Mündung.

Erneut hatte die Verseuchung des Nordausgangs des Black Deep erhebliche Folgen für die gegnerische Schiffahrt. Der von Alexandria kommende britische Dampfer Aleppo (00;3870) hatte noch Glück im Unglück, als er am 18.10 zwei Seemeilen östlich der Sunk Head Boje einen Minentreffer hinnehmen mußte, sich aber noch auf Grund setzen konnte. Der Norweger Salerno (14;2431) hatte weniger Glück und sank ebenso wie drei Tage später der vom Humber kommende mit Kohle für London beladene britische Dampfer Monitoria (09;1904).

11. Unternehmung: 17.10. – 18.10.1915 Englischer Kanal.

In der Nacht zum 18.10. verließ *UC 6* Zeebrügge. In der Straße von Dover geriet es in ein Netz, konnte sich aber freischneiden. Da jedoch die Schraube beschädigt wurde, kehrte von Schmettow um.

12. Unternehmung: 30.10. – 31.10.1915 Südeingang der Downs.

Die Operation am 31.10. verursachte gleich den Verlust von vier Schiffen. Noch am selben Tag sanken in kurzen Abständen der britische Frachter Toward (99;1218), mit Stückgut von London nach Belfast unterwegs, der Norweger Eidsiva (02;1092), er hatte Kohle für Rouen geladen, und die britische Marineyacht Aries (80;268), die innerhalb einer Minute mit fünf Offizieren und 17 Mann von der Oberfläche verschwunden war. Nur fünf Mann überlebten. Den Abschluß bildete der Marinetrawler Othello II (07;206), den die mittschiffs detonierte Mine in zwei Teile riß.

13. Unternehmung: 6.11. – 9.11.1915 französische Kanalküste.

Diesmal glückte der Versuch, in den Englischen Kanal einzudringen. Ohne Zwischenfälle passierte das Boot die Doverenge und brachte am 7.11. vor Le Havre sechs Minen und einen Tag darauf vor Boulogne die anderen sechs Minen aus. Erst ein halbes Jahr später stellte sich vor Le Havre ein Erfolg mit dem französischen Drifter SAINT JAQUES (-;72) ein. Eine Mine hatten die Räumkräfte übersehen, was den größten Teil der Besatzung das Leben kostete. Auf der Boulogne Sperre sanken am 12.11. die britischen Frachtschiffe NIGEL (02;1092) und MOORSIDE (08;311).

14. Unternehmung: 3.12. – 10.12.1915 englische Ostküste, Humber-Mündung.

Die am 7.12. ausgelegte Sperre zeigte erst am 25.2.1916 Wirkung, als der in Ballast fahrende französische Dampfer TRIGNAC (03;2375) verloren ging.

15. Unternehmung: 20.12. – 21.12.1915 vor Calais. Ohne Ergebnis.

16. Unternehmung: 29.12. – 31.12.1915 Englischer Kanal.

Die Operation galt der Durchfahrtslücke östlich von Folkstone Gate. Dabei sank der mit Kohle von Leith nach Dünkirchen laufende britische Dampfer TRAQUAIR (15;1067) am 12.1.1916.

17. Unternehmung: 10.01. – 11.1.1916 zu den Downs.

Als UC 6 das Einsatzgebiet in der Nacht zum 11.1. nahe South Goodwin Feuerschiff erreichte, konnte es nur mit knapper Not nach einem Rammstoß des Marinetrawlers JAMES FLETCHER (07;330) durch Schnelltauchen entkommen. Trotzdem zwangen die Schäden am Druckkörper den Kommandanten zum Abbruch der Operation.

Instandsetzung bis Anfang Februar 1916.

18.-19. Unternehmung: 9.2. – 21.2.1916 Englischer Kanal.

Beide Einsätze führten das Boot wieder ins Gebiet von Folkstone. Die Sperren vom 10.2. und 20.2. waren erfolgreich. Zunächst sank am 12.2. der britische Dampfer LEICESTER (91;1001) und am 21.2. der britische Marinetrawler CARLTON (07;267).

20.-21. Unternehmung: 25.2. – 5.3.1916 vor Dover.

Die MALOJA (11;12431) war das größte Schiff der P&O Line und hatte am 27.2. London verlassen, um nach Bombay zu laufen. In der Frühe des Auslauftages hatte *UC 6* eine Sperre gelegt, die den Weg des Liners kreuzte. Nach dem Treffer behielt die MALOJA Fahrt, was die Rettung der Passagiere erheblich erschwerte. 155 Personen fanden den Tod. Der zu Hilfe eilende kanadische Dampfer EMPRESS OF FORT WILLIAMS (08;2181) erhielt ebenfalls einen Minentreffer und sank. Ferner verloren die Engländer am nächsten Tag bei den Räumarbeiten die beiden Marinetrawler ANGELUS (14;304) und WEIGELIA (11;262) sowie am 4.3. die FLICKER (11;192), die auf den am Vortag gelegten Minen sank.

22.-23. Unternehmung: 9.3. – 17.3.1916 englische Kanalküste und Südeingang der Downs.

Die am 10.3. bei Dungeness gelegte Sperre blieb wirkungslos. Die am 16.3. geworfenen Minen vor den Downs brachten am 23.3. das Ende für den britischen Marinetrawler CORONA (12;212).

24. Unternehmung: 22.3. – 23.3.1916 Eingang Englischer Kanal – Folkstone Gate.

14 Tote waren beim Untergang des britischen Dampfers SEA SERPENT (98;902) am 23.3. zu beklagen. Zwei Tage später traf es den dänischen Frachter CHRISTIANSSUND (12;1017). Den letzten Erfolg vermerkte man am 26.3. mit dem britischen Dampfer SAINT CECILIA (13;4411).

25. Unternehmung: 3.4. – 4.4.1916 nach Calais. Ohne Erfolge.

26. Unternehmung: 6.4. – 7.4.1916 Englischer Kanal.

Erneut entsandte die Flottillenführung *UC 6* in die hart umkämpften Fahrwasser südwestlich von Folkstone Gate. Dort legte von Schmettow im Morgengrauen des 7.4. einmal zwei, dann vier und zuletzt sechs Minen. Noch am selben Tag ging der britische Frachter HALCYON (15;1319) mit Stückgut für London in die Falle. Eine Woche später folgte der von Halifax kommende Dampfer SHENANDOAH (93;3886), der ebenfalls Stückgut geladen hatte. Es gab zwei Tote.

27. Unternehmung: 20.4. – 21.4.1916 französische Nordwestküste.

Auf die querab zur Küste zwischen Dünkirchen und Gravelines gelegten Teilsperren liefen am 21.4. der französische Marinetrawler ESTAFETTE (97;267) und am 29.4. SAINT CORENTIN (08;216), ebenfalls ein Marinetrawler.

28. Unternehmung: 24.4. – 25.4.1916 englische Ostküste.

Nur drei Tage verblieben zur Überholung und Ergänzung der Vorräte, dann legte *UC 6* wieder ab. Diesmal ging es um die Unterstützung des deutschen Flottenvorstoßes gegen Lowestoft und Great Yarmouth. Zu diesem Zweck sollte das Gebiet zwischen Orfordness und Shipwash Feuerschiff mit zwei Sperren blockiert werden. Als einzigem Flandernboot gelang es *UC 6*, die britische Blockade vor der belgischen Küste zu durchbrechen.

29. Unternehmung: 3.5. – 4.5.1916 nordöstliche Themse-Zufahrt.

Der von London nach Rotterdam laufende Holländer Batavier V (02;1569) sank am 16.5. nördlich von Inner Gabbard, wo seit dem 3.5. Minen lagen. Das Schiff hatte Reis und Kaffee geladen sowie Gold im Wert von 210.000 £ an Bord. Vier Personen kamen ums Leben.

Am 5.5. übernahm Oblt.z.S. Otto Ehrentraut das Kommando.

30.-31. Unternehmung: 11.5. – 20.5.1916 Südende Inner Gabbard Sand und Yarmouth-Südeingang Hewett-Channel.

Die Operation bei Inner Gabbard verlief ergebnislos. Bei Yarmouth ging am 1.6. der norwegische Frachter Excellenz Mehnert (11;646) unter, und am 8.6. sank der britische Marinetrawler Kaphreda (11;245).

32. Unternehmung: 25.5. – 26.5.1916 englische Ostküste vor Orfordness.

Die Minenoperation nördlich von Shipwash Feuerschiff blieb erfolglos. Auf dem Rückmarsch hielt *UC 6* nördlich von Noord Hinder Feuerschiff einen Schlepper mit MG-Feuer an und versenkte den belgischen Leichter Volharding (-;1000) mittels Sprengpatronen.

33.-34. Unternehmung: 30.5. – 11.6.1916 nördlich von Inner Gabbard und südlich von Kentish Knock Feuerschiff.

Keine Erfolge.

35.-36. Unternehmung: 19.6. – 21.6.1916 englische Ostküste, östlich Aldeborough sowie nordöstlich von Shipwash Feuerschiff.

Durch die beiden Sperren gingen am 21.6. der holländische Dampfer Otis Tarda (84;759) und zwei Tage später der britische Frachter Burma (91;706) mit sieben Seeleuten unter. Am 29.6. waren es dann der britische Marinetrawler Hirose (15;275), der Niederländer Waalstroom (13;1441) und das britische Frachtschiff Gannet (79;1127), das sieben Mann mit in die Tiefe nahm.

37.-39. Unternehmung: 2.7. – 18.7.1916 Calais – Yarmouth – Calais.

Lediglich der Einsatz vor Yarmouth im Hewett-Channel brachte einen Erfolg. Es sank am 10.7. nahe der South Cross Sand Boje der von Rouen kommende und für South Shields bestimmte britische Frachter Kara (89;2338).

40. Unternehmung: 24.7. – 26.7.1916 englische Ostküste.

Befehlsgemäß legte *UC 6* seine zwölf Minen am 25. 7. vor Southwold. Kurz nach Beginn des Rückmarsches brach die Kurbelwelle, so daß der Dieselmotor ausfiel. Die Akkuladung reichte nicht einmal annähernd, um den heimatlichen Stützpunkt zu erreichen. Deshalb stellte die Besatzung aus Segeltuchbezügen und Decksläufern ein Notsegel her. Mit dieser Antriebshilfe konnte das Boot bei vorherrschendem Nord-West-Wind mit einer Geschwindigkeit von 2 bis 3 Kn in der Stunde von der englischen Küste ablaufen. Am Abend mußte vor einem U-Boot getaucht werden. Nachts segelte man weiter. Insgesamt wurden so 52 Seemeilen zurückgelegt. Am 26.7. morgens kam in der Nähe von Schouwen Bank *UB 19* in Sicht, das *UC 6* in Schlepp nahm. Abends traf der seltsame Schleppzug in Zeebrügge ein.

41.-42. Unternehmung: 7.8. – 20.8.1916 englische Ostküste, Shipwash Feuerschiff und östlich von Aldeborough Napes.

Das erste Unternehmen blieb ohne Erfolg, da britische Minensucher die Sperre schnell fanden. Bei seinem zweiten Einsatz entging das Boot nur knapp der Vernichtung, als es am 20.8. auf dem Rückmarsch von Aldeborough von einem britischen U-Boot mit zwei Torpedos erfolglos angegriffen wurde.

43. Unternehmung: 1.9. – 3.9.1916. englische Ostküste.

Auf dem am 2.9. nördlich von Aldeborough Napes gelegten Minenfeld sank am nächsten Tag der von Rotterdam kommende und nach Leith fahrende britische Frachter Mascotte (84;1097). Ein Seemann kam ums Leben.

Neuer Kommandant wurde ab 6.9.1916 Oblt.z.S. Paul Günther.

44.-45. Unternehmung: 7.9. – 23.9.1916 englische Ostküste, Lowestoft – südlich Stanford-Channel sowie Shipwash Feuerschiff.

Ohne Ergebnis.

46. Unternehmung: 29.9. – 1.10.1916 Nordausgang der Downs.

Die am 30.9. bei Elbrow-Boje geworfenen Minen verursachten den Untergang des britischen Drifters Girl Eva (-;76).

47.-49. Unternehmung: 13.10. – 4.11.1916 Nordausgang der Downs, nordöstliche Themse-Zufahrt.

Ohne Erfolge.

Am 5.11.1916 kam *UC 6* unter das Kommando von Oblt.z.S. Werner von Zerboni di Sposetti.

50. Unternehmung: 10.11. – 11.11.1916 Nordausgang der Downs.

Ohne Erfolge.

51. Unternehmung: 15.11. – 21.11.1916 nördlich von Outer Gabbard Boje.

Wieder verließen zwölf Minen das Boot, das dann sofort den Rückmarsch antrat. Einen Tag später brach abends die Kupplung des Dieselmotors. Das Boot blieb bewegungslos liegen. In der Nacht zum 18.11. kam schwerer Sturm auf und brachte das manövrierunfähige Boot in eine gefährliche Lage. Mittels FT-Spruch und sogar mit Brieftauben wurde Hilfe erbeten. In der Nacht zum 19.11. ließ von Zerboni tauchen und *UC 6* auf Grund legen. Trotz 30 Meter Wassertiefe warfen schwere Seen das Boot hin und her. Tagsüber trieb es hilflos in der Nähe der britischen Netz- und Minensperren bei der Schouwen Bank. Mit der elektrischen Energie mußte äußerst sparsam umgegangen werden. Ein Ausfall hätte das Ende bedeutet. Deshalb wurden Beleuchtung, Heizung und selbst der Kreiselkompaß abgeschaltet. Schließlich fand ein vom Marinekorps ausgesandtes Torpedoboot am 21.11. den Havaristen und schleppte ihn nach Zeebrügge.

Es folgte die Instandsetzung bis Mitte Dezember 1916 in Brügge.

52.-53. Unternehmung: 16.12. – 28.12.1916 Themse-Mündung und englische Ostküste.

Die am 16. 12. östlich von Kentish Knock gelegten Minen konnten frühzeitig entschärft werden. Erfolgreicher war die am 27. 12. südlich von Shipwash Feuerschiff gelegte Sperre, auf der zwei Tage später bei Räumarbeiten der Minensucher LUDLOW (16;810) und kurz darauf der Frachter LONADA (-;1286) sanken. Das Schiff war mit Kohle beladen und auf dem Weg vom Tyne nach London. Sechs Mann der Besatzung starben.

54.-58. Unternehmung: 5.1. – 4.2.1917 Nordausgang der Downs, westlich der Goodwin Sände, nordöstlich der Themse – vor Queens-Channel und Shipwash Feuerschiff.

Ohne Erfolge.

59. Unternehmung: 10.2. – 11.2.1917 Nordausgang der Downs.

Auf dem Anmarsch sichtete *UC 6* am Vormittag des 10. 2. gegen 09.00 Uhr sieben Seemeilen nördlich von Ruytingen Feuerschiff das französische Seekampfflugzeug *E.B.H.412* und schoß es mit MG-Feuer ab. Die Besatzung nahm man gefangen. Noch am selben Tag verließen die Minen bei Elbow-Boje das Boot. Eine davon erwischte den britischen Frachter WATERVILLE (-;1968). Dem Kapitän gelang es, das mit Koks für Le Havre beladene Schiff auf den Strand zu setzen.

60.-68. Unternehmung: 16.2. – 30.4.1917 nordöstliche Themse-Zufahrt, östlich von Tongue Feuerschiff, östlich von Orfordness – Shipwash Feuerschiff sowie südliche Themse-Mündung – Margate.

Es gab nur einen Teilerfolg am 16.4. vor Margate mit dem für Cardiff bestimmten britischen Dampfer LUMINA (-;5856), der jedoch beschädigt nach Gravesend zurückkehren konnte.

Am 1.5.1917 übernahm Oblt.z.S. Werner Löwe das Kommando.

69.-74. Unternehmung: 3.5. – 7.6.1917 nordöstlich der Themse-Mündung.

Ohne Erfolge.

75. Unternehmung: 16.6. – 17.6.1917 nordöstliche Zufahrt Themse-Mündung.

Bei diesem Einsatz hatte Löwe seinen ersten Erfolg. Auf die vor Tongue Feuerschiff am 16.6. gelegten Minen lief am nächsten Tag der in Ballast auf dem Weg nach Philadelphia befindliche Norweger ROALD AMUNDSEN (91;4390). Das Schiff strandete bei Mucking Flats und konnte einen Monat später wieder abgeborgen werden. Weniger Glück hatte dann der dänische Frachter DORTE JENSEN (01;2086), der mit seiner Kohleladung sank.

76.-78. Unternehmung: 21.6. – 7.7.1917 Kentish Knock – Tongue- und Sunk Feuerschiff.

Das Unternehmen hatte keinen Erfolg.

Auf dem Rückmarsch von Queens-Channel, südöstlich von Kentish Knock, geriet das Boot am 29.6. bei Dunkelheit während der Überwasserfahrt in ein Netz. Die Besatzung konnte das Boot freischneiden. Erst im Morgengrauen stellte man fest, daß sich am Boot Netzteile verfangen hatten, die auch noch Sprengkörper enthielten. Eine am Boot festgehakte Netzmine brachte UC 6 mit ins Dock nach Brügge.

79. Unternehmung: 9.7. – 11.7.1917 Themse-Mündung Queens-Channel.

Während des Werfens in der Nacht zum 10.7. stieß *UC 6* in 16 m Tiefe gegen ein Wrack, das die Schraube beschädigte. Manövrierunfähig lief das Boot vor Kentish Knock auf, kam aber bei Hochwasser wieder frei. Abermals mußte ein Notsegel benutzt werden, um in Stützpunktnähe zu gelangen. Das Torpedoboot V 81 spürte *UC 6* auf und schleppte es ein.

80.-85. Unternehmung: 21.7. – 1.9.1917 Nordausgang der Downs und nordöstlich sowie südlich der Themse-Mündung.

Keine Erfolge.

Nach Rückkehr des Bootes erhielt Oblt.z.S. Gottfried Reichenbach das Kommando.

86.-88. Unternehmung: 7.9. – 23.9.1917 gleiches Gebiet.

Auch unter neuem Kommando gab es für *UC 6* infolge verstärkter Räumtätigkeit keine Erfolge. Bei Tongue Feuerschiff geriet das Boot wieder in ein Netz, konnte sich aber selbst befreien.

89. Unternehmung: 27.9. – ? Themse-Mündung.

Das Boot lief am Abend des 27.9.1917 von Zeebrügge aus, um erneut vor Kentish Knock zu operieren. Es kehrte von dieser Operation nicht mehr zum Stützpunkt zurück und gilt seitdem mit der gesamten Besatzung als verschollen. Nach britischen Angaben beseitigten Räumkräfte die U-Boot-Minen in diesem Gebiet. Neue Minennetze wurden ausgelegt. Deshalb kann vermutet werden, daß *UC 6* dieser Abwehrmaßnahme zum Opfer fiel. Unterstützt wird die Annahme von Horchposten auf dem Feuerschiff bei Kentish Knock, die zum fraglichen Zeitpunkt Schraubengeräusche eines U-Bootes orteten und später Minendetonationen vernahmen. Britische Untersuchungen in diesem Gebiet förderten 1918 Wrackteile eines deutschen U-Bootes und einen Anker zutage.

UC 7

(U-Flottille Flandern)

Stapellauf: 6.7.1915

In Dienst gestellt am 9.7.1915 von Oblt.z.S. Franz Wäger.

1. Unternehmung: 11.8. – 12.8.1915 Überführungsfahrt nach Flandern.

Ohne Zwischenfälle traf *UC 7* am 12.8. in Zeebrügge ein und wurde von der Flottille übernommen.

2. Unternehmung: 21.8. – 23.8.1915 nordöstlich der Themse-Mündung.

Kurz vor Erreichen des Operationsgebietes südlich von Galloper Feuerschiff erfaßten Suchdrachen britischer Bewacher das getauchte *UC 7*. Gleichzeitig erschütterten mehrere Detonationen das Boot, ohne Schäden anzurichten. Noch am Nachmittag des 22.8. verließen die Minen das Boot, die aber keinen Erfolg hatten.

3. Unternehmung: 29.8. – 31.8.1915 englische Ostküste, südöstlich Orfordness.

Der Nordausgang des Shipways wurde am frühen Morgen des 30.8. vermint und brachte am 1.9. den ersten Erfolg mit den beiden britischen Marinetrawlern NADINE (10;150) und MALTA (97;138), der auch als U-Falle Verwendung fand. Hinzu kam noch am selben Tag der von Oran kommende und für Leith bestimmte britische Dampfer SAVONA (81;1180). 14 Mann fanden den Tod beim Untergang des britischen Kohletransporters CHURSTON (14:2470) am 3.9.

4. Unternehmung: 12.9. – 13.9.1915 nordöstlich der Themse-Mündung.

Innerhalb von zwei Minuten verließen sechs Minen am 12.9. abends nördlich der Outer Gabbard Tonne das Boot. Die anderen sechs Minen folgten rund 22 Stunden später nördlich der Galloper Nordtonne, worauf am 6.10. der Holländer TEXELSTROOM (14;1601) sank.

5. Unternehmung: 19.9. – 20.9.1915 nordöstliche Themse-Zufahrt.

Diesmal ging es zur Fahrrinne westlich von Sunk Feuerschiff, südlich der Shipway Südboje. KONINGIN EMMA (13;9181) hieß der holländische Dampfer, der mit Stückgut von Batavia kam und nach Rotterdam unterwegs war, als ihn am 22.9. eine Mine traf. Auch den britischen Lotsenkutter VIGILANT (-;69) ereilte das Schicksal, wobei es 14 Tote gab.

6.-7. Unternehmung: 3.10. – 14.10.1915 englische Ostküste vor Lowestoft und östlich von Shipwash Feuerschiff.

Nur vor Lowestoft konnte am 5.10. ein Verlust mit dem nach Newcastle laufenden britischen Dampfer NOVOCASTRIAN (15;1151) registriert werden.

8. Unternehmung: 19.10. – 20.10.1915 englische Ostküste.

Beim Marsch zum Humber geriet *UC 7* während der Unterwasserfahrt inmitten zahlreicher Fischereifahrzeuge in ein Netz. Es gelang den Männern, das Boot nach dem Auftauchen freizuschneiden, bevor der Gegner auftauchte. Da aber die Schraube unklar war, gab Wäger den Befehl zur Umkehr.

9.-11. Unternehmung: 28.10. – 19.11.1915 nordöstliche Themse-Zufahrt – Kentish Knock sowie an die englische Ostküste nordöstlich von Southwold.

Die beiden bei Kentish Knock gelegten Sperren beschäftigten lediglich die Räumdienste. Dagegen brachte die am 7.11. bei Southwold gelegten Mine drei Monate später wenigstens einen Teilerfolg mit dem von Baltimore kommenden britischen Frachtdampfer ELSWICK MANOR (01;3940). Das mit Gerste beladene Schiff konnte bei Yarmouth auf Grund gesetzt werden, wo es wenig später abgebracht wurde. Schließlich fiel es am 19.4.1917 südwestlich der Scillies einem Torpedo von *U 84* (Kptlt. Roehr) zum Opfer.

Hull, Alexandra-Docks, links die Dido. Das Schiff war nach Bombay unterwegs, als es auf eine Mine von *UC 7* lief. (National Maritime Museum Greenwich)

12. Unternehmung: 28.11. – 29.11.1915 Themse-Mündung.

Am 28.11. verseuchte *UC 7* den Nordausgang des Black Deep, wo es den Trawler der Royal Navy William Morrison (15;212) erwischte.

Nach der Rückkehr des Bootes erhielt Oblt.z.S. Georg Haag das Kommando.

HMS Arethusa hohe Fahrt laufend. (National Maritime Museum Greenwich)

Nach dem Minentreffer. Die Bergungsversuche waren vergeblich, das Schiff brach in zwei Teile auseinander und sank. (National Maritime Museum Greenwich)

13. Unternehmung: 5.12. – 8.12.1915 englische Ostküste.

Die erste Feindfahrt des neuen Kommandanten führte ihn in das Gebiet nordöstlich von Orfordness. Auf den am 7.12. bei Aldeborough Napes gelegten Teilsperren sanken am nächsten Tag der britische Dampfer Ignis (03; 2042) und am 10.12. der kleine norwegische Dampfer Ingstad (10;780), der mit Kohle von Sunderland nach Nantes unterwegs war. Dazu wurde noch am 21.12. der britische Frachter Knarsdale (96; 1641) versenkt, der ebenfalls Kohle geladen hatte.

14.-15. Unternehmung: 16.12. – 24.12.1915 nordöstliche Themse-Mündung.

Ohne Ergebnis.

16. Unternehmung: 29.12.1915 – 1.1.1916 englische Ostküste vor Lowestoft.

Den am 30.12.1915 ausgelegten sechs Minen in Stanford-Channel und den am folgenden Tag im Hewett-Channel angelegten kurzen Sperren von jeweils drei Minen fiel der britische Marinetrawler Speeton (12;205) zum Opfer. Eine nicht geräumte Mine wurde dem aus Archangelsk kommenden und mit Grubenholz beladenen amerikanischen Frachters Seaconnet (11;2294) am 18.6.1916 zum Verhängnis.

17.-18. Unternehmung: 10.1. – 18.1. 1916 nordöstliche Themse-Zufahrt.

Keinen Erfolg hatten die am 11.1. westlich von Sunk Feuerschiff gelegten Minen. Dagegen konnte mit dem britischen Frachter Balgownie (80;1061) auf der unregelmäßig gelegten Sperre am 6.2. ein Ergebnis erzielt werden. Die Sperre stammte vom 18.1.1916.

19. Unternehmung: 24.1. – 31.1.1916 englische Ostküste.

Erneut erhielt *UC 7* den Befehl, zur Humber-Mündung vorzustoßen, die in der Nacht zum 29.1. mit vier kurzen Sperren vermint wurde. Die unregelmäßig geworfenen Minen blieben dem Gegner für längere Zeit verborgen, so daß erst am 26.2. der britische Dampfer DIDO (96;4769) vier Seemeilen nordöstlich von Spurn Head Feuerschiff unterging. Der Verlust des mit Stückgut von Middleborough über Hull nach Bombay fahrenden Schiffes forderte 28 Tote. Am 19.3. traf es den britischen Marinetrawler VALPA (15;230). Und noch am 14.4. vernichteten *UC 7*-Minen kurz nacheinander die beiden Marinetrawler ALBERTA (07;209) und ORCADES (11;270).

20. Unternehmung: 9.2. – 10.2.1916 englische Ostküste.

Das Boot erreichte am 10.2. die Ansteuerungswege von Harwich und errichtete drei Teilsperren zu drei, vier und fünf Minen. Bereits einen Tag später stellte sich ein großer Erfolg mit dem Kreuzer ARETHUSA (13;3520;2-15,2 cm;6-10,2 cm) ein. Das Flaggschiff der in Harwich stationierten leichten Seestreitkräfte lief nahe North Cutler Boje auf eine Mine und blieb mit Maschinenhavarie liegen. Die Zerstörer LIGTHFOOD (14;1900;6-10,2 cm) und LOYAL (13; 980;3-10,2 cm) versuchten, das Schiff einzuschleppen. In der schweren See brachen jedoch die Trossen, und die ARETHUSA strandete auf dem Cutler Riff. Mehrfache Abschleppversuche blieben erfolglos. Die Besatzung konnte bis auf zehn Mann, die bei der Minendetonation im Maschinenraum den Tod fanden, geborgen werden. Im August 1916 brach der Kreuzer endgültig auseinander. Ein weiteres Opfer forderte eine *UC 7*-Mine am 18.3. mit dem britischen Marinetrawler AMEER (08;216).

21. Unternehmung: 22.2. – 24.2.1916 südlich von Galloper Feuerschiff.

Am 27.2. ging der niederländische Dampfer MECKLENBURG (09;2885) unter.

22. Unternehmung: 8.3. – 9.3.1916 südlich der Themse-Mündung.

Auch diese am Abend des 8.3. bei North Foreland ausgebrachten Minen erzielten Wirkung. Am nächsten Tag sanken der britische Marinedampfer FAUVETTE (12;2644) und am 25.3. der Marinedrifter HILARY II (-;78) nahe Spit Boje.

23. Unternehmung: 14.3. – 15.3.1916 Nordausgang der Downs.

Die britische Handelsschiffahrt verlor nördlich der Elbow-Boje am 18.3. den Frachtdampfer LOWLANDS (88;1789), am 24.3. die FULMAR (02;1270) und zum Schluß die CERNE (15;2579).

24. Unternehmung: 24.3. – 25.3.1916 französische Kanalküste.

Beim Auslaufen aus Zeebrügge am 24.3. passierte das Boot die von den Briten am Vortag südwestlich von Noord Hinder Feuerschiff ausgelegten Minenfelder, die sich durch zahlreiche, an der Oberfläche sichtbare Minen verrieten. *UC 7* hatte großes Glück, als es mit dem vorderen Tiefenruder eine dicht unter der Oberfläche stehende Mine abriß, die gegen die Bootshülle stieß, ohne zu explodieren. Die Operation am nächsten Tag vor der Hafeneinfahrt von Boulogne brachte am 15.4. das Ende für den mit Kohle von Newcastle kommenden Norweger TUSNASTABB (92;859).

25.-27. Unternehmung: 1.4. – 21.4.1916 Themse-Mündung.

Erneut legte das Boot erfolgreich drei Sperren. Bei Sunk Feuerschiff sank am 2.4. der britische Marinetrawler COMMANDANT (15;207). Die in der Nacht zum 9.4. westlich von Tongue Feuerschiff geworfenen Minen zerstörten noch am selben Tag den von London nach Leith fahrenden britischen Dampfer AVON (97;1574), wobei es zwei Tote gab. Die am 21.4. bei Elbow-Boje ausgelegte Sperre beendete zwei Tage später den Einsatz des britischen Marinetrawlers LENA MELLING (15;274).

28. Unternehmung: 24.4. – 27.4.1916 nordöstlich von Harwich. Unterstützung des deutschen Flottenvorstoßes nach Lowestoft. Beim Auslaufen begegnete *UC 7* britischen Einheiten, die vor der flandrischen Küste Netze auslegten und Minen warfen. Da das Boot die feindlichen Linien nicht durchbrechen konnte, legte Haag das Boot zunächst vor der Küste auf Grund. Erst abends konnte die Fahrt mit erheblicher Beeinträchtigung der Navigation fortgesetzt werden. Der Gegner hatte in Erwartung eines deutschen Luftschiffangriffs sämtliche Leuchtfeuer gelöscht. In der Nacht des 25.4. begann *UC 7* in Überwasserfahrt seine Arbeit bei Shipwash Sand. Durch eine Stromversetzung stand das Boot jedoch weiter nördlich als angenommen und kam nach der zweiten Mine gegen 22.00 Uhr auf Grund fest. Obwohl das Wasser anstieg, kam das Boot immer noch nicht frei. Zwei aus dem Frühdunst auftauchende britische Zerstörer übersahen die leichte Beute. Erst beim Wasserhöchststand gelang des *UC 7* mit AK, ohne Schäden vom Sand freizukommen. Wegen der starken Bewachung legte sich das Boot am 26.4. tagsüber wieder auf Grund, um in der nachfolgenden Nacht noch den Nordausgang des Shipway zu verseuchen, allerdings ohne Erfolg.

29.-30. Unternehmung: 4.5. – 14.5.1916 Nordausgang der Downs, vor Margate und der Elbow-Boje.

Nur die am 5.5. bei Margate gelegte Sperre zeigte am 10.5. Wirkung, als der für Cette bestimmte britischen Frachter DOLCOATH (82;1706) unterging. Der mit Kohle beladene Dampfer nahm einen Mann mit in die Tiefe.

31. Unternehmung: 16.5. – 18.5.1916 nordöstlich der Themse-Mündung.

Der Mineneinsatz nördlich von Kentish Knock war erfolglos.

Danach ging *UC 7* zur Grundüberholung in die Werft und wurde erst am 9.6.1916 wieder fahrbereit gemeldet.

32.-33 Unternehmung: 19.6. – 27.6.1916 Nordausgang der Downs.

Ohne Erfolg.

34. Unternehmung: 3.7.1916 – ? Nordausgang der Downs.

UC 7 lief am Abend des 3.7. von Zeebrügge mit dem Ziel Elbow-Boje aus. Diesmal kehrte das Boot nicht zurück. Das letzte Lebenszeichen stammt vom 5.7.1916, als es von *UB 12* westlich der Bligh Bank, von Noord Hinder kommend, im Nebel gesichtet wurde. Das läßt den Schluß zu, daß das Boot auf dem Rückmarsch in den britischen Minen- und Netzsperren zwischen Bligh Bank und Zeebrügge mit der gesamten Besatzung unterging. Am 19.7. bzw. am 22.7. trieben die Leichen von Karl Stapel und Fritz Lange an der flandrischen Küste an. Am selben Tag bargen holländische Fischer bei Schouwen Bank die Leiche des zusätzlich an Bord mitfahrenden Oblt.z.S. Karl-Hanno Fischer und setzten ihn auf See bei. Zwei Tage später fand *UB 16* die Leiche des Kommandanten Oblt.z.S. Haag im gleichen Gebiet, was alle Zweifel am Untergang von *UC 7* ausräumte.

Bereits die zweite Unternehmung wurde *UC 9* zum Verhängnis.
(Wiss. Inst. für Schiffahrts- und Marinegesch.)

UC 8

(Schulboot; U-Flottille Flandern)

Stapellauf: -.7.1915

In Dienst gestellt am 5.7.1915 von Oblt.z.S. Georg Haag.

Danach war *UC 8* bis zum 17.10.1915 der U-Schule in Kiel unterstellt. Anfang November übernahm Obtl.z.S. Walter Schmidt das Kommando; er befehligte zuvor *UC 11*.

1. Unternehmung: 3.11. – 4.11.1915 Überführungsfahrt nach Flandern.

Das Boot verlegte zur U-Flottille Flandern als Ersatz für *UC 11*, das wegen häufiger Maschinenstörungen nicht mehr frontverwendungsfähig war. Von Emden aus ging es am 3.11. in Richtung Terschelling. In der Nähe von Terschelling Feuerschiff kam das Boot am 4.11. früh infolge einer Stromversetzung in holländischen Gewässern fest. Mehrfache Versuche, aus eigener Kraft freizukommen, scheiterten, und so wurde es von niederländischen Schleppern auf den Haken genommen und nach Geldern eingebracht. Dort internierte man Boot und Besatzung, da nach holländischer Auffassung eine fehlerhafte Navigation in den Hoheitsgewässern ursächlich der Grund für das Festkommen war. Trotz langwieriger diplomatischer Verhandlungen erreichte das Deutsche Reich keine Freigabe. Deshalb schenkte die deutsche Regierung 1917 der niederländischen Marine *UC 8*, die es am 13.3.1917 als *M 1* in Dienst stellte. Das Boot wurde erst 1932 aus der Flottenliste gestrichen. Die deutsche Besatzung verblieb bis Oktober 1916 in holländischer Internierung.

UC 9

(Schulboot; U-Flottille Flandern)

Stapellauf 11.7.1915

In Dienst gestellt am 15.7.1915 von Oblt.z.S. Paul Schürmann.

UC 9 diente zunächst in Kiel als Schulboot, ehe es zur U-Flottille Flandern kam.

1. Unternehmung: 21.9. – 23.9.1915 Überführungsfahrt nach Flandern.

Es traf am 23.9. in Zeebrügge ein.

2. Unternehmung: 20.10.1915 – ? Nordöstliche Themse-Zufahrt.

UC 9 verließ am 20.10. Zeebrügge zur ersten und einzigen Operation. Es hatte Befehl, die Fahrwasser bei Long Sand zu verseuchen; seitdem gilt das Boot als verschollen. Die Ursache des Verlustes blieb bis heute ungeklärt. Die Leiche des L.I. Marine-Ingenieur-Aspirant Karl Neuhaus fanden die Engländer am 12.11.1915 bei Long Sand treibend.

UC 10

(U-Flottille Flandern)

Stapellauf: 15.7.1915

In Dienst gestellt am 17.7.1915 von Oblt.z.S. Ernst Rosenow.

Am 16.8.1915 machte sich *UC 10* von Kiel auf den Weg nach Flandern, mußte aber wegen Motorschadens Wilhelmshaven anlaufen. Weitere Überführungsversuche scheiterten wegen wiederholter Antriebsprobleme. Aus diesem Grund kehrte *UC 10* zur Instandsetzung nach Kiel zurück, wo es am 18.10. eintraf.

Zwischen dem 4.11. und dem 8.12.1915 kommandierte Oblt.z.S. Max Viebeg und anschließend Oblt.z.S. Alfred Nitzsche das Boot.

1. Unternehmung: 17.12. – 19.12.1915 Überführungsfahrt nach Flandern.

Am 19.12. machte *UC 10* als Frontboot in Zeebrügge fest.

2. Unternehmung: 28.12. – 30.12.1915 östlich der Themse-Mündung.

Bereits die erste Minenoperation bescherte *UC 10* einen bemerkenswerten Erfolg. Zwischen 19.03 und 19.12 Uhr verließen am Abend des 29.12. die Minen südlich von Galloper Feuerschiff in Abständen von 100 m das Boot. Bereits am nächsten Tag sank der nach Rotterdam in Ballast fahrende Holländer ELLEWOUTSDIJK (06;2229). Am 4.1.1916 traf es den holländischen Dampfer LETO (14;3225), der Weizen in New York geladen hatte und nach Rotterdam unterwegs war. Tags darauf lief der norwegische Frachter FRIDTJOF NANSEN (97;3275) in die Sperre und nahm seine Ladung Phosphat und drei Mann der Besatzung mit in die Tiefe. Viertes Opfer wurde am 21.1. mit der APOLLO (05;799) wieder ein holländisches Schiff.

3. Unternehmung: 11.1. – 13.1.1916 Themse-Zufahrt, südöstlich von Kentish Knock.

Die quer zum Fahrwasser ausgelegte Sperre stoppte am 22.1. die Fahrt des mit Kohle für Genua bestimmten britischen Dampfers FALLS CITY (13;4729), der strandete.

4. Unternehmung: 20.1. – 22.1.1916 östlich der Themse.

Sowohl die Sperre südlich von Galloper Feuerschiff als auch die nördlich der Nord-Galloper Boje blieben erfolglos.

5. Unternehmung: 1.2. – 4.2. 1916 englische Ostküste.

Ohne Erfolg.

6. Unternehmung: 21.2. – 23.2.1916 englische Ostküste, vor Southwold.

Oblt.z.S. Nitzsche ließ zwei Teilsperren quer zur Fahrrinne legen. Die Tiefeneinstellung der in unregelmäßigen Abständen stehenden Minen betrug 3,5 m unter Niedrigwasser. Das brachte das Ende des britischen Dampfers SOUTHFORD (83;963) am 25.2.

7. Unternehmung: 26.2. – 27.2.1916 nordöstliche Themse-Zufahrt.

Wieder führte es *UC 10* nach Kentish Knock, wo es am 26.2. nördlich des Feuerschiffs die Fahrrinne verseuchte. Noch am selben Tag sank der von Stockholm kommende schwedische Frachter BIRGIT (82;1117) mit einer Holzladung. Den Briten MALVINA (81;1244) traf es am 29.3., jedoch gelang es ihm, Gravesend zu erreichen. Das Schiff fiel am 2.8.1918 vor Flamborough Head *UB 104* zum Opfer.

8. Unternehmung: 6.3. – 7.3.1916 nordöstliche Themse-Zufahrt.

UC 10 hatte Befehl, den Nordausgang des Black Deep zu blockieren, was am 6.3. auch geschah. Einen Tag später nahm der schnell sinkende britische Zerstörer COQUETTE (97;355;1-7,5 cm; 5-5,7 cm; 2 TR) 21 Mann der Besatzung mit in die Tiefe. Kurze Zeit

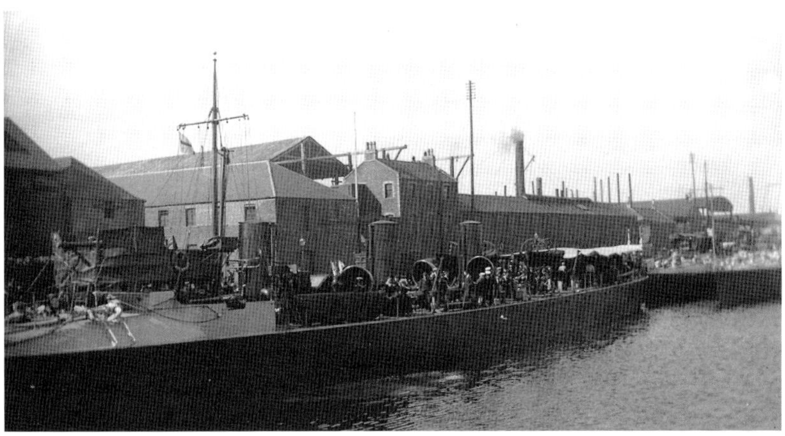

HMS COQUETTE lief bei Thornycraft vom Stapel. Es erreichte 30 Kn. (National Maritime Museum Greenwich)

später wiederholte sich die Tragödie mit dem britischen Torpedoboot *Nr. 11* (06;263;2-7,5 cm; 3 TR), das auf eine *UC 10*-Mine lief und ebenso schnell unterging. Dabei fanden 23 Mann den Tod.

9.-10. Unternehmung: 12.3. – 18.3.1916 nordöstliche Themse-Zufahrt.

Die am 12.3. nordwestlich von Long Sand Feuerschiff gelegte Sperre blieb wirkungslos. Im Gegensatz dazu brachten die am 17.3. nördlich der Galloper-Boje geworfen Minen am Folgetag das bislang größte von *UC 10* versenkte Schiff. Es handelte sich um den niederländischen Frachter Palembang (11;6674), der Stückgut an Bord hatte und auf der Fahrt von Rotterdam über London nach Java war.

11.-13. Unternehmung: 1.4. – 22.4.1916 östlich der Themse-Mündung.

Zunächst fielen Minen am 3.4. östlich der Kentish Knock Süd-Boje, die das Ende des Norwegers Ino (65;702) brachten. Vier Tage später operierte das Boot bei Inner Gabbard-Boje. Diesmal hieß das Opfer Hendonhall (01;3994) und kam aus Großbritannien. Die dritte bei Long Sand gelegte Sperre hatte keinen Erfolg.

14. Unternehmung: 24.4.1916 Themse-Mündung.

Zum wiederholten Mal hieß der Befehl, den Black Deep zu verminen. Als Auslauftag nannte das KTB den 24.4. Gegen 13.30 Uhr geriet das Boot während der Unterwasserfahrt bei der Thronten Bank in eine Netzsperre. Wegen patrouillierender Zerstörer mußte man bis zum Einbruch der Dunkelheit auf dem Grund liegenbleiben. Von Zeit zu Zeit erschütterten heftige Detonationen das Boot. Die Wasserbomben richteten aber keine nennenswerten Schäden an. Bei Dunkelheit gab Nitzsche den Befehl zum Anblasen. *UC 10* kam vom Netz frei, das die Engländer in der Frühe neu gelegt hatten. Kurze Zeit später geriet das Boot nördlich von Wandelaar Feuerschiff erneut in ein Netz, aus dem sich die Besatzung schnell freischneiden konnte. Dennoch war der Zeitverlust so groß, daß *UC 10* unverrichteter Dinge zum Stützpunkt zurückkehren mußte.

15. Unternehmung: 28.4. – 30.4.1916 englische Ostküste.

Die am 30.4. vor Southwold durchgeführte Minenoperation brachte den Untergang des britischen Frachtschiffes Rochester City (10;1239).

16.-19. Unternehmung: 4.5. – 26.5.1916 Themse-Zufahrt bei Sunk- und Long Sand Feuerschiff sowie östlich von Orfordness-Shipwash Feuerschiff. Von den vier Operationszielen brachte nur der Einsatz vom 13.5. gegen die Fahrrinne nördlich von Shipwash Feuerschiff Ergebnisse. Auf dem Weg nach Calais traf es am 22.5. den britischen Dampfer Rhenass (14;285) mit sechs Toten. Vier Tage später mußte die Lincairn (04;3638) aus dem Register gestrichen werden.

20.-21. Unternehmung: 30.5. – 11.6.1916 nordöstliche Themse-Zufahrt, südlich von Sunk Feuerschiff und Nordausgang Deep Knock.

Bei Sunk Feuerschiff beschädigte ein Minentreffer am 1.6. den britischen Frachter Parkgate (06;3232) schwer. Das Schiff hatte in Alexandria Saatgut geladen und mußte sich nun bei Muskin Flat auf Grund setzen. Später wurde es geborgen, sank aber am 4.4.1917 durch Geschützfeuer von *U 35* (Kptlt. von Arnauld) im Mittelmeer.

Vom 14.6. bis 26.6.1916 hatte Oblt.z.S. Reinhold Saltzwedel ersatzweise das Kommando.

22.-23. Unternehmung: 19.6. – 26.6.1916 Nordende Galloper Sand und südlich von Southwold.

Beide Operationen verliefen ergebnislos.

24.-25. Unternehmung: 1.7. – 14.7.1916 englische Ostküste vor Southwold und nordöstlich von Yarmouth-Cross Sand.

Ohne Erfolge.

26. Unternehmung: 16.7. – 18.7.1916 vor Calais.

Die am 18.7. südwestlich von Calais quer zur Hafenansteuerung gelegte Sperre beseitigten französische Minensucher.

27. Unternehmung: 22.7. – 24.7.1916 englische Ostküste, nordöstlich von Great Yarmouth.

Am 24.7. legte *UC 10* alle Minen bei Newarp Feuerschiff, ohne das ein Erfolg zu verbuchen war. Auf der Rückfahrt griff ein britisches Flugzeug vor Zeebrügge, in Nähe der Deurloo-Fahrwassers, das Boot mit MG-Feuer an. Wegen der zu geringen Wassertiefe konnte *UC 10* nicht tauchen. Der MG-Bedienung und einigen Karabinerschützen des U-Bootes gelang es, das Flugzeug nach einigen Treffern zum Notwassern zu zwingen. Der Pilot und die Besatzung wurden gefangengenommen, ein Torpedoboot des Marinekorps schleppte das Flugzeug nach Zeebrügge.

Nach der Rückkehr löste Oblt.z.S. Werner Albrecht endgültig Oblt.z.S. Nitzsche ab, der *UC 19* übernahm.

28.-29. Unternehmung: 2.8. – 12.8.1916 englische Ostküste, südöstlich von Yarmouth sowie nördlich davon.

Ohne Erfolg.

30. Unternehmung: 17.8. – 21.8.1916 englische Ostküste.

Als *UC 10* am 17.8. von Zeebrügge aus wieder in See ging, um Minen vor dem Humber zu legen, ahnte niemand, daß es der letzte Einsatz werden sollte. Am 21.8. morgens traf das auf dem Rückmarsch befindliche Boot bei Noord Hinder Feuerschiff mit *UB 10* zusammen, dem durch Zuruf die erfolgreiche Minenoperation und die Vernichtung des britischen Kutters Dragoon (13;30) am 20.8. auf Höhe der Humber-Mündung mitgeteilt wurde. Es war das letzte Lebenszeichen von UC 10. Gegen 16.35 Uhr traf bei Schouwen Bank einer der beiden Torpedos des britischen *E 54* (16;660;5 TR) das über Wasser laufende Boot. Es gab keine Überlebenden.

Ein Torpedo von HMS *E 54* vernichtete *UC 10* mit der gesamten Besatzung.

Letztendlich zeigten die Minen des Bootes noch Wirkung, als am 3.9. der britische Dampfer Rievaulx Abbey (08;1166) sank, und selbst noch am 11.12. wurde eine nicht geräumte Mine dem Dänen Nora (10;772) zum Verhängnis.

UC 11

(U-Schule; U-Flottille Flandern und Flandern I)

Stapellauf: 11.4.1915

In Dienst gestellt am 23.4.1915 von Oblt.z.S. Walter Schmidt.

1. Unternehmung: 25.5. – 26.5.1915 Überführungsfahrt nach Flandern.

Am 26.5. lief *UC 11* als erstes Minen-U-Boot in Zeebrügge ein.

2. Unternehmung: 29.5. – 1.6.1915 Südeingang der Downs.

Drei Tage nach seiner Ankunft verließ *UC 11* Zeebrügge zur ersten Minenoperation der U-Flottille Flandern. Als Ziel hatte die Flottillenführung die Fahrwasser bei South Goodwin Feuerschiff festgelegt. Bei der Unterwasserfahrt hakte sich plötzlich eine Netzboje am Minenabweiser ein und mußte mitgeschleppt werden. Dieses Mißgeschick blieb den feindlichen Bewachungsfahrzeugen natürlich nicht verborgen, und sie begannen ihre Verfolgung. Um diese gefährlichen Begleiter abzuschütteln, entschloß sich Schmidt, die britischen Minenfelder bei den Ruytingen Sänden zu untertauchen. Dabei gelang es, die Boje an den Ankertauen abzustreifen. Am 31.5. warf das Boot zwischen 22.32 und 22.36 Uhr seine zwölf Minen in Abständen von 60 m. Schon am nächsten Tag lief der britische Zerstörer Mohawk (07;865;3-7,5 cm; 2 TR) in die Sperre und mußte mit starker Buglastigkeit nach Dover eingeschleppt werden.

3. Unternehmung: 6.6. – 9.6.1915 englische Ostküste, vor Harwich.

Diese zweite Operation war für den Gegner genauso überraschend wie die erste. Die Befehlsausführung in der Nacht zum 8.6. zwischen Sunk Feuerschiff und Shipwash Süd-Boje meldete *UC 11* sofort nach Zeebrügge mittels Brieftauben. Auf der Sperre sanken am nächsten Tag die beiden britischen Dampfer Lady Salisbury (90;1446) und Erna Boldt (08;1731). Nur einen Tag später vernichteten *UC 11*-Minen die beiden britischen Torpedoboote Greenfly (07;255;3-7,5 cm; 2 TR) und Mayfly (07;255; 3-7,5 cm; 2 TR). Von den 70 Mann Besatzung gelang es nur 30 zu retten. Außerdem sank am 15.6. der britische Trawler Argyll (06;280), wobei sieben Mann den Tod fanden.

4.-5. Unternehmung: 13.6. – 16.6.1915 in die Downs.

Am 13.6. warf *UC 11* erneut die Leinen los, um den Nordausgang der Downs aufzusuchen. Wegen des schlechten Wetters mit Windstärken 9 bis 10 und einer Wassertiefe von nur 12 bis 15 m war das Boot nicht mehr steuerbar und mußte den Einsatz abbrechen. Ein zweiter Ansatz am 16.6. scheiterte wegen Motorschadens.

6. Unternehmung: 9.7. – 10.7.1915 Südeingang der Downs.

Das Boot legte die Sperre in der Nacht des 9.7. nordöstlich von South Goodwin Feuerschiff. Nach den ersten sieben Minen kam das Boot zweimal fest. Daraufhin ließ Schmidt die restlichen fünf Minen bei

Überwasserfahrt ausbringen. Aufkommender Nebel beeinträchtigte die Navigation. Die Bemühungen hatten keinen Erfolg.

7.-8. Unternehmung: 13.9. – 24.9.1915 Themse-Mündung und nordöstlich von Yarmouth.

Beide Operationen verliefen ergebnislos.

9. Unternehmung: 17.10.1915 Überführungsfahrt nach Kiel.

Die Motorendefekte häuften sich, so daß das Boot aus der Frontverwendung herausgenommen werden mußte. Es kam zur U-Schule. Im Mai 1916 bekam *UC 11* neue Motoren und ein Hecktorpedorohr.

10. Unternehmung: 10.8. – 11.8.1916 Überführungsfahrt nach Flandern.

Nach Eintreffen in Zeebrügge am 11.8. kam *UC 11* wieder zur Flandern-Flottille. Der neue Kommandant Oblt.z.S. Reinhold Saltzwedel übernahm das Boot.

11. Unternehmung: 19.8. – 20.8.1916 nordöstliche Themse-Zufahrt.

Die nördlich von Sunk Feuerschiff gelegte Sperre blieb ohne Wirkung.

Nach Rückkehr des Bootes übernahm Obtl.z.S. Max Schmitz das Kommando. Oblt.z.S. Saltzwedel bereitete sich auf die Übernahme des neuen Minenbootes *UC 21* vor.

12.-14. Unternehmung: 24.8. – 12.9.1916 englische Ostküste vor Great Yarmouth sowie Themse-Zufahrt. Ohne Erfolge.

15. Unternehmung: 20.9. – 23.9.1916 östlich von Shipwash Sand.

Die Minensucher entdeckten die Sperren nicht, und so sank am 20.10. der in Ballast fahrende britische Frachter Huguenot (92;1032). Die Framfield (94;2510) transportierte Eisenerz von Port Kelah nach Middlesborough. Ihre Fahrt endete am 24.10.1916.

16.-17. Unternehmung: 27.9. – 20.10.1916 nordöstlich Themse-Zufahrt – Sunk Feuerschiff und Shipwash.

Nur die am 19.10. östlich von Shipwash Feuerschiff gelegte Sperre brachte am 26.10. den britischen Marinetrawler Lord Roberts (07;293) mit neun Mann der Besatzung zum Sinken.

18.-19. Unternehmung: 24.10. – 8.11.1916 Themse-Mündung – Kentish Knock und Black Deep.

Ohne Erfolg.

20. Unternehmung: 15.11. – 16.11.1916 Themse-Mündung, Sunk Feuerschiff.

Am 22.11. trat der holländische Dampfer Helena (07;1798) den Weg in die Tiefe an.

21.-22. Unternehmung: 21.11. – 30.11.1916 nordöstliche Themse-Zufahrt, östlich von Kentish Knock sowie bei Sunk Feuerschiff.

Die am 28.11. bei Sunk Feuerschiff gelegte Sperre versenkte den Marinetrawler Lord Airedale (11;215). Auf dem Anmarsch sichtete das Boot bei Inner Gabbard das havarierte britische Wasserflugzeug 3324. Obtl.z.S. Schmitz nahm die beiden Offiziere an Bord. Das Flugzeug versenkten Matrosen durch Karabinerschüsse in die Schwimmer.

Neuer Kommandant ab 2.12.1916 wurde Oblt.z.S. Benno von Ditfurth.

23. Unternehmung: 8.12. – 9.12.1916 nordöstlich von Shipwash.

Das Operationsgebiet erreichte das Boot am Abend des 8.12. und begann sofort mit der Verminung. Der nächste Tag brachte kurz nacheinander das Ende für die britischen Dampfer Harlington (13;1089) mit Kohle für London, Harlyn (15;1794) und Forth (86;1159) mit Stückgut auf dem Weg nach Leith.

24.-25. Unternehmung: 14.12. – 28.12.1916 zwischen Long Sand und Sunk Feuerschiff sowie östlich von Shipwash.

Diesmal konnten Erfolge bei zwei Operationen gemeldet werden. Bei Sunk Feuerschiff ging am 17.12. der Däne Michail Ontchoukoff (05;2118) mit 3640 t Mais auf dem Weg nach Aarhus in die Tiefe. Dem zweiten Minenfeld fiel am 29.12. der britische Frachtdampfer Zoroaster (00;3803) zum Opfer.

26. Unternehmung: 6.1. – 7.1. 1917 englische Ostküste, südöstlich von Orfordnes.

Östlich von Shipwash Feuerschiff hievte der britische Fischlogger Cape Colony (-;82) am 8.1. seinen Anker. Dabei riß eine am Anker festgehakte Mine das Schiff auseinander.

27.-28. Unternehmung: 14.1. – 25.1.1917 Sunk- und Shipwash Feuerschiff.

Ohne Wirkung.

29.-30. Unternehmung: 1.2. – 11.2.1917 gleiches Gebiet.

Die britische Handelsflotte verlor am 12.2. den Frachter Foreland (14:1960) und am 14.2. die Marie Leonhardt (02;1466) mit Kohle an Bord.

31.-42. Unternehmung: 15.2. – 25.5.1917 nordöstlich Themse-Zufahrt bei Shipwash Sand sowie Sunk Feuerschiff.

Nur der englische Marine-Trawler Agile (07;246) ging am 27.4. auf der Sperre vor Sunk Feuerschiff verloren.

43. Unternehmung: 29.5. – 31.5.1917 östlich von Shipwash Sand.

Endlich kam *UC 11* am 10.6. wieder zu einem Ergebnis, als der britische Frachter DULWICH (16;1460) auf die am 31.5. gelegte Sperre lief und mit seiner Ladung Kohle für London unterging.

44.-47. Unternehmung: 7. 6. – 29. 6. 1917 gleiches Gebiet. Ohne Erfolg.

Am 30.6. löste Oblt.z.S. Georg Niemeyer den bisherigen Kommandanten ab.

48.-50. Unternehmung: 4.7. – 19.7.1917 gleiches Gebiet. Ohne Erfolge.

Danach übernahm wieder Oblt.z.S. von Ditfurth für zwei Einsätze das Kommando.

HMS KALE war der zweite Zerstörer, der durch eine Mine von *UC 11* getroffen wurde. (National Maritime Museum Greenwich)

51.-52. Unternehmung: 25.7. – 5.8.1917 nordöstlich der Themse.

Auch diese beiden Einsätze bei Sunk Feuerschiff verliefen ergebnislos.

Am 6.8.1917 wurde Oblt.z.S. Karl Dobberstein zum Kommandanten von *UC 11* ernannt; von Ditfurth erhielt das Kommando über UB 32.

53.-56. Unternehmung: 9.8. – 2.9.1917 Shipwash Sand und Feuerschiff.

Keine Resultate.

57. Unternehmung: 8.9. – 10.9.1917 südlich von Shipwash Sand.

Nur die Versenkung des britischen Drifters HASTFEN (-;77) konnte registriert werden.

58.-60. Unternehmung: 15.9. – 3.10.1917 Shipwash Feuerschiff. Ohne Erfolg.

61. Unternehmung: 11.10. – 13.10.1917 Nordspitze Shipwash Sand.

Die am 13.10. ausgebrachte Sperre von zwölf Minen wurde entweder nicht entdeckt oder nur unvollständig beseitigt, denn am 25.11. beendete sie die Fahrt des mit Kohle von Sunderland nach London fahrenden britischen Frachters OSTPREUSSEN (01;1779).

62. Unternehmung: 19.10. – 21.10.1917 östlich von Shipwash Sand.

Auch hier gelang es den britischen Minensuchern nicht rechtzeitig, das Fahrwasser zu räumen. So sank am 25.10. der britische Frachtdampfer WEARSIDE (99;3560), der mit Kohle auf dem Weg von Newcastle nach Genua war. Dazu kam am 27.10. noch der britische Marinetrawler STRYMON (99;198).

63.-65. Unternehmung: 27.10. – 14.11.1917 englische Ostküste. Ohne Erfolg.

Am 17.11.1917 erhielt Oblt.z.S. Ferdinand Schwartz das Kommando.

66. Unternehmung: 22.11. – 26.11.1917 englische Ostküste, bei Shipwash.

Gleich bei seiner ersten Feindfahrt konnte der neue Kommandant dem Gegner zwei Verluste beibringen. Am 24.11. mußte der in Ballast fahrende Frachter FRENCH ROSE (-;465) aus dem Register gestrichen werden, drei Tage später die GROESWEN (00;3570) mit Kohle von Hull kommend.

67.-70. Unternehmung: 1.1. – 6.2.1918 östlich Shipwash Sand und Sunk Feuerschiff.

Das Ergebnis der vorangegangenen Operation konnte *UC 11* nicht erreichen. Es blieb nur der britische Marinetrawler JOHN E. LEWIS (11;253) am 16.1.

Neuer Kommandant ab 11.2.1918 Oblt.z.S. Reinhold Thomsen.

71.-73. Unternehmung: 19.2. – 20.3.1918 nach Shipwash und Nordausgang des Black Deep.

Ohne Ergebnis.

74.-75. Unternehmung: 26.3. – 4.4.1918 nördlich Harwich.

In diesem Gebiet vernichtete eine UC 11-Mine am 27.3. den britischen Zerstörer KALE (04;545;1-7,5 cm; 2 TR). Von der 70 Mann starken Besatzung überlebten nur 29 den Untergang ihres Schiffes.

Nach der Rückkehr zum Stützpunkt übernahm Oblt.z.S. Werner Lange das Kommando.

76.-82. Unternehmung: 9.4. – 16.6.1918 Shipwash – Black Deep – Sunk Feuerschiff.

Ohne Erfolg.

UC 12 während des Umbaus. (Archiv Verfasser)

Ab 17.6.1918 kam *UC 11* unter das Kommando von Oblt.z.S. Kurt Utke.

83. Unternehmung: 24.06. – 26.6.1918 östlich von Harwich.

UC 11 ging am 24.6. von Ostende aus zu einer weiteren Minenoperation nach Shipwash in See. Dabei erhielt das Boot während der Tauchfahrt um 09.45 Uhr auf 51°55'N-01°41'O in 15 m Tiefe einen Minentreffer am Heck und lief rasch voll. Der im Turm befindliche Kommandant gab Befehl zum sofortigen Ausblasen aller Tanks, doch es half nichts. Das Boot sank auf den Grund. Nach dem Druckausgleich gelang es Utke, das Turmluk zu öffnen und an die Oberfläche zu kommen. Kurze Zeit später barg ein Boot des Sunk Feuerschiffes den einzigen Überlebenden. Nach seinen Aussagen ging *UC 11* vermutlich durch eine vorher gelegte eigene Mine verloren.

UC 12

(U-Halbflottille Pola)

Stapellauf: 29.4.1915

In Dienst gestellt am 2.5.1915 von Oblt.z.S. Cäsar Bauer.

Am 12.6.1915 schickte man *UC 12* in zerlegtem Zustand per Bahn nach Pola, wo man das Boot innerhalb von zwei Wochen wieder zusammenbaute. Am 27.6.1915 stellte es Oblt.z.S. Karl Palis wieder in Dienst.

1. Unternehmung: 21.7. – 30.7.1915 Golf von Tarent.

Die vor die Hafeneinfahrt von Tarent am 25.7. gelegte Sperre blieb wirkungslos.

2. Unternehmung: 11.8. – 18.8.1915 gleiches Gebiet.

Auch diese Operation brachte kein Ergebnis.

Nach der Rückkehr nach Pola baute die Werft *UC 12* zum Transport-U-Boot um. Oblt.z.S. Palis stellte das Boot am 9.12.1915 wieder in Dienst.

3. Unternehmung: 9.12. – 23.12.1915 nordafrikanische Küste.

UC 12 verließ Cattaro am 9.12., um den mit der Türkei und Deutschland verbündeten Senussen in Port Bardia Kriegsmaterial zu bringen. Anfänglich schleppte *U 38* das Boot. In der Straße von Otranto ging plötzlich die Verbindung verloren. Am 13.12. sichtete *U 39* das Transportboot und nahm es bis in die Nähe von Bardia in Schlepp. Nach dem Löschen seiner Ladung absolvierte *UC 12* den 700 Seemeilen langen Rückmarsch ohne Zwischenfälle.

Zwischen dem 24.12.1915 und dem 12.2.1916 erfolgte in Pola der Rückbau zum Minenleger. Während der Werftliegezeit übernahm Oblt.z.S. Eberhard Fröhner am 2.1.1916 das Kommando.

4. Unternehmung: 14.2. – 17.2.1916 albanische Küste.

Die erste Minenoperation nach dem Werftaufenthalt führte das Boot am 15.2. in die Bucht von Durazzo, bei den Seelada Bänken, und brachte die ersten Erfolge. In die Sperre lief einen Tag später das französische Begleitschiff Memphis (91;2382) und strandete bei Durazzo, wo es später endgültig verlorenging. Sechs Tage danach traf es das italienische Lazarettschiff Marechiaro (12;412) vor Kap Laghi, wobei 33 Tote zu beklagen waren.

5. Unternehmung: 20.2. – 24.2.1916 Albanische Küste.

Diesmal lag das Ziel unmittelbar vor der Hafeneinfahrt von Durazzo, die *UC 12* am 23.2. verminte. Noch am selben Tag ging der italienische Marinetrawler Monsone (05;249) mit acht Mann Besatzung verloren. Nach weiteren drei Tagen brachte eine Mine den britischen Drifter Lily Reaich (08;88) zum Sinken.

Als *X 1* von der italienischen Marine am 13.4.1917 in Dienst gestellt. (Ufficio Storico)

6. Unternehmung: 28.2. – 4.3.1916 italienische Adriaküste.

Die Einfahrt von Brindisi blockierte *UC 12* am 2.3. mit zwölf Minen, die die britischen Drifter BOY HAROLD (-;74) am 3.3. und ENTERPRISE II. (-;84) am 8.3. zerstörten.

7. Unternehmung: 12.3. – 16.3.1916 Golf von Tarent.

Beim Einsatz im Hafen von Tarent ging das Boot verloren. Eine Mineneigendetonation bei 32 m Wassertiefe brachte am 16.6.1916 das Ende. Italienische Minensucher räumten kurz darauf acht Minen. Noch im selben Jahr hoben Bergungskräfte das Boot, bei dem noch zwei Minen in den Schächten festsaßen. Die Besatzung erhielt ein Begräbnis mit militärischen Ehren.

Nach der Instandsetzung stellten die Italiener *UC 12* am 13.4.1917 als *X 1* wieder in Dienst. Im Mai 1919 wurde es verschrottet.

X 1 ex *UC 12*. (Ufficio Storico)

UC 13

(U-Halbflottille Konstantinopel)

Stapellauf: -.5.1915

In Dienst gestellt am 15.5.1915 von Oblt.z.S. Johannes Kirchner.

Am 15.7. rollte *UC 13* im zerlegten Zustand nach Pola, wo es bei der Montage ein für Transportzwecke geeignetes Vorschiff erhielt, das 30 t Kriegsmaterial aufnehmen konnte.

1. Unternehmung: 17.8. – 6.9.1915 nach Konstantinopel.

Am 17.8. lief *UC 13* von Pola aus und machte am 26.8. in Orak an der Küste Kleinasiens fest. Am Nachmittag kam vor der Bucht ein italienischer Segler in Sicht. *UC 13* machte sofort die Leinen los und versenkte die unter türkischer Flagge fahrende SAHINA NORIA (-;37). Drei Tage später nahm *UC 13* Kurs auf die Dardanellen, wo es am 4.9. einlief. Zwei Tage später konnte das Boot ohne Zwischenfälle in Konstantinopel festmachen.

UC 13 in türkischen Gewässern. (Archiv Verfasser)

UC 14 von einem Großkampfschiff aus aufgenommen. (U-Boot-Archiv Deisenhofen)

2. Unternehmung: 29.9. – 2.10.1915 an die bulgarische Küste.

Als erstes deutsches U-Boot erreichte *UC 13* am 25.9. das Schwarze Meer. Am 30.9. besuchte es Varna, um Flagge zu zeigen. Bereits zwei Tage später kehrte es wieder an den Bosporus zurück.

3. Unternehmung: 12.11. – 29.11.1915 Schwarzes Meer.

Das Boot lief am 12.11. von Konstantinopel zur Handelskriegführung ins Schwarze Meer aus. Da es keine Torpedobewaffnung besaß, erhielt das Boot eine britische 3,7-cm-Beutekanone. Nach kurzem Aufenthalt in Euxinograd fuhr *UC 13* nach Sinope, wo es am 18.11. eintraf. Von dort aus nahm es Kurs auf die kaukasische Küste zwischen Tuapse und Sotschi. Am 22.11. gelang es vor Tuapse, den mit Zement beladenen russischen Dreimastschoner UKRAINA (-;150) mittels Sprengpatronen zu versenken. Ein weiterer Segler wurde in Brand gesteckt. Danach verfolgte *UC 13* den russischen Tanker *Nr. 57* (-;-), konnte ihn aber wegen Ausfalls des Geschützes nicht versenken. Das Schiff setzte sich jedoch in Unkenntnis dieser Tatsache mit hoher Fahrt auf den Strand. Am 23.11. drang *UC 13* in den Hafen von Sotschi ein. Dort lagen mehrere Segelschiffe, von denen der Russe MARUSJA RAJA (-;200) und ein weiteres Segelschiff mittels Sprengpatronen versenkt wurden. Zunehmend erhielt das Boot Gewehr- und MG-Feuer und verließ deshalb schleunigst den Hafen. Zwei Tage später lief *UC 13* Zonguldak an. Am Nachmittag des 27.11. meldete das Boot wieder seeklar und trat den Rückmarsch an. Wegen starken Sturmes mußte das Boot unter Wasser weiterlaufen. Als der Sauerstoff verbraucht war, gab Kirchner Befehl zum Auftauchen. Infolge einer Stromversetzung und gleichzeitigem Kompaßausfalls strandete *UC 13* am 29.11.1915 gegen 05.05 Uhr bei Kirpen an der Sakaria-Mündung. Die Besatzung konnte sich retten. Russische Zerstörer schossen den Havaristen am 3.12.1915 zusammen, um ein Abbringen des Bootes zu verhindern.

UC 14

(U-Flottille Pola; U-Flottille Flandern)

Stapellauf: 13.5.1915

Am 13.5. transportierte die Bahn *UC 14* nach Pola. Bei der Montage erhielt das Boot ein spezielles Vorschiff für Transportzwecke.

Am 5.6.1915 stellte Oblt.z.S. Cäsar Bauer *UC 14* in Dienst.

1. Unternehmung: 7.7. – 29.7.1915 nach Konstantinopel.

In Pola übernahm *UC 14* eine Munitions- und Waffenladung und lief am 7.7. zusammen mit *UC 15* von Pola aus. Am 18.7. ergänzte das Boot Treiböl in Orak und machte schließlich am 29.7.1915 am Goldenen Horn fest.

2. Unternehmung: 11.9. – 24.9.1915 Rückmarsch nach Pola.

Das Boot erreichte ohne Zwischenfälle am 24.9. seinen Ausgangspunkt.

Vom 26.9. bis 16.11.1915 lag das Boot in Pola in der Werft. Dort erhielt es wieder das Vorschiff eines Minenlegers mit sechs Schächten für je zwei Minen.

3. Unternehmung: 18.11. – 21.11.1915 an die albanische Küste.

Die Minen vom 20.11. vor Valona gegen italienische Truppentransporte blieben erfolglos.

4. Unternehmung: 30.11. – 4.12.1915 albanische Küste.

Erneut war Valona das Operationsziel von *UC 14*. Hier errang der Kommandant seinen ersten großen Erfolg mit der am 3.12. gelegten Sperre. Noch am selben Tag sank der italienische Transporter Re Umberto (92;2952). Am folgenden Tag verlor die italienische Marine ihren Zerstörer Intrepido (12;680;1-12 cm;4-7,6 cm;2 TR) durch Minentreffer.

Das italienische Linienschiff Regina Margherita. (Archiv Verfasser)

5. Unternehmung: 9.12. – 11.12.1915 apulische Küste.

Die Flottillenführung setzte *UC 14* diesmal auf Brindisi an. Die am 10.12. direkt in die Hafenansteuerung geworfenen Minen forderten am 8.1. kurz nacheinander gleich vier Opfer. Zunächst lief der italienische Hilfskreuzer Citta di Palermo (10;5800;1-12 cm;6-7,6 cm) in das schmale Minenfeld. Das Schiff kam von Durazzo und hatte u. a. auch 143 britische Soldaten an Bord. Es gab 57 Tote. Später folgten die britischen Drifter Frenchny (08;84), Morning Star (-;97) und Gavenwood (-;88).

6.-7. Unternehmung: 24.12.1915 – 6.1.1916 albanische Küste.

Beide Operationen betrafen Valona. Die am 27.12. gelegte Sperre konnte der Gegner vorzeitig entschärfen; das gelang mit den am 4.1. gelegten Minen nicht, und so erwischte es den italienischen Truppentransporter Brindisi (95;863). Das Schiff sank dicht vor Giovanni di Medua mit 20 Geschützen und 200 000 Schuß Munition. An Bord befanden sich außerdem 425 italo-amerikanische Rekruten. Insgesamt fanden 242 Mann den Tod.

Am 7.1.1916 übernahm Oblt.z.S. Franz Becker das Kommando.

8.-9. Unternehmung: 19.2. – 29.2.1916 albanische Küste.

Erneute Versuche, vor Valona die italienischen Truppentransporte mit Minen zu stören, blieben erfolglos.

10. Unternehmung: 14.3. – 21.3.1916 ionische Küste – Korfu.

Auf dem Ausmarsch von Cattaro ins Operationsgebiet stoppte *UC 14* am 15.3., um die Akkumulatoren aufzuladen. In dieser kritischen Situation griff ein U-Boot mit zwei Torpedos an. Der erste Torpedo lief wenige Meter hinter dem Heck vorbei, der zweite traf *UC 14* mittschiffs, detonierte aber nicht, sondern lief nach Unterquerung des Kiels als Oberflächenläufer weiter. Befehlsgemäß legte Becker am 18.3. nachmittags zwölf Minen vor Korfu, auf die zwei Tage später der französische Bewacher Ginette (13;272) lief; 13 Mann fielen.

11.-12. Unternehmung: 4.4. – 20.4.1916 italienische Ostküste, albanische Küste.

Die Sperre vor Bari blieb wirkungslos. Dagegen verursachten die am 16.4. vor Valona gelegten Minen den Untergang des italienischen Linienschiffs Regina Margherita (01;13215;4-30,5 cm) in der Nacht zum 12.12.1916. Es handelte sich hierbei um eine nicht geräumte Mine von *UC 14*. Das Schiff sank binnen weniger Minuten. In der stürmischen Nacht konnten nur 270 Mann gerettet werden. 670 Mann, darunter der Kommandant und 14 Offiziere, fanden den Tod. Zu den Opfern zählte auch der Befehlshaber des 16. A.K. Generalleutnant Bandini.

Bis Anfang August 1916 lag *UC 14* zur Grundüberholung in Pola. Das Kommando erhielt am 1.7.1916 Oblt.z.S. Alfred Klatt.

13.-14. Unternehmung: 6.8. – 24.8.1916 vor Venedig und Tarent.

Beide Operationen blieben ohne Ergebnis.

15. Unternehmung: 3.9. – 9.9.1916 Eingang zum Golf von Tarent.

Die am 6.9. vor Cap Rizzuto gelegte Sperre forderte am 14.9. den Verlust des britischen Dampfers

INVERBERVIE (13;4309), der mit Kohle von Cardiff nach Tarent unterwegs war. Kurz darauf erlitten die englischen Motorboote ML 230 (15;37,1–4,7 cm) ML 253 und ML 255 das gleiche Schicksal.

16.-17. Unternehmung: 17.9. – 9.10.1916 Golf von Tarent.

Die Royal Navy verlor zwei Bewachungsfahrzeuge. Vor Cap St. Maria di Leuca traf es am 26.11. den Drifter MICHAELMAS DAISY (-;99) und vor Gallipoli, auf der am 6.10. gelegten Sperre, den Drifter FINROSE (-;78).

Nach dieser Fahrt stellte *UC 14* in Pola außer Dienst. Demontiert verließ es anschließend per Bahn den Süden, um das Marinekorps in Ostende zu verstärken. Das Boot kam am 11.1.1917 bei der Indienststellung unter das Kommando von Oblt.z.S. Ulrich Pilzecker.

18.-20. Unternehmung: 24.2. – 13.3.1917 englische Ostküste, vor Lowestoft.

Keine Erfolge.

21.-22. Unternehmung: 28.3. – 9.4.1917 gleiches Gebiet.

Die Operation brachte *UC 14* die ersten Minenerfolge im Westen. Die am 29.3. vor dem Stanford-Channel geworfenen Minen versenkten am nächsten Tag den britischen Marinetrawler CHRISTOPHER (11;316) und südöstlich von Lowestoft verlor die Royal Navy am 9.4. ihren Trawler ORTHOS (13;218).

23.-29. Unternehmung: 13.5. – 6.7.1917 englische Ostküste, zwischen Lowestoft und Great Yarmouth.

Dem Erfolgskonto konnte nur am 23.5. der britische Marinetrawler TETTENHALL (05;227) hinzugefügt werden, der auf die am 14.5. vor dem Hewett-Channel ausgebrachte Sperre lief.

Das Schwarze Meer war auch Operationsgebiet von *UC 15*.
(U-Boot-Archiv Deisenhofen)

Obtl.z.S. Hellmut Lorenz übernahm das Kommando am 7.7.1917.

30. Unternehmung: 12.7. – 15.7.1917 englische Ostküste, nordöstlich von Great Yarmouth.

Auf dem Anmarschweg geriet das Boot wegen Kompaßversagens bei Smith Knoll Sand auf vier Meter Tiefe fest. Als sich Küstenbewacher näherten, gab Lorenz den Befehl, das Boot zur Sprengung vorzubereiten. Im letzten Augenblick stieg jedoch das Wasser, und *UC 14* konnte entkommen. Die am 15.7. ausgelegten Minen blieben wirkungslos.

31.-35. Unternehmung: 26.7. – 8.9.1917 gleiches Gebiet.

Auch diese Einsätze erzielten nicht mehr die gewünschten Resultate. Zu stark war inzwischen die Minenabwehr geworden. Die fünf Sperren brachten in dem relativ großen Zeitraum lediglich am 2.10. den britischen Fischkutter WILLING BOYS (-;51) zum Sinken und am 10.9. auf der am selben Tag vor Lowestoft gelegten Sperre den Marinetrawler LOCH ARD (12:225).

Am 14.9. ging das Kommando an Oblt.z.S.d.Res. Adolf Feddersen.

36.-37. Unternehmung: 16.9. – 25.9.1917 englische Ostküste, nordöstlich von Yarmouth und vor Southwold.

Nur die am 17.9. bei Smith Knoll Feuerschiff gelegte Sperre verzeichnete den Untergang des britischen Fischkutters RELIANCE (-;60). Die beiden nördlich von Southwold im War-Channel ausgelegten Teilsperren hatten keine Wirkung.

38. Unternehmung: 1.10. – 3.10.1917 englische Ostküste.

Einsatzgebiet war zum wiederholten Mal der Stanford-Channel, die südöstliche Zufahrt nach Lowestoft. *UC 14* legte am 1.10. in Zeebrügge ab. Seitdem fehlt jede Spur von dem Boot. Nach amtlichen britischen Meldungen wurden vom 5. bis zum 12.10.1917 im fraglichen Gebiet U-Boot-Minen geräumt. Das läßt den Schluß zu, daß *UC 14* noch seinen Auftrag ausführen konnte. Am 3.10.1917 beobachteten die Signalstationen von Zeebrügge und Knocke um 22.15 Uhr ein Aufblitzen auf See, gefolgt von einer schweren Detonation. Sie könnte mit hoher Wahrscheinlichkeit von einem Minentreffer auf *UC 14* verursacht worden sein. Britische Schnellboote hatten am 24.9. eine kurze Sperre von nur fünf Minen gelegt. Die Leiche des Kommandanten wurde später bei Texel angetrieben und dort beigesetzt.

UC 15

(U-Halbflottille Konstantinopel)

Stapellauf: 19.5.1915

Am 8.6. gingen die Sektionen per Bahn nach Pola. Während der Montage erhielt auch dieses Boot ein spezielles Vorschiff für Transportzwecke. Am 28.6.1915 stellte Oblt.z.S. Albrecht von Dewitz den Transporter in Dienst.

1. Unternehmung: 7.7. – 18.8.1915 nach Konstantinopel.

Nach Übernahme von Waffen und Munition warf *UC 15* zusammen mit *UC 14* in Pola die Leinen los. Wegen häufiger Motorstörungen blieb das Boot am 7.7. hinter *UC 14* zurück und erreichte die Zwischenstation Orak erst am 20.7.1915. Nach Überholung der Antriebsanlage ging *UC 15* wieder in See. Unterwegs passierte man die Reste gesunkener Dampfer. Zahlreiche Leichen und Ausrüstungsgegenstände trieben in der See. Es waren Zeugnisse der Tätigkeit von *UB 14* in diesem Gebiet. Nördlich vom Lemnos traf das Boot auf *UB 8*, das hier sein Operationsgebiet hatte. Nach dem Passieren der Dardanellen machte das Boot am 18.8. in Konstantinopel fest. Dort erfolgte der Rückbau zum Minenleger.

2. Unternehmung: 21.1. – 25.1.1916 rumänische Küste und Sulina-Mündung.

Die Fahrt verlief ergebnislos. Anschließend nahm *UC 15* Kurs auf Varna, wo es am 25.1. einlief.

3. Unternehmung: 6.3. – 13.3.1916 Krim – Sewastopol.

Als die lang erwarteten U-Boot-Minen am Bosporus eintrafen, lief *UC 15* am 16.3. zur ersten Minenoperation eines deutschen U-Bootes ins Schwarze Meer aus. Erster Anlaufpunkt war Varna, wo *UC 15* am folgenden Tag eintraf, um die Aufklärungsergebnisse von *UB 8* auszuwerten. Zwei Tage später nahm das Boot Kurs auf die Krim, mußte aber am 13.3. wegen eines Seeschadens infolge des schlechten Wetters umkehren. Neuer Auslauftermin war der 21.3. Nach drei Tagen erreichte *UC 15* den Hafen von Sewastopol und legte dort elf Minen, von denen keine erfolgreich war.

4. Unternehmung: 29.3. – 5.4.1916 gleiches Gebiet.

In der Nacht zum 1.4. erneuerte *UC 15* die Sperre, die aber russische Minensucher schnell fanden.

Am 5.4. kehrte *UC 15* wieder an den Bosporus zurück.

5. Unternehmung: 21.4. – 27.4.1916 Krim – Sewastopol.

Erneut befahl die Flottillenführung *UC 15* in dieses Gebiet. Das Boot legte am 25.4. seine zwölf Minen in die gerade geräumten Fahrwasser vor dem Kriegshafen. Kurz danach liefen KAGUL (02;6800;12-15 cm) und IMPERATRICA MARIJA (15;22600;12-30,5 cm;20-13 cm) aus. Mit großem Glück passierten sie die Minen im geringen Abstand, auf denen kurz zuvor das T-Boot ZIVUCIJ (04;350;2-7,5 cm; 2 TR) untergegangen war. Am Nachmittag zwang *UC 15* einen russischen Dreimastschoner mit acht Schuß aus dem britischen 3,7-cm-Beutegeschütz zum Beidrehen. Wenig später ging das mit Getreide beladene Schiff nach Sprengung in die Tiefe. Die Besatzung wurde in einem Beiboot unter die Küste geschleppt. Am 27.4. lief *UC 15* in Euxinograd ein.

6. Unternehmung: 25.5. – 31.5.1916 ukrainische Küste.

Diesmal verminte von Dewitz am 28.5. die Fahrwasser zwischen Odessa und Nikolajew. Nur den russischen Frachter MERKURIJ (10;762) erwischte es am 20.6. Danach kehrte das Boot zur Überholung und Erneuerung des Maschinenfundaments nach Konstantinopel zurück. Die Werftliegezeit dauerte bis 5.11.1916.

Seit dem 6.10. hatte Oblt.z.S. Bruno Heller das Kommando.

In Konstantinopel übernahm das Boot Minen für Varna.

7. Unternehmung: 6.11. – 8.11.1916 nach Varna.

Vor der Hafeneinfahrt erhielt das Boot Befehl, wegen drohender Minengefahr nicht einzulaufen. Am Vortag war *UB 45* auf einer neu gelegten russischen Minensperre gesunken. Daraufhin kehrte *UC 15* unverrichteter Dinge nach Konstantinopel zurück,

8. Unternehmung: 13.11.1916 – ? Rumänische Küste – Sulina-Mündung.

Das Boot lief am 13.11. vom Bosporus mit Kurs Sulina-Mündung aus. Seitdem fehlt jede Spur von *UC 15*. Die Ursache des Verlustes ist bis heute ungeklärt. Seine Minen hatte das Boot noch ausbringen können. Das bewiesen die k.u.k.-Minensucher am 4.5.1918, als sie in diesem Gebiet zwei deutsche U-Boot-Minen fanden, die nur von *UC 15* stammen

UC 16 war das erste Boot vom Typ UC II, das in Flandern eintraf. Neu war u. a. das 8,8-cm-Deckgeschütz. (Bibliothek für Zeitgeschichte Stuttgart)

konnten. Möglicherweise brachte eine vom Kreuzer BRESLAU am 4.5.1916 ungenau geworfene Mine das Verhängnis.

UC 16

(U-Flottille Flandern und Flandern I)

Stapellauf: 1.2.1916

In Dienst gestellt am 26.6.1916 von Oblt.z.S. Egon von Werner.

1. Unternehmung: 10.9. – 11.9.1916 Überführung nach Flandern.

Dort machte *UC 16* am 11.9. als erstes Frontboot vom Typ UC II in Zeebrügge fest.

2. Unternehmung: 21.9. – 24.9.1916 englische Ostküste, östlich von Yarmouth.

Die am 22.9. vor dem Hewett-Channel ausgelegten Minen forderten keine Opfer. Der nächste Tag brachte einer ganzen Fischfangflottille aus Grimsby das Ende. Südöstlich von Spurn Feuerschiff hielt von Werner die Trawler MERCURY (00;183), RESTLESS (91;125), BRITANNIA III (91;138), PHOENIX (96;117), COCKATRICE (94;115), VIELLA (98;144), REFINO (03;182), REGO (03;176), ANDROMEDA (98;149), BEECHWOLD (95;129) und WEELSBY (01;122) an und vernichtete sie durch Geschützfeuer oder Sprengpatronen. Auch wurden mehrere Neutrale angehalten und nach Überprüfung der Papiere wieder entlassen.

3. Unternehmung: 17.10. – 20.10.1916 englische Kanalküste.

Der Kommandant teilte seinen Minenvorrat in vier kurze Sperren auf. Jeweils drei Minen fielen vor Folkstone und Royal Sovereign Feuerschiff. Die Einfahrt von New Haven verseuchte er mit vier Minen. Mit den restlichen acht Minen blockierte von Werner die Fahrwasser von Beachy Head. Auf dem Rückmarsch geriet *UC 16* östlich der Straße von Dover in ein treibendes Netz, von dem man sich aber mit Hilfe der Netzschere wieder trennen konnte. Von den ausgelegten Sperren brachten nur die vor New Haven und Royal Sovereign Feuerschiff Resultate. Der mit Stückgut von New York kommende und nach London laufende britische Frachter ALAUNIA (13;13405) sank am 19.10., drei Tage später folgte der Holländer FORTUNA (12;1254).

4. Unternehmung: 6.11. – 19.11.1916 Englischer Kanal.

Wieder waren es die Fahrwasser bei Royal Sovereign Feuerschiff und Beachy Head. Eine dritte Minenladung ging am 11.11. morgens vor St. Catherine Point der Isle of Wight von Bord. Danach ließ von Werner den Westausgang des Kanals ansteuern, um in der nördlichen Biscaya zu operieren. Während des Marsches versenkte er nach Prisenordnung noch am selben Tag vor Portland den Norweger DAPHNE (00;1388) sowie den britischen Kutter VERONICA (07;27).

Am 13. und 14.11. vernichtete das Boot bei Quessant und bei der Ile de Sein die französischen Segler SALANGANE (-;125), MARIE THERESE (12;156), NOMINOE (12;327) und NOTRE DAME DE BON SECOURSE (97;81). Dazu kam am 16.11. der französische Fischkutter LELIA (99;80). Zwei größere Frachter entkamen wegen ihrer höheren Geschwindigkeit im Nebel. Nur die Minen vor Beachy Head trafen am 16.11. den britischen Dampfer VASCO (95;1914), der nach Neapel wollte.

5. Unternehmung: 20.12. – 27.12.1916 Englischer Kanal.

Die Sperren vor Dungeness, Royal Sovereign Feuerschiff, Beachy Head und Owers Feuerschiff, südöstlich von Portland wurden keinem Schiff gefährlich. Bei stürmischer See brach der Lagerbock des vorderen Tiefenruders. Die Fahrt wurde abgebrochen.

6. Unternehmung: 15.1. – 1.2.1917 Englischer Kanal und Biscaya.

Nach zwei kurzen Minenfeldern am 17.1. morgens bei Royal Sovereign und Owers Feuerschiff verseuchte das Boot die Fahrrinne unterhalb Hastings mit vier bzw. acht Minen. Anschließend sollte Handelskrieg geführt werden. Der Mineneinsatz erwies sich wieder einmal als wirkungslos. Im Gegensatz dazu gelang es von Werner, bei widrigen Wetter- und Seeverhältnissen am 18.1. den italienischen Frachtdampfer TAORMIN (84;2457) auf dem Weg von Huela nach Newport zu versenken. Im Gebiet der Scillies waren es einen Tag später die Norweger REINUNGA (13;1147), THERESDAL (89;1762) und ANNA (00;1237), die Futtermittel für England transportierten. Dazu kam am 21.1. der französische Segler COURONNE (03;169). Den Schluß bildete am 23.1. der Norweger YMER (10;1123) mit einer Eisenerzladung an Bord.

7. Unternehmung: 25.2. – 2.3.1917 englischer Kanal, gleiches Gebiet.

Die am Morgen des 26.2. vor Folkstone, Dungeness und Royal Sovereign Feuerschiff gelegten Minen brachten nur einen mäßigen Erfolg, als vor Folkstone noch am selben Tag der kleine Dampfer SEA GULL (93;144) sank und der britische Trawler ST. GERMAINE (-;307) beschädigt wurde.

8. Unternehmung: 10.3. – 16.3.1917 französische Kanalküste.

Diesmal operierte *UC 16* in der Nacht zum 12.3. gegen die französische Kanalküste vor Boulogne und Dieppe ohne Erfolg. Genauso erging es dem Boot einen Tag später bei Kap des la Heve. Erst mit einem UT-Treffer im Morgengrauen des 15.3. in der Seine-Bucht gegen den britischen Frachter COONAGH (04;1412) änderte sich das Bild. Das mit Schweinen und Stahl für Rouen beladene Schiff sank schnell und nahm die zehnköpfige Besatzung mit in die Tiefe.

9. Unternehmung: 14.4. – 22.4.1917 französische Kanalküste.

Wie schon häufig brachten die am 16.4. nachts vor Dieppe und bei Fecamp ausgebrachten Minen keine Ergebnisse. Anschließend lernte der Kommandant die Taktik einer britischen U-Falle kennen. *UC 16* entdeckte in der Seine-Bucht einen Segler, den man sofort beschoß. Er setzte ein Boot aus, das aber merkwürdigerweise nicht ablegte. Plötzlich eröffnete das Schiff aus zwei Geschützen ein gutliegendes Feuer, worauf *UC 16* schleunigst tauchte. Es handelte sich um das britische Q-Ship GLEN ex SYDNEY (97;113; 1-7,5 cm;1-5,7 cm), das sich von Februar 1917 bis Kriegsende im Einsatz befand. Nach seiner Rückkehr ging *UC 16* nach Ostende zur Grundüberholung ins Dock. Granaten britischer Monitore beschädigten das Boot, so daß sich die Reparaturarbeiten bis in die zweite Julihälfte 1917 hinzogen.

In der Zwischenzeit hatte Oblt.z.S. Georg Reimarus das Kommando übernommen.

10. Unternehmung: 25.7. – 30.7.1917 in die Hoofden.

Ohne die sonst üblichen Minen in den Schächten ging es zum Einsatz. Auf der Höhe von IJmuiden versenkte das Boot am 27.7. die holländischen Fischtrawler DIRK (-;81), MAJOOR THOMSON (-;110), JAN (-;104), DIRK VAN DUIJNEN (-;116), STERNA III (-;111) und PRES.COMM.V.D.BERGH (-;111) im Sperrgebiet. Ebenso erging es am nächsten Tag dem Kutter NEPTUNUS I (-;80). Plötzlich überraschte bei Noord Hinder ein Flugzeug das unter Wasser laufende Boot. Ein Wassereinbruch bei sieben Meter Tiefe durch das Torpedoluk zwang *UC 16* zum Auftauchen. Mit dem MG und mit Karabinerfeuer gelang es, den Angreifer zu vertreiben. Wegen der Schäden mußte aber die Operation abgebrochen werden.

11. Unternehmung: 14.8. – 21.8.1917 englische Ostküste.

Auch diesmal blieben die Minen im Arsenal. Vor Flamborough Head beendete ein UT-Treffer die Fahrt des britischen Frachtschiffes MANCHESTER ENGINEER (-;4465), das Kohle für St. Nazaire transportierte. Die Geschützbedienung versenkte den britischen Kutter SUSIE (-;41) einen Tag später. Am 17.8. trafen Torpedos den Briten ARDENS (78;1274).

12. Unternehmung: 1.9. – 13.9.1917 Westausgang Englischer Kanal.

Immer wieder zwangen Flugzeuge das Boot, den Anmarschweg unter Wasser zurückzulegen. Bei St. Catherine Point versenkte ein UT-Schuß am 4.9. den in Ballast fahrenden britischen Dampfer BISHOPSTON (16;2513). Nach eingehender Beobachtung der Einlaufkurse verminte Reimarus die Fahrwasser südöstlich von Plymouth, ohne daß sich ein Erfolg einstellte. In der Nähe der Scillies gelang es am 7.9., nach kurzem Gefecht mit einem Schlepperfahrzeug, die britische Viermastbark HINEMOA (90;2283) zu versenken. Ihr folgte am nächsten Tag die norwegische Bark VESTFJELD (87;2063) mit Stückgut von New Orleans für Le Havre. Auf dem Rückmarsch kam das Boot am 12.9. nachts in der Doverenge bei South Foreland fest. Was man nicht unbedingt brauchte, ging über Bord, und sogar der letzte Torpedo wurde losgemacht. Trotzdem kam das Boot nicht frei. Erst das am frühen Morgen einsetzende Hochwasser und

Die Segelschiffahrt hatte erhebliche Verluste.
(Wiss. Inst. für Schiffahrts- und Marinegesch.)

der kompromißlose Einsatz der Maschinen brachten die Rettung.

13. Unternehmung: 2.10.1917 – ? Englischer Kanal.

UC 16 kehrte von dieser Feindfahrt nicht mehr zurück. Es legte am 2.10.1917 kurz nach Mitternacht in Zeebrügge ab. Der Befehl hieß, Minen vor Boulogne legen. Er konnte noch ausgeführt werden, dann verliert sich die Spur. Die Leiche von Lt.z.S. Rolf von Beczwarzowsky trieb am 26.10.1917 an die niederländische Küste bei Nordwijk.

UC 17

(U-Flottille Flandern; I. U-Flottille)

Stapellauf: 19.2.1916

In Dienst gestellt am 23.7.1916 von Oblt.z.S. Ralph Wenninger.

1. Unternehmung: 1.10. – 2.10.1916. Überführungsfahrt nach Flandern und Übernahme durch die Flottille am 2.10.1916.

2. Unternehmung: 21.10. – 26.10.1916 englische Ostküste.

Der erste Mineneinsatz führte UC 17 vor die Humber-Mündung, wo in der Nacht zum 23.10. 18 Minen geworfen wurden. Wegen schlechten Wetters mußte die Operation vorzeitig abgebrochen werden. Der schwedische Dampfer Faunus (91;749) ging am 21.11. als einziges Opfer mit Grubenholz in die Tiefe.

3. Unternehmung: 4.11. – 20.11.1916 Englischer Kanal.

Das Jagdglück begann bereits am 6.11. mit dem französischen Schoner Fanelly (90;307). Am Folgetag waren es zunächst die Norweger Furulund (95;1817) und Thuhaug (04;948) mit Kohle für Rouen und der britische Frachter Suffolk Coast (13;780), der mit Stückgut von Glasgow kam und nach Fecamp lief. Am 9.11. legte Wenninger vier Teilsperren vor Portland, Dartmouth, Plymouth und Falmouth. Lediglich vor Dartmouth gab es am 10.11. mit dem Untergang des britischen Marinetrawlers Benton Castle (14;283) etwas zu registrieren. Die anschließend einsetzende freie Jagd verlief erfolgreicher. Als erstes traf es am 11.11. den Norweger Seirstad (00;995) mit Kohle für Frankreich. Drei Tage später mußten bei Lizard die französische Bark La Rochejaquelein (01;2199) mit 2000 t Gerste und der spanische Dampfer Oiz Mendi (07;2103) mit Roheisen für England aus dem Register gestrichen werden. Schon am nächsten Tag folgten der Norweger Torridal (09;688) und der französische Schoner Alcyon (-;59). Die beiden französischen Segler Eugenie (00;66) und Petit Jean (-;126) schlossen am 16.11. die erfolgreiche Feindfahrt ab.

4. Unternehmung: 14.12. – 30.12.1916 Englischer Kanal und Biscaya.

Wenninger konnte an die vorangegangenen Erfolge nahtlos anknüpfen. Bevor er am 16. bzw. 17.12. zwei Teilsperren von drei Minen vor Portland und eine Sperre von vier Minen vor Brixham ausbrachte, versenkte er 20 Seemeilen nordöstlich von Cap Barfleur den britischen Schoner Constance Mary (75;177). Als am Vormittag des 17.12. der französische Segler Alerte (03;176) von der Wasseroberfläche verschwunden war, legte *UC 17* die restlichen Minen vor Plymouth und Falmouth. Auf die Falmouth-Sperre lief am 21.12. der britische Marinetrawler St. Ives (09;325). Von jetzt ab bestimmten Granaten und Sprengpatronen den Kampf. Das Versenkungsergebnis konnte erheblich aufgebessert werden, als am 18.12. die französischen Schoner Quo Vadis (-;109), Vague (99;167) und Maria Louis (02;108) sanken. Es folgten am 20.12. vor Bordeaux die Fischereifahrzeuge St. Antoine de Padoue (-;32) und Otarie II (96;109). Während des Rückmarsches am 24.12. erwischte das Boot im Westausgang des Kanals vor Quessant den Briten Bargany (11;872), der mit Kohle von Cardiff nach Lorient unterwegs war. Tags darauf fand der französische Schoner Courlis (12;181) sein Ende. Für den britischen Segler Pitho (68;150) und die norwegische Bark Union (91;563) mit Farbholz für Le Havre bedeutete der 28.12. das Untergangsdatum. Der Kapitän des holländischen

Frachters Vulcanus (-;1811) hatte mehr Glück, denn Wenninger ließ nur die Bannware über Bord werfen.

5. Unternehmung: 18.1. – 2.2.1917 Englischer Kanal.

Beim Ausmarsch geriet *UC 17* in der Nacht zum 19.1. während der Überwasserfahrt auf Höhe von Dover in eine Netzsperre, die mit AK durchbrochen wurde. Die mitgeschleppten Teile ließ der Kommandant mit Rückwärtsmanöver abstreifen. Einen Tag später hielt das Boot vor Portland Bill den dänischen Schoner Standard (00;217) an und versenkte das mit Ton für England bestimmte Schiff. Noch am selben Abend begann *UC 17* mit der Verminung vor Portland, Dartmouth, Plymouth und Falmouth. Die am frühen Morgen des 22.1. abgeschlossene Operation brachte nur vor Falmouth die Versenkung des mit Mais beladenen Holländers Epsilon (13;3211). Während der Versenkung des französischen Seglers Gaulois (95;76) mit Artillerie mußte gleichzeitig auch ein Bewacher bekämpft werden. Dessen gutliegendes Geschützfeuer zwang dann *UC 17* unter Wasser. Noch am selben Tag ging 16 Seemeilen nördlich von Quessant der schwedische Dampfer O. A. Brodin (15;1840) mit Kohle für St. Vincent in die Tiefe. Am 23.1. bildeten der französische Schoner Ophelia (02;159) und der belgische Frachter Egypte (01;2412) den erfolgreichen Abschluß. Wegen schwerer See befahl der Kommandant den Rückmarsch.

6. Unternehmung: 15.2. – 28.2.1917 Englischer Kanal bis zum Westausgang.

Das Boot begann seinen Einsatz am 16.2. bei Kap Barfleur mit der Versenkung des französischen Frachtschiffes Hermine (00;3972). Anschließend folgte am 17. und 18.2. die Verminung der Fahrwasser vor Portland, Dartmouth und Plymouth. Zwischendurch konnte vor Start Point der norwegische Frachter Thorgny (08;734) angehalten und gesprengt werden. Bei Lizard vollende sich das Schicksal des britischen Vollschiffs Centurion (91;1828). Es kam mit Bauholz aus Pensacola und war für London bestimmt. Auch die norwegische Bark Falls of Afton (82;1965) mit Leinsamen an Bord erreichte nicht ihren Bestimmungshafen Rotterdam. Sie sank am 20.2. vor Wolfs Rock. Ein Deutsch-Russe wurde auf eigenen Wunsch an Bord von *UC 17* genommen. Am 21. und 22.2. erhöhte Wenninger vor Quessant sein Erfolgskonto mit der Versenkung des Schweden Manningham (80;1988) und des norwegischen Frachters Ajax (04;1468), der Erdnüsse für Liverpool geladen hatte. Auch der französische Segler Saint Sauveur (13;158), den *UC 17* vor Quessant anhielt, bekam eine Sprengladung. Bei Belle Ile, vor der bretonischen Küste, konnte am 23.2. der von New York kommende britische Transporter Belgier (14;4588) gestoppt werden. Mit 8 800 Granaten ging das Schiff in die Tiefe. Vor der Ile de Groix sanken der Brite Iser (88;2160) und der Norweger Nyland (15;1824), der Kohle für die Royal Navy nach Gibraltar transportieren sollte. Der Grieche Salamis (73;995) hatte ebenfalls Kohle geladen und sank am nächsten Tag. Auch das kleine französische Segelschiff Kleber (07:277) konnte seine Kohleladung nicht an den Bestimmungsort bringen. Gegen Ende der Feindfahrt gelang es *UC 17*, am 26.2. westlich der Kanalinseln die französische Bark Le Lamentin (75;716) zu vernichten. Der Untergang des britischen Marinetrawlers Picton Castle (11;245) am 19.2. durch Minentreffer vor Dartmouth verbesserte das Gesamtergebnis dieser Operation auf 14 Schiffe.

7. Unternehmung: 18.3. – 26.3.1917 Englischer Kanal.

Vor seinem Mineneinsatz am 19.3. abends bei Beachy Head und New Haven versenkte *UC 17* den französischen Fischkutter Rhodora (08;38). Am 21.3. ging südlich von Beachy Head der britische Fischkutter Curlew (-;51) durch Granatbeschuß verloren, nachdem das Boot eine dritte Sperre bei Nab Feuerschiff gelegt hatte. Ebenfalls an diesem Tag sank der britische Frachter Rotorua (10;11140) nach einem UT-Treffer. Das Schiff kam von Wellington/Neuseeland und sollte 100 000 Stück geschlachtetes Vieh nach London bringen. Das gleiche Schicksal erlitt am nächsten Tag bei Start Point der nach Philadelphia laufende britische Frachter Maine (05;3616). Der 24.3. brachte wieder einmal ein Debakel für die britische Fischversorgung. Nacheinander versenkte das Boot die Kutter Santanita (-;30), Alice (-;61), Qui Vive (-;22), Boy Walter (-;43), Mayflower (-;38), Endeavour (-;25), H.C.G. (-;24), Enigma (-;24) und Reindeer (-;28). Dazu kamen noch durch die Minen vor Beachy Head am 23.3. der britische Dampfer Mexico (-,5549) vor New Haven und der britische Frachter Huntscape (-;2933), die aber geborgen werden konnten.

8. Unternehmung: 8.5. – 21.5.1917 Englischer Kanal und bretonische Küste.

Erst vernichtete *UC 17* am 9.5. vor Beachy Head den holländischen Segler Marchiena (12;170) und am 10.5. vor Portland den Norweger Veni (01;654), dann begann *UC 17* mit der Verminung der Zugänge in der Lyme Bay. Dabei geriet das Boot am 11.5. im Nebel vor Berry Head auf Grund, kam aber bei steigendem Wasser wieder frei. In die aus drei Minen bestehende Teilsperre vor Exmouth lief am 12.5. das für Valparaiso bestimmte britische Postschiff Galicia (01;5922) und sank. Den britischen Kutter G.L.C. (-;24) zerstörte am selben Tag vor Eddystone eine Sprengladung. Südöstlich von diesem Punkt nahmen am 13.5. die dänische Bark Anna (77;610) und die norwegische Bark Hudson (69;817) ihre Farbholzladung mit in die Tiefe. 70 Seemeilen südwestlich von Bishop Rock verhinderte am nächsten Tag ein UT-Treffer die Ankunft des in Ballast fahrenden britischen Frachtschiffes Farley (16;3692) in New York. Obwohl es bereits mehrere Treffer auf der französischen Bark L'Hermite (-;2189) gab, erreichte sie ihren Bestimmungshafen Brest. Ein Bewacher verhinderte einen weiteren Erfolg von *UC 17*.

Nach Erkrankung des Kommandanten übernahm Oblt.z.S. Werner Fürbringer das Kommando.

9. Unternehmung: 14.6. – 28.6.1917 Westausgang Englischer Kanal.

Der neue Kommandant konnte lückenlos an die Erfolge anknüpfen. Obwohl die am 18.6. vor Beachy Head gelegten 18 Minen nur den britischen Marinetrawler Borneo (06;211) trafen, wurden im weiteren Verlauf der Operation mehrere Handelsschiffe versenkt. Zunächst konnten die britischen Segler Kate and Annie (94;96) und Mary Ann (79;164) am 19.6. 25 Seemeilen nordwestlich der Insel Le Hanois in Brand geschossen werden, wobei letzterer noch eingeschleppt werden konnte. Am nächsten Tag traf *UC 17* auf den Motorschoner Mary B. Mitchell, der als U-Falle Q 9 (92;227;1-7,5 cm;2-5,7 cm) seit April 1916 im Einsatz war. Fürbringer hatte schon mit *UB 2* (15;127;2 TR) Erfahrungen mit diesem tückischen Gegner gesammelt. Sein Argwohn sollte sich bestätigen, denn als der U-Boot-Turm die Wasseroberfläche durchbrach, eröffnete der Segler gutliegendes Feuer. Da sich keine Chance für einen Torpedoangriff ergab, lief *UC 17* unter Wasser ab. Das Boot fand am 21.6. sein nächstes Opfer westlich von Quessant mit dem amerikanischen Segler Childe Harold (86;781), der 3 900 Faß Maschinenöl in New York geladen hatte und nach Le Havre bringen sollte. Es folgte der italienische Frachter Scheria (02;2727) nach UT-Schuß. Am 24.6. hieß der britische Gegner bei den Scillies Clan Davidson (12;6486). Er kam u.a. mit 4 000 t Lebensmittel von Sydney. Danach sank die Crown of Arragon (05;4500) auf ihrem Weg von Cardiff nach Montreal. Den letzten Torpedo machte *UC 17* am nächsten Morgen auf den Briten Saxon Monarch (12;4828) los, der 140 Seemeilen südwestlich der Scillies mit 7 000 t Weizen aus Bombay in die Tiefe ging. Den Abschluß bildete die amerikanische Bark Galena (88;1048) nach Sprengung. Restlos verschossen trat das Boot den Rückmarsch an.

Ab 4.8. ging das Kommando auf Oblt.z.S. Ulrich Pilzecker über.

10. Unternehmung: 16.8. – 23.8.1917 englische Ostküste.

Ohne Mineneinsatz versenkte *UC 17* am 19.8. vor Flamborough Head den britischen Frachter Brema (04;1534) mit Kohle für London sowie zwei Tage später vor Scarborough den in Ballast fahrenden britischen Dampfer Norhilda (10;1175).

11. Unternehmung: 4.9. – 19.9.1917 Englischer Kanal und bretonische Küste.

Die am 6.9. nördlich von Start Point gelegten 18 Minen räumte der Gegner ohne Verluste. Westlich von Quessant sank am 8.9. der Norweger Askelad (94:2823) mit Stückgut auf dem Weg von New York nach Le Havre. Einen Tag später erhielt der britische Dampfer Tuscarora (-;7106) einen UT-Treffer, konnte aber nach Plymouth geschleppt werden. Ähnlich erging es am 16.9. dem norwegischen Frachter Thomas Krag (98;4569). Trotz Torpedotreffers erreichte er Falmouth.

12. Unternehmung: 21.10. – 6.11.1917 Kanal von Bristol und irische Südküste.

Die Minenoperationen am 26. und 27.10. an der Cornwallküste blieben wirkungslos. Zählbare Erfolge gab es erst auf dem Rückmarsch. Der eine gelang vor Lizard am 2.11. mit der Versenkung des britischen Frachtschiffes Cap Finisterre (07;4380), bei der 35 Seeleute ihr Leben lassen mußten. Am 4.11. wurde die Border Knight (99;3724) von einem Torpedo getroffen.

13. Unternehmung: 22.11. – 9.12.1917 Englischer Kanal und Biscaya.

Französische Minensucher fanden die am 28.11. bei Ile de Baz und Sept Iles gelegten Minen und beseitigten sie. Die nachfolgende freie Jagd verlief effektiver. Südwestlich von Quessant sprengte *UC 17* am 2.12. das von New Orleans nach Bordeaux laufende russische Vollschiff Tasmania (86;2089) mit Stahl, Holz und Tabak an Bord. Zwei Tage später schoß Pilzecker in der Biscaya aus einem mit Kurs Gibraltar steuernden Konvoi den britischen Frachter Forfar (07;3827) im UT-Angriff heraus. Die Begleitfahrzeuge nebelten sofort und verhinderten so einen zweiten Anlauf. Auf dem Rückmarsch erhöhte sich noch am 6.12. die Bilanz durch den britischen Dampfer Asaba (00;972), den es vor Lizard als Einzelfahrer erwischte.

14. Unternehmung: 30.12.1917 – 15.1.1918 Westausgang Englischer Kanal sowie bretonische Küste.

Die gesamte Operation erwies sich als Fehlschlag. Die am 2.1. nördlich und östlich von Ile de Batz ausgelegten Sperren blieben wirkungslos. Das Boot nahm Kurs auf die Biscaya, traf 30 Seemeilen westlich von Penmarch mit *U 93* (Kptlt. Gerlach) zusammen und tauschte das E-Signal aus. Bald darauf ging das MS-Boot spurlos verloren. Mit allen Torpedos an Bord kehrte Pilzecker nach Zeebrügge zurück.

Obtl.z.S. Erich Stephan erhielt das Kommando.

15. Unternehmung: 3.2. – 11.2.1918 englische Ostküste.

Ohne Minen ausgelaufen, versenkte das Boot am 7.2. vor Sunderland den Norweger Elfi (08;1120) mit Kohle von Farrow nach Rouen unterwegs sowie den britischen Marinetanker Creosol (16;1179).

16. Unternehmung: 17.3. – 2.4.1918 Englischer Kanal.

Auf der am 20.3. bei den Needles gelegten Sperre ging am 23.3. der britische Drifter New Dawn (08;93) unter. Am nächsten Tag war der britische Dampfer War Knight (17;7951) dran, der in der Nacht mit dem amerikanischen Tanker O. B. Jennings (-;10300) kollidiert war und strandete. Trotz stürmischen Wetters gelang *UC 17* auch ein erfolgreicher Torpedoschuß am 26.3. bei Lizard auf den britischen Minentransporter Lady Cory Wright (06;2516), bei dem 38 Tote zu beklagen waren.

17. Unternehmung: 18.4. – 4.5.1918 Englischer Kanal.

UC 17 hatte diesmal den Befehl, am 23.4. vor Plymouth und am 25.4. vor Falmouth Minen zu legen. Am nächsten Tag wollte der Norweger Sif (-;3282) Kohle für die Royal Navy nach Gibraltar bringen, als er vor Falmouth in die Sperre lief. Sicherungskräften gelang es, das schwer beschädigte Schiff nach Falmouth einzuschleppen. Das Boot griff am 29.4. abends vor Portland Bill erfolgreich den Norweger Frogner (07;1475) mit UT-Schuß an. Ihm folgte einen Tag später vor der Isle of Wight der britische Dampfer Isleworth (96;2871), der in Bilbao Eisenerz für Middlesborough an Bord genommen hatte. Das schnell sinkende Schiff nahm 29 Seeleute mit in die Tiefe. Am Abend des 2.5. erfolgte querab von Beachy Head an Backbord der Angriff eines feindlichen U-Bootes. *UC 17* steuerte wegen der U-Boot-Gefahr ständig Zick-Zack-Kurs, als die Brückenwache im Moment des Drehens zwei Blasenbahnen in 10 m Abstand parallel zum Boot sah. Ein dritter Torpedo traf im spitzen Winkel den Rumpf vor dem Turm, detonierte aber nicht, sondern glitt ab und lief mit abgebrochenem Gefechtskopf als Oberflächenläufer ein gutes Stück neben *UC 17* her. Als das Boot zwei Tage später in Zeebrügge festmachte, konnte die Besatzung wieder durchatmen.

Das Kommando übernahm Oblt.z.S. Nicolaus Freiherr von Lyncker.

18. Unternehmung: 21.5. – 4.6.1918 engl. Ostküste.

UC 17 verminte am 23.5. den Eingang zum Stanford-Channel vor Lowestoft und die Einfahrt des Hewett-Channels, südöstlich von Yarmouth. Die Stanford-Sperre vernichtete am nächsten Tag die Marinetrawler Gabir (09;219) und Yucca (12;198). Am 26.5. beendete vor Sunderland ein Torpedotreffer die Fahrt des britischen Frachtschiffs Thames (05;1327). Vier Tage später traf es in einem Konvoi von zehn Frachtern den Briten Dungeness (04;2748), den man nach Sunderland einschleppte. Bei der anschließenden Verfolgung mit Wasserbomben durch die Geleitsicherung erlitt *UC 17* einen Schaden an den Ölbunkern und mußte die Unternehmung abbrechen.

Nach Rückkehr ging das Boot zur Instandsetzung nach Ostende.

19. Unternehmung: 19.6. – 5.7.1918 von Ostende an die englische Ostküste.

Diesmal blieben die Minen im Arsenal. Im Operationsgebiet gab es immer weniger Einzelfahrer, dafür um so mehr stark gesicherte Küstenkonvois. Trotzdem gelang es von Lyncker am 28.6. vor Sunderland aus einem Geleit den britischen Frachter Sunniva (17;1913) herauszuschießen. Zahlreiche Wasserbomben folgten, ohne Schaden anzurichten. Zunehmend wirkte sich auch die Beanspruchung des Personals aus. Wegen einer Grippeerkrankung des WO und des L.I. und eines Teils der übrigen Besatzung mußte Lyncker den Einsatz vorzeitig am 29.6. abbrechen.

20. Unternehmung: 21.7. – 4.8.1918 niederländische Küste und englische Ostküste.

Ohne Ergebnis.

Turm und Geschütz von *UC 18*.
(Wiss. Inst. für Schiffahrts- und Marinegesch.)

21. Unternehmung: 29.9. – 17.10.1918 gleiches Gebiet.

Die Minenunternehmung am 29. 9. bei Maas Feuerschiff ging ins Leere. Bei der Bekämpfung gegnerischer Handelsschiffe gelang es *UC 17* am 8.10. nördlich von Flamborough Head, auf der Höhe von Filey Brig, den britischen Frachter Thalia (-;1308) durch UT-Treffer zur Strecke zu bringen. Die Räumung der Flandern-Stützpunkte war der Grund, über den Ostweg nach Brunsbüttel zu laufen, wo das Boot am 19.10. eintraf und zur I. U-Flottille kam.

Nach Überholung in Hamburg vom 24.10. – 4.11.1918 sollte *UC 17* am 6.11. zur neu aufgestellten V. U-Flottille in Bremerhaven verlegen. Doch dazu kam es nicht mehr. Das Boot ging am 25.11.1918 mit der 5. Staffel nach Harwich und wurde 1920 in Preston/England abgewrackt.

UC 18

(U-Flottille Flandern)

Stapellauf: 4.3.1916

In Dienst gestellt am 15.8.1916 von Oblt.z.S. Wilhelm Kiel.

1. Unternehmung: 18.10. – 19.10.1916 Überführungsfahrt nach Flandern mit Übernahme als Frontboot am 19.10.1916 in Zeebrügge.

2. Unternehmung: 23.10. – 29.10.1916 englische Ostküste.

Die erste Minenoperation führte *UC 18* nordöstlich von Great Yarmouth durch, wo es am 25.10. bei Newarp Feuerschiff drei kurze Sperren legte. Wegen des anhaltenden Sturmes gab Kiel nach drei Tagen den Befehl zur Umkehr. Die Minen zeigten Wirkung, als am 3.11. der britische Marinetrawler Glenprosen (07;224) sank und am 5.11. die Cantatrice (15;302) unterging. Am 9.11. verlor die Royal Navy den Minensucher Fair Maid (15;432) während der Räumarbeiten.

3. Unternehmung: 4.11. – 19.11.1916 Englischer Kanal und bretonische Küste.

Einmal vier und einmal fünf Minen legte die Besatzung vor Boulogne, wo am 10.11. der britische Segler H.M.W. (08;93) unterging. Vor Quessant versenkte Kiel den britischen Segler Marga (08;674) mit Kohle von Cardiff auf dem Weg nach Lorient. Anschließend verseuchte das Boot mit den verbliebenen Minen am 10.11. früh die Ansteuerung von Brest. Hier lief der britische Dampfer Lake Michigan (02;9288) auf, erreichte aber den Hafen. Drei Tage später versenkte *UC 18* im Westausgang des Kanals den französischen Schoner Lilloise (01;165) und am 16.11. war es der Brite Trevarrack (14;4199) bei den Kanalinseln, den schon *UC 26* verfolgt hatte.

4. Unternehmung: 10.12. – 24.12.1916 Englischer Kanal und bretonische Küste.

Bereits auf dem Anmarsch kam bei St. Catherine Point für den britischen Segler Inger (08;786) das Ende. Die Ladung Früchte für London erreichte nicht die Bevölkerung. Danach fielen die ersten sechs Minen am Morgen des 13.12. vor Brest, weitere zwei kurze Sperren von je sechs Minen folgten am nächsten Tag bei St. Nazaire und Belle Ile. Als alle Minen von Bord waren, konnte sich das Boot wieder der Bekämpfung gegnerischer Handelsschiffe zuwenden. Noch am selben Tag zerstörten Granatbeschuß und Sprengpatronen den britischen Dampfer Glencoe (18;2560) und den Portugiesen Leca (11;1911) auf ihrem Weg nach Bordeaux bzw. St. Nazaire. Am 15.12. folgten vor Belle Ile der von Liverpool nach Nantes fahrende Norweger Rogn (01;1029), am 17.12. waren es dann der französische Fischkutter Prosper Leon (-;42), der portugiesische Frachter Cascais (99;835) und der norwegische Dampfer

PRIMA (99;1233) mit einer Ladung Kohle für Bordeaux. Dazu kamen noch die französischen Schoner ST. IVES (09;325) und IMMACULE CONCEPCION (12;246). Am Ende der Feindfahrt erhöhe *UC 18* am 22.12. sein Erfolgskonto bei Guernsey nochmals mit dem französischen Schoner AMEDEE (78;130) und die dänischen Frachtdampfer DANSBORG (93;2242) sowie HROPTATYR (13;1301), die beide Kohle für den Gegner transportierten. Als die HROPTATYR verschwunden war, gelang es *UC 18* gerade noch, das Sprengkommando an Bord zu nehmen, ehe Bewachungsfahrzeuge das tauchende Boot unter Feuer nehmen konnten. Die nachfolgenden Wasserbomben richteten nur geringe Schäden an. Die St.-Nazaire-Sperre beschädigte am 18.12. den amerikanischen Dampfer KANSAN (-;7913), der geborgen werden konnte.

5. Unternehmung: 11.1. – 25.1.1917 gleiches Gebiet.

Wieder konnte das erste Ergebnis auf dem Anmarsch zur bretonischen Küste vermerkt werden. *UC 18* versenkte am 12.1. im Kanal den französischen Segler ST. MICHEL (99;419) und am nächsten Tag, 25 Seemeilen nordwestlich von Sept Ile, den britischen Dampfer TOFTWOOD (06;3082) mit Stückgut für Le Havre. Am Morgen des 14.1. begann das Boot, sechs Minen im Chenal du Four auszulegen. Gegen Abend folgten sechs Minen östlich der Ile de Sein. Zwischen den beiden Operationen hielt das Boot den britischen Dampfer MARTIN (04;1904) an und versenkte ihn. Der nächste Tag brachte das Ende für den Norweger OTTO (15;402) und den französischen Segler BERNADETTE (98;128). Anschließend legte *UC 18* seine restlichen Minen südlich der Belle Ile in die Ansteuerung vor St. Nazaire. Die Sperren brachten nur einen mittelbaren Erfolg, indem sie eine große Anzahl gegnerischer Räumkräfte banden und zu fortgesetzten Abwehrmaßnahmen zwangen. Ohne auf eine Gegenwehr zu treffen, versenkte *UC 18* in den nächsten Tagen eine Reihe von Schiffen. Es begann am 17.1. vor Quessant mit dem französischen Segler JEUNE FRANCE (77;126) und dem Spanier VALLE (88;2365). Es folgten am 18.1. die französischen Segelschiffe LOUISE (-;101) und LOUIS JOSEPH (12;197). Einen Tag später gehörten der uruguayische Frachter PARAHYBA (89;2537) und der dänische Dampfer KLAMPENBORG (89;1785) mit Bannware für St. Nazaire bzw. Bordeaux zu den Verlierern. Kurz vor der Heimfahrt traf es am 22.1. den französischen Segler AURELIE (99;89) im Kanal. Während der Passage der Doverenge mußte *UC 18* in der Nacht zum 25.1. vor Zerstörern unter Wasser. Kiel legte das Boot auf Grund bis die Gefahr vorüber war. Beim Auftauchen bemerkte er plötzlich eine unerklärbare Achterlastigkeit. Nach Öffnen des Turmluks sah der Kommandant einen Zerstörer auf dem Heck, der durch Rückwärtsmanöver freizukommen versuchte. Nach sofortigem Fluten setzte das Boot den Marsch zum Stützpunkt unter Wasser fort.

6. Unternehmung: 16.2. – 19.2.1917 Engl. Kanal.

UC 18 legte am 16.2. in Zeebrügge mit dem Befehl ab, Minen vor Boulogne, Le Havre und der Lie Vierge zu legen. Es kehrte von dieser Operation nicht mehr zurück. Englischen Angaben zufolge stoppte *UC 18* am Vormittag des 19.2.1917 bei den Kanalinseln die U-Falle LADY OLIVE - Q 18 (13;702,1-10,2 cm;4-7,5 cm). Nach den üblichen Täuschungsmanövern näherte sich *UC 18* auf etwa 100 m und nahm den Gegner unter Beschuß. Plötzlich fielen die Klappen beim Gegner, und mehrere Volltreffer versenkten *UC 18* mit der gesamten Besatzung. Die U-Falle hatte selbst eine Reihe von Treffern erhalten und begann zu sinken. Der französische Zerstörer DUNOIS (97;890;6-6,5 cm) nahm die britische Besatzung auf. Zugeordnet werden kann am 18.2. die Versenkung des britischen Seglers NETHERTON (-;199) vor Avril Point.

UC 19

(U-Flottille Flandern)

Stapellauf: 15.3.1916

In Dienst gestellt am 22.8.1916 von Oblt.z.S. Alfred Nitzsche.

1. Unternehmung: 8.11. – 9.11.1916 Überführungsfahrt nach Flandern.

2. Unternehmung: 15.11. – 21.11.1916 englische Ostküste.

Die erste Minenoperation brachte das Boot in das Gebiet nordöstlich von Great Yarmouth. Dort legte Nitzschke zwischen Newarp Feuerschiff und Nordende Haisborough Sand zweimal vier, einmal fünf und noch einmal drei Minen. Ihnen fielen am 24.11. der britische Marinetrawler DHOON (-;275) und am 9.1. der schwedische Frachter FERNEBO (12;1440) mit einer Ladung Holz für London zum Opfer. Der Norweger OLE BULL (01;1835) hatte eine Ladung Kohle für Rouen an Bord, die am 11.1. auf den Meeresgrund sank. Wegen anhaltender Herbststürme war ein Artillerieeinsatz unmöglich.

Zerstörer HMS ARIEL. (National Maritime Museum Greenwich)

3. Unternehmung: 27.11. – 6.12.1916 Englischer Kanal.

Während dieser Feindfahrt ging *UC 19* verloren. Es hatte Befehl, die Fahrwasser von Bassure de Bas, Boulogne, Dieppe und Le Havre zu verminen. Anschließend sollte es im Westausgang des Kanals operieren. Am 6.12.1917 sichtete der britische Zerstörer ARIEL (11;778;2-10,2 cm;2-7,5 cm;2 TR) zwölf Seemeilen südwestlich von Bishop Rock den Kommandoturm von *UC 19* und warf eine Wasserbombe in den Tauchstrudel. Anschließend setzte er sein Sprengschleppgerät mit einer Tiefeneinstellung von 10 m aus, das an der vermuteten Stelle zündete. Öl und Wrackteile bestätigten den Erfolg. Von *UC 19* überlebte niemand.

Ein Teil der Besatzung des Mittelmeer-U-Bootes *UC 20*. (Archiv Verfasser)

UC 20

(U-Flottille Pola; I. U-Flottille Mittelmeer)

Stapellauf: 1.4.1916

In Dienst gestellt am 8.9.1916 von Oblt.z.S. Franz Becker.

Anstelle der Minenschächte hatte das Boot ein für Transportzwecke konstruiertes Vorschiff.

1. Unternehmung: 18.10. – 11.12.1916 Überführung von Helgoland nach Cattaro.

Einen Tag nach dem Auslaufen hielt das Boot in der Nordsee den dänischen Segler FRITZ EMIL (08;194) an. Das mit Grubenholz für England beladene Schiff ging in Flammen auf. *UC 20* nahm nicht die Kanalpassage, sondern den Weg um die Shetlands. Becker hatte den Befehl, das an Bord befindliche siebenköpfige Spezialkommando vor der westmarokkanischen Küste an Land zu setzen. Es sollte den französischen Einfluß in Marokko schädigen. Waffen und Munition befanden sich in den Laderäumen. Am 12.11. erreichte *UC 20* den Anlandungspunkt und begann mit der Ausschiffung, die sich wegen der starken Brandung bis zum 23.11. hinzog. Mehrfach tauchten französische Kriegsschiffe auf, und so konnten nur vier Mann abgesetzt werden. Zwischen mehreren Landungsversuchen gelang dem Boot, am 17.11. bei Las Palmas die portugiesische Bark EMILIA (69;1159) zu versenken. In der Nacht zum 30.11. passierte *UC 20* die Straße von Gibraltar. Nach 6021 Seemeilen und 54 Seetagen machte das Boot am 11.12.1917 in Cattaro fest, wo es der U-Flottille Pola unterstellt wurde.

Es schloß sich ein Werftaufenthalt bis zum 24.3.1917 an.

2. Unternehmung: 29.3. – 27.4.1917 Transportfahrt an die nordafrikanische Küste.

Es kam ein sieben Mann starkes türkisches Kommando an Bord, das man zusammen mit Waffen und Munition zwischen dem 4. und 7.4. bei Dschebel Melfa, östlich von Tripolis, an Land setzte. Anschließend führte *UC 20* Handelskrieg. Der kleine tunesische Segler ABD RAZIK (-;25) machte am 10.4.

den Anfang. Am nächsten Tag versenkte ein Torpedo vor Zuara, westlich von Tripolis, den auf Reede liegenden italienischen Dampfer CANDIA (62;1045). Anschließend nahm *UC 20* Kasernenanlagen bei Homs unter Beschuß. Das Boot blieb im Gebiet und schoß am 14. bzw. 15.4. die italienischen Segler CINQUE OTTOBRE (-;39) und ALESSIO COCCO (-;29) sowie den Schlepper PROGRESSO (-;31) mit einem Leichter ab.

Am 9.5. erhielt Oblt.z.S. Hans Adelbert von der Lühe das Kommando.

3. Unternehmung: 14.5. – 9.6.1917 Transportfahrt zur nordafrikanischen Küste, anschließend Handelskrieg vor Sizilien und Malta.

Auf dem Weg zur afrikanischen Küste begegnete dem Boot am 18.5., 130 Seemeilen südwestlich von Malta, der mit Kohle von Cardiff nach Port Said fahrende britische Frachter MILLICENT KNIGHT (00; 3563), der dieses Treffen nicht überstand. Drei Tage später erreichte *UC 20* Misrata, östlich von Tripolis, wo auch *UC 73* vor Anker lag. Eine Heeresabordnung sowie Kriegsmaterial gingen von Bord. Am nächsten Tag nahm das Boot Kurs auf Sizilien und vernichtete die italienischen Segler ARGENTINA (-;97), IDA (-;46), UNIONE SALVATORE (-;57) und SAN FRANCESCO (-;47). Frankreich verlor die Segler MESSAOUDA (-;50), MANOUBIA (-;50), ABD ESSALEM (-;25) und DANDOLO (-;50). Am 27.5. beendete westlich von Malta ein Torpedo die Fahrt des britischen Dampfers BOLDWELL (01;3118), den von der Lühe aus einem kleinen Konvoi von drei Schiffen herausschoß. Danach ließ er wieder Misrata ansteuern, um türkisches Personal mit nach Pola zu nehmen.

4.-5. Unternehmung: 22.7. – 31.8.1917 Transportfahrten zur nordafrikanischen Küste.

Ohne Zwischenfälle konnten bei Misrata Personal und Kriegsmaterial angelandet werden. Zwischenzeitlich beschoß das Boot am 30.7. bei Homs Kasernenanlagen und eine FT-Station. Um die Transporte nicht zu gefährden und sie zügig durchzuführen, hatte *UC 20* keine weiteren Angriffsaufgaben. Erst auf dem Rückmarsch am 26.8. beschädigte ein Torpedo östlich von Malta den italienischen Frachtdampfer MAURIZIO P. (-;588), der zwar noch La Valetta erreichte, dann aber sank.

6.-7. Unternehmung: 17.10. – 12.12.1917 Transportfahrten zur nordafrikanischen Küste.

Die Versorgungsfahrten verliefen problemlos. Da sich keine Ziele boten, brachte das Boot sämtliche Torpedos zurück nach Pola.

Hier übernahm Oblt.z.S. Otto Kümpel das Kommando.

8. Unternehmung: 26.12.1917 – 10.1.1918 Transportfahrten zur nordafrikanischen Küste.

Nach dem Löschen der Ladung in Misrata am 3.1. erzielte das Boot vor Tripolis einen UT-Treffer auf den italienischen Truppentransporter REGINA ELENA (07;7940). Otto Kümpel ließ auftauchen, um den Gegner endgültig mit der Artillerie zu versenken, als eine Landbatterie das Feuer eröffnete. *UC 20* verschwand unter Wasser und setzte einen Torpedofangschuß.

Nach der Rückkehr blieb das Boot bis zum 1.4.1918 zur Grundüberholung in Pola.

Inzwischen hatte Oblt.z.S. Heinrich Kukat das Kommando erhalten.

9. Unternehmung: 9.4. – 8.5.1918 Transportfahrt zur nordafrikanischen Küste.

Während des Anmarsches überraschte *UC 20* am 13.4. bei Dunkelheit vor Cap Colonne an der italienischen Südküste den allein fahrenden italienischen Dampfer GIOVE (16;5037). Trotz Torpedotreffers erreichte der Kapitän noch den Hafen. Tags darauf löschte das Boot bei Kap Ras Chara, südöstlich von Misrata, seine Ladung und nahm eine Rückfracht an Bord. Zwei Tage später setzte das Boot an der Großen Syrte einen Araber mit Ausrüstung an Land. Anschließend wandte sich Oblt.z.S. Kukat wieder Tripolis zu. Drei Tage lang kam kein Ziel in Sicht, und so nahm er Kurs auf den Golf von Gabes. Hier sank am 28.4. der französische Frachter VERDUN (02;2769) nach UT-Heckschuß. Das Vorschiff stieß bei 22 Meter Tiefe auf Grund, während das Heck bis zur Schraube aus dem Wasser ragte. Am nächsten Tag hielt ein Warnschuß einen verdächtig erscheinenden Segler an. Als die Segel schnell weggenommen und die Besatzung nahezu panikartig in die Boote ging, ließ Kukat vorsichtshalber auf Sehrohrtiefe tauchen. Eine Wasserbombe erschütterte *UC 20*. Sie verursache leichte Wassereinbrüche und Schäden an den elektrischen Einrichtungen von *UC 20*. Der Verdacht auf eine U-Boot-Falle bestätigte sich also. Das Boot ging schnell in die Tiefe und lief ab. Auf dem Rückmarsch beschädigte das Boot am 4.5. vor Kap Spartivento den italienischen Dampfer MERGELLINA (12;354), der jedoch noch eingebracht werden konnte.

10. Unternehmung: 30.5. – 18.6.1918 Transportfahrten zur nordafrikanischen Küste, danach Handelskriegführung.

Beim Ausmarsch sichtete das Boot am 4.6. südöstlich der Medina Bank ein Geleit von fünf Schiffen mit Ostkurs, gesichert von einem Kreuzer und zwei Bewachern. Bei Einbruch der Dunkelheit setzte *UC 20* zum Überwasserangriff an und torpedierte den für Port Said bestimmten britischen Frachter Strombus (99;6163), der nach Malta eingeschleppt werden mußte. Zwei Tage später ging bei Misrata das vier Mann starke türkische Kommando von Bord. Außerdem wurden 18 t Munition gelöscht. Nach vier Tagen in der Großen Syrte zur Unterstützung der türkischen Heeresoperationen trat *UC 20* den Rückmarsch an. Westlich von Malta zerstörten Granaten am 12.6. den tunesischen Segler Poincare (-;35).

Nächster Kommandant wurde Oblt.z.S. Hermann Rohne. Oblt.z.S. Kukat bekam das Kommando auf *UC 50*. Etwas ungewöhnlich waren zwei Kamele, die er von einem Scheich als Gastgeschenk erhalten hatte und nach Pola brachte, um sie dem dortigen Zoo zu schenken.

11. Unternehmung: 27.7. – 22.8.1918 Transportfahrt an die nordafrikanische Küste.

Wieder erreichte *UC 20* am 2.8. Misrata und warf Anker. Ein türkisches Kommando und zwei FT-Gäste für die deutsche FT-Station setzte das Boot an Land. In der Großen Syrte gab es mehrere Fahrten zur Überführung türkischer Offiziere. Dazu kamen an Land Beratungen über die Kampfführung der Senussi. Als Rohne am 15.8. Befehl zum Rückmarsch nach Pola gab, befanden sich mehrere türkische und arabische Verbündete an Bord.

Die Werft führte anschließend bis 30.9. Instandsetzungsarbeiten aus.

12. Unternehmung: 2.10. – 18.10.1918 Transportfahrten zur nordafrikanischen Küste.

Ohne Angriffstätigkeit.

Frachter wird vom U-Boot beschossen.
(Wiss. Inst. für Schiffahrts- und Marinegesch.)

13. Unternehmung: 29.10. – 29.11.1918 von Pola nach Kiel.

UC 20 legte am 29.10. in Pola ab zum Marsch in die Heimat.

Am 10.11. stand das Boot querab von Ceuta. Einen Tag später passierte man die Straße von Gibraltar, wobei siebenmal nur ein Schnelltauchen die Entdeckung verhinderte. Der folgende Tag brachte ein Treffen mit *U 63*; es folgten *UC 52* und *UC 67*. Mit Kurs um Schottland erreichte *UC 20* schließlich Lervik in Norwegen, den Treffpunkt aller Mittelmeerboote. In Kiel machte die Besatzung am 29.11. die Leinen fest.

UC 20 kam am 16.1.1919 mit der 7. Staffel zur Auslieferung nach Harwich und wurde 1920 in Preston abgewrackt.

UC 21

(U-Flottille Flandern)

Stapellauf: 1.4.1916

In Dienst gestellt am 15.9.1916 von Oblt.z.S. Reinhold Saltzwedel.

1. Unternehmung: 13.11. – 14.11.1916 Überführungsfahrt nach Flandern.

Die Fahrt endete ohne Zwischenfälle am 14.11. in Zeebrügge.

2. Unternehmung: 26.11. – 12.12.1916 Englischer Kanal.

UC 21 begann seine Minentätigkeit am 27.11. mit dem Ausbringen von fünf Teilsperren zu je zwei Minen im Gebiet von Folkstone Gate, Dungeness bis Royal Sovereign Feuerschiff. Anschließend verseuchte das Boot die Fahrwasser bei Nab- und Owers Feuerschiff sowie den Needles. Die letzte Mine verließ in der Morgendämmerung des 28.11. bei der Isle of Wight *UC 21*, als zwei britische Fischtrawler das Feuer aus kleinen Geschützen eröffneten. Angesichts des geringen Wertes der Beute und der Gefährdung des eigenen Bootes lief man unter Wasser ab. Auf den Minen bei Nab Feuerschiff fand am nächsten Tag der britische Drifter Relagia (00;84) sein Ende. Die Sperre vor Royal Sovereign Feuerschiff wurde am 8.12. dem britischen Marinetrawler Dagon (14;250) und am 17.12. dem Segler Margaret (-;54) zum Verhängnis. Das neue Boot setzte seine Erfolgsserie mit Artillerie und Torpedos fort. Im Westausgang des Kanals sanken nach Prisenordnung am 28.11. die britischen Segler LADY OF THE LAKE (76;79), CLEMATIS (-;22) und VULCAN (-;27). Zwei Tage später hieß das erste Opfer bei Quessant THERESE (03;165), ein französischer Schoner, gefolgt von dem leeren norwegischen Frachter DRAUPNER (01;1126), dessen Papiere mehrere Fahrten für den Gegner auswiesen. Noch am selben Tag hielt das Boot den britischen Dampfer EGGESFORD (14;4414) an, der in Ballast fuhr und trotz Sprengpatronen, Granatfeuer und Torpedofangschuß schwimmfähig blieb und Brest erreichte. Einen besonderen Fang bedeutete der britische Dampfer KING BLEDDYN (05;4387) am 1.12. Das von New York kommende und Le Havre ansteuernde Schiff nahm 6 000 t Kriegsmaterial mit in die Tiefe. Schon am nächsten Tag hatte es den Griechen DEMETRIOS INGLESSIS (91;2088) mit Mais für England erwischt, dann kamen der spanische Dampfer URIBITARTE (88;1756) mit Erz und der französische Schoner ROBINSON (94;185) dazu. In den folgenden vier Tagen setzte Saltzwedel die Operation mit der Versenkung der französischen Schoner LOUISE (04;154), AIGLON (02;280) und VERDUN (03;184), des russischen Dampfers PALLAS (90;1202) sowie des Dänen NEXOS (01;1013) und des Spaniers GERONA (84; 1285) fort, die alle Bannware für England transportierten. Nach einem Feuergefecht versuchte der britische Dampfer AVRISTAN (01;3818) zu entkommen, erhielt aber nach zäher Verfolgung in der Nacht des 7.12. einen UT-Treffer und sank. Schließlich traf es am 8.12. das französische Segelschiff MARJOLAINE (01;163) und die beiden Norweger MODUM (92;2937) und FALK (04;1379), die Kohle von Großbritannien nach Frankreich bringen sollten.

3. Unternehmung: 17.1. – 29.1.1917 Englischer Kanal und bretonische Küste.

Einen Tag nach dem Auslaufen torpedierte *UC 21* südöstlich von St. Catherine Point den britischen Zerstörer FERRET (11;778;2-10,2 cm;2-7,5 cm, 2 TR), der eingeschleppt werden mußte. Auf dem Weg zur bretonischen Küste setzte *UC 21* seine Erfolgsserie am 19.1. mit der Vernichtung des französischen Schoners JOSEPH ROSALIE (98;138) fort. Auch der Norweger MARIETTA DI GIORGIO (07;988) und der britische Frachter TREMEADOW (05;3653) mit Mais von Buenos Aires für Hull kamen in die Abschußliste. Tags darauf erwischte es den japanischen Dampfer KISAGATA MARU NO. 3 (92;2588). Der Norweger JOTUNFJELL (15;2492) zeigte sich trotz Torpedofangschuß noch so hartnäckig, daß es gelang, das Schiff nach Lorient einzuschleppen. Am Morgen des 21.1. begann *UC 21* mit sechs Minen die Ansteuerung von St. Nazaire zu verminen. Die anderen zwölf Minen warf Saltzwedel nach eingehender Beobachtung der Fahrwasser am 22.1. direkt in die Gironde-Mündung. Diese Minen zerstörten am 24.1. den französischen Frachtdampfer QUEBEC (96;3346) und am 1.2. die SAINTE HELENE (-;2128). Zwischen den beiden Mineneinsätzen konnte das Boot die französischen Schoner LA VICTOIRE (16;290), LEONTINE (78;124) und ST. PIERRE (16;277) versenken. Nach der Verminung ließ Saltzwedel Kurs auf die Biscaya nehmen, wo er am 22.1. die französischen Schoner PRECURSEUR (93;364), BERNAIS (14;301) und den griechischen Dampfer STENIMACHOS (76;1175) mit Lebensmittel für Bordeaux abschoß. Das gleiche Schicksal erlitten am 24.1. der dänische Schoner VEGA (80;195), der Frachter DAN (06;1869) und die französischen Fischkutter GLADIATEUR (-;23), LOIRE III (-;27) sowie der Lotsenschoner MARIE 3 (-;25). Den Abschluß dieser Feindfahrt bildete am 25.1. vor Penmarch der Norweger MYRDAL (90;2632), der Kohle aus Cardiff nach Genua bringen sollte. Beim Anhalten des Dampfers zerstörte ein Rohrkrepierer das Geschütz. Saltzwedel befahl deshalb den Rückmarsch.

4. Unternehmung: 8.2. – 20.2.1917 Englischer Kanal und bretonische Küste.

Das Jagdglück begleitete den Kommandanten auch auf seiner vierten Feindfahrt. Beim Anmarsch zur französischen Biscaya-Küste konnten am 10.2. im Kanal bei Start Point der britische Frachter BEECHTREE (12;1277) und am nächsten Tag nördlich von Quessant der Noweger DERNES (13;738), der Roheisen in Bilbao für Newport geladen hatte, vernichtet werden. Am 12.2. begann *UC 21* mit dem Legen einer Sperre zwischen Belle Ile und St. Nazaire. Abends hielt das Boot den norwegischen Frachter NORDCAP (81;322) an und versenkte das mit 300 000 Hufeisen beladene Schiff, das von Bilbao kam und nach Nantes wollte. Dem Norweger PROGRESO (04;1620) mit Kohle für Bayonne ereilte am nächsten Morgen das gleiche Schicksal. Am 14.2. verminte *UC 21* erst die Gironde-Mündung, um anschließend den spanischen Frachter MAX ADRIATICO (95;2410) mit Kriegsmaterial für Bordeaux zu versenken. Wenig später konnte der britische Dampfer LONGSCAR (03;2777) mit Artillerie niedergerungen werden. Die beiden britischen Geschützführer nahm

Saltzwedel gefangen. Den für La Rochelle bestimmten britischen Frachter MARION DAWSON (94;2300) fing *UC 21* am 15.2. südwestlich von Oleron ab und sprengte das mit Eisenerz beladene Schiff. Außerdem sank der französische Fischkutter ALINE (-;30). Noch bei Dunkelheit schoß Saltzwedel am Morgen aus einem Küstengeleit von drei Dampfern den französischen Frachter NIOBE (05;1319) heraus und beschädigte einen zweiten durch Granatbeschuß. Südlich von Belle Ile trafen mehrere Granaten den britischen Frachter POLLCREA (-;1209), der sich aber auf Grund setzten konnte. Danach begann das Boot den Rückmarsch. Südlich von Quessant beendete *UC 21* am 17.2. die Fahrt des französischen Seglers SILENE (-;171) und des norwegischen Dampfers CABO (94;1254), die beide Kohle für den Gegner fuhren. Letztes Opfer wurde am nächsten Tag auf der Höhe Start Point der britische Segler TRIUMPH (-;46). Die Minen versenkten den Norweger RUTENFJELL (75;1844) am 19.2. mit einer Ladung Kohle bei Belle Ile.

5. Unternehmung: 6.3. – 20.3.1917 gleiches Gebiet.

Der Angriff auf einen Konvoi in der Nacht zum 9.3. scheiterte. Im Kanal beschoß *UC 21* südlich der Isle of Wight ein Wasserflugzeug. Am Abend des 11.3. legte das Boot vor St. Nazaire die erste Sperre. Dann nahm *UC 21* Kurs auf die Gironde-Mündung, wo am nächsten Tag die französischen Fischkutter ALICE CHARLES (92;41) und ARETHUSE (78;40) verloren gingen. Beim Angriff auf einen Einzelfahrer in der Abenddämmerung geriet das Boot wegen einer fehlerhaften Entfernungsschätzung mit dem Vorsteven in die Schrauben des Dampfers, die den Bug beschädigten. Trotzdem konnten in der Nacht zum 13.3. die restlichen zwölf Minen vor Bordeaux gelegt werden. Die Arbeit war wieder einmal vergeblich. Wesentlich wirkungsvoller operierte Saltzwedel mit den anderen Waffen. Noch in der selben Nacht schickte er vor La Pallice den spanischen Dampfer Vivina (85;3034) und den Norweger GIRDA (88;1824) auf ihre letzte Reise. Am 14.3. löste sich vor der Loire-Mündung ein Konvoi auf, aus dem der norwegische Frachter BLAAMANDEN (07;954) herausgeschossen wurde. Kurz darauf ließ sich *UC 21* auf ein ergebnisloses Gefecht mit einer Küstenbatterie der Ile du Pilier ein. Abends traf es den französischen Segler LA MARNE (16;133), der nach wenigen Granaten sank. Gegen Ende der Feindfahrt verlor der Gegner noch die Fischkutter FLEUR D'ESPERANCE (-;24), PETIT JEAN (-;21) und den Segler EUGENE ROBERT (-:98). Dazu kam der britische Dampfer FRIMAIRE (00;1778) aus einem auslaufenden Konvoi; zwölf Seeleute fanden den Tod. Am 16.3. sprengte *UC 21* nördlich von Belle Ile den Norweger RONALD (94;3021) mit 3 600 t Kohle für Civitavecchia und nördlich von Penmarch den französischen Segler MAGDELEINE DAVOUST (-;148). Schließlich beendete Saltzwedel die Operation mit der Sprengung des amerikanischen Tankers ILLINOIS (13;5225) bei der Kanalinsel Alderney. Am 20.3. lief das Boot mit einem Versenkungsergebnis von 16 341 BRT in Zeebrügge ein.

6. Unternehmung: 16.4. – 28.4.1917 gleiches Gebiet.

Das Boot brachte eine 13-tätige Feindfahrt hinter sich. Einen Minenerfolg gab es am 22.4. mit dem britischen Dampfer CAPENOR (90;2536). Am 17.4. waren 40 Tote beim Untergang des britischen Passagierschiffes DONEGAL (04;1885) zu beklagen. Zwei Tage später ging der britische Frachter CILURNUM (02;3126) unter. Den griechischen Dampfer GEORGIOS (13;3124) traf es am 20.4. Tags darauf konnte zunächst der französische Fischkutter EMILE et CHARLOTTE (06;41) und anschließend die norwegische Bark VILLE DE DIEPPE (88;1254) versenkt werden. Es folgten am 22.4. der amerikanische Segler PERCY BIRDSALL (90;1128) und die norwegische Bark VALERIE (97;2140) sowie am 24.4. der britische Dampfer BARNTON (04;1858). Der französische Frachter BAIGORRY (89;2161) vergrößerte am 25.4. das Erfolgskonto. Schließlich setzte der britische Fischkutter BOY DENIS (-;41) am 26.4. den vorläufigen Schlußpunkt.

7. Unternehmung: 19.5. – 3.6.1917 Englischer Kanal und Biscaya.

Bis auf der Höhe von Belle Ile verlief die Fahrt fast ergebnislos. Nur der französische Fischkutter JEUNE ALBERT (-;25) ging verloren. Saltzwedel legte zwei Teilsperren vor St. Nazaire und schoß vor Ile du Pilier aus einem einlaufenden Küstengeleit den Briten LESTO (16;1940) heraus, der Roheisen von Bilbao brachte. Anschließend beendeten Granaten die Fahrt des amerikanischen Fünfmastseglers HARWOOD PALMER (04;2885) mit Stahlbarren von Boston nach St. Nazaire. In der Nacht fielen sechs Minen vor La Rochelle. Am nächsten Tag kam nachmittags südlich der Gironde ein kleiner Dampfer mit spanischer Kennung in Sicht. *UC 21* tauchte etwa 400 Meter entfernt im Kielwasser des Schiffes auf und näherte sich vorsichtig. Drüben brachte man ein Boot zu Wasser. Die Distanz verringerte sich auf 300 Meter, als plötzlich die französische Flagge am Mast hochging und ein MG das Feuer eröffnete. Gleichzeitig fiel die Geschütztarnung. Saltzwedel ließ sofort fluten und steckte deshalb nur einige MG-Treffer am Turm ein. Der Gegner lief mit hoher Fahrt nach La Rochelle. *UC 21* hatte Bekanntschaft mit der französischen U-Falle MARGUERITE VI (07;1440; 2-7,5 cm;2-4,7 cm;4 MG) gemacht, mit der schon *UC 70* im März ein Feuergefecht hatte. Nach dieser gefährlichen Begegnung warf *UC 21* unterhalb der Gironde seine restlichen sechs Minen. Danach kreuzte das Boot vor der nordspanischen Küste. Wegen Konterbande sanken am 26.5. der Grieche ARISTIDES (84;2179) und am 27.5. EFSTATHIOS (07;3847), der 67 Flugzeuge und Motoren von New York nach Bordeaux bringen sollte. Auch die Norweger URNA (03;2686), HIRAM (90;598) und WALDEMAR (04;1267) mußten wegen ihrer Ladung für den Gegner abgeschrieben werden. Zwei Tage später erhöhte *UC 21* in der Biscaya mit dem Frachter SÖRLAND (96;2472) die Zahl der Norweger auf vier. Der letzte Torpedo traf am 2.6. vor Beachy Head den britischen Frachter TONAWANDA (93;3421). Weil er in Ballast fuhr, konnte er sich noch in der New Haven Bay auf Strand setzen. Restlos verschossen lief *UC 21* am 3.6. in Zeebrügge ein.

Ab 10.6.1917 erhielt Oblt.z.S. Werner von Zerboni di Sposetti das Kommando; Saltzwedel übernahm *UC 71*.

8. Unternehmung: 28.6. – 4.7.1917 in die Hoofden.

Ohne Minen verließ das Boot Zeebrügge zur ersten Feindfahrt unter dem neuen Kommandanten. Bereits am 29.6. konnte vor Rotterdam der holländische Fischkutter LAUWERZEE (-;47) und am 4.7. vor Scheveningen der mit Stückgut von London nach Rotterdam laufende Frachter BESTEVAER (79;1044) versenkt werden. Noch am selben Tag wurde bei Schouwen Bank der niederländische Segler ROELFINA (13;148) mit Lebensmittel für den Gegner als Prise aufgebracht. Das Prisengericht bestätigte später die Richtigkeit.

9. Unternehmung: 30.7. – 5.8.1917 Englischer Kanal.

Bei dieser Minenoperation brachte das Boot am 2.8. in der Lyme Bay zwei kurze Sperren zu je sechs Minen aus. Die restlichen Minen warf *UC 21* am nächsten Tag zwischen Berry Head und Start Point. Die Sperre in der Lyme Bay brachte am 23.9. den britischen Bagger ST. DUNSTEN (-;-) zum Sinken.

10. Unternehmung: 11.8. – 24.8.1917 Englischer Kanal und bretonische Küste.

Erster Anlaufpunkt war Maas Feuerschiff, wo das Boot am Morgen des 12.8. alle 18 Minen auslegte. Dann nahm das Boot Kurs auf den Kanal und umrundete am 15.8. Quessant. Am Abend schoß von Zerboni in der Baie d'Audierne den französischen Dampfer PHOEBE (12;3956) aus einem Küstengeleit heraus. Zwei Tage später verlor ein auslaufender Konvoi in der Biscaya den Griechen PONTOPOROS (13;4049) durch UT-Schuß, der Kohle vom Tyne nach La Spezia für die italienische Marine transportierte. Ebenfalls aus einem Konvoi versenkte *UC 21* am 19.8. südlich von Belle Ile den französischen Dampfer THERESE ET MARIE (93;1615). Ein Unterwasserangriff auf einen stark gesicherten Atlantikkonvoi am nächsten Tag westlich der Loire-Mündung mit Kurs auf St. Nazaire scheiterte an der Luftsicherung. Eine Fliegerbombe detonierte in unmittelbarer Nähe des Bootes und verursachte ein Leck im Maschinenluk, so daß von Zerboni den Angriff abbrach. Der Schaden konnte zwar behoben werden, doch es gab keine Ziele mehr.

11. Unternehmung: 13.9.1917 – ? gleiches Gebiet.

Die Ursache des Verlustes ist ungeklärt. Mit hoher Wahrscheinlichkeit sind *UC 21* die Versenkung des portugiesischen Seglers MARIA ALICE (-;150) am 30.9.1917 in der Biscaya sowie des britischen Dampfers MEMLING (15;7307) am 3.10.1917 vor Brest zuzuschreiben.

UC 22

(U-Flottille Pola; II. U-Flottille Mittelmeer)

Stapellauf: 1.2.1916

In Dienst gestellt am 1.7.1916 von Oblt.z.S. Heino von Heimburg.

1. Unternehmung: 22.9. – 12.10.1916 Überführungsfahrt ins Mittelmeer.

Das Boot legte am 22.9. in Helgoland ab und machte nach Umrundung der Britischen Inseln und Durchbruch durch die Straße von Gibraltar am 12.10. in Cattaro fest. Unterwegs hielt von Heimburg am 29.9. an der irischen Westküste den russischen Segler EMMA (96;279) an und steckte ihn in Brand. Das Schiff hatte Holz in Archangelsk geladen und lief mit Kurs Queenstown.

2. Unternehmung: 25.11. – 7.12.1916 nach Malta.

Die 18 Minen vor Malta am 29.11. blieben wirkungslos. Dagegen versenkte *UC 22* noch am selben

Das von *UC 22* versenkte französische U-Boot ARIANE. (Service historique de la Vincennes)

Tag den britischen Marinedampfer LUCISTON (10;2948) durch Torpedotreffer. Zwei Tage später folgte der britische Frachter BURCOMBE (13;3516) mit Getreide auf dem Weg von Karatschi nach Hull. Sein Schicksal teilte am 4.12. der französische Transporter ALGERIE (01;4035). Sieben in der See treibende Überlebende nahm *UC 22* an Bord.

3. Unternehmung: 23.12.1916 – 5.1.1917 gleiches Gebiet.

Die Wiederholung der Minenoperation am 27. und 29.12. vor Malta blieb erneut ergebnislos. Dafür gab es den ersten Erfolg am 28.12. auf dem Dampferweg bei Malta mit dem britischen Frachtschiff ORONSAY (00;3761), dem am 30.12. die APSLEYHALL (11;3882) mit 6 000 t Weizen folgte und letztendlich die BAYCRAIG (05;3761) am 1.1.1917 mit Zucker unterwegs von Mauritius nach Marseille. Die drei Kapitäne kamen an Bord. Nach einem Fehlschuß auf einen vierten Frachter am 2.1. trat *UC 22* ohne Munition den Rückmarsch an.

4. Unternehmung: 22.1. – 25.1.1917 apulische Küste.

Der Mineneinsatz am 23.1. vor Brindisi brachte keinen Erfolg.

5. Unternehmung: 21.2. – 7.3.1917 nach Malta.

Weder die Sperre am 24.2. an der Südostspitze der Insel, noch ein UT-Angriff auf einen Frachter waren erfolgreich. Gefechte mit bewaffneten Handelsschiffen mußten wegen des Risikos abgebrochen werden.

6. Unternehmung: 30.3. – 10.4.1917 nordafrikanische Küste.

Auch diese Unternehmung gehörte nicht zu den erfolgreichen. Die am frühen Morgen des 3.4. bei Kap Bon gelegten Sperren brachten nur die Beschädigung des Briten CLOUGHTON (11;4221), der noch den Hafen erreichte. Wenig später erzielte von Heimburg östlich des Kaps einen UT-Treffer auf den britischen Transporter OBERON (-;5142). Wieder zeigte sich die Sprengwirkung eines Torpedos für in Ballast fahrende Schiffe als zu gering. Die OBERON erreichte Malta. In der Nacht des 3.4. fielen bei Kap el Mustapha die restlichen sechs Minen. Es gab nur noch geringe Beute, wie die kleinen Segler EVANGELISTRIA (-;29), KYRIOTIS (-;19) und AGIA (-;20) unter griechischer Flagge bewiesen. Zusätzlich zwang eine Maschinenhavarie den Kommandanten, am 6.4. die Fahrt abzubrechen.

7. Unternehmung: 13.6. – 4.7.1917 nach Malta und zur nordafrikanischen Küste.

Erneut konnten neun Minen am 17.6. vor Malta keinen Erfolg erzielen. Am Abend sprengte *UC 22* dann 30 Seemeilen westlich von Malta den griechischen Segler AGHIOS GEORGIOS (-;16). Drei Tage später überraschte von Heimburg nördlich von Kap Bon das auf Probefahrt befindliche französische U-Boot ARIANE (14;414/609;8 TR) mit UT-Treffer. Begleittorpedoboote fischten die Überlebenden auf. Auch die restlichen neun Minen vor dem Kap blieben wirkungslos.

Am 14.7. übernahm Oblt. Erich Wiesenbach das Kommando.

8. Unternehmung: 27.7. – 23.8.1917 östliches Mittelmeer.

Diesmal setzte die Flottillenführung *UC 22* südlich des Peleponnes ein, wo das Boot am 30.7. den Kanal von Cervi mit drei Sperren verminte. Mit Kurs auf Kasos ging nördlich der griechische Segler REGINA (-;70) durch Geschützfeuer in die Tiefe. Mit den letzten drei Minen blockierte *UC 22* am 1.8. vor Kap Sideros die Straße von Kasos, um anschließend an die nordafrikanische Küste zu gehen. Auf der Fahrt sprengte Wiesenbach am 3.8. den italienischen Segler SAN NICOLA (-;30). Der Einsatz vor Alexandria und Port Said blieb ergebnislos. Der Kommandant versuchte deshalb einen Vorstoß in Richtung syrische Küste, um zum Schuß zu kommen. Es blieb nur der spanische Segler Julita (77;641), der mit einer Ladung Baumwolle und Phosphat, die von Alexandria nach Barcelona verschifft werden sollte. Auch im Gebiet vor Kreta und Rhodos gab es bis zum 18.8. keine Angriffsmöglichkeit. Erst auf dem Rückmarsch gelang es dem Boot, am 22.8. im Ionischen Meer, 48 Seemeilen südwestlich von Cap Bianco, den französischen Truppentransporter Golo II (06;1380) unter hohen Menschenverlusten zu versenken. Vier serbische Offiziere holte man aus den Rettungsbooten und nahm sie gefangen. Insgesamt fanden 125 Menschen den Tod, 78 konnten geborgen werden.

9. Unternehmung: 18.9. – 16.10.1917 Golf von Tarent und sizilianische Gewässer.

Weder Minen noch Torpedos oder Granaten fanden ein Ziel.

Nach Rückkehr mußte das Boot bis Anfang Januar 1918 zur Grundüberholung in die Werft. Das Kommando hatte nun Oblt.z.S. Carl Bünte übernommen.

10. Unternehmung: 16.1.1918 – 29.1.1918 Ägäisches Meer.

Hier verminte *UC 22* als erstes am 20.1. die Keos-Straße, nördlich der Kykladen. Kurz danach versenkte es den britischen Transporter Louvain (97;1830) durch UT-Treffer. Beim Untergang fanden 224 Mann den Tod. Am nächsten Abend verließen die restlichen Minen in der Kythos-Durchfahrt das Boot. Wie so häufig gab es auch hier keine Erfolgsmeldung. Nach der Versenkung zweier kleiner griechischer Segler von ca. 20 BRT mußte *UC 22* die Operation wegen einer beschädigten Preßlufteinrichtung abbrechen. Trotzdem gelang es noch auf dem Rückmarsch, am 25.1. nördlich von Kreta, den griechischen Segler Aghios Dimitrios (-;50) zu sprengen.

11. Unternehmung: 21.2. – 16.3.1918 östliches Mittelmeer. Zum Minenlegen vor Alexandria und Handelskriegführung bis Port Said.

Ohne Ergebnis.

12. Unternehmung: 14.4. – 17.4.1918 albanische Küste.

Die am 15.4. vor Valona gelegten 18 Minen räumte der Gegner rechtzeitig. Mit einem UT-Schuß versenkte *UC 22* am 16.4. den italienischen Transporter Romania (98;2562).

13. Unternehmung: 21.4. – 16.5.1918 Agäisches Meer.

Am 27.4. verminte *UC 22* die Wege vor Melos erfolglos.

Nach Rückkehr übernahm Oblt.z.S. Eberhard Weichold das Kommando.

14. Unternehmung: 3.8. – 1.9.1918 in das Gebiet von Malta.

Der neue Kommandant zerstörte am 9.8. im Malta-Kanal den italienischen Segler Girolamo Ciolino (-;58) mit Phosphat von Sfax durch Granatschuß. Am nächsten Tag machte das Boot vor La Valetta einen Teil seiner Schächte leer. Unmittelbar danach schoß Weichold aus einem ostwärts laufenden Konvoi den französischen Transporter Polynesien (91;6373) heraus. Begleitschiffe retteten den überwiegenden Teil der für Saloniki bestimmten serbischen Truppen. Die am 19.8. gelegte zweite Sperre vor Malta blieb ebenfalls wirkungslos. Östlich von Malta gab es ein kurzes Feuergefecht mit einer U-Falle. Der nächste Tag brachte einen stark gesicherten Konvoi mit Ostkurs. Ein Torpedotreffer beendete am 27.8. die Fahrt des französischen Dampfers Pampa (06;4471), der Truppen für Saloniki an Bord hatte, von denen 117 Mann umkamen.

15. Unternehmung: 29.10. – 29.11.1918 Rückmarsch nach Kiel.

UC 22 gehörte zu den fahrbereiten Booten und lief am 29.10. von Pola in die Heimat aus, wo es über Lervik am 29.11.1918 Kiel erreichte.

Das Boot trat seine letzte Reise am 3.2.1919 mit der 8. Staffel an, um an England ausgeliefert zu werden. Später wurde es an Frankreich übergeben, und im Juli 1922 endete *UC 22* auf dem Abwrackplatz in Landerneau.

UC 23

(U-Halbflottille Konstantinopel)

Stapellauf: 19.2.1916

In Dienst gestellt am 28.7.1916 von Oblt.z.S. Johannes Kirchner.

1. Unternehmung: 23.9. – 13.10.1916 Überführungsfahrt ins Mittelmeer.

UC 23 verließ am 23.9. Helgoland und traf am 13.10. ohne Zwischenfälle in Cattaro ein.

2. Unternehmung: 20.11. – 6.12.1916 von Cattaro nach Konstantinopel.

Auf dem Verlegungsmarsch hatte das Boot am 24. und 25.11 seinen ersten Mineneinsatz mit zwei Teilsperren zu je sechs Minen in der Suda-Bucht sowie vor Cania an der Nordküste Kretas. Die restlichen sechs Minen fielen einen Tag später vor der Insel Melos. Die Minen in der Suda-Bucht vernichteten am 29.11. den britischen Dampfer MINNEWASKA (09;14317). Vor Melos erhielt am 31.12. der französische Frachter VENUS (06;281) einen tödlichen Minentreffer.

3. Unternehmung: 18.2. – 24.2.1917 Ägäis.

Am 20.2. verseuchten sechs Minen die Gewässer westlich der Mudros-Bucht vor Lemnos. Einen Tag später gab es Wassereinbrüche wegen herausgesprungener Nieten, was zur Umkehr zwang. Etwa zur selben Zeit sank der britische Marinedampfer PRINCESS ALBERTA (05;1586) vor Lemnos.

Die Instandsetzung in Konstantinopel dauerte bis Mitte Mai 1917.

4. Unternehmung: 22.5. – 29.5.1917 Ägäis.

Die Minensperren westlich von Mudros und im Golf von Saloniki brachten keinen Erfolg.

5. Unternehmung: 3.6. – 21.6.1917 Ägäis.

Die Wiederholung der Verminung im Golf von Saloniki am 6.6. mit 18 Minen blieb auch erfolglos. Das Boot kam erst wieder am 10.6. zu einem kleinen Erfolg im Kanal von Doro mit dem griechischen Segler KLEOPATRA (-;160), der Lebensmittel an Bord hatte. Ebenfalls Lebensmittel transportierte der Segler AGIOS NICOLAOS (-;12), den *UC 23* am 13.6. sprengte. Den ersten größeren Erfolg errang Kirchner in der nächsten Nacht. Bei Mondschein tauchten plötzlich zwei abgeblendet fahrende britische Frachtdampfer auf. Die NEW ZEALAND TRANSPORT (13;4481) mit Kohle an Bord wurde durch einen Torpedo versenkt. Das andere Schiff drehte während des Angriffs auf *UC 23* zu und versuchte es zu rammen. Nur ein Schnelltauchmanöver bewahrte *UC 23* vor dem Untergang. Am 18.6. sprengte *UC 23* bei Mykonos den griechischen Frachter XISIAS (-;400), der Wein von Kreta nach Saloniki brachte. Dazu kam der Segler PANNOMITES (-;11). Die griechischen Segler MARIA (-;35), JAKOBUS (-304) und RAXIARCHOS (-;30) ereilte am nächsten Tag in der nördlichen Ägäis das gleiche Schicksal.

6. Unternehmung: 25.6.1917 Einfahrt zum Bosporus.

Aufnahme der von einer Minenoperation zurückkehrenden BRESLAU. Das Boot kam aber gegen die Verfolger nicht zum Schuß.

Ab 5.7. erhielt Oblt.z.S. Volhard Freiherr von Bothmer das Kommando.

7.-8. Unternehmung: 9.7. – 31.8.1917 Ägäis.

Das Boot brachte am 11.7. im Golf von Orphano zwei Sperren zu je neun Minen aus, auf denen am 6.9. der britische Marinetrawler HELGIAN (14;220) und am folgenden Tag der Marinetrawler BY GEORGE (14;225) aufliefen. Zu einem weiteren Waffeneinsatz kam es wegen eines Maschinenschadens nicht mehr. Die Bilanz der vier am 25.8. im Golf von Saloniki gelegten Sperren war gleich Null. Lediglich zwischen dem 26. und 28.8. traf es zehn kleinere griechische Segler unbekannten Tonnagegehalts.

9. Unternehmung: 15.9. – 9.10.1917 Ägäis und nach Kreta.

Vorbei an den Dardanellen versenkte das Boot am 17.9. nordwestlich vom Lemnos zwei nicht identifizierte griechische Segler. Der Versuch, erfolgreiche Sperren im Golf von Saloniki zu errichten, schlug wieder einmal fehl. Weiter südlich verschwanden am 21.9. der italienische Segler SANTO NICOLA (-;159) und der griechische Segler SPIRIDION (-;128) nach Sprengung. Zwei Tage später folgten der griechische Segler NICOLAOS (85;104) und zwei kleinere unbekannte Segler. Vor Kap Sideros/Kreta begegnete von Bothmer am 28.9. dem britischen Lazarettschiff GOORKHA (97;6335) und stoppte es. Die Untersuchung erbrachte keine Einwände, und so konnte das Schiff seine Fahrt fortsetzen. Im weiteren Verlauf der Operation gab es für *UC 23* nur Ziele mit geringem Wert. So z. B. ein unbekannter griechischer Segler, der zwei Tage später bei Melos seine Fahrt beendete. Das gleiche Schicksal erlitten am 1.10. ein kleiner italienischer Segler von etwa 11 t sowie einen Tag später zwei Griechen von 12 bzw. 8 t. Auch ein am 6.10. zum Ende der Feindfahrt nordwestlich von Lemnos angehaltener griechischer Segler verabschiedete sich namenlos.

Neuer Kommandant wurde ab 15.12.1917 Oblt.z.S. Hans Georg Lübbe.

10. Unternehmung: 22.12.1917 – 3.1.1918 Ägäis.

Auch der neue Kommandant hatte kein Glück mit seiner Minenfracht. Weder die Sperre im Golf von Orphano, noch die bei der Ansteuerung von Saloniki brachten etwas ein. Für die bei den nördlichen Sporaden abgeladenen sechs Minen galt das gleiche.

11. Unternehmung: 12.1. – 26.1.1918 Ägäis.

Wieder ging ein Teil der Minen am 15.1. im Golf von Saloniki ins Wasser. Anschließend hielt das Boot das von Bari kommende italienische Lazarettschiff ITALIA (05;5338) und das französische Lazarettschiff LA NAVARRE (92;6373) an. Beide Schiffe wurden eingehend untersucht und wieder entlassen. Die restlichen Minen verseuchten die Mudros-Bucht am 18.1.

Die Operation stand im Zusammenhang mit dem Vorstoß der GOEBEN und der BRESLAU außerhalb der Dardanellen, der mit dem Verlust der BRESLAU am 20.1. endete. Am nächsten Morgen konnte *UC 23* vor der Insel Skyros in der Dunkelheit den von einem Zerstörer gesicherten britischen Tanker TROCAS (93;4129) mit einem UT-Schuß versenken. Dabei kamen 24 Seeleute um. Am 22. 1. wurde östlich des Kanals von Doro der griechische Segler EVANGELISTRIA (-;21) gesprengt. Am nächsten Tag schoß Lübbe im gleichen Gebiet aus einem Konvoi den britischen Dampfer BIRKHALL (-;4541) heraus, wobei es zwei Tote gab. Nach der Versenkung des griechischen Seglers AGHIA ARENE (-;16) und der AGHIOS JOHANNES (-;14) am 24.1. bei Skyros trat *UC 23* den Rückmarsch an.

12. Unternehmung: 13.2. – 9.3.1918 Ägäis.

Obwohl die Minen an Land blieben und damit die gesamte Zeit für Operationen gegen Schiffe zur Verfügung stand, war die Ausbeute eher bescheiden. Am 19.2. hielt *UC 23* bei Skyros den griechischen Segler EVANGELISTRIA (-;6) an. Die Passagiere konnten an Bord bleiben, und von der Post übernahm man zwei Postbeutel. Außerdem mußten griechische Soldaten das Boot wechseln. Anschließend konnte das kleine Schiff seinen Weg fortsetzen. Am nächsten Tag sprengte Lübbe die griechischen Segler MARIA ARCHIS (-;13), AGIOS NIKOLAOS (-,18) und TAXI ARCHIS (-;3). So erging es auch am 23.2. vor dem Doro-Kanal dem Segler HAGIOS TRIAST (-;22) auf seinem Weg mit Kohle nach Piräus. Den Angriff auf einen Konvoi am 3.3. kurz nach Mitternacht vor dem Golf von Saloniki verhinderte die Geleitsicherung.

13. Unternehmung: 16.3. – 24.3.1918 Schwarzes Meer.

Aufklärung vor der Krim zwischen Sewastopol und Odessa.

14. Unternehmung: 25.3. – 22.4.1918 Schwarzes Meer.

Zusammen mit *UB 14* lief *UC 23* am 26. 3. von Konstantinopel nach Odessa aus, um dort zur Stabilisierung der Lage beizutragen. Danach patrouillierte das Boot zwischen Odessa und Sewastopol gegen den bolschewistischen Schiffsverkehr. Dabei kam es am 11.4. vor Eupatoria zu einem Feuergefecht mit dem russischen Frachter TRUD (91;610), das *UC 23* für sich entschied. Das Schiff wurde aufgebracht und als Prise nach Odessa gebracht. Drei Tage später wurden aus den russischen Dampfern KAZAK (90;622) und OLGA (80;327) ebenfalls Prisen. Ein weiterer Dampfer ignorierte am 15.4. das Stoppsignal und strandete nach Artillerietreffern von *UC 23.* Bei einem kurzen Zwischenstopp in Odessa nahm *UC 23* seine Prisenbesatzung wieder an Bord und kehrte am 24.4. über Konstanza an den Bosporus zurück.

15. Unternehmung: 28.4. – 5.5.1918 Schwarzes Meer.

Nach Eintreffen in Odessa erhielt Lübbe am 2. 5. den Befehl, die russischen Großkampfschiffe zu suchen, die entgegen den Festlegungen nach der Besetzung der Krim durch deutsche Verbände geflüchtet waren. Die russischen Kriegsschiffe fand man nicht, stattdessen rammte ein türkischer Segler in der Nacht zum 3. 5. das Boot und ging unter. *UC 23* rettete die dreiköpfige Besatzung und kehrte nach Odessa zurück.

16. Unternehmung: 13. 5. – 7. 6. 1918 von Konstantinopel ins Schwarze Meer.

Von Odessa aus kehrte das Boot kurzzeitig nach Konstantinopel zurück, um dann mit einem Zwischenstopp in Sewastopol nach Noworossisk zu laufen. Hier fand man die gesuchten russischen Kriegsschiffe. Einige Einheiten hatten die Rote Flagge, andere noch die Andreas-Flagge gesetzt. Nach einem intensiven Notenaustausch zwischen dem Deutschen Reich und der neuen Sowjetregierung kehrte ein Teil der Schiffe nach Sewastopol zurück, die anderen versenkten sich selbst.

17. Unternehmung: 29.9. – 18.10.1918 Ägäis.

Erneut wählte die Flottenführung die Mudros-Bucht/Menos für eine Minenoperation aus, die am 2.10. mit einer Sperre von neun Minen abgeschlossen wurde. Der 3. 10. wurde zum Unglückstag für die griechischen Segler EVANGELISTRIA (-;35) und BLASIOS (-;181), als die Sprengpatronen zündeten. Danach kreuzte *UC 23* im Golf von Saloniki auf, wo am Morgen des 5.10. ein Geleit mit zwei Frachtern in Sicht kam. Im Schutz der Dunkelheit griff das Boot mit einem UT-Schuß den ersten Dampfer an, der schwimmfähig blieb. *UC 23* tauchte schnell auf, um in Überwasserangriff den Spanier MARIA (81;2159) zu versenken. Trotz der anlaufenden Zerstörersicherung griff Lübbe den bereits beschädigten Briten REVENTAZON (06;4050) 14 Seemeilen westlich von Kassandra an und versetzte ihm den Fangschuß. Der anschließende Wasserbombenangriff richtete keine nennenswerten Schäden an. Am selben Tag traf es wieder zwei griechische Segler. Die MARIGO (-,48) fuhr unter französischer Flagge. Besatzungsmitglieder des U-Bootes schlugen die HAGIOS MARCOS (-;45) leck. Die restlichen neun Minen nördlich von Euböa im Kanal von Triker blieben wirkungslos. Die geringe Bewachung im Golf von Saloniki trug zur Erfolgsserie des Bootes bei, die am 13.10. begann. Sprengpatronen zündeten auf den Seglern EVANGELISTRIOS (-;121), AGHIOS GEORGIOS (-;130), BIOLETA (-;99), PANAGHIA (-;26), EVANGELISTRIA (-;41), URANIA (-,23), IPHIGENEIA (-,75), AGHION SPIRIDON (-,21) und GLAROS (;43). Zwei Tage später gingen östlich von Skyros die griechischen Segler MARIA (-;43), EVANGELISTRIA (-;24) und GEORGIOS (-;29) verloren. Vor der Rückkehr erwischte *UC 23* noch am nächsten Tag den in Ballast fahrenden Segler NICOPOLI (-;117).

Nach dem Waffenstillstand zwischen der Türkei und der Entente am 1. 11. 1918 verlegte *UC 23* mit den anderen Booten der U-Halbflottille Konstantinopel nach Sewastopol. Dort stellte die Besatzung das Boot am 14.11.1918 außer Dienst. Es wurde an Frankreich ausgeliefert und im August 1921 in Bizerta abgewrackt.

UC 24

(I. U-Flottille; U-Flottille Pola)

Stapellauf: 4.3.1916

In Dienst gestellt am 17.8.1916 von Kptlt. Curt Willich.

Am 13.11.1916 zur I. U-Flottille.

1. Unternehmung: 22.12. – 16.12.1916 englische Ostküste.

UC 24 legte seine ersten 18 Minen am frühen Morgen des Heiligabends vor Hartlepool und in der Tees-Mündung vor Middlesborough. Ohne Erfolge.

2. Unternehmung: 31.1. – 21.2.1917 Überführung ins Mittelmeer.

Das Boot lief am 31.1. ohne die übliche Minenladung von Helgoland aus und nahm Kurs auf die Straße von Dover. Den ersten Erfolg erzielte *UC 24* am 4. 2. südwestlich von Quessant mit der Versenkung des Norwegers SOLBAKKEN (95;2616), mit dem 3 470 t argentinischer Weizen für Cherbourg in die Tiefe gingen. Zwei Tage später hielt Willich in der Biscaya auf Höhe von Cap Vilano den norwegischen Frachter HAVGARD (08;1279) an. In Dünkirchen wartete man vergeblich auf die Ladung Erdnüsse. Wenig später kam bei Cap Finisterre ein zweiter Norweger in Sicht. Die ELLAVORE (89;2732) hatte Obst und Wein in Neapel und Valencia übernommen und wollte nach London, was *UC 24* verhinderte. In der Nacht zum 13.2. passierte *UC 24* ohne Schwierigkeiten die Straße von Gibraltar und machte am 21.2. in Cattaro fest.

3. Unternehmung: 11.4. – 1.5.1917 sizilianische Gewässer.

Diesmal stand ein Mineneinsatz im Mittelpunkt. Die ersten sieben Minen warf *UC 24* am 14.4. vor Catania. Am nächsten Tag verseuchten sechs Minen die Fahrwasser vor Licata. Die restlichen fünf Minen fielen am 17.4. vor Porto Empedocle. Nur die Sperre vor Catania verursachte am 11.7. den Verlust des von Mombasa kommenden italienischen Dampfers SIRACUSA (06;3187).

4. Unternehmung: 24.5.1917 Mittelmeer.

Zusammen mit *UC 74* verließ *UC 24* am 24.5.1917 um 07.45 Uhr Cattaro. Nach der Entlassung des Geleits traf ein Torpedo des vor Cattaro lauernden französischen U-Bootes CIRCE (07;351;4 TR) das Boot. Von *UC 24* überlebten nur zwei Besatzungsmitglieder.

UC 25

(U-Flottille Kurland; U-Flottille Pola, II. U-Flottille Mittelmeer)

Stapellauf: 10.6.1916

In Dienst gestellt am 28.6.1916 von Kptlt. Johannes Feldkirchner.

Am 12.9.1916 zur V. U-Halbflottille (Kurland).

1. Unternehmung: 28.9. – 30.9.1916 Aaland-See.

UC 25 verminte am 29.9. die Schärengewässer östlich von Fästorne und Lagskär. Bei Fästorne sank am 19.10. das russische Vermessungsschiff JUG (15;75).

2. Unternehmung: 14.10. – 22.10.1916 Finnischer Meerbusen.

Das Boot drang bis zur Kronstädter Bucht vor, wo es am 19.10. 18 Minen warf, die jedoch geräumt wurden.

3.-4. Unternehmung: 13.11. – 25.11.1916 Baltische Inseln.

Das Boot setzte seinen Minenvorrat beide Male im Saelo-Sund ab. Die Sperren in der Durchfahrt zwischen Dagö und Ösel versenkten am 6.12. den russischen Minensucher SHCHIT (16;248).

5. Unternehmung: 21.3. – 15.4.1917 Überführung von Helgoland ins Mittelmeer.

UC 25 nahm den Weg um die Shetlands und passierte am 6. 4. die Gibraltarenge. Auf Höhe von Cap de Gata kam das Ende für den französischen Segler

Cybele (12;148), der nach Lissabon unterwegs war. Am nächsten Morgen traf es 40 Seemeilen weiter östlich das amerikanische Segelschiff Edwin R. Hunt (92;1133) auf seinem Weg nach New York. Die Minen legte Feldkirchner befehlsgemäß am 8.4. vor Mostaganem, östlich von Oran, wo es am 28.4. den französischen Segler Juliette (-;50) traf.

6. Unternehmung: 14.5. – 16.5.1917 Minenoperation vor Brindisi im Zusammenhang mit dem österreichischen Flottenvorstoß gegen die Straße von Otranto.

Die am frühen Morgen des 15.5. gelegten Minen beendeten noch am selben Tag den Einsatz des französischen Zerstörers Bouteфeu (11;756;2-10 cm; 4-6,5 cm; 4 TR). Der auslaufende Zerstörer lief mit 22 Kn in die Sperre, brach in zwei Teile und ging binnen einer Minute mit zwölf Mann unter. 73 Seeleute konnten geborgen werden. Gegen 14.00 Uhr torpedierte das Boot den britischen Kreuzer Dartmouth (10;5250;8-15 cm), der es aber noch bis Brindisi schaffte.

7. Unternehmung: 21.5. – 12.6.1917 Sizilien und Malta.

Vor La Valetta blockierten am 23.5. drei kurze Sperren zu je drei Minen die Einfahrt. Noch bei Dunkelheit brachte *UC 25* vor der Südostspitze Siziliens, bei Kap Passero, die restlichen neun Minen auf Position. Beide Operationen bemerkte der Gegner nicht, und so traf es vor La Valetta am 4.7. die beiden britischen Sloops Aster (15:1250;2-7,5 cm;2-4,7 cm) und Azalea (15;1210;2-12 cm;3-4,7 cm), die ein Lazarettschiff eskortierten. Die Aster sank, und die Azalea erhielt schwere Schäden. Die Sperre vor Sizilien brachte erst am 18. 10. mit dem italienischen Frachter Anna Scotto (-;594) ein meßbares Ergebnis. Für den nachfolgenden Handelskrieg benötigte das Boot keine Torpedos; für die kleinen Segelschiffe reichte die Artillerie. Am 24. 5. abends setzte sich der italienische Segler Domenico Barone (13;171) nach mehreren Granattreffern bei Kap Passero auf den Strand. Vor der afrikanischen Küste sanken am 28. 5. die italienischen Segelschiffe S. Andrea (-;27) und Nuovo S. Giovanni (-;31). In der Straße von Sizilien trafen Granaten am 31.5. die italienische Bark Ninotto (14;208). Einen Tag später kamen an der Westküste Siziliens die italienischen Segelschiffe Vittoria (07;248) und Domenico Misuraca (15;194) dazu.

8. Unternehmung: 30.6. – 9.7.1917 kalabrische und sizilianische Küste.

Zum wiederholten Male verließen Minen das Boot. Diesmal sechs Stück am 4. 7. vor Kap Spartivento. Mit den restlichen zwölf Minen versuchte *UC 25* am nächsten Morgen den Hafen von Syracus zu blockieren, allerdings vergeblich. Eine Maschinenhavarie zwang zum Abbruch der Operation.

Bis zum Oktober 1917 blieb das Boot zur Grundüberholung in Pola.

Das Kommando hatte inzwischen am 18.7. Oblt.z.S. Walter Lippold erhalten.

9. Unternehmung: 12.10. – 2.11.1917 Sizilien und Malta.

Die am 15. und 16. 10. bei Malta gelegten Minen verursachten am 17. 10. schwere Schäden auf dem britischen Lazarettschiff Goorkha (97;6335). Unter größten Anstrengungen erreichte das Schiff noch La Valetta. Dann kam nur noch am 20. 10. der italienische Segler Virginia Gentile (13;165) dazu. Ein Sehrohrdefekt führte zum vorzeitigen Abbruch der Fahrt.

10. Unternehmung: 25.11. – 13.12.1917 Malta.

Erneut lautete der Befehl, die Fahrwasser um Malta zu verminen. Das geschah auch am 30.11. und 1.12. Anschließend kreuzte *UC 25* ergebnislos in diesem Gebiet. Erst am 8. 12. kam südöstlich von Malta ein Konvoi von 16 Frachtschiffen in Sicht. Lippold durchbrach die Zerstörersicherung und erzielte einen UT-Treffer auf dem britischen Dampfer Chyebassa (07;6249), der strandete. Der einsetzenden Wasserbombenverfolgung entkam *UC 25* ohne Schaden.

Nach diesem Einsatz übernahm Oblt.z.S. Ernst Freiherr von Wangenheim das Kommando.

11. Unternehmung: 23.1. – 15.2.1918 Malta.

Ohne Erfolg.

Nach der Rückkehr des Bootes erhielt Oblt.z.S. Karl Dönitz das Kommando.

12. Unternehmung: 14. 3. – 11. 4. 1918 nach Sizilien.

Die übliche Verminung trat hinter dem Befehl für Dönitz zurück, das im Hafen von Porto Augusta/Sizilien liegende britische Werkstattschiff Cyclops (06;9033) zu versenken. *UC 25* traf dort am 17. 3. morgens ein. Die minenfreie Lücke hatte Dönitz relativ schnell festgestellt, und so drang er am Vormittag des 18. 3. in den Hafen ein. Im KTB steht dazu: »09.45 Uhr Vm. Sperrlücke auf Sehrohrtiefe passiert und Westkurs, dann mit Nordkurs in den Hafen eingelaufen. Cyclops liegt in der hintersten Nordecke des Hafens auf etwa 13 m Wasser. Im Hafen sonst

Das britische Werkstattschiff Cyclops, das *UC 25* im Hafen von Augusta torpedieren sollte. Längsseits das britische U-Boot M1. (Archiv Verfasser)

nur kleinere Segler. 10.49 Uhr Vm. In der innersten Bucht querab von der Hafenstraße. Erstes Rohr los! Treffer im vorderen Drittel des Dampfers. Mit hart Ruder zum Heckschuß abgedreht. 10.51 Uhr Vm. Drittes Rohr los. Treffer im hinteren Viertel des Dampfers. Dann aus dem Hafen gesteuert. 11 Uhr Vm. Dampfer liegt bis zur Back unter Wasser, mit starker StB.-Schlagseite. 11.15 Uhr Vm. Ein Flieger kommt auf das U-Boot zu. Dampfer ist gekentert, nur die Ladebrücken sind noch über Wasser zu sehen. 11.16 Uhr Vm. Von dem Dampfer ist nichts mehr zu sehen. 11.18 Uhr Vm. Auf Auslaufkurs durch die Sperrlücke gedreht. Ein Flieger kreuzt über der Sperre. Ein Seeschlepper liegt in der Lücke, um sie anscheinend zu sperren. Da die beiden Bojen der Lücke bei der groben See nur schwer ausgemacht werden können, den Schlepper angesteuert. 11.29 Uhr Vm. In der Durchfahrt unter dem Schlepper weggetaucht. Auf 11,5 m den Grund berührt über Grund weitergerutscht. 11.32 Uhr Vm. Auf 15 m vom Grund freigekommen. Auf allmählich tiefer werdende Wasser abgelaufen. 4 Uhr Nm. Aufgetaucht. Marsch nach Palermo angetreten.«[26] Vor Palermo warf das Boot am 21.3. seine 18 Minen und wandte sich nun dem Schiffsverkehr zu. Der war aber so gering, daß sich *UC 25* am 4.4. mit der Versenkung des italienischen Seglers Agatina (75;201) zufrieden geben mußte, der 360 t Salz für Piräus an Bord hatte.

Es folgte die Instandsetzung des Bootes in Pola bis Ende Juni 1918.

13. Unternehmung: 17.7. – 7.8.1918 Ionisches Meer.

Dönitz beobachtete erst längere Zeit den Schiffsverkehr vor Korfu, bevor er am 23.7. mit dem Auslegen der 18 Minen begann. Trotzdem waren die Räumboote schneller. Die anschließende freie Jagd brachte das erste verwertbare Ergebnis am 28.7. abends mit dem für Karatschi bestimmten italienischen Dampfer Vesuvio (14;5459), der mit Schäden nach Syracus zurücklaufen mußte. Südlich der Hafeneinfahrt verlor die britische Handelsschiffahrt am nächsten Tag den von Alexandria kommenden und nach Hull laufenden Frachter Rio Pallaresa (04;4034) durch UT-Schuß. Der 31. 7. begann mit einem Fehlschuß auf den Briten Freshfield (96;3445), der aber dann am 5.8. auf der Höhe von Cap Colonne nach zäher Verfolgung und erneutem Torpedoangriff nicht mehr ausweichen konnte. Ohne Munition trat Dönitz den Rückmarsch an.

Bis zur Räumung der Adriastützpunkte konnte das Boot nicht mehr fahrbereit gemacht werden und wurde deshalb am 29.10.1918 in Pola gesprengt.

UC 26

(U-Flottille Flandern)

Stapellauf: 22.6.1916

In Dienst gestellt am 18.7.1916 von Oblt.z.S. Mathias Graf von Schmettow.

1. Unternehmung: 11. 9. – 12. 9. 1916 Überführungsfahrt nach Flandern.

Ohne Ergebnis.

2. Unternehmung: 17. 9. – 22. 9. 1916 englische Ostküste.

Die ersten Minen legte *UC 26* am 19. 9. östlich der Humber-Mündung. Die nördlich von Outer Dowsing Feuerschiff ausgebrachte Sperre beschädigte vier Tage später den schwedischen Dampfer Prinsessan Ingeborg (05;3670), der noch Grimsby erreichte.

3. Unternehmung: 28.9. – 9.10.1916 französische Kanalküste und Westausgang Englischer Kanal.

Die Minenoperation am 29. und 30. 9. in den Fahrwassern vor Boulogne, Le Havre und Cherbourg konnte zufriedenstellen. Vor Boulogne ging am 13. 10. der russische Dampfer Mercator (91;2827) verloren. Auf der Sperre vor Le Havre sanken am 30. 9. bzw. 1. 10. die einlaufenden Frachtdampfer Maywood (01;1188) und Vanellus (12;1797), die beide Kohle für Frankreich geladen hatten. Auf dem Weitermarsch vernichtete das Boot bei stürmischem

Wetter noch am selben Tag auf der Höhe von Cap la Hague den britischen Schoner William George (76;151) und am Abend des 1.10. bei den Scillies den französischen Segler de Villebois Mareuil (-;32). Bei schwerer See hielt das Boot am 3.10. südwestlich von Wolf Rock den norwegischen Dampfer Ada (05;1111) an. Weil er Eisenerz von Bilbao nach England bringen wollte, sank er durch Geschützfeuer. Dieses Schicksal teilten auch am 5. 10. der Norweger Risholm (16;2650) und der Brite Isle of Hastings (85;1575), dessen Fleischkonserven London nicht erreichten.

4. Unternehmung: 24.10. – 1.11.1916 französische Kanalküste.

Diesmal stand wieder eine Minenunternehmung im Mittelpunkt. Am 25.10. früh legte das Boot zwei und vier Minen vor Boulogne, die zwei Tage später den französischen Marinetrawler Blanc Nez (03;247) trafen. Gegen Mittag erreichte man Dieppe, wo vier Minen das Boot verließen, ohne ein Ergebnis zu erzielen. Gleiches galt auch für Le Havre, wo in der Nacht insgesamt vier Minen gelegt wurden. Die am Morgen des 26. 10. vor Cherbourg ausgebrachte Sperre brachte tragischerweise am 28. 10. den Untergang des britischen Lazarettschiffes Galeka (99;6772). Zwei Tage darauf sank der französische Marinetrawler Saint Hubert (12;216).

Ein weitere Waffeneinsatz war wegen des schlechten Wetters nicht möglich. *UC 26* trat deshalb den Rückmarsch an.

5. Unternehmung: 13.11. – 27.11.1916 gleiches Gebiet und Westausgang des Kanals.

Erneut verminte das Boot zwischen dem 14.11. und 20.11. die Gewässer vor Boulogne, Le Havre und Cherbourg. Vor Le Havre sank am 16.11. der britische Marinetrawler Anthony Hope (13;288), der britische Dampfer St. Leonards (11;4574) mit Getreide für Frankreich konnte noch eingebracht werden. Die Minen vor Cherbourg versenkten am 10.12. den britischen Frachter Strathalbyn (09;4331) mit seiner Stückgutladung, die für Le Havre bestimmt war. Am 14.11. traf es dann noch den britischen Transporter Monmouth (00;4078), der sich auf Grund setzen konnte. Auch mit dem weiteren Einsatzverlauf konnte der Kommandant zufrieden sein. Am 16.11. verschwanden 60 Seemeilen nordöstlich von Quessant der Norweger Joachim Brinch Lund (13;1603) mit Pyrit für Sunderland und der portugiesische Frachter San Nicolau (06;2679), der von Lissabon kam und Kurs Le Havre hatte. Der 19.11. war das Untergangsdatum für den Norweger Finn (06;3806), und zwei Tage später kam das Aus für den französischen Segler Cap Lihou (98;252). Am nächsten Tag beendet ein Torpedo 22 Seemeilen südwestlich von Quessant die Fahrt des Briten Brierton (11;3255), der das Feuer auf *UC 26* eröffnen wollte. Der Frachter befand sich mit Weizen auf dem Weg von Karatschi nach Manchester. Dem Norweger Trym (06;1801) und dem Dänen Dansted (82;1492) wurden ihre Ladung Kohle zum Verhängnis. Kurz vor Ende der Operation kamen am 25.11. noch die beiden französischen Schoner Malvina (89;112) und Alfred de Courcy (04;164) dazu.

6. Unternehmung: 25.1. – 29.1.1917 vor dem Humber.

Erneut verseuchte *UC 26* am 27.1. die Fahrrinne vor der Humber-Mündung. Diesmal waren es zwei Sperren zu zwölf bzw. sechs Minen südöstlich von Inner Dowsing Feuerschiff. Der nächste Tag brachte die Versenkung der Argo (83;1261) und der Heimland I. (13;505); beide aus Norwegen mit insgesamt zehn Toten. Die Fahrt diente auch zur Schulung des neuen L.I. des Bootes, Mar.-Ing. Aspirant Kurt Linke.

7. Unternehmung: 2.2. – 8.2.1917 französische Kanalküste.

Beim Ausmarsch griff von Schmettow erfolglos am 3.2. zwischen Calais und Cap Gris Nez einen abgeblendet fahrenden Dampfer an. In der Nacht zum 4.2. wiederholte sich der Mineneinsatz vor Boulogne, vor Cherbourg und vor Le Havre. In der nächsten Nacht griff *UC 26* erneut ein abgeblendetes Schiff mit einem Fehlschuß an. Es handelte sich um den britischen Raddampfer Mona's Queen (85;1559) der nach Sichtung der Blasenspur zum Rammstoß auf *UC 26* ansetzte. Das Boot erlitt starke Beschädigungen am Bug und mußte deshalb die Feindfahrt abbrechen. Opfer der Sperre vor Le Havre wurde am 6.2. der französische Marinetrawler Noella (06;277).

8. Unternehmung: 7.4. – 20.4.1917 Englischer Kanal und französische Westküste.

Vor Boulogne waren es fünf und vor Le Havre sechs Minen am 9. 4., bevor Kurs auf Cherbourg genommen wurde. Bereits kurz danach griff *UC 26* zunächst erfolglos den einlaufenden britischen Frachter Duchess of Cornwall (89;1706) an. Oblt.z.S. von Schmettow wiederholte den Angriff, und diesmal traf der Torpedo das Schiff und tötete 23 Mann. Kurze Zeit später kam *UC 26* erneut zum Schuß, und zwar auf den von Queenstown kommen-

Der britische Zerstörer Derwent sank auf einer Mine von *UC 26*. (National Maritime Museum Greenwich).

Der Zerstörer Milne versenkte *UC 26*. (National Maritime Museum Greenwich)

den britischen Frachtdampfer Branksome Hall (04;4262), der aber noch eingeschleppt werden konnte. Im Gebiet vor der bretonischen Küste bei Ile d'Yeu versenkte *UC 26* am 13.4. den französischen Segler Gambetta (-;39). Am nächsten Tag folgte durch einen UT-Treffer südwestlich der Gironde der Spanier Tom (96;2413) für Cardiff. Auch das französische Segelschiff Surcouf (03;194) wurde am 18.4. vor Quessant eine Beute des auf Heimatfahrt befindlichen Bootes. Letztes Opfer war vor Beachy Head der britische Segler Senator Dantziger (12;164). Auf die Sperre vor Le Havre liefen am 10.4. das britische Patrouillenboot *P 26* (15;613;1-10,2 cm;1-4 cm; 2 TR) und das Lazarettschiff Salta (11;7284). Das Schiff kam von Southampton und hatte deshalb keine Verwundeten an Bord, aber trotzdem ertranken 86 Mann der Besatzung. Mit dem Marinetrawler Amy (-;270) verloren die Briten am nächsten Tag das dritte Schiff in dieser Sperre.

9. Unternehmung: 30.4. – 9.5.1917 französische Kanalküste.

Es sollte die letzte Feindfahrt von *UC 26* werden. Das Boot legte in der Nacht zum 2.5. befehlsgemäß seine Minen vor Le Havre und auf der Reede von Caen. Noch am selben Tag sank der britische Zerstörer Derwent (03;550;4-7,5 cm; 2 TR). Auf dem Weitermarsch nach Cherbourg schoß von Schmettow am Tage in der Seine-Bucht aus einem einlaufenden Konvoi den Norweger Certo (10;1629) heraus. Am nächsten Morgen fielen vor Cherbourg die restlichen sechs Minen und wurden noch am selben Tag dem britischen Dampfer Ussa (13;2066) zum Verhängnis. Anschließend führte das Boot noch Handelskrieg, denn möglicherweise geht die Versenkung des britischen Seglers Iris (-;75) auf das Konto von *UC 26*. Nach einem Torpedofehlschuß gegen einen Einzelfahrer am 8.5. machte sich das Boot auf den Rückmarsch. Der Kommandant wollte die Doversperre über Wasser dicht unter der französischen Küste passieren. Nach Mitternacht kamen bei Cap Gris Nez Backbord voraus drei Zerstörer in Sicht. Der britische Zerstörer Milne (14;900;3-10,2 cm;4 TR) drehte auf *UC 26* zu und rammte das Boot beim Tauchen. *UC 26* sank auf 51°03'N-01°40'O auf 40 Meter Tiefe. Starker Wassereinbruch verhinderte das Auftauchen. Acht Mann gelang es, das Wrack durch Turm- und Maschinenluk zu verlassen, aber nur zwei Mann konnten geborgen werden.

UC 27

(U-Flottille Kurland; U-Flottille Pola, II. U-Flottille Mittelmeer)

Stapellauf: 28.6.1916

In Dienst gestellt am 25.7.1916 von Oblt.z.S. Karl Vesper.

Am 15.9. kam es zur V. Halbflottille (Kurland).

1. Unternehmung: 21. 9. – 27. 9. 1916 Baltische Inseln.

Das Boot legte seine ersten 18 Minen am 25.9. westlich von Zerel, der Südspitze von Ösel, um den vermuteten Anmarschweg feindlicher U-Boote zu blockieren; allerdings erfolglos.

2. Unternehmung: 1.10. – 7.10.1916 Finnischer Meerbusen.

Als Blockademaßnahme mußten die Auslaufwege vor Reval vermint werden, um den in Reval stationierten russischen Kriegsschiffen den Weg zu verlegen. Das gelang mit beachtlicher Wirkung. Die Sperren zwischen Odensholm und Nargön brachten am 28. 10. den russischen Zerstörer KAZANEC (05;580;2-10,2 cm; 2 TR) zum Sinken. Während des Einschleppens erwischte es am 22.11. den Minensucher FUGAS (10;150). Noch am 18.12. gab es mit dem Transporter BUKI (94;3879) einen weiteren Verlust.

Frankreich erhielt auch *UC 27*. (U-Boot-Archiv Deisenhofen)

3. Unternehmung: 22.10. – 30.10. 1916 Finnischer Meerbusen.

Das Boot drang bis zu den Inseln Hochland und Groß Tjuters vor, wo es am 26. und 27.10. die Fahrwasser der Baltischen Flotte zu den Stützpunkten verseuchte. Auf dem Rückmarsch warf das Boot zwei einzelne Minen vor der Insel Wulf nördlich von Reval. Bei Hochland setzte am 19.11. ein Minentreffer den russischen Panzerkreuzer RJURIK (06;15544;4-25,4 cm;8-20,3 cm) außer Gefecht. Nordwestlich von Wulf Lichtbake zerstörte eine sehr geschickt abgelegte einzelne Mine das Achterschiff des russischen Zerstöreres LETUN (15;1260;4-10,2 cm; 9 TR), der bis Kriegsende nicht mehr einsatzbereit war.

4. Unternehmung: 7.11. – 16.11.1916 Bottnischer Meerbusen.

Der Mineneinsatz blieb erfolglos.

5. Unternehmung: 27.11. – 2.12.1916 Aaland-See.

Ohne Ergebnis. Es mußte vorzeitig der Rückmarsch wegen Kompaßversagens angetreten werden. Schließlich beendete der einbrechende Winter weitere Operationen.

Am 8.2.1917 übernahm Oblt.z.S. Gerhard Schulz das Kommando.

6. Unternehmung: 1.4. – 30.4.1917 Überführung von Kiel ins Mittelmeer.

Im Stützpunkt Helgoland warf *UC 27* am 3. 4. die Leinen los und nahm den Weg um die Orkneys. Stürmische See begleitete das Boot. In der Fair Isle Durchfahrt vernichtete Schulz am 6.4. die beiden britischen Fischtrawler NARBERTH CASTLE (98;168) und NESTOR (98;176). Am 12.4. hieß das Opfer südwestlich von Irland ERNST SOPHIE (13;222) und war ein russischer Segler. Einen erheblichen Verlust erlitt der Gegner am nächsten Tag, 260 Seemeilen westlich von Quessant, als 5 000 t Zucker auf den Meeresgrund sanken. Den hatte der Frachter KARIBA (04; 3697) in Java mit dem Bestimmungsort Falmouth geladen. 13 Mann kamen bei der Torpedodetonation ums Leben. Ein Rettungsboot mit zehn Überlebenden konnte erst nach zwölf Tagen geborgen werden. Zwei Tage später sank auf der Höhe von Kap Finisterre ein nicht identifizierter Dampfer nach UT-Schuß. Am 17. 4. entledigte sich das Boot seiner Minen vor Lissabon. Bevor die Gibraltarenge genommen wurde, sank noch am 18.4. südöstlich von Kap St. Vincent der britische Segler THOMAS (08;132). Die ersten Opfer im Mittelmeer gab es am 26. 4. in der Straße von Sizilien, nordöstlich von Kap Bon, mit den beiden italienischen Segelschiffen GENNARINO (97;248) und AUGUSTA (-;686), die mit Phosphat unterwegs waren. Am 30.4. machte *UC 27* in Cattaro fest.

7. Unternehmung: 11.6. – 30.6.1917 tunesische Gewässer.

Bevor das Boot am 16.6. abends vor Sfax drei kurze Sperren ausbrachte, war es schon tagsüber aktiv. Im Golf von Gabes verschwanden die tunesischen Segler LIBERTE (-;12), METLAONI (-;30), KIBIRA (-;8), EMSLI (-;31) und KAMOUMA (-;18). Das Boot blieb vor Gabes und legte am nächsten Morgen vier Minen, anschließend verloren italienische Fischer die SAN ANTONIO V (-;23), LUIGIANA (-;19), GIUSEPPE S. (-;20) und BELL ANGELINA (-;14). Daran schloß sich noch der kleine Segler ARGENTINA (-;41) vor Djerba an. *UC 27* hatte noch Minen an Bord, die es am 18.6. nördlich von Sfax absetzte. Erneut traf es italienische Segelschiffe mit ihren Phosphatladungen. Nacheinander sanken die PAOLINA AIDA (04;250), BIANCA B. (76;329), BETTINA (07;140), LETIZIA C. (-;136) und MARIETTA B. (-,52). Der nächste Tag brachte vor der Insel Pantelleria auch nur wieder kleinere italienische Segler, wie die ROSINELLA (-;27), SAN GIOVANNI BATTISTA (-;32), RAFFAELO (-;24), MISTICA ROSA (-;31), LA MICHELINA (-;34), AMALIA (-;22),

Antonio Balbi (-;25), Domenica Madre (-;51), S. Vincenzo Ferreri P. (-;52) und San Antonio (-;28). Die erste wertvolle Beute torpedierte *UC 27* am 20.6. 50 Seemeilen südöstlich von Pantelleria aus einem westlich laufenden Konvoi. Der britische Dampfer Ruperra (04;4232) fuhr Stückgut von Port Said nach London. Es gab noch einen Fehlschuß, dann trat das Boot den Rückmarsch an. Die Minenoperation versenkte nur den kleinen französischen Segler Jules (-;49).

8. Unternehmung: 21.7. – 12.8.1917 Golf von Lion.

Die Minen westlich von Marseille und vor Cap d'Agde erhöhten nicht die Trefferquote. Dafür gelang *UC 27* schon auf den Anmarsch am 26.7. südlich von Sardinien ein beachtliches Ergebnis mit der Versenkung des britischen Liners Mooltan (05;9723). Die Begleitschiffe, darunter zwei japanische Zerstörer, konnten alle 554 Passagiere und Besatzungsmitglieder retten. Auf dem Rückmarsch schlug man am 6.8. den tunesischen Segler El Kaddra Nr. 53 (-;20) leck. Der italienische Frachter Esemplare (02;999) wurde in der Straße von Sizilien gestoppt. Besatzungsmitglieder des U-Bootes bargen das Geschütz und wertvolle Buntmetalle wie Kupfer und Messing.

9. Unternehmung: 5. 9. – 30. 9. 1917 gleiches Gebiet.

Beim Versuch die Straße von Otranto am Tage zu passieren, überraschte ein Flugzeug das Boot. Wegen eines Bedienungsfehlers während des Tauchens mußte *UC 27* wieder an die Oberfläche. Inzwischen beschossen bereits fünf Flugzeuge das Boot, die mit Karabinerfeuer auf Distanz gehalten werden konnten. Aufkommende Bewacher übernahm die Geschützbedienung. Nach Herstellung der Tauchbereitschaft ging *UC 27* auf Tiefe und lief ab. Am 12. 9. versenkte das Boot auf 41°17'N-05°50'O den britischen Dampfer Gibraltar (02;3803) im UT-Angriff. Wie so häufig, spielte auch diesmal der Mineneinsatz keine Rolle. *UC 27* hielt den italienischen Segler Annina Capano (14:250) an und sprengte ihn. Erneut waren es italienische Segler, als die Muccio (-;137) und Eugenio (-;99) von der Wasseroberfläche verschwanden. Die beiden spanischen Frachter am nächsten Tag setzten nach Prüfung der Schiffspapiere ihre Fahrt fort. Das konnte der spanische Segler Joaquina (-;69) mit Lebensmittel für Frankreich nicht. Ein Feuergefecht mit einem bewaffneten Dampfer konnte *UC 27* nicht für sich entscheiden, das Schiff entkam. Südwestlich von Menorca gelang es Schulz am 23.9. aus einem nordwärts laufenden Konvoi den Munitionstransporter Medie (11;4770) herauszuschießen. Die Wasserbomben der Begleiter lagen zu weit ab, um Schaden anzurichten. Nach der Rückkehr ging das U-Boot zur Grundüberholung in die Werft.

Am 28. 11. 1917 übernahm Oblt.z.S. Wilhelm Canaris das Kommando.

10. Unternehmung: 20.12.1917 – 14.1.1918 nordafrikanische Küste. Ohne Ergebnis.

Anschließend erhielt Oblt.z.S. Otto Gerke das Kommando.

11. Unternehmung: 21.2. – 14.3.1918 tunesische Küste, Straße von Sizilien.

Der britische Dampfer Maltby (08;3977) befand sich am 26. 10. in einem ostwärts laufenden Geleit zehn Seemeilen südwestlich von Pantelleria, als ein Torpedo von *UC 27* traf. Einen Tag später verlor ein Konvoi nördlich von Bizerta den britischen Dampfer Machaon (99;6738) nach UT-Treffer. Am 28.2. warf das Boot wie befohlen seine Minen in den La Galite-Kanal und versenkte noch am Abend den französischen Segler Savoyarde (-;50). *UC 27* hielt längere Zeit Fühlung mit einem von Bizerta kommenden Konvoi und versenkte am 4. 3. nördlich von Cap Serrat den Briten Clan Macpherson (05;4779) mit 18 Mann der Besatzung. Den Kapitän konnte man zwei Stunden später aus der See bergen. Noch am selben Tag traf das Boot nordwestlich von Bizerta mit *U 35* (von Arnould) zusammen und übergab Wasser und Proviant. Danach heftete sich *UC 27* westlich von Sizilien an einen Konvoi mit zehn Frachtern auf Westkurs und versenkte am Nachmittag des 8. 3. den britischen Dampfer Ayr (94; 3050), der eine Ladung Baumwolle hatte. Alle Torpedos waren verschossen, und *UC 27* trat den Rückmarsch an.

12. Unternehmung: 14.4. – 11.5.1918 tunesische und sizilianische Gewässer.

Zwischen dem Legen der Sperre am 19.4. bei der Skerki Bank und dem 1.5. kam kein Angriffsziel in Sicht. Erst an diesem Tag konnte Gerke den britischen Frachter Matiana (94;5313) torpedieren. Das Schiff hatte Baumwolle in Alexandria übernommen und sollte über Bizerta nach London fahren. Der Mannschaft gelang es aber noch, das Schiff nördlich von Bizerta auf das Keith Riff zu setzen, wo es jedoch später endgültig verlorenging. Das anhaltend schlechte Wetter verhinderte die weitere Angriffstätigkeit.

13. Unternehmung: 31.7. – 1.9.1918 gleiches Gebiet.

Der erneute Versuch, am 11.8. mit einer Sperre in der Skerki-Durchfahrt zum Erfolg zu kommen, schlug fehl. Dagegen konnte zwei Tage später nördlich der Insel La Galite aus einem nach Bizerta laufenden Geleit der französische Dampfer La Chaussade (97;4494) herausgeschossen werden. Ein weiterer Konvoi mit gleichem Ziel verlor am 23. 8. trotz starker Sicherung den britischen Frachter Australian Transport (11;4784) nach Torpedotreffer. Das Schiff hatte Weizen aus Karatschi an Bord. Zwei Tage später griff *UC 27* westlich von Sizilien einen Konvoi mit Ostkurs an. In mondheller Nacht versenkte das Boot den britischen Frachtdampfer Willingtonia (18;3228) mit einer Ladung Kohle auf dem Weg nach Korfu.

14. Unternehmung: 29.10. – 29.11.1918 Rückmarsch von Pola nach Kiel.

UC 27 lief zusammen mit den übrigen fahrbereiten Booten am 29.10. von Pola aus, erreichte Lervik und lief ohne Zwischenfälle am 29.11.1918 in Kiel ein.

Das Boot ging am 3.2.1919 mit der 8. Staffel nach Harwich und hatte das gleiche Schicksal wie *UC 22*.

UC 28

(Schulboot)

Stapellauf: 8.7.1916

In Dienst gestellt am 6.8.1916 von Oblt.z.S. Theodor Schultz.

Das Boot kam zur U-Schule nach Kiel, wo es bis Kriegsende unter mehreren Kommandanten in Dienst war.

UC 28 mußte am 12.2.1919 mit der 9. Staffel an England ausgeliefert werden und kam nach Frankreich. Es wurde später abgewrackt.

UC 29

(I. U-Flottille)

Stapellauf: 15.7.1916

In Dienst gestellt am 15.8.1916 von Oblt.z.S. Ernst Rosenow.

Als frontverwendungsfähig am 19.10.1916 gemeldet.

1. Unternehmung: 31.10. – 4.11.1916 von Helgoland an die schottische Ostküste.

Das Boot warf seine ersten Minen am 2.11. vor Montrose und konnte mit der Versenkung des britischen Fischtrawlers Primrose (91;136) am 5.2.1917 einen späten Erfolg verbuchen.

2. Unternehmung: 22.11. – 29.11.1916 Nordsee.

Sicherung des auslaufenden Hilfskreuzers Möwe (14;4788;4-15 cm). Eine Motorhavarie zwang das Boot jedoch am 26.11. an der norwegischen Küste zur vorzeitigen Rückkehr.

3. Unternehmung: 19.1. – 27.1.1917 schottische Ostküste.

Im Firth of Forth, südlich von May Island, fielen am 21.1. nachmittags neun Minen, drei weitere folgten westlich der Insel. Nochmals legte Rosenow drei Minen am nächsten Tag vor Dundee. Die übrigen drei fielen am 23.1. in das Fahrwasser vor Aberdeen. Nur vor Dundee konnte mit dem britischen Dampfer Clan Shaw (02;3943) die beabsichtigte Wirkung erzielt werden. Auf dem Rückmarsch ergab die Prüfung der Schiffspapiere des Norwegers Sunniva (92;589), daß er Holz und Eisen für Hull an Bord hatte. Deshalb hieß das Untergangsdatum 24.1. Der Norweger Hakoon VII (07;2175) konnte nach der Überprüfung seine Fahrt fortsetzen. Allerdings nahm Rosenow sechs russische Ingenieure gefangen.

4. Unternehmung: 3.2. – 14.2.1917 schottische Ostküste.

Der Kommandant teilte seinen Minenvorrat in sechs kurze Sperren auf, die er zwischen dem 6. und 10.2. auslegte. Zwei Sperren mit zwei Minen vor der Mündung des Tay, drei Minen nordöstlich von May Island und vier im Firth of Forth. Vor Aberdeen legte das Boot vier Minen, und am 10.2. waren es noch einmal drei Minen vor dem Tay. Vor Aberdeen erwischte es am 9.2. den britischen Marinetrawler Yesso (11;229), und bei May Island wurde der britische Frachter San Fraterno (13;9587) beschädigt und strandete. Anschließend versenkte *UC 29* am 11.2. östlich von Aberdeen den von Middlesborough kommenden britischen Dampfer Norwood (95;798). Der mit einem UT-Treffer beschädigte Brite Roanoke (-;3755) mußte eingeschleppt werden.

5. Unternehmung: 27.2. – 16.3.1917 gleiches Gebiet.

Auf dem Anmarsch versenkte das Boot am 1.3. die britischen Fischtrawler Herbert Ingram (92;142) und Redcap (07;199). Am 3.3. gab es einen erneuten Mineneinsatz vor dem Firth of Forth und am 9.3. vor der Mündung des Tay. Noch am selben Tag sank auf der ersten Sperre der britische Marinetrawler Nor-

UC 30 in ruhiger See. (Bundesarchiv Koblenz)

THUMBRIA (06;211). Auf dem Rückweg hielt Rosenow am 14.3., 160 Seemeilen südwestlich von Lister, den in Ballast fahrenden Norweger STORAAS (95;3107) an. Die Untersuchung ergab Fahrten für den Gegner, deshalb zündeten Sprengpatronen.

6. Unternehmung: 22.4. – 4.5.1917 englische Ostküste.

Auf dem Weg ins Operationsgebiet versenkte *UC 29* am 24.4., 60 Seemeilen östlich von Longstone, den britischen Fischtrawler UPTON CASTLE (94;145) und traf nachmittags noch einen britischen Trawler. Nach einem Warnschuß setzte der Trawler ein Beiboot aus. Während sich *UC 29* näherte, wurde plötzlich das Feuer eröffnet. Mit Schnelltauchen gelangte *UC 29* rechtzeitig auf Tiefe. Es folgten zwei schlecht gezielte Wasserbomben. Beim Gegner handelte es sich um die U-Falle ROSSKEEN (07;196;1-7,5 cm;1-5,7 cm; 1 TR), die unter verschiedenen Namen operierte. In den folgenden Tagen verteilte das Boot seine Minen rund um Conquet Island und versenkte am 27. 4. vor St. Mary Island aus einem Küstenkonvoi den Norweger RAGNHILD (09;1117) durch UT-Schuß. Zwei Tage später ging der Däne CARBO I (05;1379) mit einer Ladung Nitrat in die Tiefe. Ihm folgte am 1. 5. der britische Dampfer FIRELIGHT (96;1143) mit einer Kohleladung für London nach UT-Treffer. Diesmal brachten auch die Minen wieder ein Ergebnis, als am 27.4. der norwegische Frachter NIDELVEN (08;1262) und am 3.8.1917 der britische Dampfer HORNCHURCH (-;2159) von der Oberfläche verschwanden.

7. Unternehmung: 29.5. – 7.6.1917 irische Südwestküste.

Das Boot legte am 29.5. in Helgoland ab und lief durch den Englischen Kanal in das Operationsgebiet. Von dort kehrte es nicht zurück. Das Ziel war die Verminung der Dingle Bay. Unterwegs versenkte das Boot am 3.6. vor Lizard das französische Segelschiff ELISABETH (99;2061) und einen Tag später den Norweger SONGVAND (83;2206). Am 6.6. erreichte das Boot Irland und legte alle 18 Minen. Am folgenden Tag kam es für *UC 29* zur tödlichen Begegnung mit einem britischen Q-Ship. Der Kommandant griff gegen 08.00 Uhr auf 51°50'N-11°50'W die U-Falle PARGUST (07;2817;1-10,2 cm;4-7,5 cm; 2 TR) unter Wasser an. Ein Torpedo traf den Maschinenraum, der voll lief. Das Schiff stoppte, die Panikcrew ging in die Boote. Rosenow beobachtete sorgfältig den bewegungslos liegenden Gegner durch das Sehrohr und entschloß sich dann aufzutauchen. Langsam ließ er heransteuern. Bei einer Entfernung von weniger als 100 Meter fiel plötzlich die Tarnung, und mehrere Geschütze eröffneten ein vernichtendes Feuer. Mehrfach getroffen sank *UC 29* nach kurzer Zeit. Zwei Überlebende nahm die PARGUST auf, die danach von der Slopp CROCUS (15;1250;2-4,7 cm) nach Queenstown eingeschleppt werden mußte.

UC 30

(I. U-Flottille)

Stapellauf: 27.7.1916

In Dienst gestellt am 22.8.1916 von Oblt.z.S. Heinrich Stenzler.

Frontbereit am 16.11.1916

1. Unternehmung: 22.11. – 30.11.1916 nördliche Nordsee.

Aufklärung und Sicherung des auslaufenden Hilfskreuzers MÖWE. Das Boot lief im Abstand von etwa 20 Seemeilen zum Hilfskreuzer. Nach Entlassung kam *UC 30* am 26.11. etwa 100 Seemeilen nordöstlich des Tyne mit der Versenkung des norwegischen Seglers ROMANCE (73;628) zum ersten Erfolg. Das Schiff hatte Grubenholz für Hartlepool geladen.

2. Unternehmung: 6.2. – 15.2.1917 von Helgoland an die englische Ostküste.

UC 30 legte am 12. 2. drei Teilsperren vor Hartlepool und Whitby. Es sanken am 12. 2. der britische Marinetrawler EUSTON (06;209) und am 16. 2. die RECEPTO (14;245). Dichter Nebel verhinderte weitere Angriffe.

3. Unternehmung: 8.3. – 19.3.1917 englische Ostküste. Ohne Ergebnisse.

4. Unternehmung: 30.3.1917 – ? irische Südküste

Das Boot nahm den Weg durch die Doverenge. Am 4.4. versenkte Stenzler auf Höhe der Scillies den britischen Frachter HUNSTANTON (03;4504) und den argentinischen Segler MONTE PROTEGIDO (-;281), der

Leinsamen aus Pernambuco nach Rotterdam transportierte. Der Funker des U-Bootes meldete eine Maschinenhavarie und die Rückkehr von *UC 30*. Am 13. 4. traf das Boot westlich der Hebriden, auf der Höhe von St. Kilda, mit *U 50* (Kpltl. Berger) zusammen. Sechs Tage später meldete *UC 30* seinen Standort 75 Seemeilen südwestlich von Lindesnes in Norwegen, und daß noch alle Minen an Bord wären. Seitdem schwieg *UC 30* für immer. Am 4. 6. und am 25. 6. trieben die Leichen zweier Besatzungsmitglieder an die jütländische Küste. Mit hoher Wahrscheinlichkeit lief *UC 30* auf die zwischen dem 18. und 20. 4. bei Horns Riff neu gelegte britische Minensperre.

UC 31

(I. U-Flottille; U-Flottille Flandern II)

Stapellauf: 7.8.1916

In Dienst gestellt am 2.9.1916 von Oblt.z.S. Otto von Schrader.

Frontbereit am 10.12.1916

1. Unternehmung: 28.12.1916 – 5.1.1917 englische Ostküste.

Die ersten Minen fielen am Abend des 30.12. vor Sunderland. Am nächsten Tag hatte der Lotsenkutter PROTECTOR (04;200) das Nachsehen. Mit ihm verloren 19 Mann der Besatzung ihr Leben. Am 4.1. traf es den britischen Frachter LONCLARA (-;1294).

2. Unternehmung: 25.1. – 1.2.1917 englische Ostküste.

Beim Anmarsch konnte von Schrader am 25.1. 150 Seemeilen westlich von Horns Riff den Dänen O. B. SUHR (78;1482) zur Strecke bringen. Zwei Tage später verseuchte das Boot am frühen Morgen mit acht Minen die Ansteuerung der Tyne-Mündung und in der darauf folgenden Nacht Seaham mit vier und Sunderland mit sechs Minen. Auf der Tyne-Sperre ging am 31. 1. das britische Frachtschiff RAVENSBOURNE (16;1226) mit seiner Ladung Kohlen aus Newcastle für London in die Tiefe. Das U-Boot zerstörte am 28. 1. den britischen Fischtrawler ALEXANDRA (05;179). Kurz danach mußte der Trawler MAYFLY (99;191) anhalten, und ein Maat von *UC 31* ging an Bord. Fortan sollte es als Aufnahmeboot für Besatzungen versenkter Schiffe dienen. Wenig später entbrannte ein Feuergefecht mit einem bewaffneten Dampfer, dem sich *UC 31* nur durch Schnelltauchen entziehen konnte. Beim Gegner handelte es sich um eine U-Falle, die noch eine Wasserbombe warf und *UC 31* weiter verfolgte. Erst Stunden später gelang es, sie abzuschütteln. Nach dem Auftauchen war die MAYFLY in der eingebrochenen Dunkelheit nicht wiederzufinden. Ein britisches Bewachungsfahrzeug stoppte den Trawler. Der deutsche Maat geriet in Gefangenschaft. Am nächsten Tag verlor der Gegner die Trawler THISTLE (02;167) und SHAMROCK (00;173) sowie den schwedischen Dampfer EDDA (10;536), der für Großbritannien fuhr.

3. Unternehmung: 20.2. – 28.2.1917 englische Ostküste.

Zwischen dem Auslegen der Sperren am 24.2. vor Hartlepool und Whitby am 25.2. versenkte *UC 31* den Briten BENEFICENT (81;1963) mittels UT-Schuß. In die Tees-Bay fielen die restlichen neun Minen. Noch am selben Tag fuhr das Boot einen Unterwasserangriff auf einen schnellaufenden Frachter. Kurz vor dem Feuern zackte dieser und drehte auf *UC 31* zu. Er rammte das U-Boot an der Oberkante des Turms und beschädigte das Sehrohr. Daraufhin mußte von Schrader die Operation abbrechen. Vor Whitby sanken am 29. 3. der britische Dampfer KATHLEEN LILY (72;521) und am 11. 4. die QUAGGY (04;993).

4. Unternehmung: 1.4. – 18.4.1917 englische und schottische Ostküste.

Die Sperre vor Blyth war am 4.4. gelegt worden, als das Boot den Dänen HELGA (97;1182) anhielt und sprengte. Die nächsten Minen fielen am 5.4. vor St. Abbs Head. Tags darauf ging mit der N. J. FJORD (96;1425) das nächste dänische Schiff wegen Bannware an Bord in die Tiefe. Es folgten am 12.4. auf Höhe von Sunderland der dänische Segler UNION (76;152) und die niederländischen Segelschiffe NEPTUNUS (-;209), DINA HINDERIKA (09;200) und VOORWAARTS (02;147). Alle hatten Kohle in Hartlepool geladen und waren auf dem Weg nach Norwegen. Zwei Tage später beendete östlich von Tynemouth ein UT-Treffer die Fahrt des britischen Dampfers SPRAY (91;1072). Auf dem Rückweg traf es noch den britischen Fischtrawler BROTHERTOFT (91;155), nachdem Sprengpatronen zündeten. Bereits am 6.4. hatte es den britischen Marinetrawler STRATHRANNOCH (-;215) vor St. Abbs Head erwischt.

5. Unternehmung: 5.5. – 20.5.1917 Orkneys.

Granaten beendeten am 6.5. neun Seemeilen nördlich der Doggerbank die Fahrt des holländischen Seglers POSEIDON I (-;98). Zwei Tage später warf das Boot drei kurze Sperren zu je drei Minen in die Fahrwasser vor Kirkwall. Noch am selben Tag sank die britische Marineyacht ZAREFAH (05;279). Zwei Tage später blockierten drei Sperren zu je drei Minen die Westseite der Orkneys im Westray Firth, die alle ohne Wirkung blieben. Am 17. 5. erzielte von Schrader vor Anskerry einen UT-Treffer auf der VIKEN (16;1845), die schnell unterging und acht Mann mit in die Tiefe nahm. Der andere Torpedo traf die ASPEN (97;3103), dessen Kapitän es gelang, den in den USA geladenen Weizen noch nach Kirkwall zu bringen.

6. Unternehmung: 20.6. – 10.7.1917 von Helgoland an die Irische See.

Das Boot nahm den Weg durch den Englischen Kanal und erreichte am 26.6. das Operationsgebiet. Vor der Bantry Bay, dem Stützpunkt der US U-Boote, brachte *UC 31* zwei Sperren zu je sechs Minen aus. Die anderen sechs Minen fielen zwei Tage später vor Bull Rock. Wie so häufig waren die Anstrengungen vergeblich. Das Boot sprengte am 30.6. den britischen Segler LADY OF THE LAKE (-;51) und versenkte am nächsten Tag den Holländer AMSTELLAND (00;5404) wegen Konterbande mit Geschützfeuer. Der britische Dampfer THIRLBY (98;2009) erhielt am 2.7. einen UT-Treffer und die MATADOR (04;3642) am 3.7. Mehrere Schußwechsel mit bewaffneten Frachtschiffen auf dem Rückmarsch im Kanal gingen dank ihrer größeren Geschwindigkeit zu Gunsten des Gegners aus. Neuer Kommandant wurde ab 21.7. Kptlt. Kurt Siewert.

7. Unternehmung: 31.7. – 15.8.1917 schottische Ostküste und Shetlands.

Nach den Mineneinsätzen am 4. und 6. 8. südlich von Aberdeen und Peterhead ging das Boot zur Handelskriegführung ins Gebiet der Shetlands. Bereits am nächsten Tag konnte Siewert, 50 Seemeilen östlich der Orkneys, in einem Konvoi den Schweden OTHALIA (-;1205) torpedieren, der es aber noch bis Kirkwall schaffte. Am 11. 8. schoß das Boot aus einem Geleit drei Seemeilen östlich von Lerwick-Leuchtfeuer den Dänen HOLAR (97;548) heraus und am nächsten Tag aus einem Konvoi mit Ostkurs den dänischen Frachter BOGATYR (06;1360) mit einer Kohleladung.

8. Unternehmung: 4.9. – 27.9.1917 irische Südküste.

Auf dem Weg in das Operationsgebiet erhielt am 8.9. im Kanal auf Höhe von Start Point der britische Dampfer NEWHOLM (99;3399) einen UT-Treffer. Das Roheisen aus Bilbao kam nicht nach Middlesborough. Der Mineneinsatz am 10.9. bei Old Head of Kinsale blieb wirkungslos. Beim Angriff tags darauf konnte in einem stark gesicherten Konvoi mit Ostkurs der britische Dampfer CENTO (11;3708) beschädigt werden, der deshalb nach Queenstown zurückkehren mußte. Es folgte am 16.9. nur noch der französische Fischkutter QUATTRE FRERES (83;53). Der Rückweg ging um die Orkneys.

9. Unternehmung: 10.11. – 29.11.1917 irische Südküste.

Das Boot lief am 10.11. von Wilhelmshaven durch den Englischen Kanal nach Irland. Vor Start Point erhöhte *UC 31* am 13.11. sein Erfolgskonto mit dem britischen Dampfer AUSTRALBUSH (-;4398) und dem Belgier AMELIE (83;1135). Drei Tage später verminte das Boot zunächst die Mündung des Shannon mit sechs und am 18. 11. die Ansteuerung von Queenstown mit zwei Sperren zu je sechs Minen. Die brachten am nächsten Tag das Ende für den britischen Trawler MOROCOCALA (15;265).

10. Unternehmung: 17.1. – 10.2.1918 gleiches Gebiet.

Wieder kam *UC 31* auf dem Anmarsch im Kanal zum Erfolg. Dort bekam am 21.1., 12 Seemeilen südwestlich von Owers Feuerschiff, der britische Dampfer TEELIN HEAD (83;1718) einen UT-Treffer. 13 Seeleute wurden getötet. Am 25. 1. verminte *UC 31* die Gewässer vor Queenstown. Danach suchte das Boot sein Glück in der Irischen See, wo am 19.1. ein nicht identifizierter Frachter torpediert wurde. Obwohl zwei Tage später noch einmal zwölf Minen vor Queenstown gelegt wurden, gab es keinen Erfolg.

11. Unternehmung: 23.3. – 14.4.1918 von Brunsbüttel zum Nord-Kanal und zur Irischen See.

Nach Umrundung der Orkneys nahm das Boot Kurs auf die irische Nordküste. Bevor Siewert durch den Nord-Kanal in die Irische See vorstieß, erfüllte er am 30.3. die befohlene Verminung vor der Lough Swilly Bay, ohne ein Ergebnis zu erreichen. Bei den Maidens, nördlich von Belfast, traf er den britischen Einzelfahrer ARDGLASS (18;4617) und versenkte das neue Schiff mit zwei Torpedos. Es gab sechs Opfer. Küstenwachkräfte belegten das Boot mit sieben Wasserbomben, die aber nicht trafen. Erst am 5. 4. gelang es 15 Seemeilen nördlich von Bardsey Island an der walisischen Küste bei diesigem Wetter, einen Treffer auf den britischen Dampfer CYRENE (88;2904) zu erzielen. Der von einem Hilfskreuzer gesicherte Frachter nahm 24 Seeleute mit in die Tiefe.

Nach Rückkehr ging das Boot für sieben Wochen zur Überholung in die Werft.

12. Unternehmung: 9.6. – 14.6.1918 Überführungsfahrt nach Flandern.

Am 14.6. traf *UC 31* in Zeebrügge ein und kam zur II. U-Flottille Flandern.

Das Kommando erhielt einen Tag später Oblt.z.S.d.Res. Willy Stüben.

Wegen einer schweren Maschinenhavarie mußte *UC 31* erneut zur Reparatur in die Werft. Erst am 1.10. war das Boot wieder seeklar, kam aber wegen der Räumung der Flandern-Stützpunkte nicht mehr zum Einsatz. Es machte am 1.10. in Zeebrügge die Leinen los mit Kurs Heimat und erreichte am 7.10.1918 Brunsbüttel. Nun gehörte *UC 31* wieder zur I. U-Flottille und mußte nach Hamburg zur erneuten Instandsetzung.

In der 5. Staffel lief es am 26.11.1918 in Richtung England und wurde 1922 abgewrackt.

UC 33 läuft aus. (Bundesarchiv Koblenz)

UC 32

(I. U-Flottille)

Stapellauf: 12.8.1916

In Dienst gestellt am 13.9.1916 von Oblt.z.S. Herbert Breyer.

Frontbereit am 27.11.1916

1. Unternehmung: 11.12. –17.12.1916 englische Ostküste.

Als Operationsgebiet war Newcastle und Sunderland befohlen, wo am 13.12. abends sechs und am nächsten Morgen zwölf Minen das Boot verließen. In die Sperre vor Sunderland lief noch am selben Tag der britische Dampfer BURNHOPE (07;1941) mit Kohle für London. Der Kapitän fand dabei den Tod. Am 20. 12. beendete ein Minentreffer den weiteren Weg des britischen Handelsschiffs HILDAWELL (92;2494) mit Eisen von Bilbao nach Middlesborough.

2. Unternehmung: 28.1. – 5.2.1917 englische Ostküste.

Auf seiner zweiten Feindfahrt legte *UC 32* in der Nacht zum 31.1. zwei Sperren zu je fünf Minen vor Hartlepool und Middlesborough. Am nächsten Abend fielen Minen vor Flamborough Head, die auch Wirkung zeigten. Der italienische Frachter APOLLONIA (91;2861) machte am 1. 3. die tödliche Bekanntschaft. Der folgende Tag brachte die Versenkung des in Ballast fahrenden Norwegers JERV (06;1112) nach UT-Angriff.

3. Unternehmung: 17.2. – 23.2.1917 englische Ostküste.

Die dritte Feindfahrt besiegelte bereits das Schicksal von *UC 32*. Das Boot hatte den Befehl, die Mündung des Tyne zu blockieren. Nach sechs Minen am 21.2. begann *UC 32* am 23.2. bei Dunkelheit während der Überwasserfahrt eine zweite Sperre vor der Mole von Sunderland auszulegen. Kurz nach Fallen der zweiten Mine auf 54°55'N-01°20'W, eine halbe Seemeile östlich von Roker Leuchtturm, sank das Boot durch Mineneigendetonation. Zwei Mann und der Kommandant überlebten.

UC 33

(I. U-Flottille)

Stapellauf: 26.8.1916

In Dienst gestellt am 25.9.1916 von Kptlt. Martin Schelle.

Frontbereit am 16.12.1916

1. Unternehmung: 31.12.1916 – 7.1.1917 Shetlands, Orkneys und schottische Ostküste.

Zuerst sperrte *UC 33* nach Beobachtung des Einlaufkurses am 2. 1. abends mit sechs Minen die Einfahrt von Lerwick. Am nächsten Abend entstanden zwei kurze Sperren mit je drei Minen vor Kirkwall auf den Orkneys. Mit den übrigen sechs Minen verseuchte Martin Schelle am 4. 1. den Moray Firth. Diese Minen wurden am 24. 2. der britischen Marineyacht VERONA (90;437) zum Verhängnis.

2. Unternehmung: 7.2. – 21.2.1917 irische Südküste.

Auch HMS Cheerful ging durch eine U-Boot-Mine verloren.
(National Maritime Museum Greenwich)

Beim Anmarsch versenkte *UC 33* am 8. 2. in den Hoofden den holländischen Fischtrawler Derika (-;153) im Sperrgebiet. Nach einem Torpedofehlschuß auf einen unbekannten Dampfer am 11. 2. im Westausgang des Kanals begann das Boot am nächsten Abend vor Queenstown mit seiner Minentätigkeit. Daran schloß sich am 13.2. früh eine Sperre von vier Minen südlich von Old Head of Kinsale an. Die letzten vier Minen sollten am Abend vor Galley Head fallen. Als die erste Mine unter Wasser das Boot verließ, erfolgte einige Sekunden später eine heftige Detonation, die das gesamte Boot erschütterte. Die vorzeitige Detonation rief zahlreiche Schäden hervor. Dennoch blieb *UC 33* tauchklar. Nach dem Auftauchen breitete sich eine Ölspur aus, da mehrere Brennstoffbunker leckten. Der Kommandant gab daraufhin den Befehl zum Rückmarsch. Am nächsten Tag gelang es noch, 30 Seemeilen südwestlich von Fastnet die britische Bark Eudora (88;1991) mit Mais für Queenstown zu versenken. Auf der dort gelegten Sperre ging am 18. 2. der britische Marinetrawler Clifton (06;242) verloren.

3. Unternehmung: 7.4. – 25.4.1917 gleiches Gebiet.

Diesmal fielen die Minen zwischen dem 13.4. und dem 15. 4. bei Coninbeg Feuerschiff, südlich von Ram Head und südöstlich des Ballycottin Leuchtturms. Auf dem Rückweg um die Orkneys zerstörten Granaten am 21.4. westlich der Shetlands die britischen Fischtrawler Yeovil (98;164) und Jedburgh (97;165). Auch die Minen forderten ihren Tribut. Dazu gehörten am 14.4. vor Waterford der britische Frachter Hermione (91:4011) und am 20.4. der britische Marinetrawler Loch Eye (-;225). Und selbst am 5. 5. ging noch der kleine britische Frachter Lodes (98;396) bei Ballycottin Leuchtturm unter.

4. Unternehmung: 13.5. – 28.5.1917 gleiches Gebiet.

Erneut bekam *UC 33* die irische Südküste als Operationsgebiet zugewiesen. Das Minenlegen begann am 17.5. mit sechs Minen südlich von Capel Island. Die restlichen zwölf Minen sollten eigentlich die Einfahrt von Waterford blockieren, doch Kptlt. Schelle mußte die Fahrt wegen lecker Ölbunker abbrechen. Südlich der Färöer hatten dänische Fischer im Sperrgebiet ihre Netze ausgebracht und verloren deshalb am 23.5. die Trawler Else (-;78), Britannia (-;69), Margrethe (84;104), Streymoy (-;81) und Beinir (-;73). Das galt auch für die britischen Trawler Sisapon (05;211) und Olearia (99;209). Am nächsten Tag traf es die dänischen Kutter Traveller (-;76), Brestir (-;69) und Isabella Innes (-;37). Auch der am 25.5. nördlich der Shetlands angehaltene dänische Segler A. H. Friis (03;110) mit 192 t Salz an Bord und die norwegische Bark Whinlatter (87;1379), die mit Holz von New Orleans nach Kopenhagen unterwegs war, erlitten das gleiche Schicksal. Schließlich mußte sich noch der Norweger Glyg (89;358) mit seiner Ladung Salz zehn Seemeilen nördlich von Muggle Flugga in die Verlustliste einreihen.

5. Unternehmung: 24.6. – 8.7.1917 Shetlands und Orkneys.

Auf die am 27. und 28.6. vor Lerwick gelegten Sperren lief am 30. 6. der britische Zerstörer Cheerful (97;355;1-7,5 cm;5-5,7 cm; 2 TR) und sank. Die im Auskerry Sund, an der Ostküste der Orkneys, ausgebrachten Minen wurden am 7.7. dem britischen Marinedrifter Southesk (-;93) zum Verhängnis. Nach der Minentätigkeit schickte das Boot am 28. 6. und 29. 6. die britischen Fischkutter Corona (-;48), Gem (-;79) und Manx Princess(-;87) in dieTiefe. Einen Tag später schoß Schelle aus einem südlich laufenden Konvoi den schwedischen Frachter Germania (08;1017) durch UT-Schuß heraus. Am 1. 7. versenkte *UC 33* den britischen Segler Ariel (-;108) und die britischen Fischkutter General Buller (-;72) sowie Hamnavoe (-;57). Zum Ende der Fahrt zerstörten am 6.7. in der Nordsee die letzten Granaten die holländischen Fischkutter M. A. 16 (-;100) und M. A. 103 (-;76). Als dann die norwegische Bark

SKJOLD (77;477) mit Grubenholz für Blyth auftauchte, konnte nur noch Feuer gelegt werden.

Am 20.7. löste Oblt.z.S. Alfred Arnold den bisherigen Kommandanten ab, der das Kommando über *UB 65* erhielt.

6. Unternehmung: 5.8. – 26.8.1917 irische Südküste.

Das Boot passierte auf dem Hin- und Rückweg den Englischen Kanal. Die am 11.8. vor Queenstown ausgelegten Sperren blieben wirkungslos. Dafür versenkte Arnold vor Galley Head am 13.8. den Einzelfahrer AKASSA (10,3919) und am 19.8. die SPECTATOR (14;3808) mit UT-Schüssen.

7. Unternehmung: 16.9. – 26.9.1917 irische Südküste.

UC 33 hatte den Befehl, wieder Waterford und anschließend die Ansteuerung von Coningbeg Feuerschiff zu verminen. Nach dem Errichten der Sperre vor Waterford am 23. 9. geriet das Boot in 20 Meter Tiefe in ein U-Boot-Netz. Es konnte sich zwar freimanövrieren, aber es gab eine Havarie an der Steuerbordschraube und an der Maschine, die mit Bordmitteln nicht zu beheben waren. Trotzdem griff A. Arnold am 26.9. früh bei Nebel im St.-Georgs-Kanal den auslaufenden britischen Dampfer SAN ZEFERINO (14;6430) an. Der UT-Treffer beschädigte das in Ballast fahrende Schiff. *UC 33* tauchte auf, um den Gegner mit Granaten zu versenken. Dabei übersah Arnold im Nebeldunst das eskortierende *P 61* (-;613;1-10,2 cm;1-4 cm;2 TR), das mit hoher Fahrt auf *UC 33* zuhielt. Wegen einer Kupplungsstörung konnte die Backbordmaschine nicht rechtzeitig zugeschaltet werden. Deshalb gewann *UC 33* nicht schnell genug an Tiefe. In der kritischen Phase rammte das Patrouillenboot das U-Boot knapp hinter dem Kommandoturm, so daß *UC 33* sofort sank. Nur dem Kommandanten und dem Steuermann Sager gelang es in 30 Meter Tiefe *UC 33* durch das Turmluk zu verlassen. *P 61* barg die beiden aus der See. Der Steuermann erlag an Bord des britischen Fahrzeugs seinen Verletzungen.

UC 34

(U-Flottille Pola; II. U-Flottille Mittelmeer)

Stapellauf: 6.5.1916

In Dienst gestellt am 26.9.1916 von Oblt.z.S. Robert Sprenger.

1. Unternehmung: 18.12.1916 – 8.1.1917 Überführung von Helgoland zum Mittelmeer.

Das Boot nahm den Weg durch den Englischen Kanal und brachte am 27.12. vor der portugiesischen Küste den französischen Segler MAUD (-;176) auf und sprengte ihn. Dasselbe geschah am nächsten Tag mit dem russischen Segelschiff SEEDONIS (92;284). In der Nacht zum 31.12. passierte *UC 34* die Straße von Gibraltar und lief am 8. 1. in die Bocche di Cattaro ein.

2. Unternehmung: 18.2. – 11.3.1917 Golf von Patras und Kreta.

Weder die am 20. 2. im Golf von Patras gelegten Minen noch die UT-Angriffe auf westlich von Kreta gesichtete Konvois brachten einen Erfolg.

3. Unternehmung: 28.3. – 15.4.1917 nordafrikanische Küste.

Die am 2. 4. vor Alexandria ausgebrachten drei Teilsperren erfüllten nicht die Erwartungen. Erst am 6. 4. begann sich das Blatt zu wenden. Etwa zwölf Seemeilen vom Damiette Leuchtturm beendete ein UT-Schuß die Fahrt des britischen Dampfers SPITHEAD (99;4697) nach Rangoon. Den Kapitän und den 1. Offizier nahm Sprenger gefangen. Es folgte vor Alexandria der ägyptische Segler RAHMANICH (-;100). Am 8.4. sank der britische Segler GEILAN BAHRI (-;19). Beim UT-Angriff am 10. 4. auf einen nach Suez fahrenden Konvoi beschädigte ein Treffer den Griechen FOTIS (12;3526), der noch Port Said erreichte. Auf dem Rückmarsch fiel Sprenger am nächsten Tag etwa 140 Seemeilen nordwestlich von Alexandria mit dem in Ballast fahrenden Briten IMPERIAL TRANSPORT (13;4648) noch ein Einzelfahrer durch UT-Schuß zum Opfer.

4. Unternehmung: 22.5. – 19.6.1917 gleiches Gebiet.

Erneut verseuchte *UC 34* am 26. und 27.5. die Einfahrt von Alexandria. Anschließend fielen sechs Minen vor Port Said, die am 30.6. den französischen Dampfer CALEDONIEN (82;4140) versenkten. Nach Beendigung der Minenoperation konnte *UC 34* am 2.6., 50 Seemeilen nördlich von Alexandria, den einlaufenden britischen Transporter CAMERONIAN (13;5861) versenken. Das Schiff mit Maultieren an Bord sank innerhalb von fünf Minuten. Es gab 42 Tote. Der italienische Segler LILIANA (-,70) folgte am 7.6. im gleichen Gebiet. Beim Passieren der Otranto-Straße am 17.6. bemerkte der Ausguck ein feindliches Flugzeug zu spät. Die Bomben fielen in bedrohlicher Nähe, richteten aber keine nennenswerten Schäden an. Trotz einiger fehlender Niete blieb das Boot tauchklar.

Die OSMANIEH gehörte der Khedival Main S. S. & Graving Dock Co. und kam als Truppentransporter zum Einsatz. (National Maritime Museum Greenwich)

HMS ATTACK wurde bei Yarrow gebaut und lief 32 Kn. (National Maritime Museum Greenwich)

Der Zerstörer mit hoher Fahrt laufend. (Imperial War Museum London)

Ab 16.7. kam das Boot unter das Kommando von Oblt.z.S. Horst Obermüller.

5. Unternehmung: 6.9. – 2.10.1917 Korfu und Malta.

Kurz nach dem Auslaufen griff ein U-Boot erfolglos mit zwei Torpedos an. Die am 8. 9. südlich von Korfu gelegten Minen beeinträchtigten den Gegner nicht. Nur die Beschädigung des britischen Dampfers BENGALI (01;5684) nördlich von Bengasi brachte einen Teilerfolg. Das nach Kalkutta laufende Schiff hatte Kohle an Bord. Dem Kapitän gelang es, das Schiff bei Derna auf den Strand zu setzen.

6. Unternehmung: 20.10. – 20.11.1917 östliches Mittelmeer.

Den Dampferweg südlich von Korfu verminte das Boot am 22.10. mit dreimal sechs Minen. Auf dem Weg nach Port Said gelang es, am 24.10. westlich von Kreta den Briten EUSTON (10;2841) durch UT-Schuß zu versenken. Der Kommandant erhielt am 1. 11. über FT Befehl, die syrische Küste aufzusuchen. Hier lagen vor Gaza und Askalon Monitore, die die türkischen Truppen beschossen. Wegen spiegelglatter See und zahlreicher Bewacher kam *UC 34* trotz mehrerer Anläufe nicht in Schußposition. Das Boot lief zur Ergänzung von Brennstoff und Proviant Beirut an und nahm anschließend Kurs auf Port Said. Etwa 56 Seemeilen nordwestlich schoß Obermüller am 12.11. aus einem Konvoi den britischen Dampfer BARBARY (01;4185) heraus, bei dem es drei Tote gab.

7. Unternehmung: 20. 12. 1917 – 8. 1. 1918 gleiches Gebiet.

Am 26.12. erreichte *UC 34* Alexandria, wo noch am Abend zwei kurze Sperren zu je drei bzw. vier Minen ausgelegt wurden. Nächstes Ziel war dann Port Said, wo zwei Tage später zweimal vier Minen fielen. Beim Abhören des gegnerischen Funkverkehrs stellte der Kommandant fest, daß seine erste Sperre beseitigt war. *UC 34* kehrte daraufhin nach Alexandria zurück und warf am 30.12. in die frisch geräumten Gewässer die restlichen drei Minen. Diese Taktik zerstörte am nächsten Tag den britischen Truppentransporter OSMANIEH (06; 4041). Das schnell sinkende Schiff nahm 199 Menschen mit in die Tiefe. Es war der zweite Truppentransporter, den *UC 34* innerhalb von 48 Stunden versenken konnte. Einen Tag vorher hatte der Gegner elf Seemeilen vor Alexandria die ARAGON (05;9588) durch UT-Treffer verloren. Das Schiff hatte über 2500 Soldaten an Bord; 610 Menschen fanden den Tod. Gleich danach versenkte *UC 34* den sichernden Zerstörer ATTACK (11;785;2-10,2 cm;2-7,5 cm;2 TR), ebenfalls mit einem UT-Schuß. Diesmal waren zehn Tote zu beklagen.

Nach der Rückkehr ging *UC 34* bis Ende März 1918 zur Instandsetzung ins Arsenal nach Pola.

8. Unternehmung: 31.3. – 14.4.1918 gleiches Gebiet.

Wieder stand das Boot am 6. 4. vor Alexandria. Hier erprobte Obermüller eine neue Variante des Minenlegens. Er warf die ersten Minen unmittelbar in das Kielwasser eines Minensuchverbandes. Mit der gleichen Taktik positionierte er zwei Tage später mit Erfolg die restlichen Minen, denn bereits am Folgetag sank der für Italien fahrende Norweger VASCONIA (99;3052). Zuvor hatte Obermüller einen Torpedotreffer gegen den einlaufenden britischen Frachter BENGALI (01;5684) erzielen können. Diesmal gelang es dem Kapitän nicht, wie im September 1917, sein Schiff durch Aufsetzen zu retten. Nun nahm *UC 34* Kurs auf Port Said, wo es am 9. 4. einen Konvoi mit Westkurs angriff. Dabei kam es zu einer Tauchpanne, in deren Verlauf das Boot mit 50° Vorlastigkeit in die Tiefe schoß. Mehrere Akku-Zellen liefen über, und es entwickelte sich Chlorgas. Die Unternehmung mußte abgebrochen werden.

Am 14.4. kehrte das Boot nach Cattaro zurück, um anschließend zur Reparatur nach Pola zu verlegen.

Mitte Juli erhielt Oblt.z.S. Hans Schüler das Kommando.

9. Unternehmung: 25.7. – 19.8.1918 östliches Mittelmeer.

Die erste Sperre legte *UC 34* am 1.8. in die Einfahrt von Port Said. Noch am selben Abend schoß Schüler im Schutz der Dunkelheit nordöstlich von Alexandria aus einem einlaufenden Konvoi das von Kalkutta kommende dänische Motorschiff COLUMBIA (15;5570) mit 8 700 t Stückgut heraus. Dieses Schicksal teilte fünf Tage später der britische Dampfer CLAN MACNEIL (02;3939) auf dem Weg von Karatschi nach Marseille. Nach dem Torpedotreffer zählte man an Bord zwölf Wasserbomben, die jedoch keinen Schaden anrichteten. Ein am nächsten Tag von Alexandria auslaufendes Geleit war zu stark gesichert. Das U-Boot steuerte nun wieder Port Said an, wo am 9. 8. die restlichen Minen nach eingehender Beobachtung in die gerade geräumten Fahrwasser geworfen wurden. Die gestiegene Zahl der Minensucher verhinderte weitere Opfer. Am nächsten Morgen konnte das Boot nördlich von Damiette Leuchtturm den französischen Segler PATRA (-;45) mit seiner Weinladung für Port Said versenken. Ein am Abend gesichteter Konvoi konnte zunächst entkommen, aber dem Boot gelang es, sich in der Dunkelheit vorzusetzen und einen nicht identifizierten Tanker in Brand zu schießen. Mit Rücksicht auf die Brennstofflage gab Schüler Befehl zur Rückkehr.

Das Boot wurde bis zur Räumung der Adriastützpunkte nicht mehr seeklar und mußte deshalb am 30. 10. vor Pola versenkt werden.

UC 35

(U-Flottille Pola; II. U-Flottille Mittelmeer)

Stapellauf: 6.5.1916

In Dienst gestellt am 4.10.1916 von Kptlt. Ernst von Voigt.

1. Unternehmung: 3.12. – 25.12.1916 Überführungsfahrt von Kiel nach Cattaro.

Das Boot durchquerte den Kaiser-Wilhelm-Kanal und die Nordsee, um sich in Zeebrügge über die Doversperre zu informieren. In der Nacht zum 8.12. passierte *UC 35* die gefährliche Enge. Die Straße von Gibraltar passierte von Voigt am 18.12. nachts. Am 25.12. machte das Boot in der Bocche di Cattaro fest.

2. Unternehmung: 18.2. – 11.3.1917 Korsika – Sardinien – Sizilien.

Seinen ersten Gegner fand von Voigt am 22. 2. westlich von Isola Marettimo mit dem britischen Segler NOSTRA SIGNORA DEL PORTO SALVO (95;136). Am folgenden Tag verminte *UC 35* die östliche Einfahrt der Bocche di Bonifacio, zwischen Korsika und Sardinien. Eine Ironie des Schicksals wollte es, daß ausgerechnet ein Minenschiff das Opfer wurde. Am 28.2. sank das französische Minenschiff CASSINI (94;925). Noch am selben Tag sprengte von Voigt die italienischen Segler GIUSTINA MADRE (-;35) und ELISABETTA CONCETTINA (-;45) 35 Seemeilen nördlich der Insel Linosa. Daran schloß sich am 3.3. 60 Seemeilen südöstlich von Malta der britische Frachter RIVER FORTH (07;4421) nach UT-Treffer an.

3. Unternehmung: 25.3. – 18.4.1917 Korsika.

Die Unternehmung begann mit einem Mineneinsatz am 1.4. vor Cap Korse. Bei hellem Mondschein griff das Boot am 4.4. 46 Seemeilen südöstlich von Cap d'Antibes den britischen Liner CITY OF PARIS (07;9239) mit zwei Torpedos an und versenkte das Schiff. 122 Menschen fanden den Tod.

4. Unternehmung: 6.5. – 30.5.1917 Golf von Genua.

Auf der Höhe von Kap Rosello kreuzte beim Anmarsch am 9. 5. der italienische Segler PEPPINO AIEL-

LO (-;113) den Weg des U-Bootes. Der Segler sank durch eine Sprengladung. Die Fischkutter SAN PIETRO (-;11), DIO TI GUARDI (-;11) und L'ORIENTE (-;11) schlug man leck. Am nächsten Tag verschwand vor Marettimo der italienische Segler LEONE DECIMO TERZO (-;78) mit Phosphat aus Afrika für Italien. Die Ausbeute an den folgenden Tagen nahm sich eher bescheiden aus. Vor Cap Figari an der Ostküste Sardiniens sanken am 11. 5. die italienischen Segler MADDALENA MADRE (-;87), ROSALIA MADRE (-;95), SAN ANTONIO (-;40), LUISA MADRE (-;85) sowie 18 Seemeilen vor Monte Christo der britische Segler LIMASOL (-;100) auf seinem Weg von Genua nach Cypern. Am 13. 5. abends legte das Boot zwei Teilsperren zu je sechs Minen in der Einfahrt von Genua. Erfolglos blieben die beiden Kurzsperren zu je drei Minen vor dem Kriegshafen La Spezia, die von Voigt am nächsten Morgen ausbrachte. Nur vor Genua kam es noch am 25. 6. mit dem einlaufenden Briten ANATOLIA (98;3847) zu einem meßbaren Ergebnis. Anschließend suchte *UC 35* wieder den unmittelbaren Kampf gegen die Handelsschiffahrt. Vor Albenga traf es den schwedischen Dampfer HILONIAN (80; 2921) nach einem UT-Angriff. Ihm folgte auf dem Rückmarsch am 23. 5. östlich von Korsika der griechische Segler PIPITSA (05;224). Auf Höhe von Kap Carbonara/Sardinien ging am 24.5. der britische Segler MCCLURE (00;220) mit Kabeljau für Neapel verloren. Schließlich konnte *UC 35* noch am 25. und 26.5. die italienischen Segelschiffe NICOLINO (-;120) und RISORGIMENTO (-;222) auf die Erfolgsliste setzten.

5. Unternehmung: 6.6. – 13.6.1917 ins Ionische Meer.

Wieder einmal ergebnislos blieben die am 8. 6. nördlich von Korfu gelegten Minen. Zwei Tage später griff *UC 35* vor der Insel Sapienza einen Konvoi an und versenkte den französischen Truppentransporter ANNAM (99;6075) mit einem UT-Schuß. Die Begleitzerstörer belegten das Boot mit Wasserbomben, die die Treibölbunker beschädigten, so daß eine Ölspur entstand. Die Fahrt mußte abgebrochen werden.

Einen Tag nach der Rückkehr übernahm Oblt.z.S. Hans Korsch das Kommando über *UC 35*, das zur Reparatur in die Werft ging.

6. Unternehmung: 5.8. – 28.8.1917 Golf von Genua.

Diesmal trug der Mineneinsatz Früchte. Die am 8.8. vor Livorno plazierten Minen blieben vom Gegner unentdeckt. Das wurde am 17.8. dem italienischen Handelsschiff SAN ROSSORE (-;5601) fast zum Verhängnis, aber es erreichte noch den Hafen. Dem Dampfer ANTEO (90;2774) erging es schlechter, als er am 12.11. auf die Sperre lief. Seine Ladung Kohle nahm er mit in die Tiefe. Am 14.8. traf es den Dampfer UMBERTO I (78;2889), den Korsch im Golf von Genua aus einem Geleit herausschoß. Bei San Remo traf es am 17.8. den Segler LORENZINA AIELLO (-;120), und auf dem Rückweg erwischte es noch am 26.8. östlich von Sizilien den Segler MARIA DEL CARMINE (-;108).

7. Unternehmung: 27.9. – 17.10.1917 gleiches Gebiet.

An die Wirkung der Minen von der 6. Unternehmung konnte das Boot am 5. und 6.10. vor Genua, Cogoletto und Savona nicht anknüpfen. Mehr Glück hatte Korsch mit seinen anderen Waffen. Bereits am 3. 10. versenkte er bei Cap Figari und Isola Gigli die italienischen Segler ELISA (-;178) und GIUSEPPE FERRANTE (-;51). Am 11. 10. griff er vier Seemeilen nordöstlich von Savona einen für Livorno bestimmten Konvoi an und versenkte nach zäher Verfolgung die beiden italienischen Frachtschiffe ITALIA (09;3456) und LOVLI (16;7212) sowie den Briten CAYO BONITO (01;3427), auf dem fünf Seeleute starben. In das KTB konnte für den 1.10. die Torpedierung des italienischen Dampfers TRIPOLI (12;1743) bei Cap Ferro/Sardinien eingetragen werden. Das Schiff erreichte aber noch einen Hafen.

8. Unternehmung: 7.11. – 12.11.1917 nach Brindisi.

Ergebnislos.

9. Unternehmung: 18.11. – 10.12.1917 Golf von Genua.

Auf dem Anmarsch schoß Korsch am 22.11. 25 Seemeilen westlich von Marettimo aus einem westlich laufenden Konvoi den Briten KOHISTAN (08;4732) mit einem UT-Schuß heraus. Es folgte der erste Teil der Minenoperation am 25.11. mit fünf und vier Minen vor Livorno. Dicht unter der Küste griff das Boot am 27. 11. den britischen Dampfer THORNHILL (11;3848) an, der aber noch bei Porto Mauritzio auflaufen konnte. Nun setzte das Boot seinen Mineneinsatz vor Diano Mario am 28. 11. mit neun Minen fort, die auch in Teilsperren ausgelegt wurden. Zuletzt schoß das Boot am 4.12. den italienischen Segler ALBERTO VERDERAME (-;195) ab. Die Minen vor der italienischen Riviera beendeten am 29.11. die Fahrt des US-Tankers ALBERT WATTS (-;3302).

Nach seiner Rückkehr kam *UC 35* zur II. U-Flottille Mittelmeer und verlegte zur Grundüberholung nach Pola.

10. Unternehmung: 25.3. – 11.4.1918 Sardinien und Golf von Genua.

Auf dem Weg zum Einsatzgebiet versenkte das Boot am 31.3. auf Höhe von Barri Sardo den italienischen Segler Immacolata (-;35). Am Tag darauf verminte *UC 35* die Einfahrt nach Olbia (Terra Nova). Anschließend steuerte Korsch Livorno an, um am 2. 4. die nördliche Ausfahrt zu sperren. Zwei Tage später entdeckte das Boot im Golf von Genua ein Geleit von vier Frachtern mit westlichem Kurs. Ein Torpedotreffer verhinderte die Ankunft des französischen Dampfers Liberia (87;1942) in seinem Bestimmungshafen Marseille. Zum Ende der Feindfahrt durchbohrten Granaten vor Cap Caccia das italienische Segelschiff Camelia (70;396).

11. Unternehmung: 28.4. – 16.5.1918 an die Riviera.

Es sollte die letzte Feindfahrt von *UC 35* werden. Das Boot hatte sich am 5.5. seiner Minen vor Cannes und Villa Franches entledigt und ging anschließend zur freien Jagd über. Vor der französischen Riviera sanken am 9. 5. die italienischen Dampfer Togo (82;1484) und Deipara (86;2282) sowie am 12.5. der französische Frachter Pax (-;798). Zuletzt traf es am 15. 5. den Spanier Villa de Soller (03;450). Anschließend gab Korsch Befehl zum Rückmarsch. Am 16. 5. 1918 griff *UC 35* vor Cap Frasca auf 39°48'N-07°42'O zwei Segler an. Dabei übersah Korsch den französischen Marinetrawler Ailly (-;-; 2-10 cm), der auf eine Entfernung von 5 000 Metern das Feuer eröffnete und sofort mehrere Volltreffer erzielte. Die vorderen Tauchzellen und der Turm wurden beschädigt. Die Preßluftleitung erhielt einen Treffer, und beim Versuch zu Tauchen, sank *UC 35*. Nur ein Mann überlebte.

UC 36

(U-Flottille Flandern)

Stapellauf: 25.6.1916

In Dienst gestellt am 3. 11. 1916 von Oblt.z.S. Gustav Buch.

1. Unternehmung: 1. 2. – 3.2.1917 Überführungsfahrt nach Flandern.

Ohne Feindberührung.

2. Unternehmung: 10.2. – 15.2.1917 englische Ostküste.

Ohne die üblichen Minen ging das Boot auf Feindfahrt und hielt am 12. 2. vor Yarmouth den norwegischen Motorsegler West (16;378) an, der Kohle für den Gegner an Bord hatte. Seine Versenkung blieb der einzige Erfolg.

3. Unternehmung: 15.3. – 28.3.917 Englischer Kanal und bretonische Küste.

Am Westausgang des Kanals, 24 Seemeilen nördlich von Quessant, sank am 17.3. nach UT-Treffer der dänische Frachter Russia (89;1617) mit 1 449 t Kohle für Montevideo. Diesmal hatte das Boot wieder seinen gesamten Minenvorrat an Bord, den es im Chenal du Four und vor Brest auslegte. Vor Penmarch traf es erneut zwei Neutrale, und zwar die Norweger Brode (05;2363) und Kong Inge (10;867), die Kohle für den Gegner transportierten. Das dritte norwegische Handelsschiff war die Hugin (01;1595), das in der Audierne Bucht sank. Das gleiche passierte am nächsten Tag einem nicht identifizierten Dampfer von etwa 1500 BRT, der nach UT-Schuß rasch in die Tiefe ging. Vor der Ile de Groix zerstörten am 25.3. Granaten den französischen Segler Leontine (81;201). Der Brite Baynaen (04;3227) erhielt einen UT-Treffer, der fünf Mann tötete. Seine Ladung Zucker, die er in Dakar übernommen hatte, erreichte nicht Le Havre. Kurz vor dem Rückmarsch sank am Abend noch der französische Fischkutter Etoile Polaire (-;33).

4. Unternehmung: 18.4. – 2.5.1917 gleiches Gebiet.

UC 36 legte am 21. 4. im Chenal du Four einen Teil seiner Minen, durch jene am 24. 4. der britische Dampfer Kenilworth (95;2735) sank. Die Sperren

Das Minenboot UC 36 klar zum Auslaufen. (Bibliothek für Zeitgeschichte Stuttgart)

UC 37 und *UC 34* längsseits der GÄA.
(Wiss. Inst. für Schiffahrts- und Marinegesch.)

vor Brest und in der Durchfahrt zwischen Ile de Sein und der Küste waren umsonst. Anschließend sanken zwischen dem 23. und 25.4.1917 vor Belle Ile der italienische Frachter Savio (88;1922) und vor der Loire-Mündung der französische Segler La Providence (21;272). Nach Belle Ile zurückgekehrt, erwischte *UC 36* den britischen Dampfer Hirondelle (90;1648) in einem Konvoi. Es folgte am 27.4. auf dem Rückweg vor Quessant der Norweger Verjo (04;1002), den Buch aus einem Konvoi von zwölf Schiffen im UT-Angriff herausschoß. Am nächsten Tag hielt der Kommandant bei Shamrock Knoll den russischen Frachter Condor (04;3562) an und prüfte die Papiere. Eine Sprengpatrone verursachte eine größere Explosion, denn er hatte u.a. Granaten und Sprengstoff für Gibraltar an Bord.

5. Unternehmung: 16.5.1917 – ? Englischer Kanal.

Die Verlustursache konnte bis heute nicht geklärt werden. Nachweisbar sind die Sperren vom 17. bzw. 18.5. vor Nab Feuerschiff. Darauf sanken noch am 18.5. die britischen Frachtschiffe Elford (15;1739) und Camberwell (03;4078) sowie der Marinetrawler Lucknow (03;171). Sicher ist auch der Verlust des britischen Dampfers Corbet Woodall (08;917) am 30.5. Danach verliert sich die Spur von *UC 36*. Es sollte zusammen mit *UC 70* und vier weiteren Booten militärische Objekte bei St. Peter Port bzw. St. Helier auf den Kanalinseln Guernsey und Jersey unter Beschuß nehmen.

UC 37

(U-Flottille Pola; II. U-Flottille Mittelmeer; U-Halbflottille Konstantinopel)

Stapellauf: 5.6.1916

In Dienst gestellt am 13.10.1916 von Oblt.z.S. Otto Launburg.

1. Unternehmung: 23.12.1916 – 12.1.1917 Überführungsfahrt von Helgoland zum Mittelmeer.

UC 37 nahm den Weg durch den Kanal. Bis vor Portugal machten schwere Stürme jede Waffenanwendung unmöglich. Erst vor Porto gelang es am 1.1.1917 den Norweger Britannic (88;2289) mit Eisenerz für Barrow anzuhalten und zu versenken. Am nächsten Tag wiederholte sich der Vorgang 30 Seemeilen westlich von Cap da Roca mit den beiden griechischen Frachtschiffen Dimitrios Goulandris (95;3744) und Aristotelis C. Ioannou (00;2868). Sie kamen von Buenos Aires mit Mais für England. Vor Lissabon traf es den französischen Segler Notre Dame du Berger (10;227). Am 3.1. verbuchte Launburg vor der spanischen Westküste die Vernichtung des französischen Seglers Capricieuse (04;156) und des Norwegers Fama (89;2417). Der italienische Dampfer Luigi Ciampa (01;3988) mit 5 000 t Weizen aus den USA für Gibraltar brachte den größten Erfolg. Die Gibraltarenge sollte in der Nacht zum 5. 1. passiert werden. Zuvor setzte das Boot aber seine Erfolgsserie mit dem russischen Segler Seemel (03;209) vor Kap Spartel fort, dem der britische Dampfer Wragby (01;3641) mit 5 000 t Kohle für Gibraltar folgte. Von Cardiff kam der französische Segler Liberté (03;166) mit 250 t Kohle für Marseille hinzu. Den Abschluß bildete das italienische Vollschiff Combermere (81;1718), das von Genua kam und nach Pensacola wollte.

2. Unternehmung: 15.2. – 17.2.1917 apulische Küste.

Ohne Ergebnis.

3. Unternehmung: 20.2. – 7.3.1917 tunesische und algerische Küste.

Diesmal setzte *UC 37* am 24. 2. westlich von Bizerta drei schräg gestaffelte Teilsperren zu je sechs Minen. Östlich von Algier torpedierte Lauenburg am 26.2. den italienischen Dampfer Gerolamo Ulloa (07;4283), der bei Tigzirt strandete. Später abgeborgen, konnte er nach Algier eingeschleppt werden. Am Abend traf *UC 37* den griechischen Dampfer Victoria (81;1388) im Unterwasserangriff. Fünf Tage später beeinträchtigte Launburg die britische Kohleversorgung der Royal Navy in Malta, als er auf der Höhe von Cap Sigli den Briten Craigendoran (99;2789) mit 4000 t Kohle in die Tiefe schickte. Der Kapitän und der Maschinist wurden gefangengenommen. Auf dem Rückmarsch trafen Granaten am 5.3. im Malta-Kanal den italienischen Segler Salvatore (03;119). Auf der Minensperre ging am 21.4. der britische Dampfer Warrior (01;3674) verloren.

4. Unternehmung: 22.3. – 7.4.1917 gleiches Gebiet.

Wieder waren die Gewässer westlich von Bizerta das Ziel der Minenoperation, die am 27. 3. ohne Ergebnis beendet wurde. Die letzte Mine war von Bord, als *UC 37* das für den Tigris bestimmte Flußkanonenboot *Nr. 62* (-;200) anhielt und versenkte. Drei Offiziere und zwölf Soldaten stiegen vom Raddampfer in Rettungsboote. Der am 31. 3. östlich von Algier torpedierte französische Dampfer Galatee (08;3062) konnte sich noch bei Cap Corbelin auf den Strand setzen, brach aber danach in zwei Teile auseinander. Er wurde repariert und wieder in Dienst gestellt. Zum Ende der Feindfahrt trafen Torpedos östlich von Bone am 3.4. die französischen Frachter Saint Simon (12;3419) und Ernest Simons (94;5555). Tags darauf beendeten Sprengpatronen die Fahrt des italienischen Seglers San Giovanni Battista (-;46).

5. Unternehmung: 26.4. – 9.5.1917 nordafrikanische Küste. Gleiches Gebiet.

Beim Anmarsch traf es am 28.4. bei Malta den italienischen Segler Niobe (-;66). Vierundzwanzig Stunden später folgte in der Straße von Sizilien der italienische Segler Giuseppe Maria (-;99) mit seiner Phosphatladung auf dem Weg von Tunis nach Italien. Am nächsten Morgen legte Launburg noch bei Dunkelheit alle Minen auf den Schiffahrtsweg östlich von Bone, worauf am 5. 5. der britische Dampfer Harmattan (11;4792) und sogar noch am 15.6. der italienische Frachter Assunzione (89;3770) sanken. *UC 37* setzte im Kanal von Galité seine Angriffstätigkeit mit dem französischen Truppentransporter Colbert (08;5394) fort, der 159 Soldaten und 950 Maultiere in Marseille für Saloniki an Bord genommen hatte. Nach dem Torpedotreffer sank das Schiff binnen fünf Minuten mit 51 Mann. Einen weiteren Torpedotreffer erzielte Launburg am 2.5. östlich von Algier auf dem britischen Dampfer Camerata (10;3723), der noch das Ufer erreichte. Zuletzt ging auf dem Rückmarsch am 5.5. nördlich von Bizerta die Phosphatladung mit dem italienischen Segler Dina di Lorenzo (-;127) verloren.

Nach der Rückkehr erhielt das Boot in Pola eine Grundüberholung.

Vom 2.7.1917 an hatte Willy List das Kommando.

6. Unternehmung: 28.7. – 17.8.1917 nordafrikanische Küste. Gleiches Gebiet.

Routinemäßig brachte das Boot zunächst am 1. 8. westlich von Bizerta drei Kurzsperren mit insgesamt 14 Minen aus und legte dann am nächsten Morgen die restlichen vier Minen in die Fahrwasser östlich von Kap de Fer, die alle nutzlos waren. Einziger Erfolg war die Versenkung des französischen Handelsschiffes Breton (86;3739) am 8.8. an der östlichen Einfahrt des La Galité-Kanals mit Getreide an Bord.

7. Unternehmung: 20.10. – 14.11.1917 Gebiet von Kreta.

Diesmal verminte *UC 37* am 24.10. den Kanal von Cervi zwischen Kythera und dem Peloponnes. Ziele gab es nur noch für die Geschützbedienung. Am 31. 10. traf es östlich von Kreta den griechischen Segler Evangelistria (-;17) und am 3.11. die A.S. 160 (-;20). Der 1.11. brachte das Ende des italienischen Seglers Marigo (-;24), dem am 5. 11. die Caterina (-;30) folgte. Schließlich trafen Granaten am 14.11. an der Nordküste Kretas einen unbekannten Segler von etwa 14 BRT.

8. Unternehmung: 13.12.1917 – 9.1.1918 in das Gebiet der Kykladen.

Operationsziel war das Gebiet westlich der Insel Melos, wo *UC 37* am 18.12. fünf, vier und eine Mine legte. In der nächsten Nacht schloß sich der Doro-Kanal zwischen Andros und Euböa an. Die Melos-Sperre beschädigte am 23. 12. den britischen Dampfer Dunedin (09;4796), der eingeschleppt werden konnte.

Nach der Rückkehr gehörte *UC 37* zur II. U-Flottille Mittelmeer. Das Kommando übernahm Oblt.z.S. Otto Kümpel.

9. Unternehmung: 7.2. – 21.2.1918 Ägäis.

Der Kommandant beobachtete lange Zeit den Schiffsverkehr, bevor er am 11.2. die Zufahrt nach Piräus sorgfältig verminte. Der einlaufende britische Frachter WAIHEMO (-;4283) mit Mais von Port Natal war am 17.2. das Opfer. In Fortsetzung des Kampfeinsatzes sprengte *UC 37* den griechischen Segler AGHIOS NICOLAOS (-;20). Am 14.2. sank bei Syros nach UT-Treffer der britische Frachter VENTMOOR (00;3456) und am 15.2. die SAN RITO (16;3310). Am nächsten Tag mußte das Boot wegen einer Maschinenhavarie den Rückmarsch antreten.

10. Unternehmung: 16.3. – 31.3.1918 griechische Westküste und Ägäis.

Zuerst steuerte *UC 37* den Hafen von Kalamata an und legte dort eine Sperre. Danach nahm es Kurs auf die Kykladen, wo Kümpel am 21.3. im UT-Angriff aus einem Geleit den italienischen Frachter TERMINI (06;1523) herausschoß. Am 23.3. früh fielen die übrigen Minen vor Melos. Zwei Tage später erzielte *UC 37* einen UT-Treffer gegen den Briten WARTURM (08;4965), der aber noch Melos erreichte. In die Bucht von Thera drang das Boot am 26.3. ein, wo ein Landungskommando im Handstreich die Hafenanlagen zerstörte und drei kleinere Segler versenkte. Als sich der Gegner von der Überraschung erholt hatte, setzte heftiges MG-Feuer ein, das einen Mann verwundete und *UC 37* zum sofortigen Rückzug zwang.

Nach seiner Rückkehr mußte *UC 37* bis Ende Juni 1918 zur Instandsetzung nach Triest.

11. Unternehmung: 1.7. – 18.7.1918 Ägäis.

Beim Unterwassermarsch durch die Straße von Otranto in der Nacht zum 2. 7. leckte der Druckkörper. Trotzdem entschloß sich der Kommandant, die Fahrt fortzusetzen. Am 6.7. sperrte er zunächst die Durchfahrt von Kythos. Zwei Tag später versenkte das Boot östlich der Insel Andros den griechischen Segler SAN NICOLA (-;50) mit einer Ladung Mais für Mytilene. Dem folgte am 14.7. ein kleinerer Segler westlich von Chios. Danach mußte *UC 37* die Operation wegen größer werdender Druckkörperschäden abbrechen. Ein nochmaliges Passieren der Otrantoenge mit dem tauchunklaren Boot erschien Kümpel nicht ratsam. Er entschloß sich deshalb, Konstantinopel anzulaufen. Südlich von Lemnos erhöhte sich am 15.7. die bisher eher magere Ausbeute um zwei kleinere griechische Segler. Drei Tage später machte *UC 37* am Goldenen Horn fest und kam zur U-Halbflottille Konstantinopel.

12. Unternehmung: 12.8. – 3.9.1918 nördliche Ägäis.

Nach erfolglosem Angriff auf einen Konvoi im Golf von Saloniki am 17. 8. versenkte das Boot am selben Tag einen griechischen Segler von ca. 75 BRT mit Wein an Bord. Am nächsten Abend setzte Kümpel bei den nördlichen Sporaden zwischen Skiathos und Skopelos seine Minen ab, um anschließend wieder zur freien Jagd überzugehen. Erste Beute wurde am 19. 8. abends westlich von Lemnos der britische Marinedampfer MARIE SUZANNE (98; 3106) mit einer Kohleladung. Weitere lohnende Ziele gab es nicht, und so begnügte sich der Kommandant zwischen dem 19. und dem 29. 8. im Gebiet von Skyros mit 17 kleineren griechischen Seglern, die eine Gesamttonnage von etwa 720 BRT hatten. Um größere Ziele zu finden, nahm *UC 37* Kurs auf den Golf von Orphani. Im Hafen von Stavros sichtete Kümpel am 30. 8. Kriegsschiffmasten. Er drehte sofort bei und schlich in Sehrohrtiefe im Kielwasser einlaufender Fischtrawler durch die Netzlücke ins Hafeninnere. Im Fadenkreuz zeigten sich vier unter Dampf liegende Zerstörer und mehrere kleinere Monitore. Davor lagen ein größerer Monitor und ein Kreuzer der britischen Juno-Klasse. Nach dem Abfeuern zweier Bugschüsse auf die beiden größten Ziel wollte er wenden, um nach dem Heckschuß sofort ablaufen zu können. Das KTB hielt die Ereignisse wie folgt fest: »5.03 Uhr Nm. Alle Rohre fertig. 5.14. Uhr Nm. I. Rohr los. Schußentfernung 1200 m. Kreuzer krängt stark und beginnt achtern tiefer zu sinken. 5.16 Uhr Nm. II. Rohr los. Fehlschuß. Schußentfernung 1500 m. Nach dem Losmachen mit Hartruder abgedreht. Boot schneidet hierbei unter, so daß ich nicht feststellen kann, ob der Torpedo gelaufen oder fehlgegangen ist, bzw. ob das Ziel unterschossen wurde. Sofort nach dem ersten Schuß eröffnen alle Schiffe in erstaunlich schneller Bereitschaft das Feuer. Aufschläge leichten, mittleren und schweren Kalibers liegen rings um das Sehrohr. Da das Boot dauernd eingedeckt wird und ein Fischdampfer sofort nach der Torpedodetonation auf die Sperrlücke zuhält, gehe ich kurze Zeit auf 15 m. Beim Hochgehen auf Sehrohrtiefe ist das Ziel für das Heckrohr bereits durchgewandert. Ein Zurückdrehen ist wegen der Möglichkeit des Schließens der Sperre durch den Fischdampfer und wegen der Nähe der Netzsperre nicht mehr möglich. Unter heftigem Artilleriefeuer, das den Fischdampfer am Schließen der Lücke hindert, laufe ich mit größter Fahrt ab.« Welches Kriegsschiff er getroffen hatte, konnte Kümpel nicht feststellen. Auch britische Quellen geben hierzu keine Auskunft. *UC 37* suchte sofort die freie See und entging nur knapp der einsetzenden Verfolgung.

13. Unternehmung: 28.9. – 19.10.1918 nördliche Ägäis.

Nach der Vorpostentätigkeit zwischen Gallipoli und der Halbinsel Chalkidike legte *UC 37* am 17.10. in Erwartung alliierter Landungen 18 Minen in die Durchfahrt nördlich der Insel Thasos. Das Boot kehrte am 19.10. nach Konstantinopel zurück.

Nach Inkrafttreten des Waffenstillstandes zwischen der Türkei und den Alliierten am 1.11.1918 wurden die Boote der U-Halbflottille nach Sewastopol überführt. Dort stellte die Besatzung am 14. 11. 1918 *UC 37* außer Dienst. Großbritannien erhielt das Boot und wrackte es 1919 in Malta ab.

UC 38

(U-Flottille Pola)

Stapellauf: 5.6.1916

In Dienst gestellt am 19.10.1916 von Oblt.z.S. Alfred Klatt.

1. Unternehmung: 6.1. – 23.1.1917 Überführungsfahrt ins Mittelmeer.

UC 38 legte am 6.1. in Emden ab und nahm den Weg durch den Englischen Kanal.

2. Unternehmung: 13.2. – 6.3.1917 Tyrrhenisches Meer.

Der erste Mineneinsatz führte das Boot nach Neapel. Beim Anmarsch verschwand am 16.2. in der Straße von Sizilien der griechische Dampfer LAERTIS (12;3914). Nach dem Auslegen der Sperre am 18. 2. fahren vier Tage später die italienischen Segelschiffe MICHELINO (-;20) und VINCENZINO (-;20) hinein. Südlich von Elba versenkte *UC 38* am 20. 2. den Norweger DORAVORE (87;2760). Die italienische Segelschiffsflotte wurde am 22. 2. östlich von Solenzara um APE (13;301), ADELINA (74;528), GIOVANNI P. (86;105) und SAN MICHELE (-;583) dezimiert. Ihnen folgte am 24.2. sieben Seemeilen östlich von Siniscola der Segler ALBINA (03;187). Auch die ELENA M. (-;125) und S. CIRO PALMERINO (-;113) waren italienische Segelschiffe, die drei Tage später nordwestlich von Palermo von der Meeresoberfläche verschwanden.

3. Unternehmung: 21.3. – 13.4.1917 Tyrrhenisches Meer.

Der Einsatz begann wieder mit der Versenkung eines italienischen Segelschiffs, diesmal EMANUELE (-;16) am 24.3. im Malta-Kanal. Einen Tag später legte *UC 38* drei Minen in die östliche Durchfahrt der Insel Favignana. Am nächsten Morgen ergänzte Klatt unterhalb von Trapani die Sperre mit weiteren sechs Minen. Am Abend fielen dann bei Kap Gallo noch vier und vor Palermo die letzten fünf Minen, jedoch ohne Wirkung zu erzielen. Das änderte sich dann auf dem Weitermarsch nach Norden, wo am 31. 3. vor Porto d'Anzio der in Ballast fahrende britische Frachter BRODNESS (94;5736) nach einem UT-Treffer seine letzte Reise antrat. Ein noch empfindlicherer Verlust traf den Gegner, als der Brite WARREN (99;3708) am 1. 4. nachts südwestlich Civitaveccia mit 5 500 t Gerste aus Karatschi kommend sank. Der Kapitän geriet in Gefangenschaft. Zwei Tage später zündeten an der Ostküste Siziliens Sprengpatronen auf den italienischen Seglern ANNUNZIATA A. (-;206), DOMENICO (-;260), CATERINA R. (-;214) und NUOVA MARIA DI PORTO SALVO (-;48). Sie transportierten Phosphat von Tunis nach Livorno.

Nach der Rückkehr kam das Boot zur Grundüberholung nach Pola.

4. Unternehmung: 7.6. – 18.6.1917 Golf von Tarent und Sizilien.

Wieder einmal blieben die am 10.6. vor Tarent ausgelegten Minensperren ohne Wirkung. Ein Überwasserangriff am 13.6. morgens auf der Höhe von Cap Spartivento vernichtete den britischen Dampfer ST. ANDREWS (06;3613). Zwei Tage später schoß Klatt südlich der Straße von Messina aus einem nach Norden laufenden Geleit den Briten PASHA (02;5930) heraus. Die Gerste aus Karatschi konnte nicht mehr in La Spezia gelöscht werden. Etwas besser erging es der ELVASTON (-;4130), die wenigstens noch die Ladung nach Messina bringen konnte. Ein anderer Konvoi verlor kurz darauf den französischen Dampfer SAINT LOUIS (13;5202), der nach einem Torpedotreffer noch Messina unter Schlepperassistenz erreichte.

5. Unternehmung: 30.6. – 22.7.1917 Ägäis.

Von der Minensperre am 5.7. zwischen Paros und Mykonos hörte man nichts mehr. Trotzdem erhöhte der Einsatz die gegnerische Verlustquote. Es begann am 12. 7. in der Durchfahrt zwischen Andros und Euböa mit dem US Tanker GRACE (12;1861), dem am 15.7. die britische U-Falle REDBREAST (08;1313) und der griechische Segler L.B.S. 1011 (-;20) sowie L.B.S.29 (-;10) folgten. Zerstörer eskortierten am

Die britische U-Falle Redbreast. (National Maritime Museum Greenwich)

16.7. abends den britischen Dampfer Firfield (-;4029), den *UC 38* trotzdem erwischte. Am 17.7. früh sank 16 Seemeilen südlich von Ikaria nach einem Überwasserangriff der britische Minensucher Newmarket (07;833) mit 70 Mann. Nur drei Seeleute konnte von *UC 38* geborgen werden. Auf dem Rückmarsch sprengte die Besatzung am 18.7. nördlich von Kreta noch den griechischen Segler K. 507 (-;40).

Am 5.8.1917 übernahm Oblt.z.S. Hans Hermann Wendlandt das Kommando.

6. Unternehmung: 25.8. – 4.9.1917 in das Gebiet von Sizilien.

Das Boot verseuchte am 28. 8. die Straße von Messina mit 13 und fünf Minen. In der größeren Sperre sank noch am selben Tag der italienische Dampfer Scilla (96;397). Nach Abschluß des Mineneinsatzes zerstörte *UC 38* den italienischen Segler Pasqualino Carmelo (-;61). Der folgende Tag brachte auf 36°12'N-13°56'O den Untergang des britischen Frachters Vronwen (-;5714). Er fuhr mit Kohle von Newcastle nach Port Said in einem Geleitzug. Die Sicherungsfahrzeuge warfen vier Wasserbomben, die aber zu weit ab lagen. Eine Ruderhavarie zwang drei Tage später zum Abbruch der Operation.

7. Unternehmung: 16.9. – 3.10.1917 Peloponnes und Kreta.

Am Morgen des 19. 6. begann *UC 38* mit seiner Minentätigkeit im Golf von Patras. Als erstes wurde die Lücke in der Netzsperre mit vier und zweimal drei Minen geschlossen. Dabei kam das Boot während der Unterwasserfahrt im Netz fest, konnte sich aber nach längerem Manövrieren wieder befreien. Die restlichen drei Minen fielen südlich der Einfahrt des Golfes von Patras. Eine Mine durchbrach die Wasseroberfläche und verriet so das Feld. Am 22. 9. trafen Granaten westlich von Kreta den griechischen Segler Garifalia (90;430). Die Agios Nicolaos (11;119) erlitt einen Tag später das gleiche Schicksal.

8. Unternehmung: 27.10. – 19.11.1917 Peloponnes und syrische Küste.

Nach Verminung der Ansteuerungswege des Golfes von Patras steuerte *UC 38* Kreta an, wo Wendlandt westlich der Insel am 3.11. aus einem aus Suez kommenden Konvoi den Griechen NEFELI (12;3868) mit 5 500 t Weizen für Syracus herausschoß. Südöstlich von Kreta wiederholte sich das Manöver vier Tage später mit dem amerikanischen Frachter VILLEMER (92;3627), der von Barcelona nach Singapur wollte. Über Funk erhielt das Boot den Befehl, Kurs auf die syrische Küste zu nehmen. Dort hatten britische Kriegsschiffe die türkische Frontlinie beschossen. Die Küste kam am 9.11. in Sicht, und zwei Tage später erreichte das Boot bei Der el Balah die Gazafront. Hier lagen mehrere Monitore und Zerstörer auf Reede. Wendlandt wartete bis zur Abenddämmerung und durchbrach dann getaucht die Bewacherlinie. Die Torpedos trafen den britischen Monitor *M 15* (15;540;1-23,4 cm;1-7,5 cm), der 26 Mann mit in die Tiefe nahm, und den Zerstörer STAUNCH (10;772;2-10,2 cm; 2-7,5 cm; 2 TR), der sieben Mann verlor. Beim Ablaufen geriet das Boot in die ausgelegten U-Boot-Netze und schleppte Teile im Kielwasser mit. Erst nachts gelang es, Turm und Netzabweiser freizuschneiden.

9. Unternehmung: 1.12. – 14.12.1917 Golf von Patras.

Die am 6.12. gelegten Minen beendeten den Einsatz des französischen Marinetrawlers TUBERREUSE (-;183). Jetzt hatte *UC 38* Befehl, in das östliche Mittelmeer zu verlegen. Doch am 13.12. griff Wendlandt östlich von Kephalonia den französischen Kreuzer CHATEAURENAULT (98;8200;2-16,3 cm;6-14 cm) mit zwei Torpedos an und versenkte ihn mit 15 Mann der Besatzung. Der Kreuzer hatte außerdem 985 Soldaten für Saloniki an Bord. Insgesamt konnten 1162 Mann gerettet werden. Sofort nahmen Sicherungszerstörer die Verfolgung auf. In 30 m Tiefe detonierten die Wasserbomben. Es kam zu starken Wassereinbrüchen durch das Heckrohr, und als auch noch die Lenzpumpe versagte, ließ Wendlandt sämtliche Tauchzellen aus-

Der französische Kreuzer CHATEAURENAULT wurde Opfer von *UC 38*. (Service historique de la Vincennes)

Die SAPHI rettete viele Überlebende des Kreuzers. (Service historique de la Vincennes)

An der Versenkung von *UC 38* war auch die MAMELUK beteiligt. (Service historique de la Vincennes)

Der britische Zerstörer STAUNCH nach der Indienststellung 1912. (National Maritime Museum Greenwich)

Der Vierschornsteinzerstörer THRASHER brachte es auf 30 Kn. (National Maritime Museum Greenwich)

blasen. Daraufhin schoß *UC 38* an die Oberfläche. Die französischen Zerstörer LANSQUENET (09;530,6-6,5 cm;3 TR), MAMELUK (09;6-6,5 cm; 3 TR) und SPAHI (08;530;6-6,5 cm;3 TR) konzentrierten ihr Feuer und töteten acht Mann. Ein Schwerverwundeter starb später an Land. Der übrigen Besatzung gelang es auszusteigen, ehe *UC 38* unter ihnen wegsackte.

UC 39

(U-Flottille Flandern)

Stapellauf: 25.6.1916

In Dienst gestellt am 29.10.1916 von Kptlt. Otto Tornow.

Am 1.2.1917 übernahm Oblt.z.S. Otto Ehrentraut das Kommando.

1. Unternehmung: 1.2 – 3.2.1917 Überführungsfahrt von Kiel nach Flandern.

Im Kaiser-Wilhelm-Kanal mit Schlepperhilfe wegen Eisgangs.

1. Unternehmung: 7.2. – 8.2.1917 englische Ostküste.

Ohne seine Minenladung kam Ehrentraut noch am Auslauftag aus Zeebrügge zum ersten Erfolg. Bei Noord Hinder Feuerschiff siegte die Artillerie des Bootes über den in Ballast fahrenden Norweger HANS KINCK (-;2667). Schon am nächsten Tag erwischte es vor Spurn Point den britischen Dampfer HANNA LARSEN (03;1311), den Kapitän nahm Ehrentraut gefangen. Eine Sprengladung beendete bei Flamborough Head die Fahrt des norwegischen Frachters IDA (83;1172). *UC 39* stoppte am 8.2. kurz nach 12.00 Uhr den britischen Frachtdampfer HORNSEY (98;1803) und nahm ihn unter Beschuß. Vom Geschützfeuer aufmerksam gemacht, eröffnete der britische Zerstörer THRASHER (95;355;1-7,5 cm; 5-5,7 cm) auf eine Entfernung von 2 500 m das Feuer auf *UC 39*. Das Boot versuchte Tiefe zu gewinnen, als eine in den Tauchstrudel geworfene Wasserbombe starke Wassereinbrüche verursachte. Sie zwangen das Boot wieder an die Oberfläche. Ein Granattreffer im Turm tötete den Kommandanten. Aus kurzer Distanz wurde das Boot gefechtsunfähig geschossen. Es gab sechs Tote. Die übrigen Besatzungsmitglieder gerieten in Gefangenschaft. Beim Versuch des Zerstörers ITCHEN (03;550;1-7,5 cm;5-5,7 cm;2 TR), das Wrack von *UC 39* abzuschleppen, sank das Boot um 16.20 Uhr etwa drei Seemeilen südlich von Flamborough Head auf 53°56'N-00°06'O.

UC 40

(I. U-Flottille, U-Flottille Flandern I)

Stapellauf: 5.9.1916

In Dienst gestellt am 1.10.1916 von Oblt.z.S. Gustav Deuerlich.

Frontverwendungsfähig am 15.12.1916

1.Unternehmung: 13.1. – 23.1.1917 englische Ostküste.

Trotz starker Bewachung warf das Boot die ersten sechs Minen am 17.1. früh vor Blyth. Dabei geriet *UC 40* beim Ansteuern der Legeposition zweimal auf Grund, ohne bemerkt zu werden. Am Nachmittag fielen vier Minen in die Fahrrinne bei Coquet Island. Die restlichen acht Minen legte Deuerlich am nächsten Morgen zu je vier vor Farn Island. Die Minen vor Blyth bewirkten am 22.1. das Ende des schwedischen Dampfers KAMMA (83;1516) mit Holz für Rouen an Bord.

2. Unternehmung: 16.2. – 22.2.1917 von Helgoland an die englische Ostküste.

Abbruch der Operation wegen Ölbunkerleckage.

3. Unternehmung: 15.3. – 21.3.1917 englische Ostküste.

Dort legte das Boot am 18.3. jeweils sechs Minen vor Seaham, Sunderland und vor der Mündung des Tyne. Danach mußte die Operation wieder vorzeitig beendet werden, weil das Sehrohr ausfiel. Trotzdem gab es noch einen kleinen Erfolg am 28.3. vor Sunderland mit dem britischen Schlepper Hero (-;66).

4. Unternehmung: 30.3. – 6.4.1917 gleiches Gebiet.

Auf dem Anmarsch versenkte die Besatzung am 1.4. nördlich der Doggerbank den dänischen Frachter Bergenhus (12:1017) mit Stückgut, das er in London geladen hatte. Zwei Tage später fielen wieder Minen vor Sunderland, Seaham und auf der neuen Position vor South Shields. Wenigstens vor Seaham gab es am 6.4. und 23.5. ein Ergebnis. In den Registern fehlten nun der britische Frachter Presto (05;1143) und der Norweger Gran (07;1153).

5. Unternehmung: 5.5. – 18.5.1917 englische und schottische Ostküste.

Nach Ausbringen der Minen auf dem Schiffahrtsweg nördlich von Whitby am 8.5. sowie nördlich von Hartlepool am 11.5. lief das Boot entlang der Küste nach Norden. Vor dem Firth of Forth stoppte Deuerlich am 15.5. einen Fischtrawler durch Warnschuß. Kaum saß die Besatzung in den Booten, eröffnete *UC 40* das Feuer, das der Gegner sofort mit deckenden Salven beantwortete. Nur Schnelltauchen rettete *UC 40*. Der vermeintliche Trawler entpuppte sich als die britische U-Falle Rosskeen, mit der schon drei Wochen zuvor *UC 29* aneinander geraten war. Die drei Wasserbomben richteten keinen Schaden an. Am nächsten Tag mußte *UC 40* wegen einer Maschinenhavarie umkehren. Vor Whitby versenkte am 10. 5. eine Mine den britischen Marinetrawler Lord Ridley (11;215).

6. Unternehmung: 16.6. – 2.7.1917 schottische Ostküste.

Diesmal hieß der Befehl für den 19.6. drei Kurzsperren zu je drei Minen vor Aberdeen. Dem schlossen sich am 25.6. auf gleicher Position zwei Sperren zu je fünf und vier Minen an, die am selben Tag den britischen Marinetrawler Gersina (-;227) vernichteten.

7. Unternehmung: 28.7. – 12.8.1917 englische und schottische Ostküste.

Während des Anmarsches tauchte am 30.7. westlich der Großen Fischer Bank der dänische Segler Amor (79;196) auf. Er kam mit 320 t Kohle von England und wollte nach Odense. Das verhinderte die Geschützbedienung des U-Bootes. Die am 3. 8. vor Whitby und Middlesborough gelegten Sperren brachten keinen Erfolg. Trotz anhaltend dichten Nebels gelang *UC 40* drei Seemeilen östlich von Whitby die Versenkung des britischen Dampfers Polanna (93;2345) nach UT-Schuß. Die Kohle vom Tyne für Dünkirchen ging in die Tiefe.

Am 16.8. wurde Oblt.z.S. Hermann Menzel neuer Kommandant.

8. Unternehmung: 5.9. – 16.9.1917 von Helgoland zu den Orkneys und Shetlands.

Zunächst lief *UC 40* vor den Firth of Forth. Dort scheiterte am 7. 9. der Angriff auf einen britischen Kreuzer genauso wie später der UT-Angriff auf einen Konvoi. Luftschiffe hatten das Boot frühzeitig unter Wasser gedrückt, so daß es nicht in die gewünschte Schußposition kam. So mußte sich Menzel auf dem Weg nach Norden am 8. 9. vor Peterhead mit der Zerstörung des britischen Fischkutters Family's Pride (-;39) begnügen. Am nächsten Morgen sanken die ersten Minen vor Kirkwall in die Tiefe. Am 10.9. abends folgten die nächsten in der Südeinfahrt von Lerwick auf den Shetlands. Kurz darauf schoß *UC 40* aus einem nördlich laufenden Konvoi den mit Kohle vom Tyne kommenden und für Harstad bestimmten britischen Frachter Parkmill (00;1316) heraus. Zwei Tage später erneuerte Menzel die Sperren in der Südeinfahrt von Lerwick. Anschließend brachte er auf Höhe des Bressay Leuchtturms einen Torpedo gegen den Briten Glenelg (04;4160) ins Ziel, der sich bei Lerwick auf Grund setzte. Schiff und Kohleladung konnten später geborgen werden. Es war schon überraschend, daß alle Sperren Wirkung zeigten. Vor Kirkwall sank am 9. 9. der britische Frachter Swiftsure (94;823), und vor Lerwick trug der Brite Margarita (03;2788) am 10. 9. schwere Schäden davon und mußte eingeschleppt werden. Auf der zweiten Sperre sank am 12. 9. der britische Marinetrawler Asia (05;309).

9. Unternehmung: 14.10. – 31.10.1917 von Brunsbüttel über den Ostweg in das gleiche Gebiet.

Erneut verminte *UC 40* die Gewässer vor Lerwick, wo am 21.10. der dänische Handelsdampfer Anglo Dane (74;808) mit 632 t Kohle sein Ende fand. Zuvor hatte Menzel am 19.10. das Einlaufen des russischen Frachters Slavonic (05;3604) verhindert. Der Däne Flynderborg (01;1400) ging nach UT-Treffer verloren. Anschließend fuhr *UC 40* an Fair Island vorbei zur Westseite der Orkneys, wo es am 22.10. im Westray Firth erfolglos die noch verbliebenen Minen legte. Das Boot kehrte nach Lerwick zurück und versenkte den russischen Einzelfahrer Woron (-;3342). Wenig später gelang ein UT-

Angriff auf den in einem einlaufenden Konvoi fahrenden britischen Frachter NOVINGTON (12;3442). Das Schiff kam mit einer Holzladung aus Archangelsk, die für Nantes bestimmt war. Nun saß das Schiff bei Bullingsburgh auf dem Strand. Überschattet wurde die sonst zur Zufriedenheit verlaufende Feindfahrt durch einen schweren Zwischenfall. Auf dem Rückmarsch wurde am 26. 10. der Bootsmaat Ditter von einer überkommenden See über Bord geschleudert und ertrank.

10. Unternehmung: 2.12. – 18.12.1917 auf gleichem Weg zu den Shetlands.

Die Operation stand unter keinem guten Stern. Beim Ausmarsch riß sich am 5. 12. auf Höhe von Skagen bei schwerer See ein am Oberdeck festgezurrter Reservetorpedo los und ging über Bord. Zwei Tage später verließen die ersten sieben Minen vor Lerwick das Boot. Am 8.12. griff *UC 40* einen einlaufenden Konvoi an und torpedierte den für die Sicherung eingesetzten britischen Hilfskreuzer GRIVE (05;2037). Das Schiff schleppte man nach Lerwick und setzte es auf Strand. Doch am 24. 12. kenterte das Schiff und ging endgültig verloren. Bei einem Angriff auf einen Konvoi am 9.12. drängte die Geleitsicherung das Boot ab und belegte es mit Wasserbomben, die in bedenklicher Nähe detonierten. Mehrere Ölbunker leckten, das Oberdeck wurde beschädigt. Dennoch blieb *UC 40* tauchklar und legte am 11. 2. eine zweite Sperre mit sechs Minen vor Lerwick. Der nächste Tag brachte nach einem UT-Schuß das Ende für den britischen Frachter LEONITAS (03;2099). Mit den restlichen fünf Minen verseuchte das Boot am 13. 12. nochmals die Einfahrt von Lerwick und machte sich anschließend auf den Rückweg. Alle Sperren wurden vom Gegner rechtzeitig geräumt.

11. Unternehmung: 21.1. – 9.2.1918 Shetlands und Orknays.

UC 40 legte am 25.1. vor Lerwick Südeinfahrt und am 28.1. an der Westküste der Shetlands sowie am 29.1. vor der Westeinfahrt nach Scapa Flow Sperren. Den Schluß bildete am 30.1. der Pentland Firth.

Alle Minen blieben erfolglos.

12. Unternehmung: 2.3. – 20.3.1918 schottische und englische Ostküste.

Dreimal zwei Minen setzte das Boot bei May Island und Bass Rock im Firth of Forth am 6. 3. Mit südlichem Kurs steuerte das Boot seinem nächsten Ziel entgegen und versenkte trotz starker Eskorte zwei Tage später vor der Tees-Mündung die beiden Briten INTENT (11;1564) und CORSHAM (18;2797), der neun Besatzungsmitglieder verlor. Am 10. 3. kreuzte *UC 40* wieder vor dem Firth of Forth auf und warf bei May Island die nächsten Minen. Noch am selben Tag sank der britische Marinetrawler COLUMBA (93;138). Da keine weiteren Ziele in Sicht kamen, ließ Menzel wieder Südkurs steuern. Vor Whitby traf es am 14. 3. den britischen Dampfer CASTLEFORD (97;1741) in einem stark gesicherten Konvoi.

13. Unternehmung: 23.4. – 12.5.1918 schottische und englische Ostküste.

Auf der am 27.4. erneut im Firth of Forth bei May Island gelegten Sperre sank am Folgetag der britische Marinetrawler EMLEY (11;223). Ebenfalls am 28.4. griff *UC 40* in einem Konvoi vor Longstone den britischen Frachter UPCERNE (06;2984) an. Das Schiff kam von Narvik mit Erz für Middlesborough und ging verloren. Der Wasserbombenverfolgung entzog sich *UC 40* mit wechselnden Kursen.

14. Unternehmung: 5.6. – 23.6.1918 schottische und englische Ostküste.

Eine erste Sperre wurde am 8.6. in der Nord- und in der Südeinfahrt des Firth of Forth ausgelegt. Dann versuchte das Boot sowohl am 9. als auch am 11. 6. an einen Konvoi heranzukommen. Jedesmal verhinderte eine starke See- und Luftsicherung einen Angriff. Erst vor Whitby traf Menzel auf den Franzosen AFRIQUE (11;2457) und schickte den Einzelfahrer mit einem UT-Schuß in die Tiefe. Anschließend kehrte *UC 40* zum Firth of Forth zurück, um dort zwei Tage später noch einmal Minen zu werfen. Die erste Sperre brachte am 8.6. das Ende des britischen Fischtrawlers EROS (-;181), die zweite Sperre führte am 16.6. zum Verlust der britischen U-Falle OCEAN FISHER (13;96;1-4,7 cm). *UC 40* torpedierte am 15. 6. vor Coquet Island den britischen Dampfer CAIRNMONA (-;4666). Das in Ballast fahrende Schiff scherte aus dem Konvoi aus und erreichte noch den Tyne. Bevor sich *UC 40* auf den Rückweg machte, verlor am nächsten Tag vor St. Abbs Head ein Konvoi den Briten MELANIE (03;2996).

15. Unternehmung: 18.7. – 7.8.1918 schottische und englische Ostküste.

Diesmal hatte das Boot im Firth of Forth am 23.7. ein kleines Jubiläum mit seiner 250. Mine, die aber wie die vorangegangenen erfolglos blieb. *UC 40* setzte den Kampf mit anderen Mitteln fort und versenkte drei Tage später vor Sunderland den britischen Dampfer BLAIRHALL (99;2549). 27. 7. lautet das Untergangsdatum für den vor Whitby verlorengegangenen Schweden Crimdon (73;1599) mit Kohle für Rouen. Im U-Boot zählte man 19 Wasserbomben, die aber nur leichte Schäden verursachten. Am 29. 7. stieß das Boot bei Coquet Island während der Unterwasserfahrt gegen ein Wrack und verbog sich den Vordersteven. Am nächsten Tag traf es den in Ballast fahrenden britischen Frachter War Deer (18;5323). Der Torpedotreffer vermochte aber nicht das neue Schiff zu versenken, und so erreichte es noch Blyth. Diesmal mußte *UC 40* wieder 17 Wasserbomben der Geleitfahrzeuge hinnehmen. Auf dem Rückmarsch stoppte der Kommandant am 3. 8. in der Nordsee den dänischen Segler Skjold (95;166) mit Grubenholz für England. Die Besatzung ging in die Boote, doch schwere See verhinderte die Versenkung. Das gelang erst *UB 125* am 12.9., als es auf das verlassene Schiff traf.

Nach Rückkehr des Bootes übernahm Oblt.z.S. d.Res. Bernhard Wischhausen das Kommando.

16. Unternehmung: 12.9. – 24.9.1918 Überführungsfahrt nach Flandern.

Mit Fahrtbeginn gehörte *UC 40* zur I. U-Flottille Flandern. Am 24. 9. traf es in Zeebrügge ein.

17. Unternehmung: 2.10. – 11.10.1918 Rückverlegung in die Heimat.

Während der Räumung der Flandern-Stützpunkte verließ das Boot Zeebrügge und erreichte über den Ostweg Brunsbüttel, wo es wieder von der I. U-Flottille übernommen wurde. *UC 40* mußte am 20. 2. 1919 mit der 10. Staffel nach Harwich. Dort kam es jedoch nicht an, weil es während der Überführung am 21.12.1919 infolge eines Unfalls östlich der Doggerbank auf 54°55'N-04°47'O sank.

UC 41

(I. U-Flottille)

Stapellauf: 13.9.1916

In Dienst gestellt am 11.10.1916 von Kptlt. Kurt Bernis.

Frontbereit am 18.12.1916

1. Unternehmung: 30.12.1916 –10.01.1917 schottische Ostküste.

Mineneinsatz vor dem Firth of Tay, Firth of Forth und vor Aberdeen. Ohne Erfolg.

2. Unternehmung: 6.2. – 14.2.1917 engl. Ostküste.

Mineneinsatz vor Tynemouth und Sunderland, ohne Wirkung.

3. Unternehmung: 24.2. – 9.3.1917 schottische und englische Ostküste.

Im Operationsgebiet vor Blyth bemerkte Bernis einen intensiven Einsatz gegnerischer Räumkräfte. Dennoch begann er mit dem Minenlegen. Als die vierte Mine das Boot verließ, erfaßten Suchleinen *UC 41*. Es wurde kurz emporgehoben und sank anschließend auf den Grund. Der Kommandant wartete bis zum Einbruch der Dunkelheit und gab dann den Befehl zum Auftauchen. Mit hoher Fahrt lief das Boot ab. Die Stahltrossen hatten zwar schwere Schäden am Oberdeck verursacht, dennoch blieb *UC 41* tauchklar. So konnten am nächsten Tag zweimal vier Minen vor Berwick gelegt werden. Die übrigen Minen fielen am 1.3. in zwei Gruppen zu je drei Minen vor Longstone. Bei St. Abbs Head verbuchte *UC 41* noch am selben Tag den ersten Erfolg mit dem britischen Frachtschiff Tillycorthie (13;382). Das KTB enthält für den 3. 3. die Versenkung des Norwegers Ring (97;998), vier Seemeilen östlich von Berwick nach UT-Treffer. Auf die Berwick-Minensperre lief am 3. 3. der norwegische Dampfer Elfi (08;1120), der aber auf seiner Holzladung schwamm und eingeschleppt werden konnte. Das Schiff fiel am 7. 2. 1918 einem Torpedo von *UC 17* zum Opfer.

4. Unternehmung: 11.4. – 25.4.1917 schottische Ostküste und Shetlands.

Zwei Tage nach dem Auslaufen von Helgoland sprengte das Boot 20 Seemeilen östlich von St. Abbs Head die beiden britischen Fischtrawler Stork (93;152) und Breadalbane (91;112). Auf die gleiche Weise endeten am 16. 4. östlich von Longstone der Trawler Lord Chancellor (88;135) und am 17. 4. U.S.A. (03;182). Am nächsten Tag fielen Minen vor St. Abbs, dann sprengte *UC 41* im gleichen Gebiet die Trawler Ramses (94;155) und John S. Boyle (98;143). In der Nacht zum 19.4. verseuchte das Boot den Nordausgang des Firth of Forth mit sieben Minen. Auf dem Weg nach Norden blockierten die restlichen fünf Minen die südliche Einfahrt von Aberdeen. Am nächsten Tag traf je ein UT-Schuß den Norweger Ringholm (09;705) und den britischen Dampfer Ballochbuie (05;921). Östlich der Shetlands hielt *UC 41* am 22.4. den norwegischen Frachter Godö (04;870) an und steckte ihn in Brand. Am 23.4. folgte der Norweger Stegg (83;463) mit der gleichen munitionssparenden Methode. Die Minen vor dem Firth of Forth zerstörten am 20.4. den britischen Marinetrawler Othonna (99;180) und am 26.4. die Repro (10;230).

5. Unternehmung: 26.5. – 15.6.1917 irische Südküste.

UC 41 nahm den Weg durch die Doverenge. Auf Höhe der Scillies überraschten Flugzeuge am 29.5. abends das in Fahrt befindliche Boot. Nur mit leichten Bombenschäden wurde der Weg getaucht fortgesetzt. Am nächsten Tag erreichte man das Operationsgebiet bei Fastnet Rock und brachte sofort drei Teilsperren zu je sechs, drei und neun Minen aus. *UC 41* versuchte im Südwesten Angriffsziele zu finden, kam aber infolge der schweren Dünung und der Zick-Zack-Kurse der Gegner nicht in Schußposition. Erst auf dem Rückweg um Schottland konnte Bernis östlich von Noss Head/Shetlands den Norweger Breid (98;1062) mit einem UT-Schuß daran hindern, seine Ladung in Westhartlepool zu löschen.

6. Unternehmung: 11.7. – 28.7.1917 gleiches Gebiet.

Das Boot begegnete auf seinem Weg ins Operationsgebiet 70 Seemeilen südwestlich von Bishop Rock dem britischen Frachtdampfer Valentia (08;3242). Ein UT-Treffer zerstörte nicht nur Schiff und Stückgutladung, er kostete auch drei Seeleuten das Leben. Zwei Tage später begann *UC 41* zunächst vor Mine Head, danach südlich Ram Head mit dem Minenlegen. Letztes Ziel war dann der Hafen von Queenstown, wo sechs Minen abgelegt wurden, die alle keine Wirkung hatten. Das Boot kehrte dann zum Westausgang des Kanals zurück, wo es am 20.7. hintereinander drei Feuergefechte mit den britischen U-Fallen Viola - Q 14 (16;1250;1-12,2 cm;1-4,7 cm) und Vala - Q 8 (94;1016;4-7,5 cm;2-5,7 cm) sowie mit einem Schoner gab. Bernis erkannte rechtzeitig die überlegenere Bewaffnung des Gegners und brach das Gefecht ab. *UC 41* nahm den Weg um Schottland, um nach Hause zu kommen. Bei den Äußeren Hebriden entdeckte der Kommandant am 25.7. 60 Seemeilen nordwestlich von Butt of Lewis ein mit Westkurs laufendes Geleit, aus dem der britische Öltanker Oakleaf (99;8106) herausgeschossen wurde.

Am 5.8.1917 übernahm Oblt.z.S. Hans Förste das Kommando.

7. Unternehmung: 18.8. – 21.8.1917 schottische Ostküste.

Beim Legen einer Sperre am 21.8. nachmittags vor dem Firth of Tay kam es zu einer Mineneigendetonation, die Boot und Besatzung vernichtete. Eine dieser Minen wurde am nächsten Tag dem britischen Marinetrawler Sophron (03;195) zum Verhängnis.

UC 42

(I. U-Flottille)

Stapellauf: 21.9.1916

In Dienst gestellt am 18.11.1916 von Kptlt. Otto Tornow.

Frontbereit am 1.1.1917.

1. Unternehmung: 16.2. – 25.2.1917 schottische Ostküste.

Das Boot bekam bei seiner ersten Feindfahrt gleich zweimal die Wirkung von U-Boot-Netzen zu spüren. Während der Tauchfahrt geriet es am 21.2. auf der Höhe von Aberdeen in Schleppnetze von Minensuchern. Einen Tag später hatte *UC 42* zwei Kurzsperren zu je fünf Minen auf dem Dampferweg östlich von Rattray Head gelegt, als es sich in verankerte Stahlnetze verfing. Mit den verschiedensten Manövern gelang es zwar freizukommen, aber die Ölbunker hatten etwas abbekommen, so daß *UC 42* umkehren mußte. Unterwegs gelang es dem Boot noch, die beiden britischen Fischtrawler Frolic (90;183) und Lord Collingwood (94;148) abzuschießen.

2. Unternehmung: 25.3. – 3.4.1917 Orkneys.

Das Operationsgebiet war noch nicht ganz erreicht, als am 28.3., zwölf Seemeilen östlich von Copinsay, die norwegische Bark Urania (91;1688) einen UT-Schuß erhielt. Der Zielhafen Alborg blieb deshalb unerreicht. Sieben Mann verloren ihr Leben. Am nächsten Morgen blockierte *UC 42* die nördliche und südliche Ausfahrt des Strosay Firth mit fünf bzw. vier Minen. Die südliche Sperre beschädigte am 31.3. die britische Sloop Carnation (15;1210;2-12 cm) so schwer, daß sie nur noch mit Mühe den Hafen erreichte. Ein weiterer Waffeneinsatz war wegen des schlechten Wetters ausgeschlossen.

3. Unternehmung: 2.5. – 15.5.1917 englische und schottische Ostküste.

Nördlich der Doggerbank zündeten am 4. 5. auf dem dänischen Segler Sophie (-;74) die Sprengpatronen; er führte Konterbande. Abends verließen fünf Minen vor dem Tyne das Boot. Ihnen folgten am nächsten Tag zwei Sperren mit fünf und acht Minen auf dem Dampferweg vor Sunderland. Anschließend nahm das Boot Kurs auf die schottische Küste und sprengte am 9.5. auf Höhe des Firth of Forth den britischen Fischtrawler Kitty (98;181). Den Kapitän und den Maschinisten nahm man gefangen. Auf den beiden Sunderland-Sperren sanken am 5. 5. der britische Segler Angela (-;122) und am 6. 5. der von Scapa Flow kommende Frachter Hebble (91;904).

4. Unternehmung: 7.6. – 22.6.1917 durch den Englischen Kanal an die irische Südküste.

Das Ziel war diesmal Waterford, wo *UC 42* am 14. 6. abends 14 Minen in drei Gruppen legte. Am nächsten Morgen kam östlich der Ansteuerung nochmals ein kurzes Feld von vier Minen dazu. Am darauffolgenden Tag stellte der L.I. Leckagen an den Brennstoffbunkern fest, die zur Umkehr zwangen. Eine Mine verursachte am 12. 7. den Untergang des britischen Marinetrawlers GEORGE MILBURN (16;235).

Kommandoübergabe am 18.7.1917 an Oblt.z.S. Hans-Albrecht Müller.

5. Unternehmung: 25.7. – 9.8.1917 schottische Ostküste.

Anhaltender Nebel behinderte die Operation. Wegen der kurzen Restzeit gelang es *UC 42* am 30.7. nur noch, Berwick zu verminen. Die für Dundee geplanten Sperren mußten entfallen. Kurz vor Beginn des Rückmarsches kam südöstlich von Girdle Nass ein Konvoi mit Südkurs in Sicht. Der von Archangelsk kommende und mit Flachs beladene britische Frachter BAYSOTO (05;3082) sank.

6. Unternehmung: 1.9.1917 – ? Südküste Irland.

UC 42 hatte den Befehl, den Hafen von Queenstown zu verminen. Es nahm die Doverenge und versenkte am 5.9. südlich von Start Point die beiden britischen Segler GLYNN (-;78) und INDUSTRY (-;92). Zu Beginn der Minenoperation zerstörte eine Mineneigendetonation das Boot. Britische Taucher untersuchten am 31. 10. 1917, 2,5 Seemeilen vor Roche Point, das in 25 m Tiefe liegende Wrack. Das Heck war abgerissen, ein Minenschacht leer. Von der Besatzung konnte sich niemand retten.

UC 43

(I. U-Flottille)

Stapellauf: 5.10.1916

In Dienst gestellt am 25.10.1916 von Kptlt. Erwin Sebelin.

Zur Front am 25.12.1916

1. Unternehmung: 9.1. – 17.1.1917 englische Ostküste.

Der erste Mineneinsatz führte *UC 43* an die englische Ostküste. Dort begann Sebelin am 11.1. nachmittags vor Whitby mit acht Minen. Vier weitere fielen noch bei Dunkelheit in die Fahrrinne bei Flamborough Head. Die letzten sechs Minen verließen *UC 43* am 13.1. in zwei Gruppen vor Hartlepool, waren aber erfolglos. Dagegen sanken am 15.1. vor Flamborough Head die norwegischen Frachter GRAAFJELD (90;728) und BRABANT (07;1492) mit einer Holz- bzw. Fischladung. Auch vor Whitby gab es am 18.1. mit dem britischen Dampfer PLANUDES (00;542) einen weiteren Erfolg. Außerdem brachte das Boot noch den norwegischen Frachter LUPUS (91;539) als Prise ein.

2. Unternehmung: 25.2. –10.3.1917 irische Südküste.

Der Kommandant wählte den Weg durch die Doverenge. Kurz vor Le Havre erwischte *UC 43* am 27.2. den französischen Segler MARIE MADELEINE (-;45), dem am 1. 3. vor der irischen Südküste auf der Höhe von Kinsale die beiden norwegischen Segelschiffe STORENES (97;1870) und MABELLA (82;1637) folgten. Erst jetzt begann Sebelin zwischen dem 2. und 5.3. mit der Minenoperation an der Südspitze Irlands vor Seven Head und Cap Clear. Sie verursachte am 13.3. den Untergang des britischen Damp-

UC 43 mit aufgerichtetem Antennenmast. (Bibliothek für Zeitgeschichte Stuttgart)

Das zur U-Boot-Jagd eingesetzte *G 13.* (Royal Navy Submarine Museum)

Das am 26. September 1917 bei Waterford angespülte Wrack von *UC 44.* (U-Boot-Archiv Deisenhofen)

fers NORWEGIAN (13;6327), wobei es fünf Tote gab. Der norwegische Tanker MALMANGER (17;5672) nahm seine Ölladung mit auf den Grund. Nun setzte wieder die freie Jagd ein. Erstes Ergebnis am 6.3. auf der Höhe der Skelligs war der britische Dampfer CORNELIA (72;903), dem sich am nächsten Tag im selben Gebiet der japanische Frachter SAWA MARU (90;2532) und der Brite BARON WEMYSS (12;1605) anschlossen. Westlich der Hebriden ging am 9.3. der dänische Segler LAURITS (07;183) unter. Am 10.3.1917 hatte *UC 43* nachmittags die Position nördlich der Shetlands auf 60°57'N-01°11'W erreicht. Um 0.45 Uhr sichtete das britische U-Boot *G 13* (16;700;5 TR) neun Seemeilen nordwestlich von Muggle Flugga Leuchtturm *UC 43* und torpedierte es nach einer zweistündigen Verfolgung. Es gab keine Überlebenden.

UC 44

(I. U-Flottille)

Stapellauf: 10.10.1916

In Dienst gestellt am 4.11.1916 von Kptlt. Kurt Tebbenjohanns.

Frontbereit Anfang Januar 1917.

1. Unternehmung: 3.2. – 16.2.1917 Shetlands und Orkneys sowie schottische Ostküste.

Die erste Minenoperation begann am 6.2. mit zwei Teilsperren zu je drei und vier Minen vor Lerwick. Zwei Tage später legte man zweimal vier im Cromarty Firth. Den Schluß bildeten am 9.2. drei Minen in der Einfahrt nach Kirkwall, im Stromsay Firth. Am Abend versuchte das Boot vergeblich, mehrere britische Großkampfschiffe anzugreifen. Danach nahm *UC 44* südlichen Kurs und versenkte am 11.2. auf Höhe von Aberdeen den britischen Fischtrawler ASHWOLD (94;129). Ebenso erging es am nächsten Tag dem Trawler DALE (00;198), dessen Kapitän gefangengenommen wurde. Zu ihm gesellte sich auch der Kapitän des versenkten schwedischen Dampfers ADOLF (72;835). Auch die Kapitäne der am 14. und 15.2. südöstlich von Fair Island vernichteten britischen Fischtrawler KING ALFRED (99;159), MARY BELL (98;144) und BELVOIR CASTLE (99;221) lernten die Enge des deutschen U-Bootes kennen. Die Minen vor Kirkwall beschädigten am 9. 3. den britischen Zerstörer ALBACORE (08;440;3-7,7 cm;2 TR), der eingeschleppt werden mußte. Wenig später traf es noch den britischen Frachter RUBY (82;234).

2. Unternehmung: 1.3. – 15.3.1917 Südküste Irland.

Den Hinweg nahm *UC 44* wie auch die anderen Boote durch den Englischen Kanal und kehrte um die Orkneys herum nach Helgoland zurück. Das Farbholz für England an Bord des portugiesischen Seglers GUADIANA (-;326) erreichte nicht seinen Bestimmungsort, denn am 5.3., etwa 60 Seemeilen westlich der Scillies, war die Fahrt zu Ende. Tebbenjohanns warf zweimal drei Minen vor Queenstown und weiter östlich drei Minen in die Fahrwasser vor Mine Head, die am nächsten Tag nochmals um vier Minen ergänzt wurden. Anschließend kamen noch zwei kurze Felder von zwei und drei Minen in der südwestlichen Einfahrt von Waterford hinzu. Nur die Sperre vor Queenstown fügte dem Gegner Schaden zu, als am 7.3. der britische Frachter WESTWICK (-;5694) mit seiner Ladung Mais in die Tiefe ging. Auf dem Rückweg schickte *UC 44* am 7. 3. fünf Seemeilen westlich von Fastnet den Norweger ADALANDS (80;1577) auf seine letzte Reise. Die Begegnung mit der britischen U-Falle PENSHURST (06;1191;2-12,2 cm;2-7,5 cm) am nächsten Tag endete für beide Seiten ergebnislos. *UC 44* näherte sich erfahrungsgemäß verdächtigen Schiffen von achtern, um sich nicht einer eventuellen Breitseite auszusetzen. So mußte die PENSHURST erst drehen, um in Schußposition zu gelangen. Da war aber *UC 44* bereits getaucht. Wegen der hohen Dünung konnte es selbst nicht mehr angreifen. Wieder in die Nordsee zurückgekehrt, versenkte Tebbenjohanns am 12. 3. nordöstlich von Kinnards Head den Norweger MARNA (83;914) und den britischen Frachter LUCY ANDERSON (04;1073). Der britische Fischtrawler NUTTALIA (99;229) ging als Prise nach Wilhelmshaven. Letzter Erfolg war einen Tag später der Trawler NAVENBY (91;167), 85 Seemeilen östlich von Rattray Head.

3. Unternehmung: 13.4. – 25.4.1917 englische und schottische Ostküste.

Bereits beim Anmarsch mußten nördlich der Doggerbank die britischen Fischtrawler SUTTERTON (93;160) und DALMATIAN (00;186) ihre letzte Reise antreten. Ebenso erging es dem niederländischen Segler HEIKINA (08;157), der sich im Sperrgebiet aufhielt. Die Minen warf Tebbenjohanns am 16.4. vor Sunderland und zwei Tage später östlich und nördlich von Shields, worauf am Folgetag der britische Dampfer POLTAVA (-;945) sein Ende fand. Zu diesem Zeitpunkt operierte das Boot schon vor dem Firth of Forth, wo es am 20. 4. die beiden britischen Fischtrawler GRECIAN (96;119) und ERITH (99;168) sprengte. Ihnen folgte am nächsten Tag vor Coquet Island der Norweger PEIK (10;701) durch einen UT-Schuß. Eine Sprengladung zerstörte am 22.4. den Trawler NIGHTINGALE (92;91). Am nächsten Tag sanken nacheinander vor St. Abbs Head der britische Frachter AURIAC (90;871) und die beiden dänischen Handelsschiffe SCOT (95;1564) und BARON STJERNBLAD (90;991).

4. Unternehmung: 14.5. – 30.5.1917 irische Südküste.

Die am 19.5. bei Old Head of Kinsale und später südlich von Galley Head gelegten Minen blieben wirkungslos. Im Südwesten gab es am nächsten Tag ein kurzes Gefecht mit einer U-Falle, was sich dann noch einmal am 21.5. wiederholte, ohne daß jemand geschädigt wurde. Danach ging es auf den Rückmarsch um Schottland herum, wo Tebbenjohanns am 28.5. nordöstlich von Peterhead aus einem Geleit den Norweger TURID (05;1148) herausschoß.

5. Unternehmung: 23.6. – 8.7.1917 irische Westküste.

Im Englischen Kanal kam *UC 44* wieder in Gefechtsberührung mit britischen U-Fallen. Es begann am 25.6. südlich der Isle of Wight mit dem Q-Ship GLEN (97;113;1-7,5 cm;1-5,7 cm). Der Schoner erhielt einen Treffer, worauf er mit gutliegendem Feuer antwortete, so daß *UC 44* wegtauchen mußte. Tags darauf kam vor Lizzard die Falle GAELIC - Q 22 (98;224;4-7,5 cm) in Sicht. Die Bark hatte schon ihre Boote ausgesetzt, als die ersten Granaten heranheulten. Auch in diesem Fall zog es der Kommandant vor, unter Wasser abzulaufen. *UC 44* erreichte sein Operationsgebiet am 28.6., wo es die Mündung des Shannon und die Ansteuerung nördlich der Dingle Bay bei Inishtearaght mit jeweils neun Minen verseuchte, die ebenfalls wirkungslos blieben. Günstiger sah es bei der weiteren Waffenverwendung aus. Bereits einen Tag später traf 100 Seemeilen westlich von Fastnet ein Torpedo den italienischen Frachter PHOEBUS (94;3133), der mit Erz von Almeria nach Barrow unterwegs war. Wenig später beendete Geschützfeuer die Fahrt der norwegischen Bark ASALIA (92;2348) mit 16325 Faß Petroleum. Am 2.7. nachmittags kam wieder die U-Falle GAELIC in Sicht. Unter ständigem Feuern näherte sich *UC 44* bis auf 4000 Meter. Die Bark erwiderte das Feuer in dem Augenblick, als *UC 44* den Beschuß einstellen mußte, um vorliche Position zu erreichen. Bereits die erste Granate verwundete den W.O. Oblt.z.S.d.Res. Felix Pantel schwer. Weitere Granaten lagen in bedrohlicher Nähe der Brücke und des Geschützes. Nachdem der Verletzte binnenbords gebracht war, kam der Befehl zum Schnelltauchen. Der W.O. starb noch in der Nacht und wurde am nächsten Tag auf See bestattet. Das Boot trat den Rückmarsch an.

6. Unternehmung: 31.7. – 5.8.1917 irische Südküste.

Das Operationsgebiet erreichte *UC 44* am 4. 8. abends. In der Nacht zum 5.8. begann Tebbenjohanns mit der Verminung der Einfahrt von Waterford. Als die neunte Mine den Schacht verließ, gab es eine hef-

Das vor Helgoland gesunkene *UC 45* nach der Bergung im Dock.
(Wiss. Inst. für Schiffahrts- und Marinegesch.)

Nach der Instandsetzung. Gut zu erkennen die Geschützplattform.
(U-Boot-Archiv Deisenhofen)

tige Detonation am Heck, die das Boot auf 25 Meter Tiefe sinken ließ. Drei Mann gelang es, aus dem Turmluk auszusteigen, unter ihnen der Kommandant, den später die Engländer retteten. Die beiden anderen Männer blieben auf See. Unklarheit gibt es bis heute darüber, ob *UC 44* durch eine eigene Mine verlorenging oder auf eine von *UC 42* am 14.6.1917 gelegte Sperre lief, die, so sagen es britische Quellen, zwar markiert, aber absichtlich nicht geräumt wurde.

UC 45

(I. U-Flottille)

Stapellauf: 20.10.1916

In Dienst gestellt am 18.11.1916 von Kptlt. Hubert Aust.

Frontbereit am 10.2.1917.

1. Unternehmung: 14.3. – 27.3.1917 schottische Ostküste.

Die am 18.3. vor Kinnaird Head gelegten Sperren brachten keinen Erfolg. Mit leeren Minenschächten setzte man nun wieder seine anderen Waffen ein. Der nächste Tag brachte mit der Versenkung des Norwegers Pollux (07;1196) durch UT-Schuß den ersten Erfolg. Dabei mußten 16 Seeleute ihr Leben lassen. Mehrere Anläufe auf Konvois mißglückten. Dafür gelang es dem Boot am 22.3. auf der Höhe von Aberdeen und bei Peterhead, die Einzelfahrer Susanna (89;442) und Egenaes (94;399) aus Norwegen mit ihren Heringsladungen für England in die Tiefe zu schicken. Ihnen folgte am 23.3. der dritte norwegische Frachter Blomvaag (91;695) mit Kohle für Bergen.

2. Unternehmung: 10.4. – 21.4.1917 gleiches Gebiet.

Diesmal verminte *UC 45* am 13.4. die Fahrwasser vor Rattray Head und konnte so auch gleich seinen ersten Minenerfolg verbuchen, als am 17.4. der britische Dampfer Charles Goodanew (11;791) auf seinem Weg nach Scapa Flow hineinlief und sank. Ferner verbuchte Aust am 17.4. und am 18.4. die Dänen Bretagne (12;1110) und Louisiana (96;3015).

3. Unternehmung: 22.5. – 10.6.1917 Südwestküste Irland.

Der Kommandant nahm den Weg durch den Englischen Kanal. Bei den Casquets hielt *UC 45* die französische Bark Saint Hubert (81;423) an und versenkte den mit Kohle beladenen Segler. Es folgte ein zweites Segelschiff am 28. 5. auf 50°28'N-09°20'W mit dem norwegischen Vollschiff Teie (82;1974), das Walöl in Husvik übernommen hatte und nun nach Liverpool wollte. Bei Annäherung an die irische Küste griff ein gegnerisches U-Boot in Sehrohrtiefe an. Der Torpedo lief aber vorbei. Die 18 Minen südöstlich der Great Skelligs schädigten kein Schiff. Schlechtes Wetter beeinträchtigte den Einsatz. Trotzdem gelang es Aust am 4.6. während des Rückmarsches auf der Höhe von Lough Swilly, den britischen Dampfer PHEMIUS (13;6699) auf seinem Weg von Liverpool nach Hongkong zu torpedieren und zu versenken. Drei Tage später beendete das Boot vor der schottischen Ostküste bei Kinnaird Head die Arbeit des britischen Fischkutters GOLDEN HOPE (-;67).

4. Unternehmung: 7.7. – 20.7.1917 schottische Ostküste.

Dieser Einsatz brachte nur ein Ergebnis, als der dänische Segler AFRAM (-;43) am 13.7. etwa 100 Seemeilen nordöstlich von Girdle Ness verschwand. Die am 9.7. vor Aberdeen gelegten Minen entschärfte der Gegner rechtzeitig.

Am 28.7.1917 übernahm Oblt.z.S. Hans Soergel das Kommando.

5. Unternehmung: 8.8. – 23.8.1917 Shetlands und Orkneys.

Ohne Ergebnis.

Am 17. 9. verließ *UC 45* den Stützpunkt Helgoland, um einige Seemeilen südwestlich Tauchübungen abzuhalten. Es war gleichzeitig die Übergabefahrt an den neuen Kommandanten Oblt.z.S. Werner Ackermann zusammen mit dem I.W.O. und drei L.I. Wie üblich begleitete ein Vorpostendampfer das Boot während der Fahrt. Nach dem letzten glatt verlaufenen Tauchmanöver beabsichtigte der Kommandant aufzutauchen. Das vordere Tiefenruder zeigte dabei 20°, das achtere lag auf Mitte. Mit beiden E-Maschinen »Halbe Fahrt voraus«, durchbrach *UC 45* unter Ausblasen der Tauchtanks II, III und IV um 10.53 Uhr die Oberfläche, was auch der Begleitdampfer beobachtete. Jedoch blieb die Entlüftung der Tanks versehentlich offen. Das Boot sackte deshalb nach Abstellen der Preßluft sofort wieder weg. Die Bootführung hielt das Auftauchmanöver bereits für beendet, denn kurz nach dem Durchbrechen der Wasseroberfläche wurde das Turmluk geöffnet und arretiert, als *UC 45* wieder unterschnitt. Die hereinströmenden Wassermassen füllten die Zentrale, und das Boot sank schnell auf 42 Meter Tiefe. Alles spielte sich in Sekunden ab. In den abgeschotteten achteren Räumen versuchten die Männer, Rohre und Leitungen zu knicken, um dem Wasser Einhalt zu gebieten. Bei den breiten Sprachrohren gelang es jedoch nicht. Das Wasser stieg in den Abteilungen unaufhörlich. Im vorderen Raum versuchten die Leute das Gleiche, bis sie durch Chlorgas den Tod fanden. Nur einem Mann gelang es, mit einer Luftblase durch das vordere Decksluk zu entkommen, doch auch er fand den Tod. Seine Leiche fand man am Abend des Unglückstages. Immer wieder verhinderte das Wetter die Hebung des Bootes. Schließlich gelang es dem Norddeutschen Bergungsverein nach sieben Monaten, zwischen dem 11. und 14. 4. 1918, mit dem Bergungsschiff Oberelbe (88;594) *UC 45* soweit zu heben, daß es am 15.4. ins Trockendock der Wilhelmshavener Werft geschleppt werden konnte. Dort öffnete man das Maschinenluk und machte eine grausige Entdeckung. In dem 75 cm breiten Ausstieg waren fünf menschliche Köpfe eingepfercht, die Körper fielen mit sinkendem Wasserstand wieder in den Innenraum zurück. Am 16. 4. barg man die Leichen und begann mit ersten Säuberungsarbeiten. Die Uhren standen noch auf 11.10 Uhr. Im Maschinenraum fand man weitere 14 Tote. Zur Erleichterung der Bergung mußte das Boot wieder in die Senkrechte gebracht werden. Dazu dichtete man die Bohröffnungen wieder ab und ließ *UC 45* vorsichtig Aufschwimmen bis es wieder auf ebenem Kiel lag. Beim Gang durch das Boot fand man die Schott-Tür zwischen Maschinenraum und Unteroffiziersraum fest verschlossen. Der Raum war leer. Im anschließenden Offiziersraum lagen zwei Tote im Lederzeug auf der Steuerbordkoje. Das Kugelschott zwischen Offizierswohnraum, dem Hilfsmaschinenraum bzw. der Zentrale war offen. Hier befand sich die Leiche des I.W.O. Lt.z.S. Willy Jürgensen. In der Zentrale entdeckte man vier weitere Leichen zwischen dem Turmsehrohr und den Tiefenruderständen. Das Kugelschott zwischen der Zentrale und dem Vorschiff war geschlossen. Die Uhren des Personals im Maschinenraum waren um 02.36 Uhr stehengeblieben, also drei Stunden und 36 Minuten später als die des Ingenieur-Aspiranten Ernst Niermann, der im Turm den Tod fand. Außer ihm barg man aus dem Turm und der Zentrale die Leichen der Kommandanten Oblt.z.S. Soergel und Oblt.z.S. Ackermann, von L.I. Mar.Ing. Ernst Schmitz und Mar.IngAps. Friedrich Krönke. Im Vorschiff lagen sechs unbekleidete Tote auf ihren Kojen, sie waren durch Chlorgas umgekommen. Das Schott zum Minenraum war dicht. Die Uhr im Vorschiff zeigte 01.26 Uhr, also etwa zwei Stunden und 16 Minuten nach dem Wassereinbruch. Gegen 21.00 Uhr war die Bergung der Toten beendet. Am 17.4. wurde die Reinigung fortgesetzt und mit der Instandsetzung des Bootes begonnen. Obwohl noch am 24.10.1918 von Lt.z.S.d.Res. Friedrich Schütz[27] bei der I. U-Flottille Flandern in Dienst gestellt, kam das Boot aber nicht mehr zum Fronteinsatz.

Modell des Typs UC II der Serie *UC 46–UC 48*.
(U-Boot-Archiv Deisenhofen)

In der 4. Staffel fuhr es am 22. 1. 1918 nach Harwich und endete 1920 auf dem Abwrackplatz in Preston.

UC 46

(U-Flottille Flandern)

Stapellauf: 15.7.1916

In Dienst gestellt am 15.9.1916 von Oblt.z.S. Fritz Moecke.

1. Unternehmung: 27.11. – 29.11.1916 Überführungsfahrt von Kiel nach Flandern.

2. Unternehmung: 4.12. – 9.12.1916 englische Ostküste.

Das Ziel hieß Flamborough Head, wo *UC 46* am Abend des 7. 12. die ersten acht Minen warf. Die zweite Sperre folgte am nächsten Morgen zwischen Spurn Point und Flamborough Head, auf die am 21.12. der Norweger MODIG (14;1704) mit Kohle vom Tyne lief.

3. Unternehmung: 19.12.1916 – 3.1.1917 Kanal von Bristol.

Der Kommandant wählte den Weg durch den Englischen Kanal. Dabei hatte das Boot so mit der schweren See zu kämpfen, daß ein Waffeneinsatz ausgeschlossen war. Moecke begann mit der Minenoperation am 22.12. morgens mit neun Minen vor Dartmouth. Am nächsten Abend war der Kanal von Bristol erreicht. Gerade als der gestoppt liegende britische Frachter WILLIAM MIDDLETON (93;2543) versenkt werden sollte, tauchten Bewachungsfahrzeuge auf, so daß man von der Beute ablassen mußte. *UC 46* nahm anschließend Kurs auf Swansea und entledigte sich am 24. 12. noch bei Dunkelheit der restlichen neun Minen in der Hafeneinfahrt. Hier wurde am selben Tag der britische Dampfer PAUL PAIX (08;4196) beschädigt, der aber noch eingebracht werden konnte. Das gelang zwei Tage später bei dem französischen Segler ST. LOUIS (13;184) nicht. Den belgischen Fischtrawler NEPTUNE (01;199) traf es zwei Tage später bei den Small's ebenso wie den britischen Segler AGNES (96;99), der Hafer aus Waterford für Glaucester an Bord hatte. Das gleiche Schicksal hatten am 30.12. nordwestlich von Quessant der mit Baumwollsamen von Alexandria kommende griechische Frachter SAPPHO (91;2087) und zwei Tage später der Schwede GOOSEBRIDGE (79;1886), dessen Kohleladung Bannware war.

3. Unternehmung: 25.1. – 8.2.1917 gleiches Gebiet.

Das Boot legte in den letzten Januartagen 1917 Minen im Bristol-Kanal bei Breaksea Feuerschiff. Sie brachten am 6. 2. den Verlust des britischen Marinetrawlers LONGSET (14;275). Die freie Jagd brachte am 1.2. auf der Höhe von Lands End den niederländischen Dampfer GAMMA (00;2115) zur Strecke. Ein Tag später folgten dann westlich der Scillies das britische Segelschiff ISLE OF ARRAN (92;1918) und am 4. 2. südöstlich der französische Segler MARTHE (05;154). Seinen letzten Torpedotreffer erzielte *UC 46* am 5.2. südwestlich von Start Point auf den von London kommenden britischen Frachter ARGYLLSHIRE (-;12097). Das Schiff blieb aber schwimmfähig und erreichte Plymouth. Gegen 04.00 Uhr am 8.2. steuerte *UC 46* in Unterwasserfahrt die Doverenge an. Dann entschloß sich der Kommandant, den Marsch über Wasser fortzusetzen. Er gab den Befehl zum Auftauchen und durchbrach bei hellem Mondlicht südöstlich der Goodwins die Wasseroberfläche. Ausgerechnet hier lag nur wenige hundert Meter entfernt der britische Zerstörer LIBERTY (13;1010;3-10,2 cm;4 TR). Der machte sofort Dampf auf und rammte *UC 46* knapp vor dem Turm. Das U-Boot sank sofort mit der gesamten Besatzung.

UC 47

(U-Flottille Flandern und Flandern II)

Stapellauf: 30.8.916

In Dienst gestellt am 13.10.1916 von Oblt.z.S. Paul Hundius.

1. Unternehmung: 21.1. – 23.1.1917 Überführungsfahrt nach Flandern.

Das Boot machte am 23.1. in Zeebrügge fest.

2. Unternehmung: 27.1. – 30.1.1917 englische Ostküste.

Die Operation war bewußt relativ kurz angesetzt, um der Besatzung die Möglichkeit zu geben, Erfahrungen mit dem neuen Boot zu sammeln. An der englischen Ostküste warf das Boot am 28.1. die 18 Minen in drei Teilsperren südlich von Flamborough Head, wo es am 31. 1. den Norweger Modiva (11;1276) und am 1. 2. die Portia (14;1127) traf. Die schwere See verhinderte einen weiteren Waffeneinsatz.

3. Unternehmung: 6.2. – 16.2.1917 Kanal von Bristol.

Diesmal begann der Mineneinsatz im Englischen Kanal am Morgen des 7. 2. mit acht Minen vor Dungeness und endete bei Royal Sovereign Feuerschiff mit zehn Minen. Drei Tage später ging vor Bishop Rock der britische Frachter Japanese Prince (11;4876) nach einem UT-Treffer verloren. Am nächsten Abend folgte auf der Höhe von Trevose Head der Grieche Aghios Spyridon (78;1618) und schließlich am 12. 2. der britische Fischkutter Brissons (14;60). Danach mußte Hundius die Operation abbrechen, weil die verbliebenen beiden Torpedos beim Nachladen beschädigt wurden. Nun brachten auch die Sperren nennenswerte Ergebnisse. Es begann am 8. 2. vor Dungeness mit dem britischen Zerstörer Ghurka (07;880;3-7,5 cm;2 TR). Am selben Tag sank auf der zweiten Sperre der britische Frachter Lullington (03;2816), und die F. D. Lambert (92;2195) erwischte es am 13.2.

4. Unternehmung: 6.3. – 19.3.1917 Bristol und St.-Georgs-Kanal.

Wieder war der Englische Kanal die erste Station für die neue Minenunternehmung. Am 7. 3. sanken morgens acht Minen beim Royal Sovereign Feuerschiff und vierundzwanzig Stunden später jeweils fünf Minen westlich von Beachy Head und östlich von Owers Feuerschiff. Anschließend nahm das U-Boot Kurs auf die Küste von Cornwall. Dort versenkte es am 11. 3. den britischen Frachter G. A. Savage (00;357) und den französischen Dampfer Charles Le Cour (03;2353) mit UT-Schüssen. Auf Höhe von Trevose Head schädigte Hundius am Folgetag die britische Fischwirtschaft mit der Zerstörung der Kutter Rivina (-;22), Lent Lilly (-;23), Internos (-;59), Gratia (-;37), Nellie (-;61), C.A.S. (-;60), Jessamine (96;56), Hyacinth (-;56), Ena (-;56) und Proverb (-;37). Zwei Tage später hatte *UC 47* den St.-Georgs-Kanal erreicht. Hier erhielt am Morgen 13 Seemeilen südöstlich von Coningbeg Feuerschiff der mit 6 280 t Zucker beladene und von Santiago de Cuba kommende britische Frachter Brika (08;3549) einen UT-Treffer. Im Zielhafen London wartete man vergebens. Der Rückmarsch brachte am 15. 3. vor Quessant noch die Sprengung der Norweger Solferino (00;1155) und Wilfred (05;1121), der Kohle für die Royal Navy in Gibraltar an Bord hatte. Ebenfalls Sprengpatronen zerstörten einen Tag später die französische Bark Sully (02;2469) mit 3 300 t Weizen für Brest und den italienischen Dampfer Medusa (-;1274) mit Erz aus Huelva.

5. Unternehmung: 14.4. – 28.4.1917 gleiches Gebiet.

HMS Liberty in voller Fahrt. (National Maritime Museum Greenwich)

Der Zerstörer bei grober See. Er rammte *UC 46*. (National Maritime Museum Greenwich)

Am 17. 4. frühmorgens fielen acht Minen vor Pendeen. Während des Tages wurden die beiden britischen Segler William Shepherd (70;143) und Dantzic (71;108) 30 Seemeilen südwestlich von St. Ann's Head zur Beute. Nach Einbruch der Dunkelheit fielen fünf Minen in die Südansteuerung von Hartland Point. Die restlichen Minen folgten am nächsten Morgen vor Trevos Head. Diese Minen versenkten am nächsten Tag den britischen Marinetrawler Star of Freedom (11;258). Einen späten Erfolg brachte die vor Pendeen ausgebrachte Sperre am 18. 5. mit dem britischen Dampfer Mary Baird (08;1830). Bei der weiteren Bekämpfung des Handelsverkehrs gelangen *UC 47* am 19. 4. vor Mine Head die Sprengung des britischen Seglers Jewel (67;195) und die Torpedierung des Briten Gold Coast (00;4255). Drei Tage später traf *UC 47* auf die vor Fastnet Rock operierende U-Falle Gaelic. Es kam zu einem heftigen Feuergefecht, bei der das Q-Ship einige schwere Treffer hinnehmen mußte. Nur die einbrechende Dunkelheit rettete das Schiff. *UC 47* konnte am 23. 4. etwa 15 Seemeilen südlich von Daunts Rock mit einem UT-Schuß den britischen Dampfer Imataka (11;1776) mit Stückgut versenken. Am Folgetag waren dann vor Trevose Head der Brite Plutus (10;1189) und der Trawler Heather (-;58) dran. Wenig später entbrannte ein kurzes Gefecht mit dem Q-Ship Vala (94;1016;4-7,5 cm;2-5,7 cm). Zwei Tage danach verbesserten südöstlich von Lizard und vor Start Point die norwegische Bark John Lockett (84;842) und der kleine französische Segler Aigle (97;172) die Erfolgsbilanz.

6. Unternehmung: 8.6. – 23.6.1917 Kanal von Bristol und irische Südküste.

Die Minen brachten am 12.6. den Verlust des brit. Marinetrawlers Carew Castle (12;256). Der brit. Frachter Dart (98;3207) fand am 14.6. sein Ende. Die Great City (14;5525) erlitt am 19. 6. schwere Schäden, konnte sich aber noch auf Grund setzen.

7. Unternehmung: 14.7. – 22.7.1917 Westausgang Englischer Kanal.

Die beiden Sperren vom 16. 7. vor dem französischen Erzhafen Dielette südwestlich von Kap de la Hague blieben ohne Ergebnis. Im Westausgang torpedierte Hundius zwei Tage später den kleinen norwegischen Frachter Ruth (08;549), der noch einlaufen konnte, und versenkte am 20.7. in der Morgendämmerung vor Lizard die britischen Frachter Bramham (91;1978) und Beatrice (90;712) im UT-Angriff.

8. Unternehmung: 25.7. – 2.8.1917 Westausgang Englischer Kanal.

Die drei Teilsperren vor den Kanalinseln Jersey und Guernsey blieben erfolglos. Ein gewisser Ausgleich konnte jedoch am 31.7. auf Höhe von Quessant erzielt werden, als nach zäher Verfolgung aus einem südlich laufenden Geleit im Überwasserangriff der britische Dampfer Fremona (87;3028) herausgeschossen werden konnte. Noch am selben Abend traf es dann südöstlich vor Start Point den von vier Bewachern eskortierten US Tanker Motano (90;2730), der von New York nach Portsmouth unterwegs war.

9. Unternehmung: 20.8. – 28.8.1917 Kanal von Bristol.

Bei der Fahrt durch den Englischen Kanal hatte am Morgen des 22.8. vor Start Point der Norweger Gro (95;2667) mit Kohle für Rouen das Nachsehen. Mit demselben Ziel und gleicher Ladung verabschiedete sich einen Tag später an der Küste Cornwalls der norwegische Frachter Peer Gynt (15;1144) nach einem UT-Schuß. Ihm folgte der unter britischer Flagge fahrende holländische Dampfer Veghtstroom (01;1353), bei dem es fünf Tote gab. Bevor die Minen am 26.8. morgens bei Hartland Point und Bull Point das Boot verließen, traf ein Torpedo den belgischen Frachter Seresia (00;2342), der nach Swansea zurückgeschleppt werden konnte. Der Rückmarsch verlief ohne Feindberührung.

10. Unternehmung: 22.9. – 6.10.1917 Küste von Cornwall und irische Südküste.

Einen Tag nach dem Auslaufen zerstörten Granaten auf der Höhe von St. Valery den britischen Segler Perseverance (84;118). Am 24.9. verminte das Boot Cherbourg. Wieder fehlte ein Schiff im Register, als am 25.9. früh vor Lands End ein UT-Treffer den Frachter Boynton (92;2578) versenkte. Es waren 23 Tote zu beklagen. Im St.-Georgs-Kanal traf das Boot drei Tage später die britische U-Falle Cullist (13;1467;1-10,2 cm;2-7,5 cm;2 TR). Nach kurzem Schußwechsel mußte *UC 47* das Weite suchen. Am Ende seiner Feindfahrt stoppte das Boot südlich der Scillies den amerikanischen Segler Annie F. Conlon (82;591). Bevor das Sprengkommando seine Arbeit aufnehmen konnte, kamen vier US-Zerstörer in Sicht.

Übergabe des Kommandos am 9. 10. 1917 an Oblt.z.S. Günther Wigankow.

11. Unternehmung: 16.10. – 22.10.1917 englische Ostküste.

Ohne Minen an Bord gelang es dem neuen Kommandanten, in der Nacht zum 18.10. südöstlich von Flamborough Head die beiden britischen Frachtschiffe Togston (09;1057) und Cadmus (11;1879) zu versenken.

12. Unternehmung: 6.11. – 13.11.1917 gleiches Gebiet.

Auch diesmal blieben die Minen im Depot. Nördlich von Flamborough Head zerstörten UT-Treffer am 9.11. den britischen Dampfer Ballogie (89;1207), 13 Tote, und den französischen Frachter Isabelle (13;2466). 11.11. lautete das Untergangsdatum des Schweden Dana (83;1620) im War Channel. Die Niederlande verloren einen Tag später bei der Braune Bank den Fischkutter Huibertje (-;68) durch Sprengladung.

13. Unternehmung: 17.11. – 18.11.1917 englische Ostküste.

Mit leeren Minenschächten sollte *UC 47* wieder in das Gebiet von Flamborough Head gehen. Am Morgen des 18. 11. 1917 sichtete das britische Patrouillenboot P 57 (17;613;1-10,2 cm;1-4 cm;2 TR) den Turm des auftauchenden *UC 47*. *P 57* nahm sofort Fahrt auf und rammte das U-Boot zwischen Geschütz und Brücke. *UC 47* sank sofort auf 54°03'N-00°22'O. Nach zwei Wasserbomben an der Untergangsstelle stiegen Öl und Luftblasen an die Oberfläche. Taucher bargen später Papiere aus dem Wrack, die es als *UC 47* identifizierten.

UC 48

(U-Flottille Flandern und Flandern II)

Stapellauf: 27.9.1916

In Dienst gestellt am 6.11.1916 von Kptln. Kurt Ramien.

1. Unternehmung: 1.2. – 3.2.1917 Überführungsfahrt nach Flandern.

Ohne Feindberührung.

2. Unternehmung: 6.2. – 12.2.1917 in die Hoofden.

Ohne Ergebnis.

3. Unternehmung: 12.3. – 25.3.1917 Englischer Kanal und irische Südküste.

Durch eine Tauchpanne sank das neue Boot am 15. 3. im Kanal auf 100 Meter Tiefe. Der Druckkörper hielt der Belastung jedoch stand, und so konnte das Unternehmen fortgesetzt werden. Erfolge gab es erst vor Irland. Vor Ram Head traf es am 16.3. den britischen Segler William Martyn (78;104) und den Fischkutter Pencaer (-;46). In der Nacht zum 17.3. warf Ramien fünf Minen in die Einfahrt von Waterford und verminte anschließend mit je fünf Minen die Fahrwasser von Coningbeg und Barrels Feuerschiff, die am 22. 3. dem britischen Frachter Providence (03;2970) zum Verhängnis wurden. Am 25. 3. war es dann der britische Marinetrawler Evangel (14;197). Nun konnte sich *UC 48* seiner zweiten Aufgabe widmen. Bei Coningbeg Feuerschiff erwischte es den Fischkutter Guard (-;38) sowie den britischen Dampfer Antony (07;6446) auf seinem Weg nach Liverpool. Das mit Stückgut beladene Schiff riß fünf Seeleute mit in die Tiefe. Auf dem Rückmarsch versank am 21.3. zehn Seemeilen vor Eddystone der Brite Rio Sorocaba (06;4307) mit 6 371 t Zucker für Le Havre. 25 Seemeilen südöstlich von Start Point traf ein Torpedo am 22. 3. den Frachter Chorley (01;3828). Der tags darauf torpedierte niederländische Frachter J. B. August Kessler (02;5104) fuhr

UC 48 bei Auslaufvorbereitungen. (Bibliothek für Zeitgeschichte Stuttgart)

in Ballast und konnte deshalb nach Plymouth eingeschleppt werden.

4. Unternehmung: 26.4. – 10.5.1917 Englischer Kanal, Kanal von Bistol und irische Südküste.

Die Sperren vor Dartmouth, Berry Head und Plymouth waren nutzlos. Wieder waren es die anderen Waffen des U-Bootes, die am 1.5. vor Lands End den französischen Fischkutter RAYMOND ESTHER (-;20) beseitigten und am nächsten Morgen vor Trevose Head den britischen Frachter WARNOW (83;1593) versenkten, wobei es 14 Tote gab. Ebenso verschwand der Fischkutter UNITED (00;61) in den Fluten. Vor der irischen Küste traf es am 5.5. die britischen Dampfer GRETA (03;297) und FELTRIA (91;5254), der 45 Mann in den Tod riß. Den vorläufigen Abschluß bildete zwei Tage später vor Wolf Rock der britische Dampfer KINROSS (11;4120) nach einem UT-Treffer.

5. Unternehmung: 4.6. – 20.6.1917 bis zur spanischen Nordküste.

Auf dem Anmarsch bot sich keine Angriffsmöglichkeit. Erst am 9.6. kreuzte das Boot vor Cap Prior den Weg des portugiesischen Seglers AMPHITRITE (02;166); das Schiff und die Ladung Wein für Bordeaux kamen auf die Verlustliste. Ihm folgte am nächsten Tag außerhalb des Sperrgebietes vor Cap Penas der Norweger SOLHAUG (94;1217), weil er in britischer Charter fuhr. Danach näherte sich *UC 48* der französischen Biscayaküste und verminte am 12. 6. die Mündung des Adour, oberhalb von Bayonne. Das wurde am 17. 6. dem französischen Motorschiff ANJOU (19;771) zum Verhängnis. Auch ohne Minen verloren die Franzosen am 13. 6. auf Höhe von Cap Ferret den Segler ERNESTINE (82;160) und zwei Tage später vor der Loire-Mündung den Segler EUGENE ET EUGENIE (75;47). Als *UC 48* auf dem Rückweg am 16.6. Quessant passierte, kam mit dem US-Tanker John D. Archbold (14;8374) ein lohnenderes Ziel in Sicht. Der UT-Treffer reichte nicht aus, und so konnte die Geschützbedienung wieder einmal ihre Fähigkeiten unter Beweis stellen. Leider starben drei Mann der Tankerbesatzung. Am darauf folgenden Tag fing *UC 48* den Griechen ANTONIOS M. MAVROGORDATOS (01;3771) ab, der Kohle für die Royal Navy nach Gibraltar bringen wollte. Sein Schicksal teilte am 18. 6. vor Lizard auch der in einem Konvoi versenkte britische Dampfer TYNE (00;2909).

6. Unternehmung: 12.7. – 21.7.1917 Westausgang Englischer Kanal.

Während der Dover-Passage überraschte ein aus der Sonne kommendes Flugzeug das Boot. Geschütz- und Karabinerfeuer vereitelten einen gezielten Bombenabwurf. Die Feindfahrt begann mit einem Torpedoschuß auf den für Le Havre bestimmten britischen Dampfer WESTMEATH (-;9179) vor Cherbourg am 15.7. Doch die Getreideladung hielt das Schiff schwimmfähig, so daß es den Hafen erreichte. Die erste Sperre war gelegt, als der US-Segler FLORENCE CREADICK (90;738) bei Ile de Batz angehalten wurde. Er war mit Faßpetroleum auf dem Weg von Philadelphia nach Le Havre. Die Sprengpatronen zündeten zwar, versenkten das Schiff aber nicht. Seine Ladung bewahrte das Schiff vor dem Untergang. Es erreichte im Schlepp den Hafen von Brest. Schlechter erging es am 16.7. im Morgengrauen auf Höhe von Ile de Batz dem torpedierten britischen Frachter HENRY R. JAMES (09;3146), dessen Eisenerzladung ihn wie einen Stein in die Tiefe sinken ließ. Drei Tage später gingen die restlichen zwölf Minen bei Triagoz Leuchtturm von Bord, ohne daß ein Ergebnis gemeldet wurde.

7. Unternehmung: 12.8. – 25.8.1917 gleiches Gebiet.

Wieder legte das Boot an der französischen Kanalküste bei Ile Vierge sechs Minen und in der Nacht zum 16. 8. zwölf Minen bei Sept Iles; beide Einsätze erfolglos. Ein westlich laufendes Geleit verlor am 18. 8. bei Triagoz Leuchtturm den französischen Dampfer DUNKERQUOIS (11;2087). Der Erfolg wiederholte sich am nächsten Tag bei Ile Vierge, wo einem Küstenkonvoi der Norweger YTTEROY (14;1112) abhanden kam. Gleiches geschah vor Quessant mit dem Briten MONKSGARTH (07;1928) und seiner Kohleladung für Bordeaux.

Am 10. 8. entbrannte ein Feuergefecht mit der U-Falle CULLIST. Es gab keine Schäden, und als noch zwei Zerstörer in den Kampf eingriffen, tauchte das U-Boot weg und entkam.

8. Unternehmung: 10.9. – 24.9.1917 Englischer Kanal und irische Südküste.

Am 13. 9. erreichte *UC 48* zum Mineneinsatz die französische Kanalküste. In der Dämmerung brachte Ramien sechs Minen östlich von Sept Iles ins Wasser, und am nächsten Morgen waren es zwei Teilsperren bei La Horaine. Die Sperren blieben lange unbemerkt, denn erst am 30.1.1918 lief das kleine französische Segelschiff ANGE GARDIEN (-;25) auf diese Sperre. Nach Abschluß der Verminung ging es an die irische Südküste, wo am 16. 9. ein UT-Schuß bei Mine Head den britischen Frachter SANDSEND

(99;3814) versenkte. Am nächsten Tag verloren britische Fischer die Kutter RONALD (-;38) und OUR BAIRNS (-;38) durch Granatbeschuß. Die Versenkungsbilanz erhöhte sich achtundvierzig Stunden später nochmals, als es den britischen Dampfer ETAL MANOR (16;1875) vor Hook Point/Waterford traf. Auf dem Rückmarsch schoß Ramien am 21.9. früh vor Lizard einen Torpedo auf den französischen Frachtdampfer KOUANG SI (04;6472), der von La Rochelle kam. Das in Ballast fahrende Schiff hatte das Ziel New York, mußte aber nun in Falmouth einlaufen.

9. Unternehmung: 10.10. – 18.10.1917 französische Kanalküste.

Auf dem Weg in das Operationsgebiet vernichtete *UC 48* am 14. und 15. 10 nordwestlich von Ile de Batz die norwegischen Dampfer BARBRO (91;2356) und HOVDE (88;1196) sowie den Griechen CASTRO (97;1994) mit UT-Schuß. Die Minen bei Ile de Batz verursachten keinen Schaden.

Am 21. 10. 1917 übernahm Oblt.z.S. Hellmut Lorenz das Kommando.

10. Unternehmung: 12.11. – 21.11.1917 englische Ostküste.

Ohne die übliche Minenladung erreichte der neue Kommandant am 17.11. die Gewässer von Whitby, wo er in der Robin Hood Bay den Norweger MODEMI (13;1481) mit 1 160 t Kohle für Nantes auf den Grund des Meeres schickte.

Nach seiner Rückkehr mußte *UC 48* bis Anfang Januar 1918 in die Werft nach Brügge.

11. Unternehmung: 15.1. – 27.1.1918 englische Ostküste.

Wegen der schlechten Wetterbedingungen gab es kein Ergebnis.

12. Unternehmung: 17.2. – 27.2.1918 französische Kanalküste.

Sowohl der Mineneinsatz bei Ile de Batz als auch verschiedene Torpedoangriffe blieben bei diesen Unternehmungen ohne Erfolg.

13. Unternehmung: 17.3. – 24.3.1918 französische Kanalküste.

Diesmal lagen die Minen wieder in den Schächten, die dann vor Tatikou, südlich von Cap Barfleur, und in die Hafeneinfahrt von Cherbourg gelegt wurden. Als *UC 48* dann am 19 .3. auf der englischen Seite des Kanals operierte, überraschten Zerstörer das Boot und griffen es mit Wasserbomben an. *UC 48* entkam mit schweren Schäden. Das tauchunklare Boot sollte nicht dem Risiko einer Dover-Passage ausgesetzt werden, und so entschloß sich der Kommandant, den spanischen Hafen El Ferrol anzulaufen, um interniert zu werden. Die Besatzung kam bis auf den W.O., den L.I. und fünf Mann in das Gefängnis nach Alcala de Henares, um eine Flucht zu verhindern.

Am 15. 3. 1919 sollte *UC 48* unter französischer Flagge nach Brest überführt werden. Außerhalb des Hafens öffnete jedoch die Besatzung die Ventile und versenkte das Boot.

UC 49

(I. U-Flottille; U-Flottille Flandern II)

Stapellauf: 7.11.1916

In Dienst gestellt 2.12.1917 von Kptlt. Karl Petri.

Frontbereit am 1.3.1917.

1. Unternehmung: 25.3. – 5.4.1917 schottische Ostküste.

Auf die am 30. 3. im Cromarty Firth und in der nördlichen Einfahrt des Moray Firth gelegten Minen kam kein Gegner zu Schaden. Kurze Zeit später mußte Petri die Operation wegen einer Tiefenruderhavarie abbrechen.

Übergabe des Kommandos an Oblt.z.S. Alfred Arnold am 22.4.1917.

2. Unternehmung: 2.5. – 17.5.1917 schottische Ostküste und Orkneys.

Beim Anmarsch erwischte *UC 49* am 3. 5. etwa 140 Seemeilen nordwestlich von Horns Riff den dänischen Segler HELGE (93;162). In der Nacht zum 5. 5. brachte Arnold in den Fahrwassern vor Peterhead vier Teilsperren aus, die aber nur am 9.5. dem Fischtrawler WINDWARD HO (02;226) und am 14.5. der BEL LILY (99;168) das Ende setzten. Ein nordwärts laufendes Geleit verlor am 7.5. nordöstlich der Orkneys den Norweger TORE JARL (03;1256), der Kohle vom Tyne nach Trondheim bringen sollte. *UC 49* bekam über FT den Befehl, die norwegische Küste bei Utsire aufzusuchen. Ein Angriffsziel fand sich jedoch nicht.

Nach Rückkehr des Bootes übernahm Kptlt. Karl Petri wieder das Kommando.

3. Unternehmung: 6.6. – 19.6.1917 Orkneys und Shetlands.

Nur die am 12.6. in den Kirkwall-Einfahrten gelegten Minen brachten am 17. 6. den norwegischen Frachter TOSTO (04;1234) mit seiner Kohleladung unter Wasser. Mehrere Angriffe auf Konvois scheiterten.

4. Unternehmung: 15.7. – 2.8.1917 gleiches Gebiet und nördlich der Hebriden.

Wie so häufig hieß das Ziel Lerwick und Kirkwall. Die Sperre vom 19.7. vor Kirkwall war drei Tage später der Endpunkt für den britischen Frachtdampfer Cotovia (11;4020). Er kam von Archangelsk und hatte Flachs für Dundee an Bord. *UC 49* versuchte sein Glück nördlich der Hebriden. Dort mußte die Royal Navy am 23. 7. mit dem Untergang des Hilfskreuzers Otway (09;12077;8-15 cm;2-5,7 cm) einen spürbaren Verlust hinnehmen. Das Schiff war von Loch Ewe zu einer Patrouillenfahrt ausgelaufen, als ein Torpedo achtern den Maschinenraum traf. Nach 20 Minuten sank das Schiff und nahm zehn Mann mit in den Tod. Am nächsten Tag verlor ein Konvoi bei Kap Wrath den britischen Frachter Blake (06;3740); fünf Tote. Weiter nördlich wurden am 25. 7. Sprengpatronen auf der norwegischen Bark Dea (90;1094) wirksam.

5. Unternehmung: 20.8. – 14.9.1917 irische Südküste.

Zu Beginn der Operation konnte *UC 49* am 25.8 südlich von Bishop Rock den britischen Transporter Nascent (15;4969) in die Tiefe schicken. Drei Tage später begann Petri mit einem erfolglosen Mineneinsatz in der Bantry Bay und bei Bull Rock. Auch der am 1.9. bei Fastnet auf einen Atlantikkonvoi gefahrene Angriff mißlang, da der Verband im entscheidenden Augenblick zackte. Jedoch wurde die Hartnäckigkeit der Besatzung am darauf folgenden Tag belohnt, als Petri im Westausgang des Kanals aus einem Konvoi den britischen Hilfskreuzer Dundee (11;2709;2-10,2 cm) im UT-Angriff versenkte.

6. Unternehmung: 15.10. – 29.10.1917 an die englische Ostküste.

Das Boot nahm den Ostweg und verseuchte am 21.10. das Gebiet nördlich von Whitby mit neun Minen. Mit den verbliebenen neun Minen blockierte *UC 49* am 23.10. die Einfahrt der Tees Bay. Lediglich die erste Sperre wurde dem britischen Schlepper Bunty (14;73) zum Verhängnis. Der anhaltende Nebel und schwere See begünstigten den Gegner.

Neuer Kommandant ab 3.11.1917 Oblt.z.S. Hans Kükenthal.

7. Unternehmung: 28.11. – 15.12.1917 englische und schottische Ostküste.

Nach der Verseuchung der Einfahrt zum Firth of Forth am 4. 12. mit zweimal sechs Minen nahm *UC 49* südlichen Kurs. Am 8. 12. auf Höhe von Sunderland schützte auch starker Nebel nicht den britischen Dampfer Maindy Bridge (99;3653), denn *UC 49* traf ihn tödlich. Sofort setzte die Horchverfolgung der Zerstörer ein. Die Besatzung zählte fünf Wasserbomben, die aber keinen Schaden anrichteten. Anschließend steuerte Kükenthal wieder auf den Firth of Forth zu. Dort verließen am 10.12. die restlichen sechs Minen in der Nordeinfahrt bei Fife Ness das Boot. Darauf sank am 3.1.1918 der Bewacher Blackwhale (15;237).

8. Unternehmung: 15.1. – 30.1.1918 schottische Ostküste.

Die am 20.1. vor dem Firth of Forth und am 25.1. nördlich von Bell Rock gelegten Sperren blieben wirkungslos. Mit den anderen Waffen schickte *UC 49* am 24.1. vor dem Firth of Tay die Fylgia (89;1738) und kurze Zeit später südöstlich von Bell Rock die Jönköping II (-;1274) auf den Grund. Beide waren Schweden, die aber Konterbande fuhren.

9. Unternehmung: 17.2. – 4.3.1918 englische Ostküste.

Endlich konnte mit der am 20. 2. vor Tynemouth gelegten Sperre ein meßbares Ergebnis erzielt werden. Es begann am 21. 2. mit dem britischen Fischkutter Reaper (-;91), dem am 26.2. der britische Dampfer Berwen (-;3752) folgte, der eingeschleppt werden mußte. Der dritte im Bunde war am 1. 5. das dänische Motorschiff Samsö (-;324) auf dem Weg nach London. Ein Torpedotreffer am 21. 2. vor Coquet Island erhöhte das Versenkungskonto. Opfer war der Norweger Bor (14;1149) mit Kohle und Aluminium. Drei Tage später verlor ein Küstengeleit im War Channel zwischen Coquet Island und Blyth den nach Rotterdam fahrenden britischen Frachter Amsterdam (77;806).

Der britische Hilfskreuzer Patia wurde versenkt. (National Maritime Museum Greenwich)

10. Unternehmung: 22.5. – 25.5.1918 Überführungsfahrt nach Flandern.

Das Boot lief am 25.5. in Zeebrügge ein und wurde der U-Flottille Flandern II unterstellt.

11. Unternehmung: 2.6. – 21.6.1918 Englischer Kanal und Kanal von Bristol.

Befehlsgemäß verminte das Boot am 5.6. mit neun Minen die Ansteuerung von Etaples, wo am 22.6. der britische Dampfer Rhea (17;1308) unterging. Das Boot nahm dann Kurs auf den Westausgang. In der Morgendämmerung traf es am 10.6. vor Lizard den britischen Dampfer Mountby (98;3263). Drei Tage später griff *UC 49*, 25 Seemeilen westlich von Hartland Point, den britischen Hilfskreuzer Patia (16;6103;6-15 cm) mit einem UT-Schuß an und versenkte ihn mit 16 Mann der Besatzung. Zwei Geleitzerstörer nahmen die Verfolgung auf und warfen 20 Wasserbomben; doch *UC 49* konnte die Verfolger abschütteln. Eine Kontrolle ergab beschädigte Brennstoffbunker, die zum Rückmarsch zwangen. Trotzdem brachte Kükenthal noch die restlichen neun Minen ohne Erfolg bei den Needles zu Wasser.

12. Unternehmung: 8.7. – 20.7.1918 Englischer Kanal.

Ohne Ergebnis.

13. Unternehmung: 1.8. – 8.8.1918 Englischer Kanal.

In Zeebrügge machte *UC 49* am 1. 8. die Leinen los, um vor Plymouth Minen zu legen. Auf dem Anmarsch gab es einen schweren Zwischenfall. Südwestlich von Owers Feuerschiff tauchte am 3.8. ein großes Schiff aus dem dichten Nebel auf, das irrtümlich als Truppentransporter angesprochen wurde. In Wirklichkeit handelte es sich um das britische Lazarettschiff Warilda (12;7713). Das Schiff kam aus Frankreich und hatte 700 Verwundete an Bord. Es sank zwei Stunden nach dem Torpedotreffer, wobei 123 Menschen den Tod fanden. Zwei Tage später torpedierte *UC 49* den britischen Dampfer Tuscan Prince (13;5275), der aber noch den Hafen erreichte. Am 8.8.1918 ortete der britische Zerstörer Opossum (95;310;1-7,5 cm;5-5,7 cm;2 TR) vor Start Point das Boot und belegte es mit Wasserbomben. Es gab keine Überlebenden.

HMS Opossum vernichtete *UC 49* mit Wasserbomben. (National Maritime Museum Greenwich)

UC 50

(I. U-Flottille; U-Flottille Flandern I)

Stapellauf: 23.11.1916.

In Dienst gestellt am 21.12.1916 von Kptlt. Rudi Seuffer.

Frontbereit am 18.2.1917.

In englischen Gewässern operierte UC 50. (Bibliothek für Zeitgeschichte Stuttgart)

1. Unternehmung: 12.3. – 23.3.1917 englische Ostküste.

Einen Tag nach dem Auslaufen errang das Boot mit der Versenkung des niederländischen Tankers LA CAMPINE (90;2557) bei der Doggerbank seinen ersten Erfolg. Die ersten drei Minen fielen am 15.3. in der Fahrrinne bei Longstone und fünf Minen vor Berwick. Weitere vier Minen verließen *UC 50* im Morgengrauen des 16. 3. nordöstlich von Coquet Island. Am Abend entdeckte das Boot sieben Seemeilen nordöstlich von Blyth den Norweger GUDBRAND (97;1860), der Kohle vom Tyne nach Christiana transportierte, und versenkte ihn. Ebenso erging es am nächsten Tag vor Longstone dem Norweger EXPEDIT (01;680) mit seiner Bannware, dem dann noch die britischen Fischtrawler KESTREL (98;181), GOWAN (-;25) und CALEDONIA (06;161) folgten. Der Minenvorrat reichte noch für zwei kurze Sperren am 18.3. vor dem Tyne und Blyth. Während des Rückmarsches sprengte Seuffer am 20.3. 85 Seemeilen nordöstlich von Coquest Island den norwegischen Einzelfahrer FRISK (83;1038). Auf den Minen gingen am 14. 4. der norwegische Frachter Venus (-;715) und am 22. 3. der britische Dampfer Rio Colorado (03;3565) verloren. Dabei kamen zehn Seeleute ums Leben.

2. Unternehmung: 16.4. – 28.4.1917 englische Ostküste.

Bevor *UC 50* die Gewässer um Hartlepool verseuchte, mußte am 18. 4. nördlich der Doggerbank der britische Fischtrawler WITHAM (85;144) unter Wasser. Die Minen wurden am 20. 4. dem Marinetrawler RUTHIN CASTLE (-;275) zum Schicksal. Am 24. 4. griff Seuffer vor Whitby eine Gruppe von Fischkuttern an. Es entspann sich ein Gefecht mit dem sichernden Marinetrawler MARGATE (97;162;1-7,5 cm), das aber die Kanoniere von *UC 50* für sich entscheiden konnten. Der Trawler und der Fischdampfer MAYFLY (99;191) wurden zusammengeschossen. Wieder auf dem Rückweg, vernichtete das Boot die nach Hartlepool fahrende norwegische Bark TELEFON (78;777) und den britischen Fischtrawler ACTIVE (92;149) mit Sprengladungen.

3. Unternehmung: 14.5. – 6.6.1917 irische Südküste.

Seuffer wählte den Englischen Kanal als Anmarschweg. Angriffsziele kamen nicht in Sicht, und so richteten sich seine Hoffnungen auf den Westausgang. Anstelle von Handelsschiffen begegnete er der britischen U-Falle PAXTON - Q 25 (16;1372;1-10,2 cm;2-7,5 cm). Seuffer näherte sich dem unscheinbaren Dampfer vorsichtig, der nach den ersten Granaten nebelte. Er stoppte und setzte ein Boot aus. *UC 50* schloß langsam heran, als die Klappen fielen. Die Aufschläge lagen so bedrohlich nahe, daß *UC 50* sofort tauchte. Die PAXTON erhielt noch am selben Tag einen tödlichen Torpedotreffer von *U 46*. Am nächsten Tag legte *UC 50* 18 Minen südlich von Bull Rock an der irischen Küste, auf die am 30. 5. der britische Marinetrawler INA WILLIAM (13;337) lief. Das Eisenerz beschleunigte den Untergang des britischen Frachters DARTMOOR (92;2870) am 27. 5. vor Fastnet, der 25 Mann mit in die Tiefe nahm.

4. Unternehmung: 4.7. – 6.7.1917 Überführungsfahrt nach Flandern.

5. Unternehmung: 22.7. – 31.7.1917 Englischer Kanal und Biscaya.

Nach der Minenunternehmung am 25.7. bei Owers und Nab Feuerschiff nahm *UC 50* Kurs auf den Westausgang und erreichte einen Tag später Lizard. Ein UT-Treffer brachte das Ende für den britischen Dampfer CARMARTHEN (16;4264). Bei einem Tauchmanöver am 27.7. westlich von Quessant wurde die Festigkeit des Bootes auf das Extremste beansprucht. Ein Bedienungsfehler im Maschinenraum ließ das Boot mit starker Vorlastigkeit bis auf 96 Meter Tiefe durchsacken. Die Zellen mehrerer Akkumulatoren wurden durch den Wassereinbruch beschädigt. Nach den Schadensmeldungen ließ Seuffer die Feindfahrt abbrechen.

6. Unternehmung: 30.8. – 12.9.1917 gleiches Gebiet.

Die Minenschächte leerten sich am 2.9. im Kanal westlich von Dungeness, doch die Minen zeigten keine Wirkung. Dafür versenkte Seuffer am nächsten Tag südlich von Start Point das britische Kühlschiff LA NEGRA (13;8312) mit einer Ladung Gefrierfleisch. Es gab vier Tote. Vor Sept Iles traf es am 5.9. die britischen Segler THEODOR (09;230), FLORENCE MUSPRATT (-;79), EMMA (-;73) und FRANCES (-;89). Im Westausgang des Kanals kam am 6.9. abends der französische Dampfer ALESIA (96;6006) in Sicht, der in der Nacht zuvor einen Torpedotreffer von *UC 69* erhalten hatte, aber schwimmfähig geblieben war. Ein Fangschuß beendete die Reise endgültig. Auf dem Rückweg konnte noch ein unbekanntes Fischereifahrzeug versenkt werden.

7. Unternehmung: 2.10. – 17.10.1917 Westausgang Englischer Kanal.

Bevor das Boot auf englischer Seite die Straße von

Dover passierte, kam es infolge Kompaßversagens bei diesigem Wetter auf den Goodwin Sänden fest, konnte aber bei steigendem Wasser ohne Schäden freikommen. Die am 6.10. bei Beachy Head gelegten Minen verursachten am 11.10. den Verlust des britischen Tankers Mira (01;3700). Ein Torpedo traf am 11.10. zwei Seemeilen südöstlich von Prawle Point den britischen Dampfer Baychattan (06;3758) tödlich.

8. Unternehmung: 1.12. – 17.12.1917 Englischer Kanal und französische Westküste.

Die am 5.12. vor der Loire-Mündung und am nächsten Morgen vor der Gironde-Mündung gelegten Minen wurden schnell geräumt. Das Boot kreuzte auch ergebnislos in der Biscaya und machte sich dann mit Rücksicht auf die Brennstofflage wieder auf den Rückweg. Am 12.12. wurde vor Start Point ein unbekannter Dampfer torpediert, ohne eine Bestätigung. In der Doverenge geriet das Boot während der Unterwasserfahrt in ein Netz, konnte sich aber befreien. Allerdings wurden Teile des Netzes mitgeschleift.

Der britische Zerstörer Zubian. (National Maritime Museum Greenwich)

9. Unternehmung: 7.1. – 4.2.1918 französische Westküste.

Das Boot kehrte von dieser Feindfahrt nicht mehr zurück. Nach Einsätzen vor der Loire- und der Gironde-Mündung sowie in der Biscaya ortete der britische Zerstörer Zubian (17;1050;2-10,2 cm; 2 TR) *UC 50* am 4.2. vor Dungeness. Die Wasserbombenverfolgung überlebten Boot und Besatzung nicht.

UC 51

(I. U-Flottille; U-Flottille Flandern)

Stapellauf: 5.12.1916

In Dienst gestellt am 6.1.1917 von Kptlt. Wilhelm Schröder.

Frontbereit am 8.4.1917.

1. Unternehmung: 14.4. – 18.4.1917 in der Nordsee.

Dieser erste Einsatz diente vorrangig der Ausbildung der Besatzung. Minen waren nicht an Bord. Am 16.4. gab es die Gelegenheit, nördlich der Doggerbank den norwegischen Segler Polycarp (80;509) und den schwedischen Segler Amanda (72;232) zu versenken. Am nächsten Tag stoppte die Besatzung im Skagerrak den schwedischen Dampfer Atalanta (83;1064) und eröffnete nach dem Ausbooten das Feuer. Die schwere See verhinderte jedoch die Versenkung, die *U 86* (Kptlt. Crüsemann) am 18. 4. dann gelang.

Am 29.4.1917 übernahm Oblt.z.S. Hans Galster das Kommando.

2. Unternehmung: 2.5. – 15.5.1917 schottische Ostküste und Shetlands.

UC 51 begann die Feindfahrt mit der Versenkung des Dänen Marie (10;772) am 4. 5. südöstlich des Pentland Firth aus einem Konvoi von acht Frachtern. Am nächsten Tag traf es den norwegischen Dampfer Segovia (03;1394) südöstlich von Auskerry. In der Nacht zum 6. 5. fielen Minen nördlich des Moray Firth, vor Tarbot Ness und am Morgen im Moray Firth, dem noch Lerwick folgte. Sämtliche Minen wurden geräumt.

3. Unternehmung: 10.6. – 30.6.1917 irische Südküste.

Im Kanal gab es keine Ziele. Bei Einbruch der Dunkelheit am 16.6. entstanden zwei Teilsperren mit je sechs Minen südlich und südöstlich von Galley Head, auf der am 26. 7. der britische Dampfer Ludgate (06;3708) sank. Die Sperren vor Old Head of Kinsale blieben ergebnislos. Danach schloß sich die direkte Bekämpfung des Schiffsverkehrs an. Das spürten am 18.6. bei Coningbeg Feuerschiff die bei-

Die IONIAN fiel im Birstol-Kanal dem Minenkrieg zum Opfer. (National Maritime Museum Greenwich)

Die Germania-Werft in Kiel baute *UC 52*. (Archiv Verfasser)

den britischen Segler VIOLET (74;158) und KANGAROO (-;76), die man mit Geschützfeuer zerstörte. Dann brachte am 22. 6., elf Seemeilen östlich von Fastnet, ein UT-Schuß den britischen Frachter MIAMI (04;3762) zum Sinken. So erging es auch zwei Tage später vor dem Bristol-Kanal dem in Ballast fahrenden Holländer HILVERSUM (83;1505).

4. Unternehmung: 4.8. – 20.8.1917 von Helgoland zum Kanal von Bristol.

Seit dem Auslauftag gehörte *UC 51* zur U-Flottille Flandern. Bei der Westhinder Bank geriet das Boot in die am 7. 6. ausgelegten englischen Minenfelder. Zahlreiche Minen waren sichtbar, und so gelang es dem Boot, sich ohne Schaden hindurch zu manövrieren. Am 11.8. brachte *UC 51* die ersten Minen an der Nordküste des Bristol-Kanals bei Helwick Feuerschiff aus und verseuchte dann die Fahrwasser östlich von Bull Point. Dazwischen zündeten Sprengpatronen auf dem britischen Fischkutter GLORIOSA (-;23). In der Nacht entwickelte sich ein kurzes Feuergefecht mit dem bewaffneten französischen Schoner ST. ANTOINE DE PADOUE (95;356), das keiner Seite etwas brachte. Der Trawler ELEAZAR (95;111) endete am 12.8. südwestlich von St. Ann's Head. Jeweils UT-Treffer beendeten am 14.8. auf Höhe von Trevose Head an der Küste Cornwalls die Fahrt des französischen Handelsschiffs N. VERBERCKMOES (90;1353) und des Briten WISBECH (01;1282). Am 20.8. lief *UC 51* in Zeebrügge ein.

5. Unternehmung: 7.9. – 19.9.1917 irische Südküste und Kanal von Bristol.

Bei Cap d'Antifer gab es am 8.9. den ersten Erfolg mit den beiden britischen Seglern EZEL (73;163) und LAURA (-;104). Am 10.9. zerstörten Granaten bzw. Sprengpatronen vor der Cornwallküste bei Pendee Leuchtturm die Segler MARY ORR (68;91), MOSS ROSE (88;161), MARY SEYMOUR (65;150), WATER LILY (76;111) und JANE WILLIAMSON (70;197). Die WILLIAM (-;78) und der Kutter ROSY CROSS (-;25) folgten am nächsten Tag. Inzwischen hatte das Boot auch die komplette Minenladung von Bord gegeben. Auf den Sperren sanken am 11.9. der britische Dampfer LUXEMBURG (10;1417) und am 9.10. die POLDOWN (04;1370), ebenfalls ein Brite. Vor Mine Head ging am 14.9. der britische Dampfer ZETA (88;2269) in die Tiefe. Tags darauf erwischte es den Franzosen Saint Jaques (08;2459).

6. Unternehmung: 10.10. – 26.10.1917 gleiches Gebiet.

Diesmal sollte es umgekehrt sein – die freie Jagd blieb erfolglos. Dagegen zeigten die am 14.10. im Bristol-Kanal vor St. Govens Feuerschiff und vor Mildord Haven ausgebrachten Minen eine ungewöhnliche Wirkung. Der britische Drifter ACTIVE III (-;81) machte am 15. 10. den Anfang, dem sich am 20. 10. der britische Frachter IONIAN (01;8268) anschloß, und am 25. 10. endete der italienische Dampfer MADALENA (-;2601).

7. Unternehmung: 15.11. – 17.11.1917 Kanal von Bristol und irische Südküste.

Die Fahrt endete für *UC 51* am 17.11.1917 vormittags südlich von Start Point auf 50°14'N-03°48'W durch eine britische Mine.

UC 52

(U-Flottille Pola; II. U-Flottille Mittelmeer)

Stapellauf: 23.01.1917

In Dienst gestellt am 15.3.1917 von Kptlt. Ludwig Sahl.

1. Unternehmung: 23.5. – 8.7.1917 Überführungsfahrt ins Mittelmeer.

UC 52 nahm von Kiel aus den Ostweg durch Sund, Kattegat und Skagerrak in die Nordsee, vorbei an der irischen Westküste. Das Boot erreichte am 10. 6. die Küste von Portugal, wo es bei Kap St. Vincent zwei Teilsperren zu je drei Minen errichtete. Es kam zu Motorstörungen, die Sahl veranlaßten, Cadiz anzulaufen, das er am nächsten Tag erreichte. Nach Instandsetzung verließ das Boot den Hafen unter der Zusicherung, keine Angriffshandlungen auf dem Weitermarsch durchzuführen. Vor dem Hafen lauerten das britische U-Boot *E 38* (16;660;5 TR) und vier Motorboote, um *UC 52* abzufangen, was jedoch nicht gelang. Am 8.7. war endlich Cattaro erreicht.

Bei der Vorbereitung auf die nächste Feindfahrt löste sich während des Trimmens ein Torpedo aus der Aufhängevorrichtung und tötete die Masch.Mte. Wolf und Budde, drei Mann erlitten zum Teil schwere Verletzungen.

2. Unternehmung: 8.9. – 27.9.1917 afrikanische Nordküste/Tunesien.

Die am 13. 9. südlich von Sfax gelegten Minen wurden geräumt. Der weitere Verlauf der Unternehmung brachte nur wenig. Lediglich am 13.9. konnten im Golf von Gabes die tunesischen Segler CHÈRE ROSE (-;28), ARLEQUIN (-;6), VITTORIA (-;24) und ORTIGIA (-;17) versenkt werden. Nach Beschuß einer Fabrikanlage nördlich von Sfax ging noch ein Segler unbekannter Nationalität von etwa 25 BRT verloren. Cattaro erreichte das Boot am 27. 9. Anschließend mußte das Boot zur Instandsetzung der Motoren bis Ende Januar 1918 in die Werft nach Pola.

Neuer Kommandant wurde Oblt.z.S. Hellmuth von Doemming.

3. Unternehmung: 24.3. – 12.4.1918 Korfu und sizilianische Gewässer.

Zuerst legte UC 52 alle 18 Minen am 25. 3. in die Ansteuerung von Santi Quaranta, einem Ausschiffungshafen für alliierte Truppen an der albanischen Küste, die jedoch keinen Schaden anrichteten. Danach hieß der Kurs Malta, wo am 31.3. südöstlich von La Valetta der italienische Segler SAN NICOLA (-;24) gesprengt wurde. Die nächsten Tage blieb die See leer. Erst am 4. 4. kam das französische Lazarettschiff ASIE (14;8561) in Sicht. Während der Überprüfung fiel ein Mann von *UC 52* über Bord. Der Matrose war Nichtschwimmer, konnte aber kurz vor dem Ertrinken geborgen werden. Die Wiederbelebungsversuche durch einen Arzt der ASIE waren erfolgreich. Anschließend wurde das Lazarettschiff mit einem Dank entlassen. Zwei Tage später erweiterte der italienische Segler MADONNA DELLE GRAZIE (87;105) auf der Höhe von Cap Spartivento die Verlustliste. Am 9. 4. traf ein Torpedo nördlich der Straße von Messina den britischen Tanker SUNIK (15;5017) auf seinem Weg von Neapel nach Palermo, der aber noch Messina anlaufen konnte. Das gelang auch am nächsten Tag dem in der Straße von Messina torpedierten britischen Frachter AIREDAL (99;3044), der Reggio erreichte.

4. Unternehmung: 2.5. – 21.5.1918 Golf von Tarent und sizilianische Gewässer.

Die am 4. 5. vor Gallipoli gelegten Minen räumte der Gegner. Das Boot kehrte wieder in die Straße von Messina zurück. Dort erlitt das italienische Heer einen herben Verlust. Bei einem Angriff am 11.5. auf zwei aus Neapel kommende Dampfer traf ein Torpedo auf der Höhe von Punta Pellaro den als Truppentransporter eingesetzten italienischen Dampfer VERONA (08;8261). Das randvoll mit Soldaten besetzte Schiff sank so schnell, daß 880 Menschen den Tod fanden. Am Abend sprengte *UC 52* den italienischen Segler GIGILLA (92;120). Am 14.5. schoß von Doemming aus einem von Syracus kommenden Konvoi den Briten WOOLSTON (00;2986) heraus. Auch hier verloren 19 Seeleute ihr Leben. Auf der Höhe von Cap dell Armi kam am nächsten Tag das italienische Lazarettschiff ITALIA (05;5338) in Sicht, das nach Untersuchung seine Fahrt fortsetzen konnte. Das südlich der Straße von Messina angehaltene italienische Segelschiff PIETRO BRIZZOLARI (00;445) mit Schwefel an Bord endete nach Granatschuß. Selbst den kleinen Segler NINETTA (-;17) im Malta-Kanal wollte man nicht ziehen lassen. Das galt auch am Abend für den britischen Dampfer CHESTERFIELD (13;1013).

5. Unternehmung: 9.6. – 11.6.1918 albanische Küste.

Ohne Ergebnis.

6. Unternehmung: 18.6. – 17.7.1918 sizilianische Gewässer.

Dort legte von Doemming in der Nacht zum 21.6. eine erste Sperre vor dem Hafen von Augusta, der am frühen Morgen eine weitere vor Syracus folgte. Aber auch die nochmals vor Augusta gelegte Sperre war genauso erfolglos wie die anderen. Wieder waren es nur kleine griechische Segelschiffe, die *UC 52* südlich von Syracus zerstörte. Dazu gehörten am 22.6.

UC 53 mit Tarnanstrich. (U-Boot-Archiv Deisenhofen)

die Metamorphosis (93;130) und zwei Tage später die Maria (-;25) und Sofia (-;4), die Salz nach Piräus transportierten. Ein Angriff am 25. 6. nordwestlich von Malta auf ein kleines Geleit scheiterte an den aufmerksamen Zerstörern, die das Boot abdrängten und mit Wasserbomben belegten. Weitere Angriffsziele boten sich in den nächsten Tagen nicht. Es wurden nur einige Lazarettschiffe überprüft und wieder entlassen. Erst am 4. 7. verlor der Gegner Italien mit dem Untergang des Dampfers Cordova (05;4933) nahe Cap dell Armi wieder ein wertvolles Schiff. Das konnte man von dem Segler Vergine di Lourdes (-;55) nicht behaupten. Trotzdem endete sein Weg nach Neapel. Letztes Opfer dieser Feindfahrt wurde der im Hafen von Riposto vor Anker liegende Norweger Stalheim (12;1469). *UC 52* feuerte den Torpedo unter Wasser dicht vor der Hafeneinfahrt ab. Die Stalheim wurde geborgen und nach Messina geschleppt.

Nach Rückkehr des Bootes übernahm Oblt.z.S. Carl Heinrich Saß das Kommando.

7. Unternehmung: 5.10. – 29.10.1918 Golf von Patras und Ostküste Siziliens.

Das Boot legte am 10. 10. Minen vor Patras und nahm dann Kurs auf die Straße von Messina, wo ein Torpedotreffer auf den italienischen Frachter Ischia (02;4050) am 23.10. den einzigen Teilerfolg brachte. Dem Kapitän des von Port Said kommenden Schiffes gelang es noch, den Strand zu erreichen. Es war die letzte Feindfahrt des Bootes. Am 1.11.1918 kehrte *UC 52* über Lervik nach Kiel zurück, wo es am 29.11.1918 festmachte.

UC 52 fuhr am 16.1.1919 mit der 7. Staffel nach England und endete 1920 auf dem Abwrackplatz in Morecambe.

UC 53

(U-Flottille Pola; II. U-Flottille Mittelmeer)

Stapellauf: 27.2.1917

In Dienst gestellt am 5.4.1917 von Kptlt. Kurt Albrecht.

1. Unternehmung: 27.5. – 24.6.1917 Überführungsfahrt ins Mittelmeer.

Von Kiel führte der Weg um die Shetlands, wo am 4.6. nordwestlich von Tory Island nach einem UT-Schuß der britische Dampfer City of Baroda (11;5541) unterging. Am 9. 6. verschwanden an der spanischen Westküste auf Höhe der Insel Ons der Norweger Tordenvore (84;1565) und der dänische Frachter Lilly (90;1150) in die Tiefe. Ihnen folgten vor Porto die portugiesischen Segler Ligeiro (-;285) und Santa Maria (02;303) sowie am 11.6. der russische Segler Sibens (10;323) nach Granatbeschuß. Einen Tag später fielen Minen bei Cap Santa Maria, der Ansteuerung der spanischen Erzverladestelle Huelva. Hier hielt Albrecht am Abend den Norweger Symra (96;3005) an und sprengte das mit Kohle für die Royal Navy nach Gibraltar laufende Schiff. Am 15.6. passierte *UC 53* die Gibraltarenge und versenkte am nächsten Tag vor Oran die spanischen Segler F.7.S.B. (-;50) und Esperanza (64;98). Auf dem Weitermarsch torpedierte Albrecht am 21. 6. in der Straße von Sizilien den französischen Dampfer Nord (04;3193), der nach Malta eingeschleppt wurde. Die Sicherungsfahrzeuge warfen einige Wasserbomben, die jedoch keinen Schaden anrichteten. Das Boot erreichte die Bocche di Cattaro am 24.6.

2. Unternehmung: 1.8. – 17.8.1917 Tyrrhenisches Meer.

Die Minenoperation in der Straße von Bonifacio bei Cap Cicero und im Golf von Salerno waren wieder einmal nutzlos. Dann suchte Albrecht neue Ziele. Der britische Frachter Canara (05;6012) konnte noch auf den Haken genommen werden. Das gelang dem italienischen Frachter Tito Speri (10;3892) mit seinen 6 000 t Weizen nicht. Das Boot hatte in der Morgendämmerung einen UT-Schuß angesetzt. Am selben Tag kam noch der italienische Segler Margherita (-,65) dazu. Dieses Schickal mußten auch am 11. und 12. 8. südlich von Neapel die Segelschiffe Arcangelo Michele (-;44), Ansedonia (-;270), Ardita Carrara (-;75) und Il Nuovo Leonardo (-;34) teilen.

3. Unternehmung: 11.9. – 27.9.1917 gleiches Gebiet.

In der Straße von Sizilien beschädigte *UC 53* am 15. 9. den italienischen Transporter Cavi (06;2544) durch einen Torpedotreffer schwer. Trotzdem konnte das Schiff noch Trapani erreichen. Zwei Tage später führte das Boot einen erfolglosen Mineneinsatz zwischen Isola del Giglio und dem italienischen Festland durch, der im Hafen von Porto Ferraio im Norden Elbas fortgesetzt wurde. Nun kam wieder die Artillerie zum Einsatz, deren Granaten die italienischen Segler Teresita (-;136), Christina (;32) und Primo (-;65) zerstörten. Die Torpedierung des Briten Irthington (97;2845) am 23. 9. brachte die erste größere Einheit. Das konnte mit den italienischen Seglern Argietta (-;165), Giuseppina Concettina (-;31), S. Espedito (-;31) und Nuova Francesca (-;45) nicht wiederholt werden.

Nach seiner Rückkehr ging das Boot bis Anfang Dezember 1917 in die Werft nach Pola.

4. Unternehmung: 4.12. – 17.12.1917 Tyrrhenisches Meer.

Wieder war es ein italienisches Segelschiff, das am 8. 12. in die Tiefe ging. Die Giuseppe Naccari (68;128) hatte es 19 Seemeilen nördlich von Isola Marettimo erwischt. Einen Tag später erreichte das Boot die italienische Westküste, wo Albrecht im Morgengrauen vor Kap Vaticano drei kurze Sperren legte. Anschließend griff er mit einem UT-Schuß den italienischen Frachter Cerea (01;4295) an und beschädigte ihn schwer. Der kurz danach torpedierte Grieche Costas (96;3278) ging unter. Am nächsten Morgen tauchte *UC 53* vor Kap Palinuro auf und warf die anderen elf Minen, die alle wirkungslos blieben. Anschließend nahm das Boot weiter südlich die Verladeanlagen von Paola unter Artilleriebeschuß, bis das Feuer einer Landbatterie zum Tauchen zwang. Am Abend konnte Albrecht 13 Seemeilen südlich von Isola di Ventotene den italienischen Segler Antonio Magliulo (02;520) mit 700 t Phosphat für Neapel abfangen. Die Brennstofflage zwang zum Rückmarsch. Kurz vorher schoß Albrecht noch im Morgengrauen des 13. 12. nordwestlich von Neapel aus einem kleinen Küstengeleit den Norweger Karen (05;1689) mit Fleisch für Genua heraus. Am nächsten Tag entbrannte in der Straße von Sizilien ein kurzes Feuergefecht mit der als U-Falle operierenden Nuova Speranza (-;-).

5. Unternehmung: 15.1. – 5.2.1918 italienische Westküste.

Wieder einmal blieb die Minenoperation, diesmal vor Elba, Giglio und Cap Ciero erfolglos. Dafür konnte *UC 53* in der unmittelbaren Bekämpfung der gegnerischen Handelsschiffahrt Ergebnisse erzielen. Nördlich von Stromboli traf es am 25.1. den italienischen Dampfer Carignano (99;2688), am nächsten Tag den Griechen Asimina (94;2878), die beide im selben Konvoi fuhren. Die Fortsetzung gab es am 29.1. mit dem britischen Dampfer Geo (15;3048) am Nordausgang der Straße von Messina. Tags darauf gingen die italienischen Segler Michele Padre (-;230) und Fratelli Barrera (-;88) verloren. Auf der Heimfahrt verschwand am 1.2. vor Cap Granitola der italienische Segler Sant‘ Andrea B. (-;31).

Nach der Rückkehr erhielt Oblt.z.S. Adolf Ehrensberger das Kommando.

6. Unternehmung: 19.3. – 6.4.1918 Neapel und Thyrrenisches Meer.

Auf dem Weg ins Operationsgebiet griff *UC 53* am 23. 3. südöstlich von Pantelleria einen westlich laufenden Konvoi an und torpedierte den britischen Frachter Demodocus (16;6689). Das von Yokohama kommende Schiff brachte aber seine Stückgutladung noch nach Malta. Im Nordausgang der Straße von Sizilien endeten einen Tag später die kleinen Segler La Nuova Felice (-;72), Regina Immacolata (-;35), Nuovo Genio (-;35) und Tre Sorelle Salvo (-;26). Am 26. und 27. 3. wurden erfolglos Minen vor Neapel gelegt. Noch am selben Tag nahm der italienische Segler Castrenzo Coppola (-;94) seine Weinladung mit in die Tiefe. Am späten Nachmittag eröffnete *UC 53* etwa 70 Seemeilen südwestlich von Neapel das Feuer auf einen weiteren Segler. Das Schiff drehte in den Wind und setzte ein Beiboot aus. Plötzlich begann aus einer Seemeile Entfernung ein gutliegender Beschuß. Während des Alarmtauchens erhielt das Vorschiff einen Volltreffer, Niete platzten heraus, und das Boot machte Wasser. Durch sofortiges Ausblasen der Tanks schoß *UC 53* wieder an die Oberfläche und lief mit AK aus dem Feuerbereich. Bei der Brigantine handelte es sich um die britische U-Falle Brig 2 ex Rosina Ferrara (76;227;1-10,2 cm;2-7,5 cm). Die Lecks in der Außenhülle konnten später mit eigenen Mitteln abgedichtet werden, doch das Backbordbugrohr blieb irreparabel. Dazu kamen noch die Schäden im Brennstoffbunker, die *UC 53* zur vorzeitigen Umkehr zwangen.

Instandsetzung in Pola bis Ende Mai 1918.

7. Unternehmung: 30.5. – 18.6.1918 Gewässer um Sizilien.

UC 54 im Dock. (Bibliothek für Zeitgeschichte Stuttgart).

serbomben des sichernden Zerstörers keine Schäden an. Danach hatten wieder kleinere Fahrzeuge das Nachsehen. So z. B. am 30.9. im Golf von Salerno die italienischen Segler FRANCESCO PADRE (-;101), S. FRANCESCO P. (-;41), GABRIELA COSTELA (98;105) und GIOVANNI COSTA (02;102). Am folgenden Tag vernichtete Geschützfeuer die Segelschiffe SAN GIUSEPPE A. (-;56) und GIUSEPPINO M. (-;49). Die Sperre am 3.10. in der nördlichen Ausfahrt der Straße von Messina war wirkungslos.

Bei der Räumung der Adria-Stützpunkte war *UC 53* nicht fahrtüchtig und mußte deshalb am 29.10.1918 in Pola gesprengt werden.

Die Minensperre vom 4.6. in der Straße von Messina blieb wieder einmal wirkungslos. Der am nächsten Tag vor Syracus torpedierte italienische Transporter MICHELANGELO (95;2456) konnte noch auf den Haken genommen werden. Am 6.6. nahm Ehrensberger vor Messina Fühlung mit einem südlich laufenden Geleit auf. Am nächsten Morgen erreichte er die Schußposition und versenkte bei Tagesanbruch mit einem UT-Angriff den französischen Dampfer LA BAYONNAISE (11;2425). So erging es auch am 8.6. dem italienischen Frachter CONCETTINA (88;1271) vor Messina. Der in Ballast fahrende britische Dampfer BRODHOLME (99;5747) bekam vor Syracus einen Torpedotreffer, konnte sich aber auf Grund setzen. Die Begleitschiffe warfen einige Wasserbomben, die weit entfernt vom Boot detonierten. Der Rückmarsch begann am 16.6. Danach ging das Boot bis September zur Grundüberholung nach Triest.

Neuer Kommandant wurde Kptlt. Erich Gerth.

8. Unternehmung: 19.9. – 13.10.1918 Tyrrhenisches Meer.

Beim Durchbruch durch die Straße von Otranto am 21. 9. gab es einen längeren Wasserbombenangriff. Der Folgetag brachte etwa 44 Seemeilen südöstlich von Cap Calonne die Versenkung des britischen Marinedampfers GORSEMORE (98;3079). Er hatte Kohle in Berry geladen und wollte nach Tarent. Das Boot beschädigte am 28. 9. vor der nördlichen Ausfahrt der Straße von Messina den französischen Dampfer CARAIBE (06;2976), der jedoch eingeschleppt werden konnte. Auch hier richteten die Was-

UC 54

(U-Flottille Pola; II. U-Flottille Mittelmeer)

Stapellauf: 20.3.1917

In Dienste gestellt am 10.5.1917 von Kptlt. Heinrich XXXVII. Prinz Reuß.

1. Unternehmung: 29.6. – 28.7.1917 Überführungsfahrt ins Mittelmeer.

Das neue Boot eröffnete seine Offensivtätigkeit am 4.7. mit dem britischen Frachter HURSTSIDE (-;3149) 108 Seemeilen nordöstlich von Cap Wrath. Das Schiff hatte Kohle in Barry für Archangelsk geladen. Ihm folgten vor der portugiesischen Küste am 12.7. der russische Segler MAIJA (05;164) und am 13.7. der portugiesische Segler LOANDA (94;141). Vierundzwanzig Stunden später verminte *UC 54* die Einfahrt von Lissabon; ohne Erfolg. Danach machte das Boot am 20.7. vor Algier das erste Mal Bekanntschaft mit der französischen U-Falle JEAN D'UST (-;210;1-9 cm;1-6,5 cm;2 TR). Als die Schüsse des Dreimastschoners deckend lagen, brach *UC 54* das aussichtslose Gefecht ab.

2. Unternehmung: 31.8. – 24.9.1917 Straße von Sizilien und nordafrikanische Küste.

Die Minenoperation am 5. 9. in der Skerki Durchfahrt zwischen Bizerta und der nördlich gelegenen Skerki Bank brachte nichts. Weiter westlich, auf Höhe von Philipeville, beendete am 7. 9. ein Torpedotreffer die Fahrt des britischen Dampfers MYRMIDON (05;4965). Das mit Kohle für Alexandria beladene Schiff strandete, konnte aber später wieder flottgemacht werden. Ergebnislos kreuzte *UC 54* wieder im Sizilianischen Meer und hatte am 15.9. vor Cap Bon die zweite Begegnung mit einem sogenannten patrouilleur special, einer französischen U-Falle. Der Motorschoner HIRONDELLE IV (-;-;2-7,5 cm;2 MG;2 TR) entfernte sich nach kurzem Schußwechsel, als Prinz Reuß das Spiel erkannte und das Gefecht abbrach.

3. Unternehmung: 16.10. – 8.11.1917 gleiches Gebiet.

Der Mißerfolg bei der Verminung der Skerki Durchfahrt wiederholte sich am 21.10. Das anhaltende schlechte Wetter verhinderte in den folgenden Tagen jeglichen Waffeneinsatz.

Nach Rückkehr verlegte das Boot bis Mitte Januar 1918 zur Instandsetzung nach Pola.

4. Unternehmung: 20.1. – 13.2.1918 nordafrikanische Küste.

Auch der Mineneinsatz am 25. 1. vor Bizerta hatte keine Folgen. Anschließend konnte am 29. 1. nach hartnäckiger Fühlunghaltung aus einem Konvoi in mondheller Nacht im La Galite Kanal der japanische Frachter TOSHO MARU (94;3038) im UT-Angriff herausgeschossen werden. Nach zwei Wasserbomben fiel das Boot mit starker Achterlastigkeit auf 62 Meter Tiefe. Der Druckkörper hielt zwar dicht, aber eine Maschinenhavarie verhinderte die weitere Verfolgung des Gegners. Die Maschine konnte mit Bordmitteln wieder voll funktionsfähig gemacht werden, was den beiden italienischen Seglern ESTEREL (02;238) und IDA (64;63) am 2. 2. vor Bizerta schlecht bekam. Nach ihrer Versenkung griff *UC 54* in der Nacht des 6.2. in der Straße von Sizilien einen nach Westen laufenden Konvoi an und versenkte den mit Stückgut beladenen britischen Frachter GLENARTNEY (16;7263). Am Tage kam das britische Lazarettschiff SAINT MARGARET OF SCOTLAND (09;2467) in Sicht, das nach Überprüfung seinen Weg fortsetzen konnte.

5. Unternehmung: 11.3. – 6.4.1918 tunesische Küste.

Die ausgelegten Sperren brachten wieder einmal nichts. Trotzdem hieß das Ergebnis 5 446 BRT. Das erbrachten am 14. 3. der britische Dampfer ARDANDEARG (95;3237) östlich von Malta, am 27. 3. der italienische Segler CARLO P. (05;61), 30 Seemeilen nördlich von La Galite, und letztendlich am 3.4. der französische Frachter SYLVIE (-;2148) östlich von Malta.

6. Unternehmung: 28.4. – 21.5.1918 nordafrikanische Küste.

Der am 3.5. südlich von Malta torpedierte britische Frachter PANCRAS (11;4436) erreichte noch La Valetta. Die drei Tage später in die Einfahrt von Bone gelegten Minen verursachten keinen Schaden. In den nächsten Tagen fand sich kein Angriffsziel. Das änderte sich erst, als Prinz Reuß in der Nacht des 11. 5. den nach Malta laufenden französischen Truppentransporter SANT' ANNA (10;9350) angriff. Das von zwei Kreuzern eskortierte Schiff hatte 2 151 Soldaten an Bord. Der verhängnisvolle Torpedotreffer brachte das Schiff schnell zum Sinken. Für 638 Menschen kam jede Hilfe zu spät. Auch in der folgenden Nacht schoß Prinz Reuß beim Angriff auf einen Konvoi 16 Seemeilen von Lampedusa den britischen Dampfer VIMEIRA (14;5884) mit Kohle für Alexandria heraus.

Nach dieser Feindfahrt erhielt das Kommando Oblt.z.S. Otto Loycke.

7. Unternehmung: 2.7. – 28.7.1918 nordafrikanische Küste.

Der Befehl lautete diesmal, die Häfen von Algier und Mostaganem zu verminen, was auch am 12.7. und 15. 7. erfolglos geschah. Da konnte der Kommandant zufrieden sein, das ihm bereits am 13.7. im Gebiet von Oran aus einem Konvoi der portugiesische Frachter PONTA DELGADA (91;3381) zum Opfer gefallen war. Auch der Anlauf am Mittag des 19.7. auf einen zweiten, nördlich von Bizerta gesichteten Konvoi von zwei Frachtern und drei Zerstörern brachte etwas ein. Loycke verfolgte den Gegner, um sich noch vor dessen Einlaufen in die Straße von Sizilien vorzusetzen. In der Abenddämmerung feuerte er einen Doppelschuß auf die beiden Handelsschiffe, die auch getroffen wurden. Der französische Passagierdampfer AUSTRALIEN (90;6377) hatte 951 Menschen an Bord. Als er unterging, verloren 20 Mann, darunter drei Passagiere, ihr Leben. Der britische Frachter POLPERRO (98;3365) erreichte noch Malta. Die Geleitfahrzeuge belegten das Boot mit Wasserbomben, die es zwar kräftig durchrüttelten, aber keine ernsthaften Schäden verursachten.

8. Unternehmung: 31.8. – 27.9.1918 Sardinien.

Auf dem Hinweg begegnete *UC 54* etwa 40 Seemeilen östlich von Pantelleria einen auf Malta zusteuernder Konvoi, der den britischen Frachter ARUM (14;3681) verlor. Drei Tage später klärte das Boot vor Carlo Forte auf, um Minen zu legen. Dabei entdeckte man in der Bucht einen vor Anker liegenden Dampfer. Loycke torpedierte die KINGSTONIAN (01;6564), die schon im April 1918 von *UB 68* und

Die Abbildung zeigt *UC 55* am 2.8.1916 in der Danziger Bauwerft. Das Boot wurde von der Helling zum späteren Absenken in ein Dock verholt.
(Wiss. Inst. für Schiffahrts- und Marinegesch.)

UB 48 wrackgeschossen worden war. Trotz der guten Vorbereitung verlief das Minenlegen in den nächsten Stunden vor Cap Spartivento wirkungslos. Dasselbe galt für die am 13.9. bei Isola San Pietro gelegte Sperre. Das letzte Opfer des Bootes wurde auf dem Rückweg der britische Dampfer EDLINGTON (13; 3864) am 23.9. südlich der Straße von Messina. Die Zerstörer der Konvoisicherung warfen zehn Wasserbomben, die sämtlich harmlos blieben. Am 27. 9.1918 machte *UC 54* zum letzen Mal in Cattaro fest.

Das unklare Boot endete am 28.10.1918 vor Triest durch Selbstsprengung.

UC 55

(I. U-Flottille)

Stapellauf: 2.8.1916

In Dienst gestellt am 15.11.1916 von Kptlt. Karl Neureuther.

Frontbereit am 15.2.1917.

1. Unternehmung: 3.3. – 15.3.1917 von Helgoland zu den Orkneys.

Ohne Erfolg.

2. Unternehmung: 15.4. – 30.4.1917 Orkneys und Shetlands.

Bei der Erkundung der Kirkwallzugänge beobachtete das Boot verstärkte Bewachungs- und Minensuchaktivitäten. Nach Einbruch der Dunkelheit legte Neureuther am Abend des 18.4. zwei Kurzsperren mit fünf und vier Minen östlich der Insel Copinshay. Sie brachten das Ende für das britische Motorschiff BETHLEHEM (-;379). Danach steuerte *UC 55* die Shetlands an und versenkte am 21. 4. fünf Seemeilen südlich von Sumburgh Head den norwegischen Frachter GERDA (98; 979) mit Kohle und Soda für Skien. Anschließend fuhr das Boot an die Westseite der Orkneys, wo es am nächsten Morgen die Westansteuerung von Kirkwall mit Minen verseuchte, die aber keine Folgen hatten. Nach der Rückkehr von *UC 55* kümmerte sich die Werft von Blohm & Voß um die permanenten Maschinenprobleme.

Wegen Erkrankung von Kptlt. Neureuther übernahm am 12.5.1917 Oblt.z.S. Theodor Schultz das Kommando.

3. Unternehmung: 19.5. – 9.6.1917 Südküste Irlands.

Das Boot nahm von Helgoland aus den Auslaufweg »Gelb« an der niederländischen Küste entlang, mußte aber wegen stark qualmender Motoren umkehren und Emden anlaufen. Am 24.5. war *UC 55* wieder seeklar und nahm Kurs auf den Englischen Kanal. Nordwestlich der Scillies hielt der Kommandant die norwegische Bark ASTERS (82;1531) an, die 8 896 Faß Schmieröl und 1 030 Sack Wachs von Philadelphia nach Le Havre bringen wollte. Bei dem starken Seegang erzielten 65 Granaten nur zwei Treffer, so daß schließlich ein Sprengkommando die Begegnung beendete. Ein weiteres wertvolles Schiff war der britische Dampfer CLAN MURRAY (97;4835) mit 6 500 t Weizen für Belfast. Er sank am nächsten Tag nach UT-Treffer südwestlich von Fastnet. Es gab 64 Tote; den überlebenden 3. Offizier nahm man gefangen. Die nächtliche Minenoperation in der Einfahrt der Dingle Bay bei Valentia war nutzlos. Einen

Tag später beschädigte Schultz den britischen Frachter FERNLEY (01;3820), der aber noch den Hafen erreichte. Der Ausfall des Backbordmotors infolge eines Kupplungsbolzenbruchs zwang den Kommandanten zum Abbruch der Fahrt. Trotz des Handycaps nahm das Boot am 4.6. 70 Seemeilen nördlich von Foula die Verfolgung des norwegischen Seglers CLARA (80;923) auf. Nach Treffern in der Takelage stoppte der Norweger. Seine Ladung bestand aus 1 465 t Getreide, die von Montevideo für Kopenhagen bestimmt war.

Neuer Kommandant ab 28.6.1917 Oblt.z.S. Rühle von Lilienstern.

4. Unternehmung: 5.7. – 15.7.1917 englische und schottische Ostküste.

Bevor das Boot mit dem Minenlegen begann, versenkte es am 8. 7. etwa 50 Seemeilen südöstlich von Blyth den schwedischen Segler SPEKULATION (81;291). Am nächsten Tag verseuchte das Boot die Fahrwasser vor Sunderland, Hartlepool und nördlich von Sarborough. Vor Hartlepool erhielt der britische Dampfer FLAMMA (-;1920) am nächsten Tag einen Minentreffer und strandete. Ironie des Schicksals – vor Scarborough hatte der Gegner eine Mine stehen lassen, die am 5.10.1917 *UB 41* zum Verhängnis wurde. Mit leeren Schächten drehte das Boot nach Norden und versenkte am 12. 7. nordöstlich des Moray Firth aus einem Geleit den norwegischen Frachter BALZAC (13;1720). Wegen einer Havarie am Bug trat das Boot vorzeitig den Rückmarsch an. Am 13. 7. gelang es noch, 40 Seemeilen westlich von Egersund, den norwegischen Motorsegler LAI (17;509) durch Geschützfeuer zu versenken.

5. Unternehmung: 9.8. – 2.9.1917 irische Südküste.

Beim Marsch durch den Englischen Kanal kam am 14.8. südwestlich der Scillies ein Atlantikkonvoi in Sicht. Zerstörer drückten das Boot vorzeitig unter Wasser. Die am 16.8. und danach gelegten Minen vor Old Head of Kinsale, südlich von Seven Head und südlich vor Galley Head räumte der Gegner. Wäre nicht noch der Brite ROSARIO (00;1821) am 19. 8. südwestlich von Fastnet ins Visier gekommen, wäre die Operation ein völliger Fehlschlag geworden. Der Torpedo traf die ROSARIO mittschiffs, die Brücke brach ein, und das Schiff sank schnell, wobei 20 Mann den Tod fanden. Nur ein Heizer konnte von *UC 55* gerettet werden. Am 21.8. brach die Kurbelwelle des Backbordmotors. Nun war erneut für *UC 55* die Feindfahrt zu Ende. Wenig später mußten vier Zylinder des Steuerbordmotors stillgelegt werden, da Wasser in die Zylinder floß, so daß es nur noch mit zwei Zylindern weiterging. Das Boot sollte am 1. 9. bei Lyngvig/Jütland von vier Hilfsminensuchern und von *U 80* (Kptlt. Amberger) aufgenommen werden. Britische Zerstörer griffen jedoch die Hilfsminensucher an, die dann strandeten. *UC 55* wurde am nächsten Tag nach Helgoland eingeschleppt, 13 Tage nach Ausfall des Backbordmotors. Während der letzten Tage gab es kaum noch etwas zum Essen an Bord.

6. Unternehmung: 25.9. – 29.9.1917 Shetlands.

Das Boot hatte den Befehl, Lerwick zu verminen. Unter Wasser näherte sich *UC 55* am 29.9. nachmittags der südlichen Einfahrt. Bevor die erste Mine das Boot verließ, sank es infolge großer Vorlastigkeit bis auf 96 Meter. Es kam zu einem erheblichen Wassereinbruch im Vorschiff. Nach dem Befehl »Preßluft auf alle Tanks« schoß *UC 55* an die Oberfläche. Von Zerstörern umgeben, versuchte von Lilienstern sofort wieder Tiefe zu gewinnen. Erneut sorgte die starke Vorlastigkeit für große Wassermengen im Vorschiff. Die Akkumulatoren liefen über, es bildete sich Chlorgas, und das Boot mußte wieder an die Oberfläche. Die dort lauernden Zerstörer schossen sofort. Nach Öffnen der Entlüftungen sprang die Besatzung von dem sinkenden Boot. Der L.I. Ing.Ok.Asp. Alfred Kirst und neun Mann der Besatzung fielen im Geschoßhagel des Gegners, Oblt.z.S. Rühle von Lilienstern ging mit seinem Boot unter.

UC 56

(U-Flottille Kurland; U-Flottille Flandern I)

Stapellauf: 26.8.1916

In Dienst gestellt am 18.12.1916 von Kptlt. Johannes Remy.

Anfang Februar 1917 übernahm Kptlt.d.Res. Wilhelm Kiesewetter das Kommando.

Es sollte noch lange Zeit vergehen, ehe die Frontverwendungsfähigkeit hergestellt war. Zwischen dem 26.2. und 4.3.1917 erledigte die Kaiserliche Werft in Danzig Restarbeiten. Am nächsten Tag begannen Trimm- und Tauchübungen, Horchversuche und das übliche Torpedoschießen. Alles zusammen dauerte bis zum 10.6.1917. Dann schlossen sich FT-Übungen, das Prüfungstauchen und Unterwasserdauerfahrten an. Man schrieb bereits den 20. 8., als die Überführung nach Libau erfolgen konnte.

Die Frontbereitschaft meldete der Kommandant am 14.9.1917.

1. Unternehmung: 1.10. – 25.10.1917 Flankensicherung bei der Eroberung der Baltischen Inseln.

Das Boot fuhr ohne Minen nach Dagerort/Dagö, wo es am 13.10. Wartestellung einnahm. Am 17.10. positionierte sich *UC 56* vor dem Nordausgang des Moon-Sundes, um rückkehrende russische Streitkräfte abzufangen. Diese kamen zwar am 19.10. in Sicht, aber das Boot nicht in Angriffsposition. Daraufhin nahm Kiesewetter Aufstellung vor Odensholm. Am 22. 10., 14.00 Uhr, ließ er stoppen, um Besteck (Positionsbestimmung) zu nehmen. Drei Minuten später sichtete die Brückenwache etwa fünf Meter vor dem Bug ein Sehrohr, das einen Meter herausragte. Der Kommandant ließ sofort hart Steuerbord legen und schoß E-Signal. Daraufhin tauchte das Boot auf. Es war *UC 59*, das *UC 56* am Steuerbordtiefenruder erfaßte. Nun ließ es sich nur noch nach oben legen. Kiesewetter befahl den Rückmarsch. Die Kollision fand im Operationssektor von *UC 56* statt, weil *UC 59* wegen des schlechten Wetters Schutz vor Odensholm gesucht hatte. Die Kollision geschah in dem Augenblick, als das Boot aus 20 Meter auf Sehrohrtiefe gehen wollte und damit in einen Geräuschschatten geriet.

UC 56 wurde nach Auflösung der U-Flottille Kurland am 10. 12. 1917 von der U-Flottille Flandern I übernommen.

2. Unternehmung: 1.1. – 3.1.1918 Überführungsfahrt nach Flandern.

Ohne Ergebnisse.

3. Unternehmung: 5.1. – 22.1.1918 englische Ostküste.

Ohne seine Minenladung kreuzte das Boot zwischen Sunderland und Flamborough Head. Es gab nur ein Gefecht mit dem britischen Dampfer Izaston (98;3060) südöstlich von Shields, das Kiesewetter abbrechen mußte, weil Zerstörer aufkreuzten.

4. Unternehmung: 13.2. – 2.3.1918 Irische See.

UC 56 nahm den Weg durch den Englischen Kanal, fand aber keine Angriffsgelegenheit. Am 18. 2. erreichte es den Firth of Clyde, wo die Minen ausgelegt wurden. Danach ließ Kiesewetter wieder südlichen Kurs anlegen. Im Morgengrauen des 26.2. griff er vor dem Bristol-Kanal, zehn Seemeilen westlich von Lundy Island, bei diesigem Wetter irrtümlich das britische Lazarettschiff Glenart Castle (09;6824) mit einem Torpedo an. Es war von Newport nach Brest unterwegs. Das schnell sinkende Schiff nahm 153 Menschen mit in die Tiefe. Als Galician war das Schiff am 14.8.1914 schon einmal Angriffsziel für den Hilfskreuzer Kaiser Wilhelm der Grosse (97;14349;6-10,5 cm) gewesen, der es aber wegen zahlreicher Kinder und Frauen an Bord wieder entlassen hatte.

5. Unternehmung: 23.3. – 6.4.1918 gleiches Gebiet.

Ohne Ergebnis.

6. Unternehmung: 13.5. – 24.5.1918 bretonische Küste und Biscaya.

Der Befehl für *UC 56* lautete, die Mündung der Loire zu verminen. Kurz nach der Doversperre brach die Steuerbord-Kurbelwelle. Zeitgleich fiel auch der Steuerbord-E-Motor aus. Trotzdem setzte das Boot die Fahrt fort, wurde aber infolge weiterer Maschinenhavarien gefechtsunfähig. Kiesewetter entschloß sich deshalb, den spanischen Hafen Santander anzulaufen, wo die spanischen Behörden Boot und Besatzung am 24.5.1918 bis Kriegsende internierten.

UC 56 mußte am 26.3.1919 an Frankreich ausgeliefert werden. Es endete 1923 auf dem Abwrackplatz in Rochefort.

UC 57

(U-Flottille Kurland)

Stapellauf: 7.9.1916

In Dienst gestellt am 22.1.1917 von Oblt.z.S. Friedrich Wißmann.

Frontbereit am 6.5.1917.

1.-2. Unternehmung: 8.5. – 13.5. und 15.5. – 20.5. 1917 von Saßnitz in das Gebiet nördlich von Bornholm.

Ohne Ergebnisse, da sich der alliierte Konterbandeverkehr innerhalb der schwedischen Hoheitsgewässer bewegte.

3. Unternehmung: 7.6. – 29.6.1917 von Libau in den Bottnischen Meerbusen.

In die Erfolgsliste des Bootes wurde am 9.6. die Versenkung des schwedischen Motorseglers Ludwig (79;78) mit Bannware in der Aaland-See eingetragen. Zwei Tage später fielen acht Minen in die Ansteuerung von Mäntyluoto an der finnischen Westküste. Danach kreuzte das Boot für längere Zeit auf dem Dampferweg Raumo – Wasa. Der am 20.6. von St. Petersburg kommende Brite Penpol (91;2061) wurde als Prise nach Kiel geschickt. So erging es auch am 24. 6. dem britischen Frachter Meggie (89;1802), der Libau zugewiesen bekam. Von da ab gab es nur noch unbedeutende Ziele, wie am 26.6. den russischen Segler Georg (-;18) und den Schlepper Martiniemi (-;30) mit seinen Prähmen Marie (-;87) und Tervo (-;58).

4. Unternehmung: 28.8. – 13.9.1917 Rigaer Bucht.

Das Boot schlüpfte zusammen mit *UC 78* durch eine Minenlücke in die Irbenstraße, um zur Rigaer Bucht zu kommen. Dort blockierte Wißmann am 30. 8. die südliche Ausfahrt des Moon Sundes mit 18 Minen. Drei Tage unterstützte *UC 57* den Kampf um Riga mit dem Beschuß russischer Stellungen bei Pernigel. Die Restmunition von 150 Granaten wurden am 4. 9. abends gegen die Küstenstraße bei St. Peters Kapelle eingesetzt. Der Angriff am 7. 9. auf ein russisches Torpedoboot schlug fehl. Zusammen mit *UC 78* lief *UC 53* am 13. 9. in den von deutschen Truppen eroberten Hafen von Dünamünde ein.

Nach Kriegsende erhielt Frankreich *UC 58*. (Archiv Verfasser)

5. Unternehmung: 19.9. – 25.9.1917 von Dünaburg in die Rigaer Bucht.

Ohne Ergebnis.

6. Unternehmung: 11.10. – 18.10.1917 gleiches Gebiet. Flankensicherung zur Eroberung der Baltischen Inseln durch deutsche Verbände.

Bei diesem Unternehmen blieben die Minen im Depot. *UC 57* sichtete am 14. 10. den auf die Halbinsel Sworbe zulaufenden russischen Panzerkreuzer Bajan (07;8000;2-20,3 cm;8-15 cm), der aber für einen Angriff zu weit ab war. Am nächsten Tag erhielt Wißmann über FT den Befehl, das von Sworbe rückmarschierende Linienschiff Grashdanin (01;13110; 4-30,5 cm;12-15,2 cm) abzufangen. Der Gegner kam mit einem Zerstörergeleit in der Nacht zum 16. 10. in Sicht. In 2 000 Meter Entfernung drehte plötzlich ein Zerstörer mit AK auf das Boot zu und drückte es unter Wasser. Als Wißmann wieder auftauchen ließ, war die Grashdanin abgelaufen und nicht mehr einzuholen. Am nächsten Tag wurde das Boot zusammen mit *UC 78* von der Geschwaderführung nach Dünamünde entlassen.

Anschließend verlegte das Boot zur Überholung nach Libau.

7. Unternehmung: 12.11.1917 – ? finnische Schären bei Hangö.

Diesmal verließ *UC 57* am 12.11.1917 den Stützpunkt mit einem Sonderauftrag. An Bord befanden sich acht finnische Freiheitskämpfer sowie 4 t Waffen und Munition. Das Boot erreichte am 17.11. die Insel Hamnskär, etwa sechs Meilen östlich von Hangö. Noch am selben Tag wurden die Finnen ausgeschifft und die Ladung gelöscht. In der Nacht legte Wißmann das Boot auf Grund, um am nächsten Morgen den Rückmarsch anzutreten. Seitdem gilt *UC 57* mit der gesamten Besatzung als verschollen. Vermutlich wurde es im Finnischen Meerbusen Opfer einer russischen Mine. Die finnischen Jäger berichteten später, das auf dem Hinweg während der Unterwasserfahrt mehrfach das Schrappen von Minenankertauen am Bootskörper zu hören war.

UC 58

(U-Flottille Kurland; I. U-Flottille)

Stapellauf: 21.10.1916

In Dienst gestellt am 12.3.1917 von Oblt.z.S. Karl Vesper.

Frontbereit am 9.5.1917 (U-Flottille Kurland).

1. Unternehmung: 16.5. – 12.6.1917 von Libau in den Bottnischen Meerbusen.

Während der Eisschmelze versenkte *UC 58* am 19. 5. im Gebiet vor Raumo und Mäntyluoto die schwedischen Frachter mit Konterbande Pauline (73;168), Kyros (59;221), Erik (83;785), Therese (15;208), Kjell (15;235) sowie den Segler Olga (15;83). Es wurden 20 Schiffe untersucht und nach Überprüfung wieder entlassen. Um an einige Dampfer heranzukommen, mußte das Boot unter dem Eis durchtauchen. Zu den aufgebrachten Schiffen gehörten die Schweden Göta (77;1128), Märta (79;493) und Lizzie (80;1095). Sie wurden mit einem Prisenkommando nach Libau geschickt. Zwei Wochen danach begann Vesper mit der Verminung an der finnischen Westküste bei Wasa mit zunächst nur vier Minen wegen der Eislage. Am nächsten Tag sank der russische Frachter STEN II (01;227) nach Öffnen der Ventile. Die am 6.6. vor Raumo angehaltenen schwedischen Segler EDVARD (70;98) und ELIANNA (97;75) wurden gesprengt, genauso wie am 11. 6. der Segler AUGUST (76;120), ebenfalls mit Bannware. Auf der zwangsweise kurzen Minensperre ging am 15. 6. der schwedische Segler CLEO (-;170) verloren.

2. Unternehmung: 5.7. – 16.7.1917 gleiches Gebiet.

Die See war nun eisfrei, und so legte *UC 58* am 7.7. nord- und südwestlich von Raumo zweimal drei und einmal zwölf Minen. Nicht alle Minen wurden geräumt, und es kam zu erheblichen Verlusten. Noch am selben Tag verlor die russische Marine bei den Räumarbeiten die Suchboote MT 11 (17;29) und MT 14 (17;29). Am 27.11. folgten das Torpedoboot BDITELNY (05;380;2-7 cm;2 TR) und zwei Tage später die beiden Räumboote MT 1 (17;25) und MT 3 (17;29). Vor Mäntyluoto versenkte *UC 58* am 14.7. den finnischen Dampfer BONUS (-;111).

3. Unternehmung: 1.9. – 13.9.1917 Eingang Finnischer Meerbusen. Flankendeckung zur Eroberung von Riga.

Vesper durchbrach das russische Sperrgebiet und verminte am 6. 9. bei Grasgrund an der estnischen Küste den Anmarschweg baltischer Flotteneinheiten von Reval her. Am nächsten Tag verriegelte er mit zwei und acht Minen die Zufahrt zum Worms Sund. Das wurde drei Tage später dem russischen Marineschlepper VIMS (-;-;) zum Verhängnis. Ansonsten gab es keine Schußgelegenheit.

4. Unternehmung: 10.10. – 25.10.1917 Eingang Finnischer Meerbusen. Flankendeckung der Operation gegen die Baltischen Inseln.

Das Boot sollte die nördliche Einfahrt zum Moon Sund unpassierbar machen. Am 11.10. nachts kollidierte *UC 58* mit dem im Gebiet von Baltisch Port operierenden *UC 60*. Bei dem schlechten Wetter sahen sich die Ausgucke erst bei einer Entfernung von weniger als 50 Metern, ein Ausweichmanöver war unmöglich. Bei *UC 58* traten geringfügige Schäden auf, dagegen beschädigte sich das Schwesterboot das Backbord-Tiefenruder schwer, blieb aber tauchfähig. Am 15.10. legte *UC 58* seine Minen wie befohlen nördlich des Worms-Sundes. Am nächsten Morgen griff das Boot den russischen Kreuzer DIANA (99;6800;10-15 cm) an, aber der Torpedo detonierte am Grund. Am Morgen des 18.10. traf Versper auf ein Fischerboot mit russischen Soldaten auf der Flucht von Dagö. Der Kutter war so marode, daß er unterzugehen drohte, deshalb nahm das Boot die Leute an Bord. Sie gerieten in Gefangenschaft. Am nächsten Tag meldete *UC 58* rücklaufende russische Kriegsschiffe nördlich des Moon-Sundes, kam selbst aber nicht in Schußposition. Das Boot blieb bis zum 23.10. im Operationsgebiet und lief dann nach FT Befehl Libau an.

Am 11.12.1917 wurde *UC 58* der I. U-Flottille unterstellt.

5. Unternehmung: 22.12.1917 – 7.1.1918 von Helgoland an die schottische Ostküste.

Das Ziel des Einsatzes hieß Aberdeen, wo Vesper am 27.12. und 31.12. zweimal sechs Minen legte. Dazwischen versenkte er am 29.12., 23 Seemeilen östlich von Girdle Ness, den britischen Frachter ENNISMORE (80;1499), bei dem es zehn Tote gab. Zum Verlust wurde außerdem der Schwede ERIKSHOLM (01;2632) nach einem UT-Treffer am 1.1.1918 südlich von Aberdeen. Nach Einbruch der Dunkelheit und eingehender Beobachtung des Schiffsverkehrs legte 0blt.z.S. Versper sein drittes Feld südöstlich von Peterhead, was am 21.1. das Ende für den schwedischen Frachter ADOLPH MEYER (80;807) bedeutete.

6. Unternehmung: 4.2. – 25.2.1918 schottische Ostküste.

Das Boot versenkte am 11.2. auf Höhe von Todd Head den britischen Tanker BAKU STANDARD (11;3708), auf dem 24 Seeleute starben. Am folgenden Morgen warf *UC 58* nordöstlich von Rattray Head die ersten Minen in die Kielwasser räumender Minensucher. Am Tage brachte ein UT-Schuß den britischen Frachter ST. MAGNUS (12;809) zum Sinken. Tags darauf traf es den Briten LACKAWANNA (94;4125), der eingeschleppt werden konnte. Die restlichen Minen fielen mit der gleichen Taktik südöstlich von Rattray Head, ohne Schaden anzurichten.

7. Unternehmung: 1.4. – 19.4.1918 schottische Ostküste.

Ohne Erfolge.

Nach Rückkehr des Bootes übernahm Kptlt. Kurt Schwarz das Kommando.

8. Unternehmung: 6.5. – 24.5.1918 von Brunsbüttel auf dem Ostweg an die schottische Ostküste.

Es gab nur ein einziges Ergebnis mit der Versenkung des US-Tankers WILLIAM ROCKEFELLER (16;7157) am 18.5. nordöstlich von Peterhead.

9. Unternehmung: 15.6. – 3.7.1918 schottische Ostküste.

Schlechtes Wetter beeinträchtigte die Operation erheblich. Während der Beobachtung ein- und auslaufender Schiffe im Firth of Forth geriet *UC 58* am 22. 6. während einer Regenbö in einen Konvoi und wurde auf Sehrohrtiefe gerammt. Trotz der Schäden an Oberdeck und am Sehrohr blieb das Boot tauchklar und legte deshalb am Abend seine Minen südöstlich von Todd Head, auf die nur der britische Fischdampfer Pochard (89;146) verloren ging.

10. Unternehmung: 25.7. – 19.8.1918 schottische Ostküste.

Zum wiederholten Male versuchte das Boot, vor Aberdeen mit Minen zum Erfolg zu kommen; vergeblich.

11. Unternehmung: 3.9. – 23.9.1918 schottische Ostküste.

Diesmal gab es nur einen Verlust am 17.9. mit dem britischen Frachter Muriel (98;1831) bei Peterhead.

12. Unternehmung: 17.10. – 5.1.1918 schottische Ostküste.

Das Boot bezog Wartestellung östlich des Firth of Forth im Zusammenhang mit der beabsichtigten Operation der Hochseeflotte. Da diese wegen ausgebrochener Meutereien auf den Großkampfschiffen unterblieb, kehrte das Boot am 5. 11. 1918 nach Brunsbüttel zurück.

UC 58 verlegte am 24.11.1918 mit der 4. Staffel nach Harwich. Es kam anschließend nach Frankreich und wurde 1921 in Cherbourg verschrottet.

UC 59. Das Boot operierte hauptsächlich an der schottischen Küste. (Wiss. Inst. für Schiffahrts- und Marinegesch.)

UC 59

(U-Flottille Kurland; I. U-Flottille)

Stapellauf: 28.9.1916

In Dienst gestellt am 12.5.1917 von Kptlt. Herbert Lefholz.

Am 21.7.1917 der U-Flottille Kurland unterstellt.

1. Unternehmung: 16.8. – 27.8.1917 von Libau zum Eingang des Finnischen Meerbusen.

Die ersten zehn Minen fielen am 20.8. in den Nordausgang des Worms-Sundes, auf die noch am selben Tag der russische Minensucher Ilja Muromec (10;330) lief.

2. Unternehmung: 10.10. – 25.10.1917 Flankensicherung zur Eroberung der Baltischen Inseln.

UC 59 wurde ab dem 11. 10. zunächst als Markierungsboot für die deutschen Landungstruppen nördlich von Hundsort/Ösel eingesetzt. Noch während der Landungsoperation am 12. 10. entließ man das Boot mit dem Befehl, das Gebiet zwischen Hangö und Russarö aufzuklären. Dazu mußte der russische Minengürtel untertaucht werden. Bis zum 21. 10. kreuzte *UC 59* innerhalb der Schären, entdeckte aber nur zahlreiche Zerstörer. Aufkommender Sturm und schwerer Seegang veranlaßten Lefholz, am 22. 10. unter der estnischen Küste Schutz zu suchen. Dabei kam es zur Kollision mit *UC 56*.

Nach Auflösung der U-Flottille Kurland kam *UC 59* am 11.12. zur I. U-Flottille.

3. Unternehmung: 1.1. – 12.1.1918 von Helgoland an die schottische Ostküste.

Die Fahrt mußte am 9.1. wegen anhaltend schlechten Wetters abgebrochen werden.

4. Unternehmung: 4.2. – 25.2.1918 über den Ostweg zu den Orkneys und zur schottischen Ostküste.

Die Sperren östlich der Ansteuerung von Kirkwall in der Osteinfahrt von Scapa Flow vor dem Cromarty Firth und im Moray Firth wurden rechtzeitig geräumt.

5. Unternehmung: 8.4. – 26.4.1918 von Kiel auf dem Ostweg zu den Shetlands.

Ohne Ergebnis.

Nach Rückkehr des Bootes erhielt Oblt.z.S. Walther Strasser das Kommando.

6. Unternehmung: 18.5. – 5.6.1918 schottische Ostküste.

Ohne Ergebnis.

7. Unternehmung: 26.6. – 15.7.1918 schottische Ostküste.

Das Boot erzielte am 28.6. mit der Versenkung des norwegischen Seglers Elbjorg (-;523) den ersten

Die beschädigte Brücke von *UC 60* nach der Kollision mit *UC 58*. (Bibliothek für Zeitgeschichte Stuttgart)

Erfolg seit der Verlegung. Kurz darauf folgte der dänische Motorsegler DRONNING THYRA (-;430). Den norwegischen Segler ARIADNE (75;496) sprengte *UC 59* am 29.6. Seine Ladung Grubenholz hielt ihn über Wasser, so daß das verlassene Schiff später geborgen werden konnte. Die vor Longstone und bei Berwick ausgelegten Sperren waren wieder einmal nutzlos. Die gesamte Operation wurde von der Erkrankung des Kommandanten und eines Teils der Besatzung beeinträchtigt.

8. Unternehmung: 17.8. – 3.9.1918 englische und schottische Ostküste.

Der erste Frachter, den *UC 59* am 20. 8. im Skagerrak stoppte, war ein Schwede der belgischen Relief-Commission mit Weizen für Rotterdam, den man ziehen lassen mußte (Intern. Nahrungsmittelversorgung für Belgien und Nordfrankreich). Dagegen gingen am nächsten Tag der in der Nordsee angetroffene norwegische Schlepper LOEKO (04;319) und der Leichter HECLA (75;860) mit Kohle von Hartlepool für Christiana nach Granatbeschuß unter. Danach führte Strasser am 22.8. nördlich von Longstone den ersten Teil seiner Minenaufgabe aus. Zahlreiche Bewachungsfahrzeuge, Flugzeuge und Fesselballone erschwerten den Einsatz erheblich. Beim UT-Angriff auf einen Konvoi am 24.8. auf Höhe von Longstone machte Strasser auf großer Entfernung einen Doppelschuß auf zwei Frachtschiffe los. Sofort setzte die Wasserbombenverfolgung der Zerstörer ein, die fast eine Stunde dauerte. An Bord von *UC 59* zählte man 51 Wasserbomben. Erst als sich die Sicherungskräfte leergeworfen hatten, ließen sie ab. Es gab keine nennenswerten Schäden. Ein zäher Angriff brachte den britischen Frachter AUCKLAND CASTLE (83;1084) zum Sinken. Drei Tage später warf *UC 59* die restlichen Minen südlich von St. Abbs Head; ohne Wirkung.

9. Unternehmung: 25.9. – 6.10.1918 von Brunsbüttel über den Ostweg an die schottische Ostküste.

Am fünften Seetag brach im Skagerrak die Welle des Steuerbord-E-Motors. Trotz der schweren Havarie legte Strasser vor Rattray Head eine Sperre, um dann auf Heimatkurs zu gehen. Am 2.10. konnte ein Norweger mit Weizen der belgischen Relief-Commission seine Fahrt nach Überprüfung fortsetzen. Das Boot machte am 6.10. wieder in Brunsbüttel fest.

Bis Kriegsende kam *UC 59* nicht mehr zum Einsatz. Das Boot mußte am 21. 11. 1918 mit der 2. Staffel an England ausgeliefert werden und endete 1920 auf dem Abwrackplatz in Bo'ness.

UC 60

(U-Flottille Kurland; Schulboot)

Stapellauf: 8.11.1916

In Dienst gestellt am 25.6.1917 von Oblt.z.S. Waldemar von Fischer.

Frontbereit am 1.9.1917.

1. Unternehmung: 9.10. – 20.10.1917 Flankensicherung zur Eroberung der Baltischen Inseln.

UC 60 erhielt den Befehl, zunächst den Nordausgang des Worms-Sundes zu verminen und anschließend Position im Finnischen Meerbusen bei Baltisch Port zu beziehen. In der Frühe des 12. 10. legte von Fischer fünf kurze Sperren an den befohlenen Stellen und ging dann auf Nordkurs, um nördlich von Odensholm ins Operationsgebiet an der estnischen Küste zu gelangen. Dabei kollidierte das Boot in stockdunkler Nacht mit dem vor Odensholm kreuzenden *UC 58*. Das Backbord-Tiefenruder wurde beschädigt und konnte nur noch manuell bewegt werden. Der Kommandant setzte trotzdem die Unternehmung fort. Bei Packerort geriet das Boot in den Feuerbereich einer Landbatterie. Danach wurde der Kurs auf die finnische Südküste abgesteckt, wo am 16. 10. in den Schären bei Fowskär der russische Transporter EST (12;1426) angegriffen wurde. Der Torpedo blieb jedoch im Rohr stecken. Deshalb sollte der Gegner mit dem Geschütz vernichtet werden. Als das Boot rückwärts drehte, glitt der Torpedo aus dem Rohr und detonierte etwa 15 Meter vor dem Bug. Nach der Versenkung der EST mußte von Fischer umkehren, weil die Akkuladung gerade noch ausreichte, um die vorderen russischen Minenfelder zu untertauchen. Das Boot kehrte über Dagerort nach Libau zurück.

Die U-Schule Kiel übernahm *UC 60* am 26.11.1917, wo es bis Kriegsende verblieb.

Mit der 10. Staffel kam *UC 60* am 23.2.1919 nach Harwich und wurde 1921 in Rainham/Themse verschrottet.

HMS ETTRICK. Nur das Achterschiff konnte nach dem Minentreffer geborgen werden. (National Maritime Museum Greenwich)

UC 61

(U-Flottille Flandern)

Stapellauf: 11.11.1916

In Dienst gestellt am 13.12.1916 von Oblt.z.S. Georg Gerth.

1. Unternehmung: 25.2. – 27.2.1917 Überführungsfahrt nach Flandern.

2. Unternehmung: 1.3. – 5.3.1917 in die Hoofden.

Das Boot versenkte am 5.3. acht Seemeilen nördlich von Noord Hinder Feuerschiff das britische Passagierschiff COPENHAGEN (07;2570), wobei sechs Passagiere ertranken.

3. Unternehmung: 28.4. – 15.5.1917 Englischer Kanal und bretonische Küste.

Gerth begann die Minenoperation am 30.4. früh mit zwei kurzen Sperren zu je zwei und vier Minen bei den Needles sowie drei Minen vor Anvil Point und drei vor St. Albans Head, auf die noch am selben Tag der britische Marinetrawler ARFON (08;227) lief. Auf dem Weg nach Westen sanken bei Portland Bill der britische Segler LITTLE MISTERY (87;114) und kurz danach der uruguayische Frachter GORIZIA (-;1957). Ohne Wirkung gingen am 1. 5. nachts in der Fahrrinne bei Shambles Feuerschiff die letzten sechs Minen von Bord. Das Boot erreichte das Gebiet südwestlich von Brest und sprengte zwei Tage später auf Höhe von Ile de Sein den französischen Fischkutter FILS DE PROGRES (-;25) und am Abend vor Belle Ile den italienischen Frachter GIOVANNINA (92;3030). Der französische Frachter NELLY (83;1868) begann am 8. 5. in der Biscaya ein Artillerieduell, das erst beendet wurde, als die Bereitschaftsmunition nach einem Treffer am Heck detonierte. Dann kehrte *UC 61* wieder in den Kanal zurück und brachte am 10. 5. südwestlich von Portland den Briten BROOMHILL (09;1392) und den Norweger MINERVA (64;519) zur Strecke.

4. Unternehmung: 23.6. – 8.7.1917 Westausgang Englischer Kanal.

Das Boot verminte am 26.6. östlich von Quessant den Chenal du Four mit sechs Minen und warf dann am nächsten Morgen zwei Sperren zu sechs Minen in die Zufahrt von Brest, auf die kurz danach der französische Panzerkreuzer KLÉBER (02;7578;8-16,4 cm;4-10 cm) mit 38 Mann unterging. Der Kreuzer befand sich auf der Heimreise von Dakar und sollte in Brest außer Dienst gestellt werden. Bei der freien Jagd ging am 4.7. vor Portland der Norweger ULL (80;543) mit Kohle für Nantes verloren. Ebenso erging es am 6.7. vor St. Catherine Point dem Belgier INDUTIOMARE (10;1577) nach einem UT-Treffer. Bevor Gerth den Kanal verließ, torpedierte er am 7.7. westlich von Beachy Head den britischen Zerstörer ETTRICK (03;550;1-7,5 cm;5-5,7 cm;2 TR), der in zwei Teile zerbrach. Das Vorschiff versank, das Achterschiff konnte eingebracht werden.

5. Unternehmung: 25.7. – 26.7.1917 Englischer Kanal.

Am 25.7. legte *UC 61* in Zeebrügge ab, um in der Nacht zum 26.7. die Doversperre zu passieren. Bei dichtem Nebel kam das Boot am frühen Morgen an der französischen Kanalküste bei Wissant fest. Ein Freikommen aus eigener Kraft erwies sich als unmöglich. Als in der Morgendämmerung Zerstörer auftauchten, sprengte die Besatzung das Boot. An Land angekommen, gerieten die Leute in Gefangenschaft.

UC 62

(U-Flottille Flandern)

Stapellauf: 9.12.1916

In Dienst gestellt am 8.1.1917 von Oblt.z.S. Max Schmitz.

1. Unternehmung: 23.3. – 26.3.1917 Überführungsfahrt nach Flandern.

2. Unternehmung: 31.3. – 6.4.1917 in die Hoofden.

Einziges Vorkommnis, ein Schußwechsel mit der britischen Motorschonerfalle Dag - Q 23 (93;122;2-7,5 cm;2 TR).

3. Unternehmung: 14.4. – 20.4.1917 gleiches Gebiet.

Bei dieser ebenfalls ergebnislosen Unternehmung kollidierte das Boot am späten Nachmittag des 19.4. auf 52°10'N-02°30'O mit dem britischen U-Boot *E 50* auf kuriose Weise. Auf Sehrohrtiefe stieß *UC 62* überraschend gegen ein Hindernis und stoppte. Plötzlich wurde das Boot vorn angehoben. Die Tiefensteuerung zeigte nicht mehr elf, sondern nur noch fünf Meter. Durch das Periskop sah Schmitz den Bug seines Bootes in einem Winkel von etwa 60° bis 70° auf einem eben aufgetauchten britischen U-Boot aufsitzen. Sofort zog sich *UC 62* mit voller Maschinenkraft vom Gegner. Auch das britische U-Boot machte sofort Fahrt auf und drehte ab.

4. Unternehmung: 30.4. – 6.5.1917 Noord Hinder Feuerschiff.

Wie bei der vorangegangenen Unternehmung hatte das Boot keine Minen an Bord. Am 2. 5. endete der holländische Segler Noordzee (05;136). Der von Rotterdam kommende holländische Frachter Neptunus (-;160) sah die Blasenspur eines Torpedos, der vorbeiging. Trotzdem stoppte er sofort und wurde anschließend gesprengt.

5. Unternehmung: 16.5. – 1.6.1917 Englischer Kanal und irische Südküste.

Diesmal hatte *UC 62* Minen mitgenommen und setzte sie am 18. 5. früh zuerst in der Fahrrinne bei Dungeness und danach bei Royal Sovereign Feuerschiff ab, wo der britische Dampfer Lisbon (19;1203) mit Stückgut für Boulogne unterging. Den zweiten Briten griff *UC 62* in der Nacht des 24.5. vor der irischen Küste bei Kinsale an. Die Chicago City (-;2324) konnte nach dem Torpedotreffer nach Queenstown eingeschleppt werden.

6. Unternehmung: 20.6. – 1.7.1917 Westausgang Englischer Kanal.

Unterwegs legte *UC 62* am 23.6. 18 Minen in die Fahrwasser westlich von Royal Sovereign Feuerschiff, was das Ende für den britischen Trawler Taipo (14;247) bedeutete. Mehr Glück hatte der US Segler A. B. Sherman (83;612), den Schmitz am 27.6. früh etwa 80 Seemeilen südwestlich der Scillies versenken wollte. Zunächst störte ihn ein Dampfer mit zwei Geschützen. Als *UC 62* wieder auftauchte, zündeten zwar die Sprengpatronen, aber die Baumwolladung hielt das Schiff schwimmend, so daß es nach St. Mary's eingebracht werden konnte. Ein ähnlich zähes Ringen entwickelte sich im weiteren Tagesverlauf mit dem britischen Dampfer Don Arturo (06;3680), der das in Sehrohrtiefe angreifende Boot nach einer überraschenden Kursänderung rammte und dann zu entkommen versuchte. *UC 62* kam mit leichten Oberdecksschäden davon. Der Schreck wich schnell dem Ehrgeiz, das Schiff doch noch zu erwischen. Schmitz nahm die Verfolgung auf und brachte das Boot nach Einbruch der Dunkelheit in Schußposition. Kurz nach Mitternacht machte er einen Torpedo los. Nach heftiger Detonation verschwand das Schiff innerhalb von Sekunden von der Wasseroberfläche. Von den 34-köpfigen Besatzung konnte sich niemand retten. Am Tage fing *UC 62* das britische Vollschiff Neotsfield (89;1875) mit Kohle für Buenos Aires ab und versenkte es.

7. Unternehmung: 21.7. – 5.8.1917 Westausgang Englischer Kanal.

Das Boot verminte am 24.7. erfolglos die Durchfahrt zwischen Plymouth und Eddystone mit drei Teilsperren. Nordwestlich von Quessant ging am nächsten Tag die norwegische Bark Vaarbud (94;362) in Flammen auf. Ihr folgte am 27.7. südlich von Lizard der amerikanische Segler Carmela (73;1379), der nach Le Havre wollte. An einen einlaufenden Atlantikkonvoi kam *UC 62* nicht heran, weil Zerstörer das Boot wiederholt mit Wasserbomben abdrängten. Den Abschluß der Unternehmung bildete der Brite Glenstrae (05;4718) am 29.7. südwestlich von Bishop Rock nach UT-Schuß.

8. Unternehmung: 23.8. – 4.9.1917 gleiches Gebiet.

Es gab nur einen Erfolg mit der Versenkung der norwegischen Bark Chacma (08;608) am 26.8., 30 Seemeilen westlich der Casquets. Die am 3.9. vor Boulogne gelegten Minen blieben wirkungslos.

9. Unternehmung: 11.10.1917 – ? Englischer Kanal.

Über die Verlustursache liegen keine gesicherten Erkenntnisse vor. Nachweisbar ist die Teilsperre vor St. Albans Head. Hier sanken am 15.10.1917 der britische Frachter Hartburn (00;2367) und am 19.10. die Hazelwood (94;3120) mit 32 Mann Besatzung. Danach sollte Portland vermint werden. Dort räumte aber zum fraglichen Zeitpunkt der Gegner keine U-Boot-Minen. Es bleibt nur die Vermutung, daß das Boot zwischenzeitlich Opfer einer gegnerischen Mine wurde.

UC 63

(U-Flottille Flandern)

Stapellauf: 6.1.1917

In Dienst gestellt am 30.1.1917 von Oblt.z.S. Karsten von Heydebreck.

1. Unternehmung: 25.4. – 27.4.1917 Überführungsfahrt nach Flandern.

Unterwegs versenkte *UC 63* am 26. 4. bei Haaks Feuerschiff den niederländischen Fischtrawler AMSTELDIJK (-;186), der nach Auffassung des Kommandanten im U-Boot-Sperrgebiet fischte.

2. Unternehmung: 3.5. – 11.5.1917 in die Hoofden und an die englische Ostküste.

Mit leeren Schächten lief das Boot aus und brachte es am 9. 5. bei Noord Hinder Feuerschiff nur zu einem Torpedofehlschuß. Im gleichen Gebiet zerstörten Sprengpatronen den niederländischen Segler GRUNO (-;171).

Bei einem nächtlichen Fliegerangriff auf den Stützpunkt erlitt *UC 63* leichte Schäden. Wenige Tage später war das Boot wieder einsatzklar.

3. Unternehmung: 11.6. – 16.6.1917 in die Hoofden.

Ohne Ergebnis.

4. Unternehmung: 23.6. – 2.7.1917 englische Ostküste.

In den ersten Tagen bildeten wieder nur kleine Fahrzeuge die magere Ausbeute. Den Anfang machte am 26. 6. vor Flamborough Head der britische Motorkutter FRIGATE BIRD (-;20). Ihm folgten am nächsten Tag der britische Frachter LONGBENTON (98;924) und am 28.6. die Fischkutter FRANCES (-;20), ROSE OF JUNE (-;20), ELSIE (-;20), WILLIAM AND BETSY (-;21), GLENELG (-;32) und HARBINGER (-;39). Erst am 30.6. erzielte von Heydebreck einen größeren Erfolg mit der Versenkung des dänischen Frachters MARKERSDAL (07;1640), zwölf Seemeilen vor Flamborough Head. Das im Konvoi fahrende Schiff hatte 2 500 t Kohle für Rouen geladen. Kurz vor dem Rückmarsch gingen am 1. 7. vor der Humber-Mündung die Kutter RADIANCE (-;57), ADVANCE (-;44) und GLEAM (-;54) verloren.

5. Unternehmung: 21.7. – 27.7.1917 englische Ostküste.

Die ersten Minen verließen *UC 63* am 24.7. in der nordöstlichen Ansteuerung der Humber-Mündung, die dem britischen Frachter EMPRESS (93;2914) am 31.7. zum Verhängnis wurden. Selbst am 4.11. brachte die Sperre noch das Ende des Norwegers LYRA (17;1141) mit einer Ladung Nitrat und Ammoniak. Die restlichen sechs Minen vor Flamborough Head wurden geräumt.

6. Unternehmung: 31.7. – 9.8.1917 englische Ostküste.

Am 2.8. traf es auf Höhe des Humber den Fischkutter YOUNG BERT (-;59) und vier Tage danach den französischen Segler ALFRED (-;107), der mit Kohle von Newcastle nach Gravelines fuhr. Dann begann von Heydebreck eine Sperre bei Inner Dowsing Feuerschiff auszulegen, die kurz danach den Norweger FANE (01;1119) zum Sinken brachte. Bei hellem Mondschein traf ein Torpedo den von Archangelsk kommenden britischen Dampfer ZAMORA (05;3639). Die Holzladung hielt jedoch das Schiff über Wasser, bis es sich im Humber auf Grund setzen konnte. Kurz nach Mitternacht kaperte *UC 63* bei spiegelglatter See den französischen Segler MARIE JESUS PROTEGEZ NOUS (04;46) und legte ihn vor Anker. *UC 63* machte längsseits fest und lud seine erschöpften Akkus auf. Dann wurde der Segler gesprengt. Bei Inner Dowsing Feuerschiff lag der italienische Frachter ONESTA (96;2674) nur noch solange, bis ihn ein UT-Treffer zur Strecke brachte. Genua verlor 4 500 t Kohle.

7. Unternehmung: 11.8. – 16.8.1917 Humber-Mündung.

Die bei Maas Feuerschiff am 12. 8. gelegten Sperren waren nutzlos. Anders sah es bei Inner Dowsing Feuerschiff aus, als jeweils ein UT-Treffer die Fahrt des italienischen Dampfers CONSTANZA (83;2545) und des Norwegers LUNA (11;959) beendeten. Am nächsten Tag ging der Motorkutter G. Y. 541 (-;25) verloren. Der Kurs des U-Bootes war bereits in Richtung Heimat abgesteckt, als vor Yarmouth zwei weitere britische Kutter auftauchten. Nach dem Anhalteschuß erwiderten die beiden plötzlich das Feuer. Trotzdem war die Geschützbedienung des U-Bootes schneller. Später stellte sich heraus, daß von Heydebreck die britischen U-Fallen NELSON ex G & E (05;61;1-4,7 cm) und ETHEL AND MILLIE (08;58;1-5,7 cm) versenkt hatte.

8. Unternehmung: 13.9. – 29.9.1917 in die Biscaya.

Erstmals drang *UC 63* in den Englischen Kanal vor und legte am 15.9. bei Owers sowie Nab Feuerschiff und am 16.9. bei den Needles Minen. Bis zum 21.9. bot sich kein Angriffsziel. Am nächsten Tag hielt *UC 63* außerhalb des Sperrgebietes vor der spanischen Nordküste den französischen Dampfer ITALIA (98;627) an und sprengte ihn. Zwei Tage später verloren die Franzosen in der Biscaya mit der Bark

Luftaufnahme von *UC 64*. Die Geschützplattform ist völlig überspült. (U-Boot-Archiv Deisenhofen)

EUROPE (97;2839) auch 4 500 t Weizen aus Sidney für Bordeaux. Eine weitere wertvolle Ladung von 4 000 t Chilesalpeter versank wenig später mit der Bark PERSEVERANCE (96;2873). Der Segler leistete mit seinen zwei 9-cm-Geschützen längere Zeit hartnäckigen Widerstand. Mit taktischem Geschick versenkte von Heydebreck auf dem Rückmarsch am 25.9. im Westausgang des Kanals nacheinander zwei alliierte Schiffe. Zuerst torpedierte der den französischen Dampfer DINORAH (12;4208) in einem einlaufenden Konvoi. Nach dem Treffer blieb das Boot gestoppt liegen. Der Kommandant rechnete mit Hilfsfahrzeugen und Bewachern und sah deshalb zunächst von einem Fangschuß ab. Es erschien auch prompt der britische Marinetrawler JAMES SECKAR (17;255), der längsseits der DINORAH ging. Dort traf ihn ein UT-Schuß von *UC 63*, das anschließend den Frachter mit Granaten versenkte. Eine späte Wirkung zeigten die Minen bei Nab Feuerschiff. Sie waren am 25.11. Ursache für das Sinken des britischen Tankers ORIFLAMME (99;3764), dem noch am 4. 12. die BRIGITTA (-;2084) folgte.

9. Unternehmung: 18.10.1917 – 1.11.1917 Englischer Kanal und Biscaya.

Befehlsgemäß verminte *UC 63* den Dampferweg bei Owers Feuerschiff und den Needles. Vor der bretonischen Küste ging am 24. 10. der dänische Frachter ULFSBORG (92;2040) mit seiner Ladung Erz für Newport unter. Bereits auf dem Rückweg konnte am 28. 10. im Kanal, fünf Seemeilen südwestlich von Anvil Point, der britische Dampfer BARON GARIOCH (95;1831) auf dem Weg nach Liverpool versenkt werden. Am nächsten Tag traf es den französischen Frachter MARNE (-;979), der nach Cardiff wollte. Nach Passieren der Doverenge erhielt *UC 63* am 1.11.1917 gegen 01.14 Uhr auf 51°23'N-02°00'O, östlich der Goodwins, während der Überwasserfahrt einen Torpedotreffer mittschiffs. Das an der Ansteuerungstonne lauernde britische U-Boot *E 52* (17;667;5 TR) hatte zwei Torpedos abgefeuert, von denen einer tödlich war. Nur ein Mann überlebte den Untergang.

UC 64

(U-Flottille Flandern; Flandern I)

Stapellauf: 27.1.1917

In Dienst gestellt am 22.2.1917 von Oblt.z.S. Ernst Müller Schwarz.

1. Unternehmung: 11.5. – 13.5.1917 Überführungsfahrt nach Flandern.

Das Boot machte am 13.5. in Zeebrügge fest und kam zur U-Flottille Flandern.

2. Unternehmung: 18.5. – 24.5.1917 in die Hoofden.

Nur der holländische Segler VOORWAARTS (-;114) am 20.5. bei Noord Hinder Feuerschiff und am 23.5. die ALBERDINA (-;100), 25 Seemeilen nordwestlich von Maas Feuerschiff, waren die magere Ausbeute.

3. Unternehmung: 19.6. – 25.6.1917 in die Hoofden.

Die Unternehmung glich der zweiten mit der Versenkung der niederländischen Segler HENDRIKA (-;109) am 21.6. und TELEGRAAF XVIII (14;306) am 24.6.

4. Unternehmung: 8.7. – 17.7.1917 in die Hoofden.

Hier kollidierte *UC 64* in der Nacht des 8.7. bei der Thornton Bank mit einem feindlichen U-Boot. Beide Boote tauchten, wobei sich *UC 64* auf den Gegner schob. Es kam dann rasch nach »Maschinen voll zurück« wieder frei. Am 16. 7. versenkte Müller Schwarz den holländischen Motorkutter TIMOR (-;135).

5. Unternehmung: 6.8. – 19.8.1917 Westausgang Englischer Kanal.

Diesmal brachten nur die Minen Ergebnisse, die am 10.8. als drei Teilsperren vor Dieppe ausgebracht wurden. Der französische Trawler ESPERANCE 00;130) sank am 17.8. und drei Monate später der Segler JULES VERNE (07;157) am 16.11.

Am 13.9.1917 kam das Boot unter das Kommando von Oblt.z.S. Erich Hecht.

6. Unternehmung: 15.9. – 24.9.1917 englische Ostküste.

Den holländischen Motorsegler EENDRACHT VII (-;251) zerstörten Sprengpatronen am 16.9. nördlich der Braune Bank. Dann gab es am nächsten Tag mit der Versenkung des französischen Dampfers PARACIERS (94;2542) acht Seemeilen östlich von Spurn Head die erste größere Beute. Fünf Tage später schickte Hecht vor Flamborough Head den französischen Frachter VILLE DE VALENCIENNES (97;1734) mit Kohle für Bordeaux durch UT-Schuß in die Tiefe.

7. Unternehmung: 11.10. – 22.10.1917 Englischer Kanal und Küste von Cornwall.

Die Minen fielen am 16.10. vor Falmouth und fanden am 14.12. mit dem Briten VOLNAY (10;4610) ihr Opfer. Auf der Höhe von Trevose Head erwischte am 18.10. ein UT-Treffer den britischen Frachter STEN (83;928), der neun Mann verlor, und den Norweger ALTAIR (84;1674), der fünf Seeleute mit in die Tiefe nahm. In 40 Metern Tiefe beschädigte sich das Boot am felsigen Grund. Diese Schäden zwangen zum Abbruch der Fahrt.

8. Unternehmung: 22.11. – 5.12.1917 Englischer Kanal und Kanal von Bristol.

Wieder war Falmouth das Ziel des Mineneinsatzes, der am 4. 12. den britischen Dampfer MANCHESTER MARINER (04;4106) beschädigte, so daß man ihn einschleppen mußte. Unmittelbar nach der ersten Sperre torpedierte Hecht den nach Newport fahrenden französischen Frachter VILLE DE THANN (80;1416). Die zweite Sperre vom 28. 11. vor der Cornwallküste blieb wirkungslos.

9. Unternehmung: 18.12. – 29.12.1917 gleiches Gebiet.

UC 64 heftete sich am 19.12. vor der französischen Kanalküste an einen nach England laufenden Konvoi. 20 Seemeilen nördlich von Kap Barfleur machte Hecht einen Torpedo gegen den britischen Frachter TREVELYAN (94;3066) los. Das in Ballast fahrende Schiff blieb mit Schlagseite liegen, erreichte aber später noch Cherbourg. Kurz nach Mitternacht verlor Norwegen den Frachter BORGSTEN (13;1718), der nach dem UT-Treffer unterging. Am 22.12. verminte *UC 64* die nördliche und südliche Einfahrt des Bristol-Kanals, hatte aber keinen Erfolg. Im Westausgang hielt Hecht am nächsten Tag, zehn Seemeilen südlich der Scillies, die norwegische Bark MANICIA (83;1868) an, die von Southampton nach Delaware unterwegs war. Trotz zahlreicher Granattreffer wolle der in Ballast fahrende Segler nicht untergehen. Es gelang sogar, ihn nach St. Mary's auf den Scillies einzubringen.

Nach der Rückkehr ging *UC 64* zur Überholung in die Werft nach Brügge.

10. Unternehmung: 15.1. – 30.1.1918 Englischer Kanal.

Starker Regen begünstigte die Fahrt von *UC 64* durch die Straße von Dover bei Überwasserfahrt. Bei Start Point leistete sich Hecht am 19.1. zwei Fehlschüsse auf einen Einzelfahrer. In der Nacht fielen neun Minen vor Plymouth und eine Nacht später neun Minen vor Falmouth. Die erste Sperre beschädigte am 20. 1. den britischen Frachter QUEEN MARGARET (-;4972), der noch Southampton erreichte. Zwei erneute Fehlschüsse trugen nicht gerade zur Bilanzverbesserung bei. Das erreichte der Kommandant auch nicht bei Start Point und nördlich von Cherbourg mit der Versenkung der britischen Segler ROB ROY (67;112) und MAY (-;24).

Am 23.2.1918 übernahm Oblt.z.S. Ferdinand Schwartz das Kommando.

11. Unternehmung: 7.3. – 14.3.1918 englische Ostküste.

Ohne Ergebnis.

12. Unternehmung: 24.3. – 3.4.1918 englische Ostküste.

Wie schon bei der vorangegangenen Unternehmung wurden keine Minen mitgenommen. Nach Versenkung der britischen Fischkutter BOTHA (-;17), HONORA (-;29), NOEL (-;21), BROTHERLY LOVE (-;19) durch Granatfeuer vor Whitby am 28. 3. traf es am 31.3. nur noch den kleinen britischen Dampfer VIANNA (-;401) vor Sunderland.

13. Unternehmung: 18.4. – 29.4.1918 englische Ostküste.

Für die erste Minenoperation bekam der neue Kommandant das Gebiet um Cromer und Inner Dowsing Feuerschiff zugewiesen, wo er am 21. 4. jeweils neun Minen legte. Auf der Inner Dowsing Sperre sank am 23. 4. der mit Kohle beladene Frachter LAURIUM (-;582). Zwei Tage später traf es südlich von Flambourogh Head den Schweden SOTE (83;1379) mit seiner Holzladung für London. Das Holz hielt das Schiff für einige Zeit an der Oberfläche, bis es schließlich beim Einlaufen in den Humber unterging.

UC 65 gehörte zur U-Flottille Flandern. (U-Boot-Archiv Cuxhaven)

Einen zweiten Torpedotreffer erzielte Schwarz am Nachmittag des nächsten Tages fünf Seemeilen südöstlich von Seaham. Der britische Marinetransporter LLWYNGWAIR (13;1304) sank rasch und nahm acht Leute mit in die Tiefe. Am 27.4. mußte *UC 64* den Einsatz erneut wegen undichter Ölbunker vorzeitig abbrechen.

14. Unternehmung: 16.5. – 31.5.1918 Englischer Kanal und Kanal von Bristol.

Die Doverenge nahm das Boot in der Nacht zum 17.5. und begann in den frühen Morgenstunden des 19.5. mit zwei Sperren zu je neun Minen in der West- und Nordansteuerung von Dieppe. Die Minenräumer leisteten ganze Arbeit. *UC 64* feuerte am 22.5. an der Cornwallküste einen Torpedo ab, der zum Kreisläufer wurde. Der nächste Torpedo explodierte am Grund. Erst am 23.5. stellte sich vor Trevose Head der angestrebte Erfolg mit dem Norweger MEFJORD (14;720) ein. Ein Bewachungsfahrzeug rammte das Sehrohr, als *UC 64* zum Angriff auf eine Bark ansetzte. Damit war die Feindfahrt zu Ende.

15. Unternehmung: 18.6. – 20.6.1918 Bretonische Küste.

UC 64 ging am 20.6.1918 in der Dover-Straße auf 50°58'N-01°23'O während Tauchfahrt durch einen Minentreffer verloren. Es gab keine Überlebenden.

UC 65

(U-Flottille Flandern)

Stapellauf: 8.7.1916

In Dienst gestellt am 10.11.1916 von Oblt.z.S. Otto Steinbrinck.

1. Unternehmung: 1.2. – 3.2.1917 Überführungsfahrt nach Flandern.

2. Unternehmung: 6.2. – 20.2.1917 Kanal von Bristol und St.-Georgs-Kanal.

Erste Opfer von *UC 65* wurden am 8.2. an der Cornwallküste vor Trevose Head die britischen Fischkutter MARY ANN (-;17) und GUILLAUME TELL (74;148). In der nächsten Nacht verseuchte Steinbrinck mit drei Sperren die nördliche Einfahrt zum Bristol-Kanal auf Höhe von Milford Haven. Sie zeigten die erste Wirkung am 14.2., als der britische Frachter INISHOWEN HEAD (-;3050) auflief und am 26.2., als der Segler HANNAH CROASDELL (66; 151) sein Ende fand. Dazu kam noch am 1.3. der britische Liner DRINA (13;11483). 15 Mann der Besatzung gingen mit unter. Das Jagdglück begleitete Steinbrinck am 10.2. südlich von Bardsey Island, als ihm der britische Dampfer SALLAGH (16;325) vor das Rohr lief. Am 11.2. brachte er die Frachter OLIVIA (83;242), VOLTAIRE (90;409) und LYCIA (96;2715) mit dem Geschütz oder mit Sprengpatronen zur Strecke. Der britische Öltanker PINNA (01;6288) sah das U-Boot und versuchte, mit AK zu entkommen. Sofort nahm *UC 65* die Verfolgung auf. Der Tanker stoppte nach vier Granattreffern. Steinbrinck ließ die Leute in die Boote gehen und setzte zwei Torpedofangschüsse. Doch der Tanker machte keinerlei Anstalten unterzugehen. Im Gegenteil, das Schiff setzte sich noch bei Milford auf Grund. Dann waren die britischen Kutter FRIENDSHIP (05;37) und ZIRCON (08;48) am 13.2. an der Reihe. In den nächsten beiden Tagen verlor Großbritannien die fünf Frachtschiffe FERGA (16;791), GREENLAND (08;1763), MARGARITA (02;375), KYANITE (04;564) und AFTON (12;1156). Ihnen folgten am 16. 2. vor dem Bristol-Kanal der Dampfer QUEENSWOOD (97;2701), der nach einem kurzen Feuergefecht seinen Widerstand aufgab, und der französische Frachter VILLE DE BAYONNE (96;1301). Auf dem Rückweg sprengte Steinbrinck am 19.2. zwischen Le Havre und Boulogne zunächst den belgischen Fischkutter JUSTINE MARIE (-;16) und dann den norwegischen Dampfer SKRIM (98;727). So erging es auch wenig später dem britischen Frachtdampfer BRIGADE (14;425) und den französischen Fischkuttern Violette (02;35), Alice (08;18) sowie Saint Louis de Gonzage (05;53).

3. Unternehmung: 24.2. – 2.3.1917 Englischer Kanal.

Nördlich von Dieppe stoppten Karabinerschüsse den französischen Segler Saint Joseph (04;42) und bei Owers Feuerschiff den norwegischen Frachter Vigda (00;1851). Beide verschwanden nach dem Zünden der Sprengpatronen. Auf der am 25.2. nachts gelegten Sperre bei Owers und Nab Feuerschiff ging zwei Tage später der britische Marinetrawler Evadne (07;189) verloren. Das britische Lazarettschiff Glenart Castle erlitt am 1.3. schwere Schäden, und der Norweger Thelma (06;1350) legte sich am 6.4. auf die Seite. Weiter ging es am 26.2. vor Wight mit dem holländischen Segler Alberdina (13;134). Am folgenden Tag verließen bei den Needles die letzten sechs Minen das Boot, dann traf es den französischen Segler Brunette (99;104). Nun kreuzte *UC 65* vor Le Havre, wo am nächsten Tag ein UT-Angriff den norwegischen Frachter Sjoestad (08;1155) zerstörte. Die gleiche Wirkung hatten Sprengpatronen beim französischen Segler Marie Joseph (12;192). Abends kam es zu einem Feuergefecht mit dem von Le Havre Kurs Portsmouth fahrenden britischen Transporter Huntscape (-;2933). Dank seiner höheren Geschwindigkeit konnte er entkommen. Auf dem Rückweg griff das Boot südlich von Boulogne eine Gruppe von Fischkuttern an und versenkte den Belgier Diamond Cross (-;29) und die unter französischer Flagge fischenden Seigneur (-;53), Reine des Anges (-;47), Bout de Zan (-;13), General Radiguet (-;24), Joseph Adolphine (-;21), Saint Famille (-;25), N. D. de Lourdes (-;47), Saint Joseph (-;20), Elise (-;50) und Homocea (-;58) mit Geschützfeuer, das auch den französischen Frachter Elorn (94;603) zerstörte. Als später noch ein Gefecht vor Boulogne mit zwei bewaffneten Motorschonern entbrannte, mußte *UC 65* wegen Munitionsmangel ablaufen.

4. Unternehmung: 18.3. – 1.4.1917 in die Irische See.

Das Boot überwand die Doversperre in der Nacht zum 19. 3. und erreichte am 22. 3. die Mündung des Mersey River. In der Nacht zum 23. 3. warf Steinbrinck sechs Minen in der Liverpool Bay und am 24. 3. früh östlich von Bar Feuerschiff drei Minen. Von da ab setzte *UC 65* wieder seine anderen Waffen ein. Noch am selben Tag konnten in der Irischen See, auf Höhe von Holy Head, der französische Segler Bruyere (02;100) sowie die britischen Frachtschiffe Fairearn (15;592) und Ennistown (08;689), der Norweger Korsnaes (91;732) sowie das britische Segelschiff Howe (71;175) vernichtet werden. Am nächsten Morgen ging es bei der Codling Bank gleich weiter. Der französische Segler Fringante (09;124) wurde angehalten und sank mit seiner Kohleladung. Ebensowenig konnte man den britischen Frachter Adenwen (13;3798) verschonen. Die 5 000 t Zucker aus Amerika für Liverpool mußten abgeschrieben werden. Zehn Seeleute verloren ihr Leben. Dann folgten der Grieche Poseidon (93;2589) und der britische Segler Brandon (62;130), der vier Mann mit in die Tiefe riß. In der Nacht zum 27.3. entstanden drei Teilsperren nochmals westlich von Bar Feuerschiff, worauf noch am selben Tag der britische Frachter Kelvinhead (05;3063) auflief. Beschädigt wurden am 7.4. der britische Dampfer Lapland (08;18565) und am 9.4. die New York (88;10798), auf der sich der Oberkommandierende der amerikanischen Seestreitkräfte Admiral Sims befand. Die Feindfahrt führte *UC 65* in die Liverpool Bay, wo die Alliierten weitere Verluste hinnehmen mußten. Dazu gehörten am 28. 3. die britischen Transporter Snowdon Range (06;4662) mit 7 500 t Lebensmitteln und Getreide aus Philadelphia, die Ardglass (14;778) und die Wychwood (07;1985) mit 2 900 t Kohle für die Royal Navy. Dazu kamen der britische Segler Harvest Home (82;103), der russische Segler Laima (02;148) und der norwegische Frachter Dagali (09;742).

5. Unternehmung: 25.4. – 12.5.1917 Irische See und Nord-Kanal.

Der Operationsbefehl lautete Minenlegen im Firth of Clyde. Schon auf dem Weg durch den Englischen Kanal erlitt der Gegner empfindliche Verluste. Den Anfang machte südöstlich der Isle of Wight der britische Motorschoner Athole (92;150), dem später nördlich von Alderney die Segler Agnes Cairns (73;146) und Bretagne et Vendee (-;79) folgten. Bei der Umrundung der Scillies wehrte die Besatzung erfolgreich den Angriff eines französischen Flugbootes mit dem MG ab. Ein Zerstörer zwang *UC 65* zum Tauchen. Die Verfolgung mit Suchleinen währte nur kurz. In der Abenddämmerung kam *UC 65* wieder an die Oberfläche und versenkte nördlich der Scillies die auslaufende britische Bark Burrowa (90;2902) mit einer Sprengladung. Am folgenden Tag verschwand im St.-Georgs-Kanal der Spanier Alu Mendi (07;2104) mit 2 800 t Eisenerz aus

Bilbao für Glasgow. Am 30.4. wartete *UC 65* vor dem Firth of Clyde die Dunkelheit ab und legte zwei Sperren in die nördliche Ansteuerung und am nächsten Morgen noch einmal drei in die südliche Einfahrt. Auf der ersten Sperre endete am 22.5. der britische Marinetrawler Merse (14;296). Zu dem Zeitpunkt machte das Boot schon wieder die Irische See unsicher. Es waren Einzelfahrer, die verloren gingen. Dazu gehörten der britische Segler W. D. Potts (78;112), der britische Dampfer Helen (04;322) und die norwegische Bark Ivrig (91;1197). Am frühen Morgen des 2.5. ließ Steinbrinck wieder Sprengpatronen bereitlegen. Sie wurden im Nordeingang der Irischen See für die britischen Frachtschiffe Dora (00;296), Saint Mungo (07;402), Derrymore (05;485), Amber (92;401) und Morion (94;299) sowie für den Segler Earnest (84;111) gebraucht. Der Schiffsverkehr verringerte sich merklich, und so nahm das Boot Kurs auf die walisische Küste, wo *UC 65* am 4. 5. in der Cardigan Bay die britischen Fischkutter Strumble (-;45) und Victorious (-;39) sowie den Segler New Design No.2 (-;66) zerstörte. Bei Tuskar Rock versenkte ein ÜT-Treffer bei Nacht den britischen Frachter Pilar de Larrinaga (02;4136). Einige in der Nähe liegende Trawler eröffneten das Feuer. Kurz vor dem Rückmarsch hatte noch der Segler Maude (-;93) das Nachsehen. Ein UT-Treffer am 8. 5. auf der Höhe von Trevose Head beschädigte den britischen Tanker San Patricio (15;9712), der noch Avonmouth erreichte.

6. Unternehmung: 15.6. – 30.6.1917 Englischer Kanal und Biscaya.

Die am 16. bzw. 17. 6. bei Boulogne und Cherbourg gelegten Minen trafen am 17.6. den britischen Marinetrawler Fraser (07;310). Die Operation wurde am 18. 6. mit der Versenkung des britischen Seglers Gauntlet (-;58) und des dänischen Dampfers Vaering (88;2157) fortgesetzt. Das mit 1 000 t Holz beladene Schiff sank erst nach einem zweiten Torpedotreffer. Der britische Dampfer Morinier (-;3804) wurde am nächsten Abend bei Quessant von *UC 65* mit dem Geschütz angegriffen, entzog sich aber durch geschicktes Manövrieren und Nebeln dem Beschuß und entkam in der hereinbrechenden Dunkelheit. Auch am nächsten Tag war die Geschützbedienung gefordert, als sie in der Biscaya einen Dreimastschoner unter Feuer nahm. Schließlich setzte man auf dem Schoner ein Boot aus. Doch Steinbrinck besaß Erfahrungen aus drei Kommandos und ließ sich nicht täuschen, sondern gab Befehl zum Tauchen. Beim Gegner handelte es sich um die britische U-Falle Mary B. Mitchell, der schon *UC 17* begegnet war. Das Boot stand am 24. 6. vor der Gironde-Mündung und schoß aus einem auslaufenden Konvoi die griechischen Frachter Taigetos (03;2961), Aghia Paraskevi (90;2795) und Constantinos (93;3014) sowie den Norweger Kong Haakon (89;2231) heraus. Am nächsten Tag erwischte es in einem Küstengeleit den spanischen Frachter Orinon (95;2571) nach einem UT-Schuß. Den letzten Erfolg verbuchte *UC 65* auf dem Rückmarsch am 28.6. südlich von Start Point, als sich die Wellen über dem britischen Segler Ellen (74;114) schlossen.

7. Unternehmung: 18.7. – 24.7.1917 Englischer Kanal.

Der Mineneinsatz vor den Needles und Portland blieb wirkungslos. Dem Boot lief am 20.7. bei St. Albans Head nur der britische Dampfer Fluent (11;3660) vor die Torpedorohre.

8. Unternehmung: 25.7. – 28.7.1917 Englischer Kanal.

Es blieben nur wenige Stunden zur Brennstoff- und Torpedoergänzung in Zeebrügge, dann legte *UC 65* am 25. 7. wieder ab. Es passierte in der Nacht zum 26. 7. bei Nebel die Doverenge und erreichte am Nachmittag Royal Sovereign Feuerschiff. Gegen 15.50 Uhr sichtete Steinbrinck den von drei Zerstörern eskortierten Minenkreuzer Ariadne (98; 11000;16-15,2 cm;14-7,5 cm; 2 TR). Er machte auf 1 000 Meter einen Bugschuß los, der den Kreuzer an Backbord unter dem achteren Schornstein traf. Das Schiff bekam Schlagseite. Während die Bewacher zu Hilfe eilten, drehte *UC 65* zu einem erneuten Anlauf und feuerte einen Hecktorpedo auf die in Schlepp befindliche Ariadne, die unmittelbar danach kenterte. 38 Mann fielen. Anschließend operierte *UC 65* vor Owers Feuerschiff, wo es am 27. 7. nachts das britische Frachtschiff Candia (96;6482) mit einem Torpedoschuß versenkte, die Bellagio (-;3919) konnte sich auf Grund setzen. Beim Rückmarsch ging um Mitternacht des 28.7. vor Dungeness der französische Dampfer St. Emilion (-;1112) nach UT-Treffer in die Tiefe. Am Morgen griff ein Flugboot beim Ansteuern der Flandernküste das Boot mit zwei Bomben an, die ihr Ziel nur knapp verfehlten. Beim erneuten Angriff im Tiefflug erhielt *UC 65* mehrere MG-Treffer im Turm und in den Tauchtanks.

Ab 1.8.1917 übernahm Kptlt. Max Viebeg das Kommando.

9. Unternehmung: 16.8. – 3.9.1917 Englischer Kanal.

UC 65 setzte seine erfolgreiche Tätigkeit auch unter neuem Kommando fort. Auf der am 19. 8. vor Cherbourg gelegten Sperre sank noch am selben Tag der französische Bagger GENERAL DU TEMPLE (-;585). Auf seinem weiteren Weg schoß *UC 65* am 25.8. in der Lyme Bay den Dänen NERMA (93;689) und den Norweger GARM (16;725) ab. In der Seine-Bucht sanken am 28.8. der amerikanische Segler LAURA C. ANDERSON (90;961) und am 1.9. vor Start Point der französische Frachter PERONNE (82;3342). Der griechische Dampfer ERISSOS (02;2885) wurde am 31. 8. durch Torpedotreffer beschädigt.

Nach der Rückkehr erhielt Kptlt. Claus Lafrenz das Kommando.

10. Unternehmung: 20.9. – 5.10.1917 Englischer Kanal und Biscaya.

Das britische C 15 versenkte *UC 65*. (Royal Navy Submarine Museum)

UC 66 läuft aus. Es ging mit seiner gesamten Besatzung verloren. (Bundesarchiv Koblenz)

Wieder war es Cherbourg, wo am 23.9. drei Teilsperren ausgelegt wurden. Danach nahm Lafrenz Kurs auf das Gebiet westlich von Quessant, um auf Atlantikgeleitzüge zu stoßen. Er bekam aber nur die amerikanische Bark PAOLINA (00;1337) zu sehen, die nach Sprengung mit einer Ladung Stacheldraht und Öl aus New York für Le Havre in die Tiefe ging. Erst auf dem Rückmarsch konnte man am 3.10. vor Start Point mit der Versenkung des italienischen Dampfers TASMANIA (00;3662) einen ersten größeren Erfolg verbuchen. Auch die Minen erhöhten mit der Vernichtung des britischen Drifters COMRADES (-;63) die Quote nur unerheblich.

11. Unternehmung: 22.10. – 3.11.1917 französische Kanalküste und Westausgang des Kanals.

Es wurde die letzte Fahrt des erfolgreichen Bootes. Lafrenz warf wie befohlen in der Nacht zum 23.10. 18 Minen vor Le Havre und lief dann weiter nach Westen. Am 31.10. versenkte er bei Prawle Point den britischen Dampfer NORTH SEA (99;1711) und erzielte zwei Tage später im gleichen Gebiet einen Torpedotreffer auf den Briten BRANKSOME HALL (04;4262), der eingeschleppt werden konnte. Er fiel dann ein Jahr später *UB 105* zum Opfer. Es wurde nun der Rückmarsch angetreten, und das Boot befand sich am 3.11.1917 gegen 16.45 Uhr etwa 15 Seemeilen südlich von Beachy Head. Plötzlich wurde das über Wasser laufende Boot von dem britischen U-Boot *C 15* (08;290/320;2 TR) mit einem Doppelschuß angegriffen. Der erste Torpedo traf ohne zu detonieren, der zweite riß das Achterschiff ab. *UC 65* sank sofort, und nur fünf Mann auf der Brücke, darunter der Kommandant, überlebten.

UC 66

(U-Flottille Flandern)

Stapellauf: 15.7.1916

In Dienst gestellt am 18.11.1916 von Oblt.z.S. Herbert Pustkuchen.

1. Unternehmung: 1.2. – 3.2.1917 Überführungsfahrt nach Flandern.

2. Unternehmung: 10.2. – 23.2.1917 französische Westküste.

Die übliche Verminung fiel weg, und so konnte *UC 66* seine Einsatzfahrt mit der Versenkung des griechischen Frachters VASILISSA OLGA (69;1400) vor Beachy Head am 11. 2. beginnen. Kurze Zeit später verschwand der britische Segler ADA (72;186). Ohne Ladung gelang es dem Briten WOODFIELD (17;4300), sich nach dem Torpedotreffer auf Grund zu setzen. Der britische Transporter AFRIC (99;

11999) sank am nächsten Tag südlich von Eddystone erst nach einem Torpedofangschuß. Gleich danach traf es den Briten Lucent (79;1409). Drei Tage später gingen vor der Gironde-Mündung die Fischkutter Desire Louise (-;31), Alma Jeanne (-;33) und Argos (-;27) verloren. Am 17. 2. vergrößerte sich die Erfolgsbilanz des Bootes erheblich mit den niederländischen Frachtern Driebergen (10;1884), Trompenberg (06;1608) und Ootmarsum (00;2313) vor Quessant. Dann machte das Boot kehrt in Richtung Heimat. Etwa 30 Seemeilen südlich von Wolf Rock entdeckte Pustkuchen einen Tanker, der nach kurzem Beschuß stoppte, Dampf abließ und zwei Boote aussetzte. Trotzdem ließ sich Pustkuchen nicht näher locken, sondern tauchte vorsichtshalber, was sein Glück war. Als das Boot zum UT-Angriff ansetzte, kam es in der Dünung mit dem Turm aus dem Wasser und erhielt sofort einen Granattreffer. Anschließend versuchte der Gegner erfolglos zu rammen. Schließlich kam auch noch eine Wasserbombe dazu. Dann lief die britische U-Falle Penshurst Q-7 (06;1191;2-10,2 cm; 2-7,5 cm) ab, die bereits *UB 19* und *UB 37* versenkt hatte. Am 21.2. hatte das Boot Start Point erreicht, wo die britischen Fischkutter Monarch (03;35), Energy (15;25) und K.L.M. (14;28) verloren gingen. Der niederländische Dampfer Ambon (01;3598) wurde durch einen UT-Treffer beschädigt.

3. Unternehmung: 10.3. – 23.3.1917 Englischer Kanal und irische Südküste.

Vor der Minenoperation versenkte *UC 66* südwestlich von St. Catherine Point den Briten Glynymel (90;1394), der als Nachzügler hinter einem Konvoi herfuhr. Im Gebiet von Portland fanden der norwegische Frachter Einar Jarl (15;1849) und die Fischkutter Reindeer (-;52) und Forget me not (-;36) sowie der britische Frachter Memnon (06;3203) ihr Ende. Der Fischkutter Try (-;34) ging am nächsten Morgen bei Lands End in die Tiefe. Früh am Morgen des 14.3. entledigte sich das Boot an der irischen Küste seiner Minen, sechs bei Daunt Feuerschiff und sechs vor Old Head of Kinsale. Die anderen Minen verließen am 15.3. kurz nach Mitternacht bei Galley Head die Schächte. Sie waren die Verlustursache für die britische Sloop Mignonette (16;1250;2-12 cm) am 17. 3. und der Alyssum (15;1250;2-12 cm) am 18. 3. Die Fahrt wurde fortgesetzt, und am 19. 3. konnte südlich von Fastnet der US Frachter City of Memphis (02;5252) zur Strecke gebracht werden. Genauso erging es zwei Tage später dem französischen Segler Armoricain (11;261) zehn Seemeilen südlich von Wolf Rock. Es sollte nicht der einzige Erfolg während der Rückfahrt werden. In der nächsten Nacht folgte bei Start Point der britische Frachter Hazelpark (15;1964) nach einem UT-Treffer. Kurz nach Mitternacht des 21.3. bekam das britische Lazarettschiff Asturias (08;12002) einen Torpedotreffer. Es blieb schwimmfähig und strandete. Am 20.4. wurde es abgebracht und nach Plymouth geschleppt. Bei den Kanalinseln sank der Fischkutter Avance (-;57), und am 21.3. beendete auf Höhe von Beachy Head der norwegische Segler Efeu (07;569) seine Fahrt.

4. Unternehmung: 15.4. – 3.5.1917 Irische See, Nord-Kanal und irische Westküste.

Die Minen demonstrierten am 23. 4. vor Belfast dem britischen Marinetrawler Rose II (07;213) ihre tödliche Wirkung. Aber nicht nur die Minenwaffe war bei diesem Einsatz effektiv. Vor Start Point traf am 17. 4. ein Torpedo den britischen Dampfer Clan Sutherland (96;2820), der sich auf Strand setzte. Am 22. 4. ging nordwestlich von Eagle Island die britische Bark Arethusa (91;1279) in die Tiefe. Der Torpedotreffer auf den britischen Frachter Quantock (10;4470) am 27. 4. vor Fastnet Rock beschädigte das Schiff, das aber noch den Hafen erreichte. Diese Möglichkeit hatten am 1. 5. im Gebiet von Quessant der britische Frachter Bagdale (04;3045) und südöstlich von Start Point der britische Segler John W. Pearn (-;76) sowie der französische Segler La Manche (86;335) nicht.

5. Unternehmung: 22.5. – 12.6.1917 Kanal von Bristol und irische Südküste.

UC 66 hatte den Befehl, im Bristol-Kanal Minen zu legen, und dann zur freien Jagd vor der irischen Südküste überzugehen. Auf dem Weg zum Einsatzgebiet versenkte das Boot am 25.5. östlich von Start Point den Dänen Sjaelland (72;1405) und am 3.6. an der Cornwallküste den italienischen Frachtdampfer Portofino (12;1754). Am 12.6.1917 mittags zerstörte eine Wasserbombe des britischen Marinetrawlers Sea King (16;321) bei Lizard *UC 66*. Die gesamte Besatzung kam ums Leben.

UC 67

(U-Flottille Pola, II. U-Flottille Mittelmeer)

Stapellauf: 6.8.1916

In Dienst gestellt am 10.12.1916 von Oblt.z.S. Karl Neumann.

1. Unternehmung: 8.3. – 29.3.1917 Überführungsfahrt ins Mittelmeer.

Das Boot fuhr durch den Englischen Kanal. Auf der Höhe von Lissabon mußten die Fischkutter SANTA RITA SEGUNDA (-;20), PRIMEIRA FLOR D'ABRIL (-;20), SENHORA DO ROSARIO (-;22) und RESTAURADOR (-;25) in die Tiefe. Vor Cap St. Vincente wurde dem schwedischen Dampfer VICTORIA (12;1226) am 18.3. seine Konterbande zum Verhängnis. Am 20. 3. schlüpfte *UC 67* durch die Gibraltarenge und zerstörte am 25. 3. südlich von Sardinien den britischen Dampfer QUEEN EUGENIE (09;4358). 35 Mann des bewaffneten Schiffes fanden den Tod. Der Geschützführer überlebte und wurde gefangengenommen. Am 29. 3. lief *UC 67* in die Bocche di Cattaro ein.

Ausgeliefert. *UC 67* auf der Überführungsfahrt. (U-Boot-Archiv Deisenhofen)

2. Unternehmung: 18.4. – 2.5.1917 nordafrikanische Küste.

Zunächst legte das Boot am 24.4. sechs Minen vor Cap Bougaroun, östlich von Algier. Diese Sperre verursachte Spätfolgen, denn erst am 4. 10. sank der französische Marinetrawler STELLA (09;219), und noch am 11. 11. beschädigte sich der Brite SOUTHGATE (99;3661) schwer und fiel für Monate aus. Die zwölf Minen vor dem Hafen von Algier blieben dagegen wirkungslos. Unmittelbar nach der Minenoperation vor Algier sank nach UT-Schuß der britische Transporter CHERTSEY (98;3264). Danach kamen dem Boot kurz nacheinander auf Höhe von Cap Silgli die beiden westlich laufenden britischen Frachtschiffe GLENCLUNY (09;4812) und KARUMA (10;2995) vor die Torpedorohre. Am 29.4. hielt das Boot auf der Rückfahrt vor Marsala einen italienischen Segler an. Als das Sprengkommando hinüberschwamm, kam plötzlich eine Blasenspur auf *UC 67* zu. Der Torpedo traf das Heck des Bootes, detonierte aber zum Glück nicht. Eiligst kehrte das Sprengkommando wieder an Bord zurück, und *UC 67* verschwand unter Wasser. Bei dem Angreifer handelte es sich um das britische *E 2* (13;660;5 TR), das mit dem Segler eine besondere taktische Form der U-Falle darstellte.

3. Unternehmung: 21.5. – 11.6.1917 nordafrikanische Küste.

Der britische Frachter ELMMOOR (10;3744) transportierte als Einzelfahrer Weizen von Karatschi nach Livorno, als am 23.5., etwa 35 Seemeilen südöstlich von Syracus, *UC 67* auftauchte. Den Kapitän nahm Neumann gefangen. Drei Tage später griff der Kommandant abends vor Cap de Fer die von Zerstörern gesicherten Lazarettschiffe KARAPARA (15;7117) und DOVER CASTLE (04;8271) an. Die DOVER CASTLE blieb nach dem Torpedotreffer liegen. Der Fangschuß wenig später verursachte zwei heftige Detonationen im Vorschiff. Sieben Heizer starben. Dann begann *UC 67* das Gebiet um Algier zu verminen. Sechs Minen fielen am 28. 5. östlich der Bucht, weitere sechs vor dem Hafen. Die übrigen wurden am 29.5. früh westlich von Algier abgelegt, wo sich am 14. 6. der britische Frachter LOWTHER CASTLE (14;4439) schwere Schäden zuzog, so daß er nach Algier eingeschleppt werden mußte.

4. Unternehmung: 25.6. – 20.7.1917 gleiches Gebiet.

Diesmal mußte der italienische Segler IL NUOVO GASPERINO GABRIELE (-;35) am 30. 6. südwestlich von Marsala in die Tiefe, was auch dem Griechen MILTIADES EMBIRICOS (97;3448) nördlich von Bizerta passierte. Dann kam der britische Frachter CITY OF CAMBRIDGE (92;3844) in der Morgendämmerung des 3.7. auf Höhe von Bougie an die Reihe. Der Mineneinsatz am 4. bzw. 5.7. vor Algier war nutzlos. Das Gegenteil stellte sich in den folgenden Tagen ein. Vor Cap Silgli vernichtete das Boot am 7.7. den britischen Transporter SOUTHIN (99;3506) und den italienischen Segler MILANO (05;143). Während des Rückweges konnten in der Straße von Sizilien die Segler FRANCESCO (90;151) und LEONARDO G. (-;50) abgeschossen werden. Der nächste Tag brachte wieder einen Dampfer, dieser stoppte, und die Besatzung verließ das Schiff. Das U-Boot setzte zum Fangschuß an, als plötzlich ein Sicherungsfahrzeug das Feuer eröffnete. Die Besatzung enterte schnell wieder auf, und das Schiff entkam.

5. Unternehmung: 8.8. – 29.8.1917 nordafrikanische Küste.

Zuerst legte das Boot fünf Teilsperren am 13. und 14. 8. im Golf von Tunis. Zwischen dem Auslegen versenkte Neumann in der Nacht zum 14. 8. den Griechen Eugenia (02;3029) mit seiner Erzladung für Hartlepool. Ein Offizier wurde gefangengenommen. Im weiteren Verlauf der Operation konnte das Boot am 18. 8. im Golf von Bougie den britischen Transporter Politania (10;3133) versenken, der Heu für die Pferde der Saloniki-Armee an Bord hatte. Noch im Morgengrauen des 21.8. ging nordwestlich von Cap Bon der britische Marinedampfer Goodwood (00;3086) auf seine letzte Reise. Während des Tages begegnete *UC 67* einem Motorschoner und versuchte, ihn durch Warnschuß anzuhalten. Sofort wurde das Feuer aus einem Heckgeschütz eröffnet. Fast zeitgleich feuerte die Bugkanone. Das Risiko war viel zu groß, so daß *UC 67* tauchte. Die Entscheidung war richtig, denn es handelte sich um die französische U-Falle Madeleine III (98;149;2-7,5 cm; 2 TR), die am 6.4.1918 von *UB 50* dann erfolgreich torpediert wurde. Das letzte Opfer dieser Feindfahrt hieß Fratelli Danieli (-;94), ein italienischer Segler mit Phosphat aus Tunis, der am 23. 8. im Sizilianischen Meer zur Beute wurde. Wegen Motorstörungen trat *UC 67* den Rückmarsch an.

Das Boot wurde dann bis Anfang November 1917 in Pola instandgesetzt.

6. Unternehmung: 10.11. – 13.11.1917 albanische Küste.

Die 18 Minen vom 12.11. in der Bucht von Valona gegen italien. Truppentransporte wurden geräumt.

7. Unternehmung: 21.11. – 12.12.1917 an die französische Mittelmeerküste.

Das Ziel waren diesmal die Häfen von Toulon und Marseille. Sie wurden am 29. und 30. 11. vermint, aber die Räumkräfte waren rechtzeitig zur Stelle. Zuvor hatte Neumann an der Südküste Siziliens den Segler Iniziativa (-;24) gesprengt. Vor Marseille folgten dann am 2.12. der französische Dampfer La Rance (06;2610) und in der nächsten Nacht der italienische Frachter Carmen (14;5479). Am 5.12. ging mit der Greenwich (99;2938) wieder ein britisches Schiff verloren. Auf dem Rückweg sprengte der Kommandant am 8. 12. südlich von Sardinien noch den italienischen Segler La Vittoria (-;53).

Nach Einlaufen in Cattaro am 12. 12. mußte das Boot erneut bis Mitte Januar 1918 zur Reparatur in die Werft.

8. Unternehmung: 15.1. – 3.2.1918 Golf von Lion und Golf von Genua.

Auch diesmal begann die Unternehmung mit der Versenkung eines Segelschiffes. An der Ostküste Sardiniens, auf Höhe von Isola Tavolara, traf es am 20.1. den italienischen Segler Faustina B. (05;105). Zwei Tage später befand sich das Boot vor Marseille, wo in der Nacht die Minen aus ihren Schächten glitten. Am 23.1. bekam der französische Marinedampfer La Drome (00;3236) die Wirkung zu spüren. Das etwa eine Seemeile entfernte *UC 67* beobachtete eine gewaltige Detonation, Sekunden später ging das Schiff mit 40 Mann in die Tiefe. Wenig später erlitt der französische Marinetrawler Kerbihan (02;195) das gleiche Schicksal. Am Vormittag griff Neumann die einlaufende General Gallieni (-;8448) mit zwei Torpedos an. Während der erste fehl ging, wurde der zweite zum Oberflächenläufer. Dadurch konnte der französische Truppentransporter die tödliche Gefahr ausmanövrieren. Mehr Glück hatte *UC 67* am 24.1. nachts weiter östlich bei hellem Mondschein, als im Hafen von La Ciotat der vor Anker liegende französische Truppentransporter Corse (-;1160) nach einem UT-Schuß sank. Am Abend legte das Boot erfolglos die restlichen Minen in die Einfahrt von Marseille. Weiter ging es nach Toulon, wo *UC 67* am 26.1. das argentinische Motorschiff Ministro Iriondo (74;1753) mit einem UT-Treffer auf den Grund schickte. Da alle Torpedos verschossen waren, befahl der Kommandant den Rückmarsch. Vor der ligurischen Küste stoppte er am 27.1. den italienischen Segler Attilio (03;210), dessen Fahrt damit zu Ende ging. Das wiederholte sich am nächsten Tag östlich von Sardinien bei der Urania (14;373). Eine Neuauflage gab es zwei Tage später westlich von Sizilien mit den Seglern Maria S. S. del Paradiso (95;114) und Giuseppe B. (-;38). Am 30.1. traf *UC 67* im Malta-Kanal *U 64* (Kptlt. Moraht), das unmittelbar zuvor den britischen Truppentransporter Minnetonka (02;13528) versenkt hatte, der nur mit Post auf dem Weg von Port Said nach Marseille war. Zehn gefangengenommene Offiziere nahm *UC 67* an Bord.

9. Unternehmung: 2.3. – 30.3.1918 Golf von Lion.

Während der Fahrt in das Operationsgebiet gab es eine tödliche Begegnung für die italienischen Segler Pasqualina (86;80) und Jolanda (01;187) am 9.3.

nordöstlich von Sardinien. Der Tripoli (75;824) erging es mit 1 430 t Erz für Marseille zwei Tage später südlich von Toulon genauso. Dann brachte Neumann am 12. und 13.3. vor Marseille die Minensperren aus, die zum Verlust des italienischen Frachters Matteo Renato Imbriani (11;5882) am 20.3. führten. Das Boot suchte nun neue Beute, die man am 14.3. auch im Golf von Lion mit dem französischen Segler Jeanne (92;145) fand. Trotz schwerer See konnte Neumann am 15.3. vor Toulon aus einem südlich laufenden Geleit den britischen Frachter Armonia (91;5226) herausschießen. Weitere Ziele fanden sich erst wieder auf dem Rückmarsch. Eines davon war südlich von Sardinien der kleine Segler S. Giuseppe C. (-;53). Am nächsten Tag sichtete *UC 67* westlich der Skerki Bank vor Bizerta einen Konvoi mit Südwestkurs. Während des Anlaufs erhielt plötzlich der Brite Shadwell (04;4091) einen Torpedotreffer. Der Torpedo stammte von *UB 50*, das auch an diesem Konvoi operierte. Als *UC 67* zum Fangschuß ansetzte, schob sich plötzlich der italienische Minenleger Partenope (89;834;2-7,5 cm;4-5,7 cm) vor den Briten. Der Italiener sank nach dem Torpedotreffer. Außerdem verlor Italien am 25. und am 26. 3. in der Straße von Sizilien die Segler Francesco Antonio Aiello (-;44), L. Iniziatore (-;47) und Elisabetha (-;45). Bei Windstärke 9 fand das Boot am 29. 3. die Straße von Otranto ohne Bewachung vor.

Es schloß sich eine bis Mitte Juni 1918 dauernde Werftliegezeit in Pola an. Danach übernahm Oblt.z.S. Martin Niemöller das Kommando.

10. Unternehmung: 1.7. – 11.7.1918 Golf von Lion.

Am 6. 7. versenkte Niemöller in der Straße von Sizilien den britischen Frachter Bertrand (13;3613) aus einem stark gesicherten Konvoi. Kurze Zeit später überraschte ein Flugzeug das Boot und bombardierte es beim Wegtauchen. Dabei entstanden schwere Schäden, u. a. an beiden Periskopen und an den Minenschächten, was schließlich zum Abbruch der Operation führte.

11. Unternehmung: 28.8. – 26.9.1918 Golf von Lion.

Die am 6. und 7. 9. vor Marseille gelegten Minen räumte der Gegner rechtzeitig. Das Boot vernichtete am 7. 9. im Golf von Lion den britischen Dampfer Bellbank (-;3250) und am 16. 9. den Griechen G. Voyazides (04;3040). Bei Passieren der Otranto-Straße liefen plötzlich zwei Torpedos auf *UC 67* zu. Der erste verfehlte das Boot. Es war Kriegsglück, daß der zweite am Heck des Bootes endete, ohne zu detonieren.

Am 29.10.1918 legte *UC 67* in Pola mit Heimatkurs ab und traf am 29.11. in Kiel ein.

Das Boot mußte am 16.1.1919 mit der 7. Staffel an England ausgeliefert werden und endete in Briton Ferry.

UC 68

(U-Flottille Flandern)

Stapellauf: 12.8.1916

In Dienst gestellt am 17.12.1916 von Oblt.z.S. Hans Degetau.

1. Unternehmung: 14.2. – 16.2.1917 Überführungsfahrt nach Flandern.

2. Unternehmung: 10.3.1917 – ? Englischer Kanal.

Das Boot verließ am 10. 3. Zeebrügge zum Minenlegen vor Plymouth und Dartmouth. Die ersten beiden Teilsperren entstanden am 12. 3. südöstlich von Plymouth, wo am 14. 3. 1917 der britische Frachter Orsova (09;12036) auflief und strandete. Am nächsten Tag geriet der britische Zerstörer Foyle (03;550;4-7,5 cm;2 TR) in das Feld und ging mit 29 Mann der Besatzung unter. Während der Verminung nordöstlich von Start Point ging *UC 68* durch Mineneigendetonation mit der gesamten Besatzung verloren.

UC 69

(U-Flottille Flandern; Flandern II)

Stapellauf: 7.8.1916

In Dienst gestellt am 23.12.1916 von Oblt.z.S. Erwin Waßner.

1. Unternehmung: 3.3. – 6.3.1917 Überführungsfahrt nach Flandern.

2. Unternehmung: 10.3. – 14.3.1917 in die Hoofden.

Das Boot eröffnete seine Einsatztätigkeit am 12.3. in der Nähe von Maas Feuerschiff mit einem UT-Treffer auf den neuen britischen Zerstörer Skate (17;975;3-10,2 cm;4 TR), der von den Zerstörern Lennox (14;965;3-10,2 cm) und Lawford (13; 965;3-10,2 cm) nach Harwich eingeschleppt wurde.

3. Unternehmung: 24.3. – 6.4.1917 Englischer Kanal und Biscaya.

Sprengpatronen zerstörten am 25. 3. südwestlich von Heachy Head die britischen Segler Huntleys (65;186) und Mary Annie (93;154). Am nächsten

Tag stand das Boot vor der französischen Kanalküste, wo der schwedische Dampfer Norma 85;1537) wegen Bannware in die Tiefe ging. Bei Quessant traf es am 27. 3. die Norweger Aasta (02;1146) und Grib (05;1474). In der Abenddämmerung kam bei Belle Ile ein Konvoi auf, aus dem der britische Transporter Thracia (98;2891) mit einer Eisenerzladung herausgeschossen wurde. Das aus Bilbao kommende Schiff nahm 36 Mann mit in die Tiefe. In der Nacht begann Waßner die Fahrwasser nördlich der Insel mit zwölf Minen zu verseuchen. Nach der Versenkung des griechischen Frachters Katina (91;2464) am nächsten Tag fielen vor Ile d'Yeu bei Dunkelheit die restlichen sechs Minen. Waßner steuerte anschließend die Gironde-Mündung an, wo er am 29.3. den mit Holz für Cardiff beladenen Norweger Morild I (83;1354) sprengte. Kurz nach Mitternacht versenkte er 14 Seemeilen vor Contes Leuchtturm den norwegischen Dampfer Britta (89;2061) und am Tage den italienischen Frachter Avanguardia (89;2703), die beide Erz für England an Bord hatten. Am 31.3. kreuzte *UC 69* vor Bilbao, wo der Norweger Farmand (01;1387) gestoppt wurde. Seine Ladung Kohle aus Cardiff nahm er mit auf den Grund. Die Minen vor Belle Ile brachten am 22. 5. das Ende für den norwegischen Frachter Nann Smith (07;2134).

4. Unternehmung: 25.4. – 11.5.1917 gleiches Gebiet.

Diese 17-tägige Unternehmung brachte mit zehn Schiffen und 25 595 BRT einen Erfolg, den viele Boote während ihrer gesamten Einsatzzeit nicht erzielten. Den Anfang machte am 1.5. vor Bilbao der portugiesische Frachter Barreiro (11;1738), dem am 3. 5. der griechische Dampfer Maria (98;2574) und der norwegische Frachter Polstad (07;2692) folgten. Auf der Höhe von Cap Ortegal mußten am 4.5. der griechische Frachter Joannis P. Goulandris (97;3153), der norwegische Dampfer Tromp (97; 2751) und der Italiener Ilva (93;2140) in die Tiefe. Vor Cap Penas vernichtete *UC 69* am 6.5. die Norweger Voss (95;2390) und Gurth (10;1340). Den Schlußpunkt setzte Oblt.z.S. Waßner am 7. 5. bei Machicaco Leuchtturm mit den Norwegern Tiger (95;3273) und Leikanger (16;3544). Minenerfolge gab es keine.

5. Unternehmung: 11.6. – 29.6.1917 spanische Nordküste.

Waßner begann die Feindfahrt mit der Vernichtung des französischen Seglers Alexandre (-;697) am 12. 6. nordöstlich von Le Havre. Zwei Tage später sorgte er südlich von Quessant dafür, daß eine Ladung Erdnüsse Bristol nicht erreichte, die der Schwede Hasting (10;983) an Bord hatte. Neun Minen fielen am 15.6. bei Penmarch, danach endete der Brite Addah (05;4397) durch Granatbeschuß. In der Nacht zum 16.6. legte das Boot bei Belle Ile eine zweite Sperre, die keine Opfer forderte, im Gegensatz zur ersten, auf der am 10. 8. der britische Dampfer War Patrol (17;2045) mit 13 Seeleuten unterging. Auf dem Weg zur Gironde erwischte *UC 69* am 16.6. den französischen Segler La Tour d'Agon (96;125). Am nächsten Tag kam es zur Begegnung mit der französischen U-Falle Marguerite (-;862;2-7,5 cm), die sich als Däne tarnte. Bei dem kurzen Artillerieduell erlitten beide Kontrahenten Gefechtsschäden. *UC 69* hatte beim Tauchen einen Volltreffer im Turm erhalten, blieb aber seeklar. Danach sprengte das Boot am 19.6. auf der Höhe von Cap Busto den Norweger Spind (77;1174). Wenig später erhielt der französische Frachter Bearn (94;1288) einen UT-Treffer. Das schlechtere Los zog am 20. 6. auch der Grieche Katerina (98;3092) mit Erz auf dem Weg nach England. Der darauf folgende Tag war der letzte für den Dänen E.T. Nygaard (-;1923). Vor Cap Vilano an der spanischen Atlantikküste beendete ein Torpedo die Fahrt des portugiesischen Frachters Cabo Verde (83;2220) mit Wein und Lebensmitteln für Bordeaux. Die Brennstofflage zwang *UC 69* zur Umkehr. Auf dem Heimweg zündeten am 24. 6. Sprengpatronen auf dem Norweger Helma (11;1131).

6. Unternehmung: 16.7. – 4.8.1917 spanische und portugiesische Küste.

Die Erfolgsserie sollte auch diesmal nicht abreißen, obwohl die Minen bei Ile de Sein nicht dazu beitrugen. In der Biscaya hatte am 21.7. der japanische Dampfer Kageshima Maru (98;4687) das Nachsehen. Am 23.7. sank an der spanischen Nordküste der norwegische Frachter Frithjof (02;1389), dem am nächsten Tag vor Cap Ortegal der britische Transporter Sir Walter (78;492) folgte. Auf der Höhe von Cap Finisterre ging am 24. 7. das norwegische Frachtschiff Baldwin (03;1130) in die Tiefe, genauso wie an der portugiesischen Küste die Segler Bertha (-;107) und Venturoso (-;420) sowie der Norweger Locksley (03;2487). Während des Rückmarsches wurde am 28.7. auf Höhe von Ferrol der norwegische Dampfer Hildur (97;961) zur Beute, wie auch die Gyldenpris (06;1667) einen Tag später.

Ab 9.8.1917 stand *UC 69* unter dem Kommando von Oblt.z.S. Hugo Thielmann.

7. Unternehmung: 25.8. – 8.9.1917 Westausgang Englischer Kanal.

Die Sperre vom 30.8. in der südlichen Ansteuerung von Falmouth zerstörte am 15. 9. das britische Transportschiff Sommeina (-;3317). Am 2. 9. entspann sich etwa 100 Seemeilen westlich von Quessant ein längeres Artilleriegefecht mit dem bewaffneten britischen Dampfer Rytonhall (05;4203), das *UC 69* für sich entschied. Anschließend sprengten Patronen den französischen Fischkutter Kerduran (-;56). An ein am nächsten Abend gesichtetes Atlantikgeleit mit Ostkurs kam *UC 69* nicht heran. Die Begleitzerstörer drängten das Boot immer wieder ab. Deshalb hielt Thielmann wieder nach Einzelfahrern Ausschau und vernichtete am 4.9., 60 Seemeilen südwestlich der Scillies, den französischen Segler Sadi Carnot (95;354). Zwei Tage später torpedierte er in der Nacht den französischen Frachter Alesia (96;6006), der aber nicht sank. Am Tage entdeckte *UC 50* das Schiff erneut und besiegelte dessen Schicksal.

8. Unternehmung: 24.9. – 8.10.1917 in die Biscaya.

Eine wertvolle Beute war das britische Kühlschiff Port Victor (-;7280), das dem Boot am 26. 9. mit einer Fleischladung vor die Rohre lief. Es konnte jedoch noch nach Southampton eingeschleppt werden. Bei dem britischen Segler Acorn (-;112) war der Granatschuß südwestlich von Start Point erfolgreicher. Weitere Angriffsmöglichkeiten boten sich entlang der französischen Küste nicht mehr. Am 3.10. verseuchte das Boot die Gironde-Mündung mit zwei Feldern zu je neun Minen, die am 6.10. den britischen Frachter Le Coq (95;3419) beschädigten, der aber noch La Rochelle erreichte. Der 6.10. war auch der Tag, an dem Geschützfeuer westlich von Quessant den französischen Segler Lamartine (98;424) zerstörte.

9. Unternehmung: 22.10. – 6.11.1917 Englischer Kanal und Westausgang.

In der Nacht des 22.10. fielen sechs Minen in die Fahrrinne bei Gris Nez, wo am 27. 11. der Brite Gladys (00;179) scheiterte. Die zwölf Minen vor Boulogne wurden geräumt. Auf dem Weg nach Westen versenkte das Boot am 2.11. nordöstlich von Quessant aus einem von Frankreich nach Großbritannien laufenden Konvoi das britische Transportschiff Farraline (03;1226).

UC 70 lief bei Blohm & Voß vom Stapel.
(Wiss. Inst. für Schiffahrts- und Marinegesch.)

10. Unternehmung: 4.12. – 6.12.1917 Englischer Kanal.

Der Befehl lautete, den Hafen von Cherbourg zu verminen. Beim Ansteuern der französischen Kanalküste rammte *U 96* am 6.12.1917 gegen 20.00 Uhr etwa acht Seemeilen nördlich von Cap Barfleur das Achterschiff von *UC 69*. Das Boot sank über den Achtersteven, und beim Aufprall auf den Grund detonierte auch noch der Hecktorpedo. *U 96* konnte den größten Teil der Besatzung bergen, aber für elf Mann kam jede Hilfe zu spät.

UC 70

(U-Flottille Flandern; Flandern II)

Stapellauf: 7.8.1916

In Dienst gestellt am 22.11.1916 von Oblt.z.S. Werner Fürbringer.

1. Unternehmung: 19.2. – 22.2.1917 Überführungsfahrt nach Flandern.

2. Unternehmung: 27.2. – 2.3.1917 in die Hoofden. Ohne Ergebnis.

3. Unternehmung: 10.3. – 22.3.1917 französische Westküste.

Die Feindfahrt sollte unter keinem guten Stern stehen. Zunächst aber wurden ohne Probleme am 14.3. bei Ile de Groix und am nächsten Tag vor der Loire-Mündung sowie der Ile d'Oleron Sperren ausgelegt.

Letztere brachte am 19.3. den Verlust des Norwegers AVRA (92;2133) und des Franzosen MICHEL (81;1773). Am 16.3. sprengte Fürbringer vor der Gironde-Mündung die französischen Lotsensegler MARTHE YVONNE (-;30) und CORDOUAN (-;28). Nachmittags mußte sich *UC 70* das erstemal mit einer nach britischem Vorbild operierenden französischen U-Falle auseinandersetzen. Es war der Patrouilleur special MARGUERITE VI., der unter norwegischer Flagge fuhr. Obwohl die Geschützbedienung von *UC 70* schnell einige Treffer erzielte, mußte das Boot jedoch tauchen, als der Gegner mit gutliegendem Feuer antwortete. Am 17. und 18. 3. fügte Fürbringer der Fischerei des Departements Gironde erhebliche Verluste zu. Die Liste vermerkte die Kutter LOUIS XIV (-;44), RENEE ISLANDER (-;25), NOZAL (15;34), NOTRE DAME DU PERPETUEL SECEURS (09;29), JULIETTE (09;29), DIEU TE GARDE (05;30), CAMILLE AMELIE (-;20), ALCIDE MARIA (-;26), RUPELLA (11;38), MADONE (-;31), ENTENTE CORDIALE (-;22) und FELICITE ALBERT (07;32). Als das Boot eine weitere Gruppe angriff, erzielte der französische Marinesegler HYACINTHE YVONNE (-;43) auf kurze Entfernung sieben Granattreffer aus einem getarnten Geschütz. Zwei Mann erlitten schwere, drei Mann leichtere Verwundungen. Einige Tauchzellen wurden durchschlagen. *UC 70* tauchte und brach die Operation ab. Der ebenfalls getroffene Gegner sank.

4. Unternehmung: 15.4. – 2.5.1917 in die Biscaya.

Die britische Bark EDUARD (98;476) war am 16.4. südwestlich von Beachy Head das erste Opfer. Am nächsten Morgen legte das Boot drei Sperren bei Nab Feuerschiff, die am 17.4. das britische Frachtschiff NIRVANA (14;6021) beschädigten und am 7. 5. die LOWMOUNT (88;2070) vernichteten. Dann ging es weiter an die bretonische Küste, wo sich ebensowenig Angriffsziele fanden, wie an der Nordküste Spaniens. Erst auf dem Rückmarsch kam in der Nacht zum 27.4. südöstlich von Lizard ein Einzelfahrer in Sicht, dessen Torpedierung keine Bestätigung fand. Am 30.4. abends lag Beachy Head querab, als der norwegische Dampfer EDEN (79;1304) nach einem UT-Schuß verschwand.

5. Unternehmung: 16.5. – 1.6.1917 Westausgang Englischer Kanal.

Das Boot operierte zuerst bei den Kanalinseln, wo es am 18. 5. vor Guernsey den britischen Segler C.E.C.G. (-;47) und den Frachter DROMORE (03;268) anhielt und sprengte. Dann steuerte *UC 70* Le Havre an und legte kurz nach Mitternacht des 21. 5. zwei erfolglose Sperren. Bei den Scillies sichtete Fürbringer in der Nacht zum 24. 5. einen Konvoi von etwa zehn Frachtschiffen, aus dem er mit einem UT-Schuß den Spanier BEGONA NO.3 (84;2699) mit Roheisen für Barrow herausschoß. Beim zweiten Anlauf traf er den britischen Dampfer MADURA (-;4484), der aber noch den Hafen erreichte. Drei Tage später brachte er etwa 70 Seemeilen westlich von Quessant den mit Nitrat für Brest beladenen französischen Segler GENERAL DE BOISDEFFRE (98;2195) zur Strecke. Annähernd 50 Seemeilen westlich mußte der britische Frachter ANCONA (88;1168) abgeschrieben werden.

Nach seiner Rückkehr kam das Boot zur Überholung in die Werft nach Ostende. Dort wurde es am 5. 6. 1917 bei der Beschießung durch britische Monitore getroffen und sank. Am 22.6.1917 wieder gehoben, erfolgte die Außerdienststellung. Nach dem Abschluß umfangreicher Reparaturarbeiten Mitte April 1918 stellte Oblt.z.S. Kurt Loch *UC 70* wieder in Dienst.

6. Unternehmung: 24.4. – 6.5.1918 englische Ostküste.

Ohne Ergebnis.

7. Unternehmung: 26.5. – 8.6.1918 gleiches Gebiet.

Mit leeren Minenschächten lief das Boot aus, das zunächst nur Kleinfahrzeuge antraf. Dazu gehörten am 27. 5. vor Flamborough Head der britische Motorsegler WAYSIDE FLOWER (-;21) und am 28.6. die CORONATION (-;19). Beim Angriff auf einen Konvoi in der Morgendämmerung des 4. 6. hatte Loch zunächst einen Fehlschuß. Im zweiten Anlauf gelang ein Torpedotreffer auf den britischen Dampfer CENTO (11;3708), der es jedoch noch bis Middlesborough schaffte.

Am 9.6. bekam Oblt.z.S. Karl Dobberstein das Kommando.

8. Unternehmung: 9.7. – 14.7.1918 in die Hoofden.

Noch am Auslauftag konnte der niederländische Segler FREDERIKA (-;91) gesprengt werden. Die nachts auf der Höhe von IJmuiden gelegten Minen räumte der Gegner rechtzeitig. Am nächsten Tag erfaßten Räumfahrzeuge vor Flamborough Head mit dem Suchgerät das Boot. Wegen Ausfalls des Turmsehrohrs brach Dobberstein die Fahrt ab und kehrte zum Periskopwechsel zum Standort zurück.

9. Unternehmung: 16.7. – 29.7.1918 gleiches Gebiet.

Vor Flamborough Head schoß *UC 70* den norwegischen Motorsegler ELIN (08;139) mit Granatfeuer wrack. Das verlassene Schiff wurde später geborgen und mit seiner Kohleladung nach Grimsby geschleppt. Vier Tage später traf Dobberstein vor Whitby auf ein Großgeleit von etwa 30 bis 40 Schiffen. Er machte einen UT-Doppelschuß los. Beide Torpedos trafen. Der britische Dampfer MONGOLIAN (91;4892) überstand den Angriff nicht; 36 Seeleute fielen. Die GENESEE (89;2830) konnte noch Hull anlaufen. Am 23.7. torpedierte *UC 70* den britischen Dampfer BOARARA (14;6570), der von zwei Schleppern zum Tyne gebracht wurde. Das Schiff war schon einmal am 20.3.1918 von *UB 31* (15;274;1-8,8 cm;2 TR) getroffen worden. Den nächsten Erfolg erzielte Dobberstein am 24.7. abends vor Hartlepool, als ein Konvoi den Griechen KILKIS (06;4302) verlor. Es folgten 36 zum Teil sehr nahe liegende Wasserbomben. Zwei Tage später kam nördlich von Flamborough Head erneut ein Geleit in Sicht. Ein Torpedo traf den im Schlepp befindlichen französischen Dampfer ANGO (89;7393). Auch bei diesem Schiff war es bereits das zweite Mal, denn schon im November 1917 überstand es einen Treffer von *UB 80*.

10. Unternehmung: 21.8. – 28.8.1918 in die Hoofden und englische Ostküste.

Die britische Luftaufklärung erfaßte *UC 70* am 28.8.1918 auf der Position 54°32'N-00°40'W. Wasserbomben des britischen Zerstörers OUSE (05;550;4-7,5 cm;2 TR) vernichteten das Boot am Nachmittag.

UC 71

(U-Flottille Flandern; Flandern II; I. U-Flottille)

Stapellauf: 12.8.1916

In Dienst gestellt am 28.11.1916 von Oblt.z.S. Hans Valentiner.

1. Unternehmung: 28.2. – 3.3.1917 Überführungsfahrt nach Flandern.

2. Unternehmung: 10.3. – 14.3.1917 in die Hoofden.

Ohne Ergebnis.

3. Unternehmung: 28.3. – 13.4.1917 französische Westküste.

Die ersten Minen fielen am 29.3. an der französischen Kanalküste vor Le Treport und Dieppe. Eine dritte Sperre von sechs Minen brachte Valentiner am nächsten Morgen vor St. Valery aus. Alle Sperren brachten Ergebnisse. Vor Le Treport sanken am 4. 4. der britische Frachter GOWER COAST (99;804) und am 23.4. der belgische Kutter CENOBIC (-;16). Vor Dieppe verschwanden am 30. 3. der französische Segler SARCELLE (-;49) und am 18. 4. der Norweger HEIM (82;1669). Der in die dritte Sperre am 30. 3. geratene britische Frachter EDERNIAN (06;3588) konnte eingeschleppt werden. Er fiel am 20.8.1917 *UB 10* zum Opfer. Auch der französische Drifter SAINT LOUIS III (-;97) ging unter. Auf dem Weitermarsch sanken am 31. 3. südöstlich von Start Point der britische Segler PRIMROSE (86;113) und am 3. 4. westlich von Quessant der Segler ELLEN JAMES (04;165). Am nächsten Tag trat der italienische Frachter PENSIERO (88;2632) an der bretonischen Küste seine letzte Reise an. Das geschah auch vor der Gironde mit dem Spanier SAN FULGENCIO (01;1558) und am 7.4. dem Portugiesen CAMINHA (07;2763), der sich auf dem Weg von Lissabon nach Rochefort befand. Dann kehrte Valentiner um und bekam am Abend des 8.4. bei Quessant Fühlung mit einem westlich laufenden Geleit. Kurz vor Mitternacht kam er auf Schußposition heran und machte zwei Torpedos auf den Norweger VALHALL (02;750) los, von denen einer das Schiff versenkte. Bei der weiteren Verfolgung gelang es Valentiner, den Griechen THEMISTOCLIS (80;1895) mit UT-Treffer abzuschießen. Wegen fehlender Torpedos mußte der Norweger RANVIK (12;5848) mit 9 800 t Weizen gesprengt werden. Ebenfalls Sprengpatronen brachten auf dem Rückmarsch dem französischen Segler EDELWEISS (05;192) 25 Seemeilen nordöstlich von Cherbourg das Ende.

Am 26. 4. 1917 übernahm Oblt.z.S. Hugo Thielmann das Kommando.

4. Unternehmung: 30.4. – 7.5.1917 in die Hoofden.

Der Zerstörer OUSE im Jahr 1912. (National Maritime Museum Greenwich)

Dem am 2.5. bei Terschelling Feuerschiff zerstörten niederländischen Fischtrawler Westland (-;108) mußte sich am 5.5. die Simon (97;150) anschließen. Die beiden im Sperrgebiet fischenden Trawler waren die ganze Ausbeute.

5. Unternehmung: 14.5. – 20.5.1917 gleiches Gebiet.

Granaten versenkten zwischen dem 16. und 18. 5. die niederländischen Segler Boreas (-;192) und Hendrika Johanna (09;134) nördlich von Maas Feuerschiff, die Mercurius (-;80) und die Jacoba (-;107) vor Den Helder und auf der Höhe von Ijmuiden die Annetta (11;177).

Seit dem 10. 6. stand das Boot unter dem Kommando von Reinhold Saltzwedel.

6. Unternehmung: 12.6. – 17.6.1917 Englischer Kanal.

Wie auch in den beiden vorangegangenen Operationen blieben die Minen an Land. Saltzwedel vernichtete am 14.6. etwa 20 Seemeilen südwestlich von Royal Sovereign Feuerschiff den britischen Frachter Wega (85;839), dem am nächsten Tag vor der Isle of Wight der Tanker Wapello (12;5576) mit Benzin von Philadelphia für England folgte. Es gab zwei Tote.

7. Unternehmung: 24.6. – 8.7.1917 französische Westküste.

Nördlich von Cherbourg gab es am 25. 6. ein Feuergefecht mit der französischen U-Falle Normandy (-;700;4-7,5 cm,2 MG), einem Dreimastschoner. Der Ausgang blieb unentschieden, da Zerstörer *UC 71* unter Wasser zwangen. Frankreichs Handel verlor am 28. 6. vor St. Nazaire aus einem Konvoi den Frachter Marne (-;4019). Die Minensperre am nächsten Abend vor der Loire-Mündung wurde dem Griechen Driskos (99;2833) zum Verhängnis, der als letzter mit einem Konvoi auslief. Mit den verbliebenen neun Minen verseuchte Saltzwedel am frühen Morgen die Ansteuerung der Gironde, was am 8. 7. dem britischen Dampfer Vendee (11;1295) das Ende brachte. Im weiteren Verlauf der Operation sorgte *UC 71* am 3.7. dafür, daß der US Frachter Orleans (05;2853) und einen Tag später der Norweger Snetoppen (89;2349) ihre Zielhäfen nicht erreichten. Am 6. 7. mußten im Westausgang des Kanals die Kapitäne der norwegischen Transporter Lövstakken (94;3105) und Viktoria 2 (96;2798) schmerzlich feststellen, daß der Transport von Konterbande für ihre Schiffe tödlich war.

Die U-Falle Dunraven. Das Deck ist nach dem Torpedotreffer bereits überspült. (Archiv Verfasser)

8. Unternehmung: 1.8. – 11.8.1917 gleiches Gebiet.

Während der ersten sieben Operationstage versenkte das Boot am 4.8. vor Belle Ile die britischen Dampfer Aube (16;1837) und Cairnstrath (88; 2128) und beschädigte den französischen Dampfer Afrique (11;2457). Anschließend wurde eine Sperre vor der Gironde ausgebracht. Am 7. 8. verschwand 70 Seemeilen vor Penmarch der britische Frachter Port Curtis (10;4710) mit 9 000 t Weizen aus Argentinien für England. Ein größerer Dampfer schob sich am 8. 8. mittags 120 Seemeilen westlich von Quessant ins Fadenkreuz. Da *UC 71* unter Wasser nicht auf Schußentfernung herankommen konnte, tauchte das Boot auf. Auf 3 000 Meter Entfernung erzielte die Geschützbedienung auch gleich je einen Treffer im Maschinenraum und auf dem Achterdeck, das in Brand geriet. Der Gegner antwortete mit einem kleinen Geschütz, doch kurz darauf explodierte die achtern lagernde Bereitschaftsmunition, die das Heck völlig zerstörte. Plötzlich eröffneten bisher verdeckte Geschütze größeren Kalibers das Feuer, so daß Saltzwedel sofort Alarmtauchen befahl. Mit dem letzten Torpedo traf er den Dampfer im Maschinenraum. Das Schiff stoppte und sackte achtern langsam tiefer, bis die See die achteren Luken überspülte. Die Besatzung ging in die Boote, blieb aber in der Nähe. An Deck rührte sich nichts mehr. *UC 71* tauchte wieder auf und schoß aus nächster Nähe in die Aufbauten und in die Bordwand. Anschließend tauchte das Boot wieder und umkreiste auf Seerohrtiefe in 300 Meter Entfernung den völlig wracken Gegner. Alles blieb still, als plötzlich Propellergeräusche eines Torpedos zu hören waren. Seine Blasenbahn zog dicht am Periskop vorbei. Am späten Nachmittag erschienen Zerstörer; Saltzwedel konnte noch beobachten, wie die Besatzung wieder an Bord ging und ihr Schiff in Schlepp genommen wurde. Der Rettungsversuch scheiterte allerdings, denn die britische U-Falle DUNRAVEN (10;3117;1-10,2 cm;4-7,5 cm;2 TR) sank am 10.8. westlich von Quessant.

9. Unternehmung: 1.9. – 11.9.1917 bretonische Küste.

Vor Belle Ile mußte am 6. 9. der Belgier ELISABETHVILLE (11;7017) nach einem UT-Treffer abgeschrieben werden. Der Frachter kam vom Kongo und hatte u. a. 10 t Elfenbein an Bord. In der Nacht entlud das Boot seine Minenschächte nördlich von Ile de Yeu. Das Opfer war der französische Trawler NAALSO (-;135) am 16.11. Am nächsten Morgen scheiterte der französische Segler MONT DE PIETE (-;38) vor der Loire-Mündung. Anschließend hatte *UC 71* bei Ile de Groix erneut ein Gefecht mit einer U-Falle. Diesmal wollte der französische Dreimastschoner KLEBER (-;-) mit den üblichen Manövern Saltzwedel überlisten. Als der erste Schuß fiel, war *UC 71* schon unter Wasser. Nordöstlich von Quessant torpedierte das Boot am 8.9. die Norweger SETUBAL (98;1201) und am darauf folgenden Tag südöstlich der Isle of Wight die VIKHOLMEN (-;494).

Nach der Rückkehr des Bootes erhielt Oblt.z.S. Ernst Steindorff am 14.9.1917 das Kommando.

10. Unternehmung: 20.9. – 26.9.1917 englische Ostküste.

Vor Flamborough Head brachte der neue Kommandant am 22. 9. den britischen Frachter TRONGATE (97;2553) und am 23. 9. die HORNSUND (13;3646) zur Strecke, denen am 24.8. der Norweger LEKA (92;1845) folgte. Der am 22. 9. von einem Torpedo getroffene norwegische Frachtdampfer MATTI (-;2139) erreichte noch den Hafen.

11. Unternehmung: 27.10. – 9.11.1917 bretonische Küste.

Die vor der Loire-Mündung am 31.10. gelegten Sperren wurden geräumt. Am selben Tag erwischte es südöstlich von Belle Ile den britischen Dampfer ESTRELLANO (10;1161) sowie am 5.11. vor Penmarch die US Marine-Yacht ALCEDO (95;983) in einem Konvoi.

12. Unternehmung: 1.12. – 8.12.1917 Englischer Kanal.

Die Minen bei den Needles und bei Nab und Owers Feuerschiff waren wirkungslos. Kurz nach Mitternacht am 6.12. vernichtete Steindorff im UT-Angriff den britischen Marinetrawler APLEY (08;222). Der Abend brachte das Ende für das britische Transportschiff WYNDHURST (-;570) nach einem UT-Schuß. Während der Überwasserfahrt geriet das Boot am frühen Morgen vor Zeebrügge in ein Minennetz, das zerriß. Nach dem Festmachen im Stützpunkt mußten 40 Meter Netz mit zwei eingeflochtenen Minen entfernt werden.

13. Unternehmung: 22.12. – 30.12.1917 Englischer Kanal.

Die am Heiligabend vor Newhaven und bei Owers Feuerschiff errichteten Sperren hatten keine Wirkung. Anschließend torpedierte Steindorff den britischen Frachter LUCISTON (10;2877), der sich aber auf Grund setzen konnte. Das gelang auch am nächsten Tag dem torpedierten Dampfer HYACINTHUS (02;5756) südlich der Isle of Wight. Er erreichte noch Stokes Bay. Dagegen kam der Belgier ESPAGNE (09;1463) auf die Verlustliste. Ein nach Frankreich laufender Konvoi mußte am 27.12. auf den französischen Dampfer P.L.M. 4 (16;2640) verzichten. Es folgte am 28.12. der Brite FALLODON (03;3012), der als Einzelfahrer unterwegs war.

14. Unternehmung: 17.1. – 24.1.1918 Englischer Kanal.

Bei Royal Sovereign und Nab Feuerschiff fielen am 18.1. jeweils sechs Minen ins Wasser, die den britischen Marinetrawler GAMBRI (17;274) versenkten. Das Boot erzielte am 20. 1. südöstlich der Isle of Wight einen Torpedotreffer auf den britischen Dampfer HARMONIDES (91;3521), der Newhaven erreichte. Die nächste Sperre bei Shambles Feuerschiff war umsonst. Einen zweiten Treffer erzielte das Boot am 23.1. nachts wieder bei der Isle of Wight bei dem Norweger AALESUND (-;414), der im Konvoi von Frankreich kam.

Am 29.1.1918 erfolgte die Kommandoübergabe an Oblt.z.S. Walter Warzecha.

15. Unternehmung: 9.2. – 20.2.1918 englische Ostküste.

Diesmal mußte der Gegner am 14.2. den britischen Frachter ATLAS (97;3090) vor Hartlepool und die COMMONWEALTH (96;3353) am 19. 2. vor Flamborough Head abschreiben. Der britische Dampfer ATHENIC (06;4078) wurde beschädigt.

16. Unternehmung: 7.3. – 17.3.1918 Englischer Kanal.

Das Boot legte am 8. 3. zwölf Minen vor Royal Sovereign Feuerschiff, die den Briten SABA (12;4257) beschädigten. Einen Tag später fielen sechs

Die RARANGA erreichte trotz Torpedotreffer noch Southampton. (National Maritime Museum Greenwich)

Minen vor Newhaven, die am 14.3. das Aus für den britischen Marinetrawler AGATE (14;248) bedeuteten. Die am 12.3. vor Anvils Point durch Torpedotreffer beschädigten britischen Transportschiffe SAVAN (-;4264) und CLARISSA RADCLIFFE (15;5754) konnten nach Portland eingeschleppt werden. Der am 13.3. südlich der Isle of Wight getroffene belgische Frachter LONDONIER (11;1870) ging unter. Der britische Transportdampfer COMRIE CASTLE (03;5173) strandete am 14.3.

17. Unternehmung: 3.4. – 16.4.1918 Englischer Kanal.

Die am 5. 4. vor Dieppe und vor Treport ausgebrachten Minen räumte der Gegner rechtzeitig. Das Boot wechselte an die englische Küste, wo Warzecha nach Mitternacht am 7.4. bei St. Catherine Point den Briten HIGHLAND BRIGADE (01;5669) durch UT-Schuß versenkte. Ein stark gesicherter Konvoi verlor am 12.4. vor der Isle of Wight den britischen Dampfer LUIS (16;4284).

18. Unternehmung: 8.5. – 24.5.1918 Englischer Kanal.

Kurz nach dem Passieren der Doverenge legte *UC 71* im Morgengrauen zwei Sperren zu je sechs Minen in die Hafeneinfahrt von Dover, wo noch am selben Tag der britische Frachtdampfer AMPLEGARTH (10;3707) endete. Das Boot beschädigte am 15.5. auf Höhe von Beachy Head den Briten PENNYWORTH (16;5388) mit einem Torpedotreffer, genauso wie am 20.5. bei Brighton Feuerschiff den Transporter MANCHESTER IMPORTER (99;4028), die beide noch den Hafen erreichten.

19. Unternehmung: 12.6. – 30.6.1918 Englischer Kanal.

Die am 15. und 18.6. bei Royal Sovereign Feuerschiff, Newhaven und Brighton errichteten Sperren blieben ergebnislos. Der am 26. 6. südlich der Isle of Wight erzielte Torpedotreffer beschädigte den brit. Dampfer RARANGA (-;10040). Das mit Fleisch für London beladene Kühlschiff konnte noch Southampton anlaufen.

20. Unternehmung: 27.7. – 13.8.1918 Englischer Kanal.

Vor der Doversperre verminte *UC 71* am 30.7. nachts mit elf Minen die südliche Einfahrt der Downs, wo der britische Drifter CITY OF LIVERPOOL (-;88) am 31.7. unterging. Die Sperre am 1.8. bei Royal Sovereign Feuerschiff blieb ergebnislos. Drei Tage später reichte ein Torpedotreffer wieder nicht aus, die WAIPARA (04;6994) zu versenken. Das in Ballast fahrende Schiff konnte ebenfalls noch Southampton erreichen. Die anschließende Wasserbombenverfolgung blieb ohne Folgen. Auch die am nächsten Tag vor der Isle of Wight torpedierte POLESCAR (14;5832) erreichte noch Southampton. Auf dem Rückweg berührte das Boot am 13. 8. nachts in der Doverenge eine Mine und mußte die Weiterfahrt tauchunklar über Wasser fortsetzen. Beim Ansteuern von Zeebrügge griffen mehrfach Flugzeuge an, die aber von der Besatzung mit MG- und Geschützfeuer auf Distanz gehalten werden konnten.

Einen Tag nach dem Einlaufen übernahm Oblt.z.S. Eberhard Schmidt das Kommando.

Das Boot kam zur Reparatur in die Werft nach Brügge. Am 5.10.1918 verließ *UC 71* wegen Räumung der Flandern-Stützpunkte Zeebrügge und erreichte am 13. 10. Brunsbüttel, wo es zur I. U-Flottille kam. Eine Frontverwendung gab es nicht mehr. In der 10. Staffel wurde das Boot am 20.2.1919 an England ausgeliefert. Am selben Tag sank es in der Nordsee auf 54°10'N-07°54'O nach einem Unfall.

UC 72

(U-Flottille Flandern)

Stapellauf: 12.8.1916

In Dienst gestellt am 5.12.1916 von Oblt.z.S. Ernst Voigt.

1. Unternehmung: 14.2. – 17.2.1917 Überführungsfahrt nach Flandern.

2. Unternehmung: 25.2. – 2.3.1917 in die Hoofden. Kein Ergebnis.

3. Unternehmung: 10.3. – 18.3.1917 Westausgang Englischer Kanal.

Die ersten neun Minen verließen am 11.3. bei Portland das Boot, und am 13.3. früh folgten bei den Needles die restlichen Minen, die am 26.4. dem britischen Drifter PLANTIN (-;84) zum Verhängnis wurden. Später sorgten Granaten südlich von Start Point dafür, daß der mit Kohle nach Guernsey fahrende britische Segler REWARD (78;172) verschwand.

Ein Wasserflugzeug nähert sich *UC 72*.
(Wiss. Inst. für Schiffahrts- und Marinegesch.)

4. Unternehmung: 22.3. – 3.4.1917 gleiches Gebiet.

Die Sperren vom 23.3. bei Dungeness und Royal Sovereign Feuerschiff blieben wie so oft wirkungslos. In der Nacht zum 28.3. verfolgte Voigt mit zäher Geduld ein Geleit, bis er südöstlich von Lizard einen UT-Treffer auf den griechischen Frachter FRIXOS (07;3531) erzielen konnte. Sprengpatronen zündeten am 1. 4. auf dem britischen Segler EASTERN BELLE (83;97) südwestlich von St. Catherine Point.

5. Unternehmung: 25.4. – 9.5.1917 französische Westküste.

Der Mineneinsatz, diesmal bei Royal Sovereign Feuerschiff und westlich von Beachy Head, blieb inaktiv. Am 26. 4. versenkte *UC 72* nordöstlich von Kap Barfleur den britischen Segler GOOD HOPE (-;97). In der Audierne Bucht südlich von Brest waren es auch nur wieder Schiffe mit geringer Tonnage wie die Kutter PETIT ERNEST (-;20); BAYONNAIS (-;20) und EUGENE ET LUCIE (10;34) sowie FRERE DES CINQ SOEURS (-;20). Endlich konnte Voigt am 30.4. südlich der Gironde mit dem Briten GRETASTON (01;3395) das erste größere Schiff auf seinem Konto verbuchen. Doch schon am nächsten Tag waren es wieder nur drei kleine Fischkutter nördlich der Gironde. Eher mager war auch die Ausbeute am 2. 5. vor der Loire-Mündung, wo zunächst der französische Marinetrawler KERYADO (08;175) nach einem UT-Treffer sank. Dem folgten die Segler YVONNE (13;97), LA VICTOIRE (-;289), RUSSIE (99;127) und CANCALAIS (06;231). Alle nach Geschützfeuer oder durch Sprengung. Nördlich von Arcachon verloren französische Fischer die Kutter MARNE (-;25) und VERDUN (-;25) nach kurzem Feuergefecht. Ebenso wurden nördlich der Gironde die beiden spanischen Fischdampfer MAMELINA IX (84;115) und MAMELINA XII (-;111) mit Artillerie bekämpft und anschließend gesprengt. Größere Schiffe liefen Voigt am 5. und 6. 5. auf der Höhe von Coubre Leuchtturm vor die Rohre. Ein UT-Schuß vernichtete den Norweger NYDAL (16;1809) mit Stückgut für Bordeaux. Der nächste war der italienische Frachter FRANCESCO (96;3438), der von Livorno kam.

6. Unternehmung: 26.5. – 12.6.1917 französische Westküste.

Während der Kanalpassage gab es keine Angriffsgelegenheit. Der erste kleine Erfolg stellte sich am 29.5. südlich von Quessant mit der Versenkung des britischen Seglers DETLEF WAGNER (91;225) ein. Entsprechend dem Einsatzbefehl lief *UC 72* nach Biaritz, wo Voigt am 1. 6. sechs Minen legte. Die anderen zwölf lagen nach Abschluß der Operation vor St. Jean de Luz und beendeten am nächsten Tag die Fahrt des Norwegers ST. SUNNIVA (12;1140) mit einer Roheisenladung. Vor Bayonne dezimierte *UC 72* am 2.6. einen Konvoi, als der Spanier EREAGA (90;2233) sank. Wenig später folgte mit dem Norweger SKARPSNO (89;1766) ein Einzelfahrer. Am nächsten Tag mußte die uruguayische Bark ROSARIO (79;1565) vor der Gironde abgeschrieben werden. Der französische Dampfer SAINT ELOI (09;1993) hatte in Bilbao seine Ladung übernommen, die am 6.6. auf der Höhe von Ile de Yeu auf den Grund sank. Beim Untergang des Truppentransporters SEQUANA (98;5557) waren 190 Tote zu beklagen.

7. Unternehmung: 30.6. – 19.7.1917 Biscaya und französische Westküste.

Bereits der Anfang der Unternehmung war vielversprechend. An der bretonischen Küste, westlich von Penmarch, sank nach einem UT-Schuß der Norweger HENRIK (11;3928) mit Kohle für Madeira. Die zwei Tage später gelegte Sperre vor St. Jean de Luz blieb wirkungslos. Um so erfolgreicher wurden die nächsten Tage in der Biscaya. Der US Frachter MASSAPEQUA (93;3193) ging am 7. 7. mit Weizen aus New York für Nantes auf 46°20'N-09°00'W in die Tiefe. Dem folgte am nächsten Tag der amerikanische Segler MARY W. BOWEN (00;2153) mit Maschinenöl für

Die UC-Boote wurden auch als Transportboote eingesetzt. (Wiss. Inst. für Schiffahrts- und Marinegesch.)

Le Havre. Auch der Däne M. J. MANDAL (13;1886) und die französische Bark CAMBRONNE (96;1863) mit Salpeter aus Chile kamen auf die Verlustliste. Etwa 130 Seemeilen westlich von Brest scheiterte am 9.7. der französische Segler CERES (01;296) mit Sardinen und Wein aus Lissabon für Brest. Der britische Transporter ANGLO PATAGONIAN (10;5017) kam mit Flugzeugen und Kriegsmaterial aus New York und wollte nach Bordeaux, das er nicht erreichte. Die letzte Beute während dieser Unternehmung erwischte *UC 72* am 15.7., 80 Seemeilen südwestlich von Quessant, mit dem Briten TRELISSIK (09;4168), der mit 5 000 t Hafer und 1 500 t Stahl beladen war. Vorausgegangen war ein längeres Gefecht; den Kapitän und den Geschützführer nahm Voigt gefangen.

8. Unternehmung: 12.8.1917 – ? gleiches Gebiet.

Das Boot führte den Befehl aus, das Gebiet zwischen Le Barges und Chassiron zu verminen und anschließend den Schiffsverkehr in der Biscaya zu bekämpfen. Das Boot kehrte nicht zurück. Am 16.8. versenkte es 135 Seemeilen südwestlich von Bishop Rock den britischen Frachter DELPHIC (97;8273) und einen Tag später den französischen Tanker MEUSE II (16;5270). Dann geriet das Boot am 19.8. in ein Gefecht mit der britischen U-Falle PENSHURST, die nach einem UT-Treffer und Artillerieschäden nur durch aufkommende Zerstörer vor der Vernichtung bewahrt wurde. Das Q-Ship mußte am 21.8. nach Davenport eingeschleppt werden. Das Treffen mit der U-Falle ACTON Q-34 (01;1288;1-10,2 cm;1-5,7 cm;4 TR) wurde dem Boot zum Verhängnis. *UC 72* hatte den Gegner auf größere Entfernung unter Feuer genommen. Dann tauchte es, und man sah durch das Periskop die Besatzung in die Boote gehen. Nach längerer Beobachtung tauchte *UC 72* in der Nähe des wrackgeschossenen Schiffes auf, um es endgültig zu versenken. Die an Bord verbliebene Geschützbedienung hatte die U-Boot-Besatzung übersehen. *UC 72* sank nach dem Feuerüberfall über den Achtersteven südwestlich der Scillies auf 46°00'N-08°48'W mit der gesamten Besatzung.

Ein Teil der Besatzung eines solchen Bootes. (Wiss. Inst. für Schiffahrts- und Marinegesch.)

UC 73

(U-Flottille Pola; I. U-Flottille Mittelmeer)

Stapellauf: 26.8.1916

In Dienst gestellt am 24.12.1916 von Kptlt. Kurt Schapler.

Frontbereit am 19.4.1917.

1. Unternehmung: 24.4. – 6.6.1917 Überführungs- und Transportfahrt in das Mittelmeer.

Im Stützpunkt Helgoland kamen türkisches Personal, Waffen und Munition an Bord, dann lief das Boot am 24.4. mit Kurs nordafrikanische Küste aus. Auf dem Weg dorthin beendete das Boot am 1.5., 100 Seemeilen nordwestlich von Irland, die Fahrt des russischen Vollschiffes IMBERHORNE (82;2042) mit Holz für England. Zwei Tage später sanken der italienische Frachter MISURATA (88;2691) und die französische Bark MEZLY (00;1568) in der Nähe der Scillies. In der Nacht zum 9.5. passierte das Boot die Straße von Gibraltar. Am nächsten Tag kam es zu einem Feuergefecht mit dem Briten KASSANGA (99;3015), der sich durch Flucht in spanische Hoheitsgewässer der Versenkung entzog. Die »Passagiere« und die Ladung löschte *UC 73* am 22.5. nachts an der afrikanischen Küste bei Misrata. Der am 26. 5. in der großen Syrte aufgebrachte italienische Frachter AGRAGAS (80;850) wurde auf Grund gesetzt und gesprengt. Die Besatzung geriet in türkische Gefangenschaft. Anschließend nahm Schapler die Hafenanlagen und die FT-Station von Bengasi unter Beschuß. Auf dem Weitermarsch nach Dalmatien torpedierte *UC 73* am 31.5. etwa 120 Seemeilen nördlich von Bengasi den britischen Dampfer ROSEBANK (01;3837). Nach 44 Seetagen machte *UC 73* am 6.6. in Cattaro fest.

2.-3. Unternehmung: 21.7. – 1.9.1917 Große Syrte.

Schwerpunkt von dieser Unternehmung war der Waffentransport nach Melfa am 16.8. Auf dem Rückmarsch griff das Boot einen Konvoi südöstlich von Sizilien an. Dabei erhielt der französische Frachter SAINT JOSEPH (12,5796) zwei Torpedotreffer, blieb aber trotzdem schwimmfähig und erreichte noch Messina.

4. Unternehmung: 29.9. – 22.10.1917 libysche Küste.

Diesmal transportierte das Boot 28 t Kriegsmaterial nach Misrata, wo es am 4.10. gelöscht wurde. Am nächsten Tag ging *UC 73* mit 3,5 t Rohgummi an Bord wieder in See. Dann kreuzte Schapler vor der Küste und zerstörte am 7.10. nördlich von Misrata den griechischen Segler GEORGIOS (78;560) und am 14.10. den italienischen Dampfer LIDO G. (72;1003). Zwei Tage später beschoß das Boot die Hafenanlagen von Homs, östlich von Tripolis. Auf dem Rückmarsch nahm der Kommandant türkische Verbindungsoffiziere mit.

Am 27.11.1917 übernahm Oblt.z.S. Walter Wiedemann das Kommando.

5. Unternehmung: 19.12. – 10.1.1918 libysche Küste.

Wieder wurden Waffen nach Misrata gebracht und dort in der Nacht zum 25.2. gelöscht. Der kleine italienische Küstenfrachter DAUNO (78;455) setzte sich nach mehreren Granattreffern östlich von Bengasi auf Grund, bis ihn ein Torpedo vollständig vernichtete.

6.-8. Unternehmung: 12.2. – 29.5.1918 libysche Küste.

Hauptaufgabe war auch dieses Mal der Personen- und Waffentransport. Zusätzlich zerstörte *UC 73* sieben griechische Segler mit insgesamt etwa 100 BRT.

Danach erhielt Oblt.z.S. Otto Gerke das Kommando.

9. Unternehmung: 19.6. – 14.7.1918 libysche Küste.

Waffen und Personal hatte das Boot am 26.6. in Misrata von Bord gegeben. Danach fungierte *UC 73* zeitweise für türkische Offiziere als Verkehrsboot zwischen Misrata und El Ageila. In der Straße von Sizilien gelang es, um Mitternacht des 9.7. im Malta-Kanal aus einen Konvoi den portugiesischen Dampfer HORTA (92;3472) herauszuschießen.

Nach Rückkehr des Bootes übernahm Oblt.z.S. Franz Hagen das Kommando.

10. Unternehmung: 24.10. – 2.12.1918 Waffentransport nach Misrata. Anschließend Rückmarsch in die Heimat.

Nach weiteren Waffentransporten folgte das Boot dem Rückkehrbefehl und ging auf Heimatkurs. Unterwegs wurde das Boot am 13.11.1918 vor Gibraltar vom britischen Zerstörer UNITY (13;935;3-10,2 cm;2 TR) angehalten und überprüft. Nach Entlassung lief *UC 73* um die Shetlands und durch norwegische Hoheitsgewässer auf dem Ostweg nach Kiel, wo es nach 5 460 Seemeilen am 2.12.1918 eintraf.

Mit der 7. Staffel verlegte das Boot am 16.1.1919 nach Harwich und endete 1920 auf dem Abwrackplatz in Briton Ferry.

UC 74

(U-Flottille Pola; II. U-Flottille Mittelmeer)

Stapellauf: 19.10.1916

In Dienst gestellt am 26.11.1916 von Kptlt. Wilhelm Marschall.

Frontbereit am 17.2.1917.

1. Unternehmung: 23.2. – 17.3.1917 Überführungsfahrt ins Mittelmeer.

Der Kommandant wählte den Weg um die Shetlands. 50 Seemeilen westlich von Cascais an der portugiesischen Küste kam *UC 74* am 8.3. zum erstenmal zum Schuß. Es traf den niederländischen Tanker ARES (14;3783), der 4 899 t Benzin von Port Said nach Rouen transportierte. Kurz nach dem Durchqueren der Gibraltarenge am 10.3. ging der britische Segler JAMES BURTON COOK (13;133) nach Granatschuß unter. Das Gefecht mit der britischen U-Falle WONGANELLA (-;3848;2-10,2 cm;1-7,5 cm) konnte keiner für sich entscheiden.

2. Unternehmung: 11.4. – 4.5.1917 Ägäis und syrische Küste.

Die Sperren nördlich von Melos und Androa sowie Euböa brachten nichts. *UC 74* gelang am 15.4. 26 Seemeilen nordöstlich von Melos, ein bemerkenswerter Erfolg mit der Versenkung des britischen Truppentransporters Arcadian (99;8939). Der Liner kam von Saloniki mit Kurs Alexandria und sank innerhalb von sechs Minuten. Von den über 1 200 Mann an Bord fanden 277 Soldaten und Seeleute den Tod. Anschließend bekam das Boot über FT den Befehl, an der syrischen Küste gegen feindliche Seestreitkräfte zu kämpfen. *UC 74* sichtete zwar den Gegner am Morgen des 19.4., schoß aber vorbei. Danach ließ Marschall Beirut anlaufen, um Brennstoff und Proviant zu ergänzen. Weitere Ziele wollten sich nicht einstellen. Es begann die Rückfahrt, bei der am 28. 4. südwestlich von Kreta der Brite Pontiac (03;3345) mit seiner Ladung Getreide für Italien in die Tiefe geschickt wurde. Den Kapitän und zwei Mann der Geschützbedienung nahm Marschall gefangen. Ein zweites großes Schiff versenkte *UC 74* am 2.5. im gleichen Gebiet. Es handelte sich um den italienischen Frachter Alessandria (11;8006) mit 11 000 t Weizen aus Karatschi für Neapel an Bord. Der Kapitän und der L.I. gerieten in Gefangenschaft.

3. Unternehmung: 24.5. – 16.6.1917 Ägäis und östliches Mittelmeer.

Das Boot verließ Cattaro am 24.5. zusammen mit *UC 24*. Dabei wurde das in Kiellinie fahrende *UC 24* eine Beute des vor der Bucht lauernden französischen U-Bootes Circe. *UC 74* verlegte wieder in das Gebiet von Melos, wo es am 27.5. und einen Tag später zwischen Keos und dem Festland sowie zwischen Mykonos und Tenos erfolglos Minen legte. Danach konnten am 29. 5. nördlich von Kreta die griechischen Segler Kirikos (-;84) und Aghia Tom Aghion (-;30) sowie der französische Passagierdampfer Yarra (83;4613) versenkt werden. Die Yarra nahm 56 Menschen mit in die Tiefe. Dann kreuzte Marschall auf dem Schiffahrtsweg Malta – Port Said, wo am 10.6. der ägyptische Segler Stylianos (-;389) scheiterte. Einen Tag später entspann sich ein längeres Artilleriegefecht mit dem britischen Frachter Benha (91;1878). Bevor die Sprengpatronen wirkten, erbeutete das Boot ein 8,8-cm-Geschütz.

4. Unternehmung: 16.8. – 8.9.1917 Ägäis.

Die am 22.8. zwischen Skiathos und dem Festland sowie in die Durchfahrt von Skopelos gelegten Minen wurden geräumt. Bei der Bekämpfung des Feindhandels gelang es am 24.8. im Kanal von Doro, den französischen Dampfer Parana (08;6248) nach zwei Torpedotreffern in die Tiefe zu schicken. In der Kasos-Straße endeten am 30. 8. der griechische Frachter Athinai (72;988) und am 31. 8. die Eleni (77;679). Ihnen folgte am nächsten Tag nördlich von Kreta der französische Transporter Amiral Olry (84;5567). Die Begleitschiffe warfen mehre Wasserbomben, ohne Schaden zu verursachen. Der griechische Segler Agios Andreas (-;68) mußte am 3.9. abgeschrieben werden. Den Schlußpunkt bei dieser Unternehmung setzte das von Zerstörern eskortierte französische Transportschiff Ville de Strasbourg (83;2167) am 6.9. im Kanal von Kythera.

5. Unternehmung: 25.9. – 18.10.1917 Kreta und nordafrikanische Küste.

Das Boot bezwang am 30. 9. nördlich von Marsa Matruh den britischen Marinetrawler Charlsin (-;241). Die Verminung der Ansteuerung von Alexandria am nächsten Tag mit drei Teilsperren war ergebnislos. Marschall blieb im Gebiet und schoß am 6.10., 15 Seemeilen nördlich des Hafens, aus einem einlaufenden Konvoi den Briten Civilian (02;7871) heraus. Bevor der Kommandant den Kurs auf Kreta abstecken ließ, zerstörte er am 11.10. den französischen Segler Panormitis (-;59). Vor Kreta mußte ein ostwärts laufender Konvoi am 14.10. morgens den britischen Munitionstransporter Semantha (99; 2847) auf die Verlustliste setzen. Nach dem UT-Treffer gab es eine heftige Detonation, bei der 32 Mann umkamen. Der am nächsten Morgen nördlich der Suda-Bucht torpedierte britische Frachter White Head (80;1172) sank ebenfalls schnell mit 23 Seeleuten.

6. Unternehmung: 11.11. – 6.12.1917 Ägäis und Kreta.

Der Brite Prophet (12;3230) verschwand drei Seemeilen südöstlich von Antkythera am 14. 11. abends. Am folgenden Morgen fielen Minen vor der Suda-Bucht. Sie brachten jedoch keine Erfolge. Die Verminung der Durchfahrt zwischen Mykonos und Syros brachte am 28. 11. einem Konvoi den Verlust des britischen Dampfers Jane Radcliffe (97;4074). Zehn Tage vergingen mit Untätigkeit, dann konnte Marschall am 25.11. nördlich der Suda-Bucht doch noch dem britischen Dampfer Ovid (02;4159) einen UT-Schuß versetzen.

Nach der Rückkehr verlegte das Boot zur Grundüberholung bis Mitte Februar 1918 nach Pola. Das Kommando übernahm Oblt.z.S. Hans Adelbert von der Lühe.

7. Unternehmung: 19.2. – 15.3.1918 Ägäis.

Um die Akkukapazität möglichst hoch zu halten, fuhr das Boot kurzzeitig in der Otrantostraße über Wasser. Das nutzte ein Flugzeug und griff aus der Sonne heraus mit Bomben an, von denen vier so nahe lagen, daß es Schäden an den elektrischen Anlagen gab. *UC 74* blieb aber einsatzfähig. Die Sperren am 23.2. zwischen Seriphos und Kythnos und drei Tage später südlich von Kea räumte der Gegner. Wieder war es die Torpedowaffe, die am 4.3. in der Kasos-Straße den britischen Frachter CLAN GRAHAM (07;5213) so beschädigte, daß er gerade noch in die Suda-Bucht eingeschleppt werden konnte. Der nächste Morgen brachte östlich von Kreta den Verlust des Briten ROXBORGH (06;4630) mit seiner Gersteladung für Saloniki. Am Ende der Feindfahrt hieß das Verlustdatum 10. 3. für den britischen Frachter CHAGRES (12;5288), der mit Kriegsmaterial 62 Seemeilen nördlich von Cap Orepano unterging.

8. Unternehmung: 21.4. – 21.5.1918 nordafrikanische Küste.

Während des Anmarsches begegnete auch *UC 74* am 25.4. einer U-Falle. Die französische Schonerfalle 1 (-;30;1-7,5 cm) bekam sein 7,5-cm-Geschütz nicht rechtzeitig in Schußposition, um das in unmittelbarer Nähe liegende Boot tödlich zu treffen. So gewann *UC 74* die entscheidenden Sekunden für ein Tauchmanöver. Auf den am 29. 4. vor Alexandria gelegten Minen konnte am Nachmittag eine Detonation beobachtet werden, ohne daß dafür es eine offizielle Verlustmeldung gab. An den beiden Folgetagen versenkte das Boot westlich von Alexandria die griechischen Segler KALLIOPE (91;114) und NIKOLAOS (-;50). Dann kehrte *UC 74* am 3. 5. nach Alexandria zurück und warf die restlichen Minen in die geräumten Fahrwasser. Granaten zerstörten zwei Tage später das kleine ägyptische Segelschiff SAYEDA (-;18). Obwohl *UC 74* noch acht Tage die See absuchte, fanden sich keine Ziele. Das Boot trat den Rückmarsch an.

9. Unternehmung: 23.6. – 6.8.1918 Ägäis und nordafrikanische Küste.

Das Foto zeigt *UC 74* während der Internierung in Barcelona.
(Wiss. Inst. für Schiffahrts- und Marinegesch.)

Nach Kriegsende bekam Frankreich das Boot.
(Wiss. Inst. für Schiffahrts- und Marinegesch.)

UC 74 wurde 1921 in Toulon abgewrackt.
(Wiss. Inst. für Schiffahrts- und Marinegesch.)

Die Minen nördlich und östlich der Durchfahrt bei Seriphos räumte der Gegner. Nördlich von Alexandria vernichtete von der Lühe am 11.7. nach zwei erfolglosen Angriffen auf Konvois den spanischen Frachter Roberto (95;910) durch Sprengung. Anschließend ergänzte das Boot in Beirut Brennstoff und Wasser. Mehr als zwei Wochen folgten, ohne daß im Gebiet von Port Said eine Mastspitze sichtbar wurde. Lediglich am 26.7. gab es einen nicht bestätigten Torpedotreffer auf einen Einzelfahrer.

Nach Rückkehr übernahm Oblt.z.S. Hans Schüler das Kommando.

10. Unternehmung: 19.10. – 21.11.1918 östliches Mittelmeer.

Der Kommandant hatte Befehl, zuerst zur syrischen Küste zu laufen, um die türkische Landfront zu entlasten. Wegen fehlender Angriffsziele nahm *UC 74* Kurs auf Port Said, um dort Minen zu legen. Dann griff Schüler einen gerade auslaufenden Konvoi an und versenkte die britischen Transportschiffe Surada (02;5324) und Murcia (15;4871). Ein weiterer Torpedo beschädigte den Briten War Roach (18;5215), der geborgen wurde. Die Verminung zwei Tage später vor Alexandria brachte nichts. Den Schlußpunkt bildete am nächsten Tag die Versenkung des italienischen Seglers Stavnos (-;38).

Wenig später erhielt Schüler über FT den Befehl, einen neutralen Hafen anzulaufen. Wegen der Unruhen in den Adriahäfen war eine Brennstoffergänzung für die Heimfahrt unmöglich geworden. Deshalb wählte Schüler Barcelona, wo *UC 74* am 21.11.1918 interniert wurde. Am 26.3.1919 erhielt Frankreich das Boot, das im Juli 1921 in Toulon abgewrackt wurde.

UC 75

(I. U-Flottille; U-Flottille Flandern; Flandern II)

Stapellauf: 6.11.1916

In Dienst gestellt am 6.12.1916 von Kptlt. Georg Paech.

Frontbereit am 10.2.1917.

Am 17.3.1917 trat UC 75 unter das Kommando von Oblt.z.S. Johann Lohs.

1. Unternehmung: 22.3. – 4.4.1917 englische und schottische Ostküste.

Erste Erfolge hatte das Boot trotz schlechten Wetters am 25.3., 17 Seemeilen östlich von Peterhead, mit der Versenkung des norwegischen Frachters Marshall (04;1123) und der britischen Fischtrawler Median (08;214), Rosslyn (92;113) und Industria (-;113). Am nächsten Tag spülte eine schwere See den Steuermann über Bord. Jegliche Rettungsversuche blieben erfolglos. Ein vierter Fischtrawler, die Expedient (-;115), verschwand am 28.3. für immer. Am nächsten Morgen brachte Lohs zwei wirkungslose Sperren südöstlich von Hartlepool und vor Kettle Ness aus. Der Belgier Schaldis (78;1241) ging am Abend nach einem UT-Schuß in die Tiefe. Die Sperren vom 30.3. vor Hartlepool räumte der Gegner rechtzeitig.

2. Unternehmung: 28.4. – 18.5.1917 irische Südküste.

Das Boot nahm den Weg durch den Englischen Kanal. Im Westausgang versenkte Lohs am 1.5. bei Lands End aus einer Gruppe von Seglern den Russen Alide (-;175) durch Granatfeuer. Das Operationsgebiet erreichte *UC 75* am 3. 5., wo es die Ansteuerung von Queenstown ohne Ergebnis verminte. Abends begegnete dem Boot bei Cap Clear eine Gruppe britischer Fischkutter, die entweder leckgeschlagen oder gesprengt wurden. Dazu gehörten die Hibernia (-;21), Eleanor (-;31), Fastnet (-;31), North Star (-;15), Carberry King (-;31), Lucky Lass (-;10) und Sir Edward Birkbeck (-;23). Ebenfalls eine Sprengladung vernichtete am nächsten Tag zehn Seemeilen südlich von Old Head of Kinsale den französischen Segler Marie (-;772). Am 5.5. traf Lohs südlich von Mine Head die britische Sloop Lavender (15;1200;2-7,5 cm,2-4,7 cm) mit einem UT-Schuß. Auf der Höhe von Trevose Head sank die französische Bark President (73;354). Dann trat das Boot den Rückmarsch an und vernichtete am 15.5. etwa 15 Seemeilen westlich von Lizard den britischen Dampfer Polymnia (03;2426) mit seiner Erzladung für Falmouth.

3. Unternehmung: 4.6. – 23.6.1917 gleiches Gebiet.

Der Mineneinsatz war wie so häufig ohne Erfolg. Anders sah es dagegen bei der weiteren Waffenverwendung aus. Der 7.6. brachte das Ende für den ehemaligen deutschen Segler Wilhelm (09;187), der nun unter britischer Flagge sank. Am 11.6. traf es den britischen Frachter Anglian (06;5532). Der Brite Kathlamba (13;6382) erreichte nach der Torpedierung noch den Hafen. Das glückte dem britischen Frachtschiff Kelso (09;1292) nicht. Noch einmal zwei kleinere Fahrzeuge erwischte es am 20. 6. mit dem britischen Segler Benita (62;130) und dem französischen Segler Bidartaise (-;123).

4. Unternehmung: 22.7. – 5.8.1917 Englischer Kanal und Irische See.

Einem ergebnislosen Angriff auf einen Konvoi am 27.7. im Westausgang folgte zwei Tage später zwischen Blackwater und North Arklow Feuerschiff der Mineneinsatz, der am 29.7. dem Briten Lynburn (-;587) das Ende brachte. Die William Middleton (93;2543) strandete. Dann versenkte Lohs den französischen Transporter Saint Marcouf (03;1117) bei South Arklow Feuerschiff durch einen UT-Treffer. Vor Waterford brachte er am 1. 8. den britischen Dampfer Karina (05;4222) zur Strecke, der elf Mann verlor. Südlich von St. Mary/Scillies scheiterte am 3. 8. der Frachter Beechpark (17;4763). Auf dem Rückweg hatte *UC 75* im Kanal vor Start Point ein mehrstündiges Gefecht mit der britischen U-Falle Mary B. Mitchel (92;227;1-7,5 cm;2-5,7 cm). Als der Motorschoner einige Treffer erhalten hatte, ließ er die Maske fallen, doch *UC 75* tauchte und lief ab. *UC 75* kehrte aber nicht mehr nach Helgoland zurück, sondern lief Zeebrügge an, wo es von der U-Flottille Flandern übernommen wurde.

5. Unternehmung: 20.8. – 3.9.1917 Irische See.

Die am 24.8. in der Carnavorn Bay und am 25.8. südlich von North Arklow Feuerschiff gelegten Minen fanden die Minensucher rechtzeitig. Noch am selben Tag gingen im St.-Georgs-Kanal bei Tuskar Rock der britische Dampfer Cymrian (05;1014) und am 29.8. vor Waterford der britische Segler Cooroy (92;2470) durch Geschützfeuer und Torpedobeschuß verloren.

6. Unternehmung: 30.9. – 20.10.1917 Irische See.

Die Sperren vom 4.10. nördlich der Insel Anglesy und am nächsten Morgen südlich der Isle of Man sowie nördlich der Insel trugen nicht zum Erfolg bei. Trotzdem konnte die Verlustliste erweitert werden. Lohs versenkte am 9.10. in der Luce Bay den Briten Main (04;715). Drei Tage später versenkte das Boot bei Kish Feuerschiff den Frachter W. M. Barkley (98;569) und am nächsten Morgen bei South Stack den norwegischen Dampfer Eskmere (16;2293), wobei es 20 Tote gab. Das letzte Opfer auf dem Rückmarsch war am 19. 10. auf der Höhe von St. Albans Head der britische Küstenfrachter Britannia (-;765).

7. Unternehmung: 28.10. – 12.11.1917 Irische See.

Es war sicherlich nicht das Ziel der Unternehmung, gegnerische Räumkräfte zu binden. Das aber war fast das einzige Ergebnis der umfangreichen Minenoperation an der irischen Ostküste vor Dublin und an der Nordspitze von Holly Head sowie vor Isle of Man. Dort wurde dann am 3.11. südlich der Insel ein Torpedo dem Briten Atlantian (-;9399) zum Verhängnis, der jedoch noch den Hafen erreichen konnte. Anschließend versenkte *UC 75* am 5.11. vor dem Firth of Clyde den französischen Frachter Longwy (03;2315) durch UT-Schuß und am 8. 11. durch Geschützfeuer nordöstlich von Dublin den Briten The Marquis (09;373).

8. Unternehmung: 30.11. – 10.12.1917 Irische See.

Kurz nach der Doverenge liefen dem Boot am 1.12. morgens vor Dungeness die britischen Transportschiffe Euphorbia (17;3109) und Rydal Hall (89;3314) vor die Torpedorohre und sanken. Beim Nachladen des Reserve-Bugtorpedos von Oberdeck riß eine überkommende See den Torpedomaat Martin Fischer über Bord. Bei Windstärke 5 und 6 war keine Rettung möglich. Ein feindliches U-Boot erzielte am 3. 12. nördlich der Scillies zum Glück nur einen Fehlschuß. Danach torpedierte Lohs in der Morgendämmerung im St.-Georgs-Kanal den in Ballast fahrenden britischen Dampfer Milton (99;3267). Das für Barry bestimmte Schiff wurde nach Dublin eingeschleppt. Nach der Verminung des Firth of Clyde am 5.12. kehrte das Boot um und versenkte am 7.12. zehn Seemeilen südwestlich von Caerna Feuerschiff im Überwasserangriff den Briten Earl of Elgin (09;4448) auf seinem Weg von Milford Haven nach Dublin.

9. Unternehmung: 22.12.1917 – 8.1.1918 Irische See.

Operationsziele für den Mineneinsatz waren diesmal Liverpool und Belfast. Dort fielen am 26.12., am Eingang zum Mersey River, bei Bar Feuerschiff, dreimal drei Minen. Vor Belfast waren es am nächsten Tag drei kurze Sperren. Es grenzte schon fast an ein Wunder, aber diesmal gab es Ergebnisse. Die Liverpoolsperre forderte am 28. 12. den britischen Küstenfrachter Alfred H. Read (13;457) und am selben Tag vor Belfast den britischen Dampfer Chirripo (06;4050). Zu diesem Zeitpunkt war *UC 75* schon wieder auf dem Weg in den Englischen Kanal. Hier versenkte es am 3. 1. südwestlich von St. Catherine Point den norwegischen Frachter Asborg (-;2750), dem am 4.1. in der Lyme Bay die britischen Fischkutter Gratitude (-;40), Varuna (-;40) und Day Spring (-;39) folgten. Am Abend des 5.1. trat bei Portland der britische Frachter Jolanthe (04;3081) seine letzte Reise an. Ein UT-Treffer beschädigte den Tanker Arca (12;4839), der Da-

Die Fairy rammte *UC 75* und erlitt dabei so schwere Schäden, daß sie ebenfalls unterging. (National Maritime Museum Greenwich)

venport anlaufen mußte. Den Abschluß bildeten am 7.1. südöstlich von Owers Feuerschiff der Brite Gascony (08;3133) und vor der Isle of Wight der französische Dampfer Leon (95;2451).

Am 31.1. übernahm Oblt.z.S. Walter Schmitz das Kommando.

10. Unternehmung: 3.2. – 13.2.1918 englische Ostküste.

Ohne Ergebnis.

11. Unternehmung: 2.3. – 21.3.1918 Irische See.

Beim Anmarsch versenkte Schmitz am 5.3. südwestlich von Lizard den belgischen Fischkutter Edouard Marie (-;32). Drei Tage später fielen Minen vor Barrow in Furness. Die übrigen zehn Minen verseuchten die Einfahrt von Liverpool, wo am 28.3. der britische Dampfer Dryden (12;5839) schwer beschädigt wurde. Die nächste Beute bestand aus den Kuttern Marguerite (-;10) und Wave (-;47). Mehr Tonnage ging am 13.3. kurz vor Mitternacht bei den Skerries mit dem spanischen Dampfer Arno Mendi (97;2827) nach einem UT-Schuß in die Tiefe. Am nächsten Abend wurde vor Tuskar Rock der britische Einzelfahrer Tweed (07;1777) zerstört. Der kleine Segler Eliza Anne (-;36) war nur eine Zwischenepisode am 17.3. vor Start Point. Im zweiten Anlauf torpedierte *UC 75* kurz nach Mitternacht bei Portland den nach Südafrika fahrenden britischen Frachter Navigator (-;2808), der nun Weymouth anlaufen mußte.

12. Unternehmung: 11.4. – 30.4.1918 Westausgang Englischer Kanal.

Unmittelbar nach einer Teilsperre bei Nab Feuerschiff am 16.4. früh torpedierte *UC 75* den britischen Frachter Hungerford (13;5811). Da das in Ballast fahrende Schiff nicht sofort sank, mußte ein zweiter Torpedo abgeschossen werden. In der Nacht des 18. 4. verseuchten Minen die Einfahrt von Cherbourg. Dann kehrte *UC 75* wieder an die englische Küste zurück und versenkte im Morgengrauen des 19. 4., drei Seemeilen östlich von Owers Feuerschiff, den Briten War Helmet (17;8184). Die letzte Sperre am 20. 4. bei Nab Feuerschiff war wie alle anderen nutzlos.

13. Unternehmung: 22.5. – 31.5.1918 englische Ostküste.

Zunächst brachte das Boot am 26. 5. seine Minen bei Outer Dowsing Feuerschiff aus. Dann versenkte *UC 75* am 29.5. auf Höhe von Flamborough Head beim Angriff auf einen Konvoi den britischen Marinetrawler Dirk (09;181). Zwei Tage später rammte der britische Zerstörer Fairy (97;355;1-7,5 cm;5-5,7 cm; 2 TR) das auf Sehrohrtiefe fahrende Boot, das gerade ein Küstengeleit angriff. Wegen des starken Wassereinbruchs mußte *UC 75* an die Oberfläche, sank aber nach einem zweiten Rammstoß endgültig auf 53°57'N-00°09'O, wobei 19 Mann fielen. Der Kommandant verstarb in engl. Kriegsgefangenschaft. Die Fairy hatte bei der Ramming so schwere Beschädigungen erhalten, daß auch sie unterging.

UC 76

(I. U-Flottille)

Stapellauf: 25.11.1916

In Dienst gestellt am 17.12.916 von Oblt.z.S. Wilhelm Barten.

Frontbreit am 13.2.1917.

1. Unternehmung: 28.2. – 14.3.1917 schottische Ostküste, Orkneys und Shetlands.

UC 76 begann das Unternehmen am 7. 3. an der Ostküste der Orkneys mit der Zerstörung der britischen Fischtrawler Vulcana (99;219) und Namaah (07;269). Im Moray Firth legte das Boot in der Nacht zum 9. 3. neun Minen vor dem Cromarty Firth. Barten steuerte dann wieder nördlichen Kurs und versenkte am Abend, drei Seemeilen südlich von Sumburgh Head/Shetlands, den Norweger Dana (03;753) durch einen UT-Schuß. Dann fielen drei Minen in die südliche Zufahrt von Lerwick und weitere drei am nächsten Morgen in die nördliche Zufahrt. Die restlichen Minen blockierten die östliche Zufahrt von Unst. Am Nachmittag beobachtete das Boot etwa zehn Seemeilen nördlich von Muggle Flugga Leuchtturm den verhängnisvollen Torpedotreffer des britischen U-Bootes *G 13* auf *UC 43*. Zwei Tage später lief das britische U-Boot *E 49* (16;667/807;5 TR) im Balta Sund bei Unst auf eine Mine von *UC 76* und sank.

2. Unternehmung: 9.4. – 21.4.1917 gleiches Gebiet.

Eine ganze Serie von britischen Fischtrawlern stand am 12.4. im Gebiet des Moray Firth auf der Erfolgsliste des Kommandanten. Dazu gehörten die Caliban (11;215), Equerry (-;168), Fife Ness (97;123), Osprey (-;106), Crown Prince (90;103), Lillian (94;120), Largo Bay (97;125) und Chinkiang (96;125). Am nächsten Tag legte er vor Noss Head neun Minen, die am 13.4. den britischen Marinetrawler Pitstruan (13;206) versenkten. Der am 17.4. auslaufende britische Dampfer Winifredian (-;10422) wurde schwer beschädigt. In der südlichen Zufahrt von Lerwick legte das Boot sechs Minen, zwei Tage später noch einmal drei vor der Insel Bressay, die alle erfolglos blieben. Dann ging *UC 76* in Wartestellung und schoß am 17. 4. aus einem auslaufenden Konvoi den Dänen Robert (99;1445) heraus. Einen Tag später verlor ein von Lerwick auslaufender Konvoi den norwegischen Frachter Bergensgut (16;2029) mit Stückgut für Rouen nach einem UT-Treffer. Ein tragischer Unfall beendete die Frontverwendung des Bootes. Es lag am 10.5.1917 im Stützpunkt Helgoland, um für die nächste Feindfahrt ausgerüstet zu werden. Dabei fiel bei der Übernahme die erste Mine durch den Schacht und detonierte auf dem Grund. *UC 76* ging sofort unter; 15 Mann, darunter der Kommandant, beide W.O. sowie der L.I., fanden den Tod. Nur vier Mann konnten aus dem Achterschiff mit Schneidbrennern befreit werden. Das Boot wurde noch am selben Tag vom Bergungsschiff Oberelbe (88;594) gehoben. Nach der Reparatur stellte Oblt.z.S. Wilhelm Ziegner *UC 76* am 11.7.1918 wieder in Dienst, um von der U-Schule Kiel übernommen zu werden.

Am 13. 11. 1918 internierte man *UC 76* in Karlskrona. Bereits am 23.11.1918 lief es nach Kiel zurück und fuhr am 1.12.1918 mit der 6. Staffel nach Harwich. Das Boot endete 1929 auf dem Abwrackplatz in Briton Ferry.

UC 77

(I. U-Flottille; U-Flottille Flandern; Flandern II)

Stapellauf: 2.12.1916

UC 76 bei der Minenübernahme. (U-Boot-Archiv Deisenhofen)

In Dienst gestellt am 29.12.1916 von Oblt.z.S. Reinhart von Rabenau.

Frontbereit am 5.3.1917.

1. Unternehmung: 21.3. – 1.4.1917 schottische Ostküste.

Die zwischen dem 24. und 27. 3. vor dem Firth of Forth und Aberdeen gelegten Minen waren nutzlos. Der 24.3. besiegelte das Schicksal des norwegischen Frachtdampfers Grenmar (84;1438), dem sich am nächsten Tag auch der britische Fischtrawler Prince of Wales (91;158) anschließen mußte. Südlich von Aberdeen traf es die norwegischen Frachter Nova (15;1034) und Sandvik (10;591). Noch am Abend verschwand der britische Fischtrawler Galatia (96;150) für immer. Das Erfolgskonto erhöhte sich auch am nächsten Tag im Gebiet von Longstone, als der Norweger Tizona (01;1021) und der britische Trawler Moulmein (95;151) in die Tiefe gingen.

Beim Längsseitsgehen an den Norweger hatte sich das Boot den Bug so beschädigt, daß von Rabenau die Fahrt abbrechen mußte. Das hinderte ihn allerdings nicht, nördlich der Doggerbank noch den britischen Trawler Petrel (93;151) zu versenken.

2. Unternehmung: 29.4. – 10.5.1917 gleiches Gebiet.

UC 77 nahm vor der Tay-Mündung Aufstellung. Nach Feststellung der Einlaufkurse begann von Rabenau in der Nacht zum 1. 5. mit der Verminung vor dem Tay und südlich von Montrose. Zwei Tage später legte er neun Minen in die Ansteuerung von Aberdeen, die am 3. 5. das britische Transportschiff Glen Tanar (-;817) und am 4. 5. die Herrington (05;1258) zur Strecke brachte. Auch die folgenden Tage brachten den Alliierten Tonnageverluste. So am 4.5. aus einem Konvoi den Norweger Vale (-;720) durch einen UT-Schuß. Zunächst hatte der dänische Frachter Odense (90;1756) am nächsten Tag noch Glück – der Torpedo ging vorbei, dann aber setzte Wirkungsfeuer der Artillerie ein. Die Leuchtturmbesatzung von St. Abbs Head schaute der Versenkung mit Doppelgläsern zu. Ein weiterer Konvoi verlor am 6. 5. den Norweger Kaparika (94;1232) mit Kohle für Scarsborg.

3. Unternehmung: 27.5. – 9.6.1917 englische und schottische Ostküste.

Die Verminung des Gebietes nördlich von Coquet Island und des Firth of Forth am 30. und 31.5. brachte nur Arbeit für die Minenräumer. Direkt vor der Hafeneinfahrt von Aberdeen zündeten Sprengpatronen auf dem britischen Fischtrawler Virgilia (00;209). Den Untergang beobachteten viele Menschen, denn als das Sprengkommando auf den Trawler übersetzte, erstrahlten plötzlich hunderte von Lichtern auf dem Promenadendeck eines Lazarettschiffes, das gerade einlaufen wollte. Die Decks waren voller Menschen, die dem Geschehen aufmerksam folgten. Nach Übernahme des Sprengkommandos verschwand das Boot mit Ostkurs. In den folgenden Tagen sichtete das Boot mehrere Konvois. Am 6. 6. gelang es dem Kommandanten, sich nördlich von Longstone an ein Geleit heranzuarbeiten. Den schwedischen Frachter Anton (82;1568) traf es als ersten. Beim zweiten Geleit schickte der Kommandant den Dänen Harald Klitgaard (84;1799) auf Höhe des Firth of Forth auf seine letzte Reise.

4. Unternehmung: 2.7. – 4.7.1917 Überführungsfahrt nach Flandern.

5. Unternehmung: 7.7. – 15.7.1917 Westausgang Englischer Kanal.

Die am 9.7. vor Dieppe, St. Valery und Fecamp gelegten Minen blieben wirkungslos. Im Westausgang begegnete dem Boot am 11. 7. der dänische Einzelfahrer Vordingborg (08;2157). Nach einem Fehlschuß tauchte *UC 77* auf und vernichtete das gestoppt liegende Schiff mittels Sprengladung. Zwei Tage später schoß von Rabenau vor Quessant aus einem Konvoi den französischen Dampfer Ascain (13;1686) heraus.

6. Unternehmung: 1.8. – 14.8.1917 bretonische Küste und Biscaya.

Die Minensperre vom 3.8. vor Le Havre war nutzlos. Auf Westkurs beendete das Boot am 8. 8. bei Quessant die Fahrt des portugiesischen Dampfers Berlanga (01;3548), dem am 11. 8. im gleichen Gebiet der Brite Sonnie (17;2642) folgen mußte.

7. Unternehmung: 4.9. – 15.9.1917 Westausgang Englischer Kanal.

Die Wiederholung eines Mineneinsatzes am 5. und 6.9. vor Fecamp und Treport brachte nichts. Im weiteren Verlauf des Unternehmens konnte von Rabenau am 7. 9. bei Eddystone Leuchtturm einen Torpedotreffer auf den Briten Scottish Prince (10;2897) erzielen, der daraufhin strandete. Ebenfalls beschädigt wurde am 10. 9. morgens bei Longships vor Lands End der britische Dampfer Joanna (-;3459), der noch Falmouth erreichte.

8. Unternehmung: 10.10. – 20.10.1917 Englischer Kanal.

Diesmal fielen die Minen in den Durchfahrten bei den Kanalinseln in der Nacht zum 12.10. Nur die Versenkung des französischen Schleppers Remorqueur No 8 (-;250) am 30. 11. konnte registriert werden. Der britische Frachter Leander (05;2798) mußte nach einem UT-Angriff am 15.10. nach Portland geschleppt werden. Während des Rückmarsches wurde am 19.10. in der Seine-Bucht der britische Segler Eldra (73;227) zunächst für eine Falle gehalten. Von Rabenau holte die Besatzung aus den Booten an Deck und band den Kapitän am Netzabweiser fest. Dann fuhr *UC 77* vorsichtig an das Schiff heran und setzte das Sprengkommando über; der Segler war harmlos.

9. Unternehmung: 12.11. – 22.11.1917 Kanal von Bristol und St.-Georgs-Kanal.

Von den am 14. und 15.11. vor Fecamp und Dieppe gelegten Minen hörte man nie wieder etwas. Der Einsatz wurde am 17. 11. bei Quessant mit der Vernichtung des Dänen Adolph Andersen (17;981) fortgesetzt. Am nächsten Tag sanken bei Lands End der Brite Antwerpen (87;1637) und am Eingang zum St.-Georgs-Kanal der britische Dampfer Gisella (04;2502). Ihnen folgten am 19.11. der französische Dampfer Amiral Zede (12;5980) und abends vor dem Bristol-Kanal der britische Segler Robert Brown (74;119) nach Sprengung. Das Geschütz hatte nach dem ersten Schuß versagt, weil die Vorholfeder gebrochen war. In einem Nachtangriff torpedierte *UC 77* auf der Höhe von Hartland Point den Briten Clan Gula (-;1755).

10. Unternehmung: 14.1. – 29.1.1918 Irische See.

Diese Operation stellte sich am Ende als kompletter Fehlschlag heraus. Daß die Minen nichts brachten, war keine Überraschung mehr, aber auch sonst gab es nur Probleme. Beginnend mit den Störungen an den beiden Dieseln, die die Gefechtsbereitschaft stark einschränkten.

Dann feuerte im Eingang zum Bristol-Kanal ein britisches U-Boot zwei Torpedos ab, die aber glücklicherweise zum Oberflächenläufer wurden – so konnte man die Gefahr ausmanövrieren. An einen stark gesicherten Geleitzug bei Mull of Galloway mit dem US-Transporter Leviathan ex Vaterland (13; 54282) kam das Boot zwar heran, aber dann zackte das Riesenschiff, so daß der im spitzen Winkel abgefeuerte Torpedo sein Ziel verfehlte.

Nach Rückkehr übernahm Oblt.z.S. Johannes Ries das Kommando.

11. Unternehmung: 6.3. – 20.3.1918 Kanal von Bristol.

Nach dem Durchlaufen der Doverstraße erhielt der Brite Cliffside (-;4969) auf Höhe von Folkstone einen Torpedotreffer, er konnte aber noch eingeschleppt werden. An der Cornwallküste traf es am 10.3. den Norweger Skrymer (13;1475). Der Brite Baygitano (05;3073) sank am 18.3. nach einem UT-Schuß vor Portland.

12. Unternehmung: 11.4. – 20.4.1918 Englischer Kanal.

Die Minenunternehmung am 13.4. vor Le Havre brachte nichts. Der am 15.4. vor Portland Bill getroffene britische Transporter Pomeranian (82;4241) sank so schnell, daß nur ein Mann gerettet werden konnte. 55 Seeleute, darunter der Kapitän, gingen mit unter. Die City of Winchester (17;7981) konnte nach ihrer Beschädigung noch Portland anlaufen.

13. Unternehmung: 2.6. – 14.6.1918 Englischer Kanal.

Erneut wurde *UC 77* zum Minenlegen nach Le Havre befohlen. Auf dem Weg dorthin konnte der Brite Huntsland (11;2871) aus einem Konvoi herausgeschossen werden. Die erste Sperre am 6.6. morgens wurde geräumt. Am Vormittag des 6.6. fielen die restlichen sechs Minen in das gerade geräumte Fahrwasser. Hier sank am 14. 6. der britische Marinetrawler Princess Olga (-;245). In der Lyme Bay versenkte *UC 77* am 9. 6. den britischen Einzelfahrer Moidart (78;1303). Im Morgengrauen überraschte ein Flugzeug das Boot. Die beiden Bomben beschädigten den Druckkörper und die Ölbunker, die sich nur notdürftig mit Bordmitteln abdichten ließen. Trotzdem setzte Ries die Feindfahrt fort und torpedierte am nächsten Morgen südwestlich von Portland den französischen Dampfer Barthelemy (89;1476), der noch im Schlepp den Hafen erreichte. Als auch noch das Tiefenruder klemmte, war *UC 77* gezwungen umzukehren.

14. Unternehmung: 11.7.1918 – ? Englischer Kanal.

Das Boot gilt seit diesem Einsatz als verschollen.

UC 78

(U-Flottille Kurland; U-Flottille Flandern I)

Stapellauf: 8.12.1916

In Dienst gestellt am 10.1.1917 von Oblt.z.S. Hans Kukat.

Frontbereit am 21.3.1917.

1.-2. Unternehmung: 12.4. – 14.4. und 24.4. – 26.4.1917 von Libau ins Gebiet nordwestlich von Ösel.

Das U-Boot klärte die Eislage bei Filsand-Hundsort für die geplante Operation der Minenschiffe Deutschland und Nautilus auf. Ab 24.4. lag *UC 78* als Markierungsboot bei Hundsort.

3. Unternehmung: 5.5. – 9.5.1917 Aaland-Inseln.

Das Ziel der Operation war das Schärengebiet südwestlich von Mariehamn, wo *UC 78* am 7.5. sechs kurze Sperren legte. Weiter östlich brachte das Boot noch einmal drei Minen aus, auf denen am 12.8. das russische Torpedoboot Lejtenant Burakov (05; 335;2-7,5 cm;2 TR) sank.

4. Unternehmung: 20.5. – 26.5.1917 Aaland-Inseln.

Kukat hatte Befehl, finnische Freiheitskämpfer nach Aaland zu bringen. Gegen Mitternacht des 24.5. erreichte *UC 78* die Nordwestseite von Skalskär, wo das finnische Kommando mit dem Beiboot abgesetzt

UC 78 brachte im Mai 1917 wichtige Persönlichkeitten nach Finnland. (Wiss. Inst. für Schiffahrts- und Marinegesch.)

wurde. Kukat verblieb noch einen Tag im Gebiet von Grundkallen, untersuchte den schwedischen Segler EBBA (80;259) und trat dann den Rückmarsch an. In der Nacht zum 26.5. beobachtete er bei Farö ein gegnerisches U-Boot, kam aber nicht in Schußposition.

Es schloß sich eine Werftliegezeit in Danzig vom 30.5. bis zum 20.7.1917 an, wo u.a. der Tauchtank IV repariert wurde.

5. Unternehmung: 24.7. – 9.8.1917 Bottnischer Meerbusen.

Bei Enskär Leuchtturm fielen am 1. 8. die ersten Minen, denen vor Mäntyluoto und Lökö am nächsten Tag weitere folgten. Im Verlauf der Operation hielt Kukat sechs Frachter an, die aber nach Überprüfung wieder entlassen werden mußten.

6. Unternehmung: 28.8. – 13.9.1917 Rigaer Meerbusen.

Das Boot passierte die Irben-Straße durch eine Minengasse und blockierte am 30.8. die südliche Ausfahrt des Moon-Sundes mit 18 Minen. Im Anschluß kreuzte Kukat zwischen dem Moon Sund und der Insel Runö. Das russische Kanonenboot CHIVINEC (05;1692;2-12 cm) entkam wegen eines Torpedofehlschusses. Auch das Gefecht am nächsten Tag bei Ösel mit dem russischen Transporter LINELL (89;1886) verlief ergebnislos. Der Gegner erhielt zwar zwei Granattreffer, die ihn aber nicht hinderten, das U-Boot mit gutliegendem Feuer einzudecken. Kukat schoß dann am 4.9. an der lettischen Ostküste bei Ainesch 20 Granaten auf rückweichende russische Truppen. Ein Angriffsversuch des britischen U-Bootes *C 32* am 7. 9. nachmittags zwischen Runö und der kurländischen Küste mißlang. Am 13. 9. hatten deutsche Minensuchverbände die Gewässer vor dem eroberten Dünamünde soweit geräumt, daß *UC 78* und auch *UC 57* in den Hafen einlaufen konnten.

7. Unternehmung: 11.10. – 18.10.1917 von Dünamünde in das Gebiet nördlich von Runö, als Flankensicherung bei der Eroberung der Baltischen Inseln.

Kukat hatte den Befehl, die russischen Truppen an ihrem Rückzug nach Norden zu hindern. Er sichtete am 14.10. südlich von Ösel den Panzerkreuzer BAJAN (07;8000;2-20,3 cm;8-15,2 cm), den zuvor schon *UC 57* gemeldet hatte. Das Schiff befand sich auf dem Rückmarsch von Sworbe zum Moon-Sund. Während *UC 57* keine Angriffsgelegenheit fand, konnte *UC 78* die Zerstörersicherung untertauchen und unbemerkt auf etwa 300 Meter an den Panzerkreuzer herankommen. Als Kukat den Feuerbefehl gab, blieb der Torpedo im Rohr stecken. Der aufsteigende Blasenschwall verriet *UC 78*. Die BAJAN lief mit Zick-Zack Kurs nach Osten ab. Am nächsten Tag sichtete *UC 78* das russische Linienschiff CESAREVIC (01; 13200;4-30,5 cm;12-15 cm), stand aber zu weit ab, um angreifen zu können. Als die russischen Kriegsschiffe die Rigaer Bucht verlassen hatten, kehrte *UC 78* nach Dünamünde zurück.

Nach Auflösung der U-Flottille Kurland wurde das Boot der U-Flottille Flandern I unterstellt.

8. Unternehmung: 16.1. – 18.1.1918 von Helgoland nach Flandern. Überführungs-Kommandant war Oblt.z.S. Werner Löwe.

Ohne Ergebnisse.

Am 19.1. übernahm Kptlt. Kukat wieder das Kommando.

9. Unternehmung: 25.1. – 4.2.1918 englische Ostküste.

Ohne Minen lief das Boot aus und erzielte am 3.2. im Morgengrauen vor Hartlepool einen Torpedotreffer auf einen Frachter von ca. 2 000 BRT, was allerdings nicht bestätigt wurde.

10. Unternehmung: 19.2. – 7.3.1918 bretonische Küste.

Die Minen vor St. Nazaire am 23.2. und am nächsten Morgen vor der Gironde-Mündung räumte der

Gegner. An den folgenden Tagen verhinderte stürmisches Wetter jeglichen Waffeneinsatz.

11. Unternehmung: 28.3. – 11.4.1918 Englischer Kanal.

Auch diesmal ging die Minenoperation am 31. 3. vor Boulogne ins Leere. Der Nachtangriff am 2.4. gegen einen einlaufenden Konvoi scheiterte. Ein Angriff am Morgen des 4.4. auf ein auslaufendes Geleit brachte wenigstens die Beschädigung des griechischen Dampfers EUSTRATIOS (14;1481), der umkehrte.

Für *UC 79* beginnt ein neuer Einsatz. (U-Boot-Archiv Deisenhofen)

12. Unternehmung: 2.5.1918 – ? Englischer Kanal.

Zum Minenlegen vor Boulogne und Newhaven war das Boot ausgelaufen, aber es kehrte nicht mehr zurück. Die Ursache blieb bis heute unbekannt.

UC 79

(U-Flottille Kurland; U-Flottille Flandern I)

Stapellauf: 19.12.1916

In Dienst gestellt am 22.1.1917 von Kptlt. Erich Haeker.

Frontbereit am 1.4.1917.

1. Unternehmung: 20.4. – 2.5.1917 von Kiel durch den Sund ins Kattegat und Skagerrak.

Die Minen brauchte man diesmal nicht, der Befehl lautete, die neutrale Schiffahrt zu kontrollieren. Haeker brachte am 23. im Skagerrak den dänischen Frachter YDUN (10;645) auf. Einen Tag später folgte der Norweger HARALD HAARFAGER (84;475). Auch die am 28. 4. angehaltenen dänischen Frachtschiffe LAURA (08;787) und STOREBELT (80;599) mußten wegen des Verdachts auf Konterbande als Prise nach Kiel. Bis auf die LAURA konnten die anderen Schiffe nach prisengerichtlicher Untersuchung wieder freigegeben werden.

2. Unternehmung: 9.5. – 22.5.1917 gleiches Gebiet.

Wieder standen Prisen im Mittelpunkt der Unternehmung. Zwischen 15. 5. und 18. 5. schickte *UC 79* den dänischen Frachter ELLEN (07;768), ALEXANDER SHUKOFF (81;1652), MAGNUS (06;1297) und den Norweger THORUM (-;900) zur Überprüfung in heimatliche Gewässer. Es folgten am 20. 5. der Niederländer POMONA (96;789) und der dänische Segler OTTO (71;152), die beide beschlagnahmt wurden.

3. Unternehmung: 23.6. – 10.7.1917 Skagerrak und Nordsee bis auf Höhe von Stavanger.

Der am 2.7. angehaltene dänische Frachter HOLAR (97;548) konnte nach Überprüfung seiner Papiere die Fahrt nach England fortsetzen. Die am 6. und 8.7. angehaltenen Dänen RHONE (-;1050), EOS (81;838) und zum wiederholten Mal der Dampfer STOREBELT mußten nach Deutschland. Auch die schwedische Bark NYHAMN (69;302) mit ihrer Holzladung für England fuhr zur näheren Untersuchung nach Kiel und wurde einbehalten.

4. Unternehmung: 5.8. – 7.8.1917 Überführungsfahrt nach Flandern.

5. Unternehmung: 11.8. – 16.8.1917 Westausgang Englischer Kanal.

Dort sprengte das Boot am 13.8. die französische Bark EMILIE GALLINE (-;1944). Die am nächsten Tag bei Quessant gelegte Sperre brachte keinen Erfolg. Eine Luftschiffbombe verursachte Schäden am Sehrohr und an den Luken, so daß der Rückmarsch angetreten werden mußte.

6. Unternehmung: 8.9. – 22.9.1917 bretonische Küste.

Die südlich von Quessant gelegten Minen blieben wirkungslos.

Am 24.9.1917 übernahm Oblt.z.S. Werner Löwe das Kommando.

7. Unternehmung: 10.10. – 23.10.1917 Westausgang Englischer Kanal.

Löwe legte am 14.10. drei Sperren im Chenal du Four, die geräumt wurden. Am nächsten Tag konnte das Boot bei Lizard mit der Versenkung des britischen Dampfers GARTHCLYDE (-;2124) seinen ersten Erfolg erzielen. Der Brite POLVENA (-;4750) fuhr als Nachzügler aus einem Atlantikkonvoi und hatte schon von *U 53* (Kptlt. Rose) einen Torpedotreffer erhalten. Der Fangschuß am 17. 10. beendete endgültig sein Dasein. Nächstes Ziel war am 19.10., 100

Seemeilen westlich von Quessant, der britische Motorsegler CUPICA (88;1240). Sprengpatronen zerstörten das Schiff genauso wie zwei Tage später den britischen Segler TOM ROPER (57;120), den das Boot vor Start Point stoppte.

8. Unternehmung: 17.11. – 1.12.1917 spanische Nordküste und Biscaya.

In der Nacht des 19. 11. torpedierte *UC 79* bei Quessant den britischen Transporter JUTLAND (98; 2824) und versenkte ihn. Der Kapitän und 26 Mann kamen um. Am 24. 11. schlossen sich die Wellen bei Santander über dem französischen Dampfer POMONE (96;2911) mit seiner Phosphat- und Weinladung für Brest. Dann zwang die Brennstofflage das Boot zum Rückmarsch. Der erste Versuch, am 29. 11. die Doverenge nachts bei Vollmond über Wasser zu passieren, schlug wegen der zahlreichen Zerstörer fehl. Deshalb legte Löwe das Boot erst einmal auf Grund. Im Morgengrauen ließ er auftauchen und passierte ungehindert die Doversperre in Überwasserfahrt.

9. Unternehmung: 28.1. – 6.2.1918 Westausgang Englischer Kanal und Brest.

Operationsziel war wieder Brest, wo das Boot kurz nach Mitternacht nördlich der Ile de Batz aus einem Konvoi den französischen Marinetrawler ELEPHANT (92;286) mit einem UT-Schuß herausschoß. Am späten Abend des 31.1. entlud Löwe die Schächte in der Ansteuerung von Brest. Der britische Marinetrawler REMINDO (-;256) fuhr mit einem Küstengeleit in der Seine-Bucht, als ein Überwasserangriff das Ende brachte. Britische Zerstörer zwangen *UC 79* am 4.2. unter Wasser. Zwei Wasserbomben lagen so nahe, daß einige Tauchtanks leckschlugen. Auch ein Brennstoffbunker wurde beschädigt. Am Abend des 5.2. verwechselte der Kommandant eine Leuchttonne und steuerte die Mole von Nieuport an. Die Hafenverteidigung eröffnete sofort das Feuer. Zeitgleich griff ein Patrouillenboot mit hoher Fahrt an, das aber mit einigen Granaten zum Abdrehen gezwungen wurde. Am nächsten Tag erwischte *UC 79* dann die richtige Einfahrt und machte in Zeebrügge fest.

Danach kam das Boot unter das Kommando von Oblt.z.S. Alfred Krameyer.

10. Unternehmung: 27.2. – 6.3.1918 englische Ostküste.

Ohne Ergebnis.

11. Unternehmung: 20.3.1918 – ? nach Brest und Westausgang Englischer Kanal.

UC 79 verschwand auf dieser Feindfahrt spurlos mit der gesamten Besatzung. Nach abgehörten Funksprüchen des Gegners erfüllte Krameyer noch den Verminungsbefehl vor Brest.

UC 80 – UC 86

Der Bau blieb unvollendet. Nach Kriegsende auf den Hellingen abgewrackt.

UC 87 – UC 89

Stapellauf: 1918

Ebenfalls abgebrochen.

UC 90

(Schulboot)

Stapellauf: 19.1.1918

In Dienst gestellt am 15.7.1918 von Kptlt. Justus Oldekop.

Am 13. 11. 1918 wurde *UC 90* in Karlskrona interniert. Zehn Tage später kehrte es nach Kiel zurück. Mit der 6. Staffel fuhr es am 1. 2. 1919 nach Harwich. Japan übernahm das Boot und stellte es als *O 4* wieder in Dienst. 1921 wurde es in Kure abgewrackt.

UC 91

(Schulboot)

Stapellauf: 19.1.1918

In Dienst gestellt am 31.7.1918 von Kptlt. Bernhard Gerke.

Der Frachtdampfer ALEXANDRA WOERMANN (98; 3828) rammte in der Eckernförder Bucht das Boot, das sofort sank. 16 Mann fanden den Tod. Das Hebeschiff VULCAN (07;1410) holte es am 6. 9. wieder an die Oberfläche. Es wurde instand gesetzt, kam aber nicht mehr zum Einsatz. Auf der Auslieferungsfahrt ging es am 10. 2. 1919 in der Nordsee durch Unfall verloren.

UC 92

Stapellauf: 19.1.1918

In Dienst gestellt am 14.8.1918.

Keine Frontverwendung mehr.

Mit der 4. Staffel kam es am 24. 11. 1918 nach Harwich. Das Boot endete 1921 auf einem Abwrackplatz in Falmouth.

UC 93

(U-Flottille Flandern I)

Stapellauf: 19.2.1918

In Dienst gestellt am 22.8.1918 von Oblt.z.S. Gottfried Bartholdy.

Keine Frontverwendung mehr.

UC 93 lief am 26.11.1918 mit der 5. Staffel nach England und wurde an Italien übergeben. Der Abbruch erfolgte im August 1919 in La Spezia.

Italien bekam *UC 94*. (Wiss. Inst. für Schiffahrts- und Marinegesch.)

UC 94

(U-Flottille Flandern II)

Stapellauf: 19.2.1918

In Dienst gestellt am 31.8.1918 von Oblt.z.S. Friedrich Wunderlich.

Keine Frontverwendung mehr.

Das Boot kam am 26.11.1918 mit der 5. Staffel nach Harwich. Als italienische Beute endete es im April 1919 auf dem Abwrackplatz in Tarent.

Die Aufnahme zeigt *UC 96*, das nicht mehr zum Fronteinsatz kam. (U-Boot-Archiv Deisenhofen)

UC 95

(U-Flottille Flandern II)

Stapellauf: 19.2.1918

In Dienst gestellt am 16.9.1918 von Oblt.z.S. Curt von Reiche.

Keine Frontverwendung mehr.

UC 95 mußte am 22.11.1918 mit der 3. Staffel an England ausgeliefert werden, wo man es 1922 in Farham abwrackte.

UC 97 nach Kriegsende unter dem Sternenbanner. (U-Boot-Archiv Deisenhofen)

UC 96

(U-Flottille Flandern II)

Stapellauf: 17.3.1918

In Dienst gestellt am 25.9.1918 von Kptlt. Fritz Reiche.

Keine Frontverwendung mehr.

In der 4. Staffel kam es am 24.11.1918 nach Harwich und endete 1920 auf dem Abwrackplatz in Morecambe.

UC 97

(II. U-Flottille Mittelmeer)

Stapellauf: 17.3.1918

In Dienst gestellt am 6.9.1918 von Oblt.z.S. Walter Wiedemann.

Keine Frontverwendung mehr.

UC 97 fuhr am 22.11.1918 mit der 3. Staffel nach Harwich. Dann bekamen die USA das Boot und verwendeten es für Schaustellungsfahrten. Schließlich sank es am 7. 2. 1921 nach Schießübungen des US-Schulschiffes WILLMETTE (03;2600;4-10,2 cm).

Nach der Auslieferung an England bekam Italien *UC 98*.
(Wiss. Inst. für Schiffahrts- und Marinegesch.)

Japan erhielt *UC 99* und stellte es als *O 5* in Dienst. (Archiv Verfasser)

UC 100 aus der Serie *UC 90–UC 118*.
(Wiss. Inst. für Schiffahrts- und Marinegesch.)

Das Boot ging am 22.11.1918 an Frankreich.
(Wiss. Inst. für Schiffahrts- und Marinegesch.)

UC 99

(I. U-Flottille Mittelmeer)

Stapellauf: 17.3.1918

In Dienst gestellt am 20.9.1918 von Oblt.z.S. Friedrich Weißhun.

Keine Frontverwendung mehr.

In der 3. Staffel ging es nach England. An Japan abgeliefert, stellte es dort als *O 5* neu in Dienst. 1921 erfolgte in Sasebo der Abbruch.

UC 100

(U-Flottille Flandern II)

Stapellauf: 14.4.1918

In Dienst gestellt am 1.10.1918 von Oblt.z.S. Siegfried Vahl.

Keine Frontverwendung mehr.

Mit der 3. Staffel kam es nach Harwich und wurde an Frankreich abgegeben, wo es 1921 in Cherbourg sein Ende fand.

UC 101

(II. U-Flottille Mittelmeer)

Stapellauf: 14.4.1918

In Dienst gestellt am 8.10.1918 von Oblt.z.S. Hans Heinrich Wurmbach.

Keine Frontverwendung mehr.

Das Boot gehörte zur 4. Staffel und verblieb in Großbritannien. 1922 wurde es in Dordrecht angewrackt.

UC 102

Stapellauf: 17.4.1918

In Dienst gestellt am 15.10.1918.

Keine Frontverwendung mehr.

UC 102 fuhr mit der 3. Staffel nach Großbritannien. Es wurde 1922 in Dordrecht abgebrochen.

UC 98

(U-Flottille Flandern II)

Stapellauf: 17.3.1918

In Dienst gestellt am 10.9.1918 von Kptlt. Heinz Stamer.

Keine Frontverwendung mehr.

Am 24.11.1918 erreichte es mit der 4. Staffel Harwich. Von Italien übernommen, endete es im April 1919 auf dem Abwrackplatz in La Spezia.

UC 103

(II. U-Flottille Mittelmeer)

Stapellauf: 14.4.1918

In Dienst gestellt am 21.10.1918 von Oblt.z.S. Alexander Winther.

Keine Frontverwendung mehr.

Es mußte am 22. 11. 1918 mit der 3. Staffel nach Harwich ausgeliefert werden. Frankreich bekam das Boot, das es 1921 in Cherbourg abwrackte.

UC 104

Stapellauf: 25.5.1918

In Dienst gestellt am 18.10.1918 von Kptlt. Justus Oldekop.

Keine Frontverwendung mehr.

Das am 24.11.1918 mit der 4. Staffel nach England ausgelieferte Boot wurde als französische Beute im Juli 1921 in Brest abgebrochen.

UC 120 – man beachte die Netzsäge am Bug. (Wiss. Inst. für Schiffahrts- und Marinegesch.)

UC 105

Stapellauf: 25.5.1918

In Dienst gestellt am 28.10.1918.

Keine Frontverwendung mehr.

UC 105 lief am 22.11.1918 mit der 3. Staffel nach Harwich und endete 1922 auf dem Abwrackplatz in Swansea.

UC 106 – UC 114

Stapellauf: 25.5.1918 – 11.11.1918

Sie wurden nach Kriegsende in Dienst gestellt.

Alle Boote hatten keine Maschinen und Torpedos mehr an Bord, als sie bis auf *UC 109* am 19. 3. 1919 im Schlepp nach Großbritannien gebracht wurden. *UC 110* sank während der Überführungsfahrt zum Abbruchplatz nach Felixtowe. Frankreich wrackte *UC 107* in Brest ab. Im Einzelschlepp gelangte *UC 109* nach Großbritannien und endet ebenfalls auf dem Abwrackplatz in Felixtowe.

UC 115 – UC 118

Wurden auf der Bauwerft Blohm & Voß in Hamburg abgebrochen.

UC 119 – UC 124

Wrackte man 1919 in Hamburg-Moorburg ab.

UC 125 – UC 128

Blieben unvollendet und wurden auf der Bauwerft Blohm & Voß in Hamburg abgebrochen.

UC 129 – UC 138

Wurden auf den Helgen abgewrackt.

UC 139 – UC 192

Die Bauverträge wurden annulliert.

Die Aufnahme zeigt das unfertige *UC 123*. (Wiss. Inst. für Schiffahrts- und Marinegesch.)

Anmerkungen

1. Der Handelskrieg mit U-Booten, Band V.
2. Kein Kommandant erhielt für seine alleinigen Leistungen mit einem UC-Boot die höchste Auszeichnung, den Orden Pour le Merite.
3. Nicht erlaubt werden darüber hinaus: Treibminen, wenn diese nicht nach spätestens einer Stunde nach Verlust der Kontrolle darüber unwirksam wurden. Verankerte Kontaktminen, wenn diese nicht unwirksam wurden, sobald sie sich losgerissen hatten.
4. EM = Einheitsmine; A = Entwicklungsstand.
5. Nach Dr. Herz, einem Deutschen, im Jahre 1868 konstruiert.
6. Damit war eine der Forderungen des Haager Abkommens von 1907 erfüllt.
7. *UC 11* ab 1916 1 Hecktorpedorohr.
8. Erste Zahl nach A. Spindler, zweite Zahl in Klammern nach Lloyd's War Losses.
9. Ab 1.10.1917 wurde die U-Flottille Flandern in U-Flottille Flandern I und II geteilt.
10. Ab 1.10.1916 in V. U-Flottille und am 1.11.1916 in U-Flottille Kurland umbenannt.
11. Das Boot verlegte Anfang Juni 1915 nach Konstantinopel. Während der Überführungsfahrt versenkte *U 21* die beiden britischen Linienschiffe Majestic und Triumph.
12. Die Drifter, mehrmastige Segelschiffe für die Treibnetzfischerei, gehörten zu den 92 Einheiten dieser Art, die Großbritannien bis Ende 1915 in die Adria verlegt hatte, um die Straße von Otranto mit U-Boot-Netzen unpassierbar zu machen.
13. Ab 18.11.1915 in U-Flottille Pola umbenannt.
14. Mit *UB 15* über die italienische Medusa und mit *UB 14* über die britischen *E 7* und *E 20*.
15. Beginn des uneingeschränkten U-Boot-Krieges 1.2.1917.
16. 100/160 t; 1 Expansionsmaschine 250 PS, 8 t Kohle, Geschwindigkeit über Wasser 6 Kn, getaucht 4 Kn, 7 Mann Besatzung, 2 TR Kaliber 35,6 cm, 2 T, 2-3,5 cm.
17. Die in Turquoise erbeuteten Geheimpapiere führten zur Vernichtung von *E 20* durch *UB 14*.
18. Gefreiter Müstecip, nach dem Schützen, der das Sehrohr getroffen hatte.
19. Einer der drei Arme der Donau-Mündung.
20. Die Imperatrica Marija geriet am 20. Oktober 1916 im Hafen von Sewastopol in Brand und wurde durch die Explosion der Munitionskammern vernichtet; 216 Mann fanden den Tod.
21. Morsh gilt seit dem Auslaufen aus Sewastopol am 11.05.1917 als verschollen.
22. Ex Imperatrica Ekaterina Velikaya.
23. Ex Imperator Alexander III.
24. Sowjetische Umbenennung.
25. Zahlen in Klammern in der Reihenfolge: Baujahr, Größe, Bewaffnung.
26. Erst später ergab sich, daß *UC 25* am 18.3. nicht das eigentliche Zielobjekt, die Cyclops, in Augusta versenkt hatte, sondern die italienische Kohlenhulk Massilia (-;5026).
27. Lt.z.S. Friedrich Schütz lief am folgenden Tag mit *UB 116* aus und fand beim Angriff auf Scapa Flow am 28.10.1918 den Tod.

Anhang

Technische Daten

Serie	Größe	PS	Geschwindigkeit	Fahrbereich	Bewaffnung	Schnelltauchzeit	Tauchtiefe	Besatzung
UC 1–UC 10	168 t 183 t	90 175	6,2 Kn 5,2 Kn	780 Sm/5 Kn 50 Sm/4 Kn	1 MG 6 Schächte, 12 M	23 Sek.	50 m	1/13
UC 11–UC 15	168 t 182 t	80 175	6,5 Kn 5,7 Kn	910 Sm/5 Kn 50 Sm/4 Kn	1 MG 6 Schächte, 12 M UC 11:1 HTR, 1 T	23 Sek.	50 m	1/13
UC 16–UC 24	417 t 493 t	500 460	11,6 Kn 7,0 Kn	9 430 Sm/7 Kn 55/Sm/4 Kn	1-8,8 od. 10,5 cm 2 BTR, 1 HTR, 7 T 6 Schächte, 18 M	35 Sek.	50 m	3/23
UC 25–UC 33	400 t 480 t	500 460	11,6 Kn 6,7 Kn	9 260 Sm/7Kn 54 Sm/4 Kn	1-8,8 od. 10,5 cm 2 BTR, 1 HTR, 7 T 6 Schächte, 18 M	48 Sek.	50 m	3/23
UC 34–UC 39	427 t 509 t	600 460	11,9 Kn 6,8 Kn	10 108 Sm/7 Kn 54 Sm/4 Kn	1-8,8 od. 10,5 cm 2 BRT, 1 HTR, 7 T 6 Schächte, 18 M	35 Sek.	50 m	3/23
UC 40–UC 45	400 t 480 t	520 460	11,7 Kn 6,7 Kn	9 410 Sm/7 Kn 60 Sm/4 Kn	1-8,8 od. 10,5 cm 2 BTR, 1 HTR, 7 T 6 Schächte, 18 M	48 Sek.	50 m	3/23
UC 46–UC 48	420 t 502 t	600 460	11,7 Kn 6,9 Kn	7 280 Sm/7 Kn 54 Kn	1-8,8 od. 10,5 cm 2 BTR, 1 HTR, 7 T 6 Schächte, 18 M	33 Sek.	50 m	3/23
UC 49–UC 54	434 t 511 t	600 620	11,8 Kn 7,2 Kn	9 450 Sm/7 Kn 56 Sm/4 Kn	1-8,8 od. 10,5 cm 2 BTR, 1 HTR, 7 T 6 Schächte, 18 M	30 Sek.	50 m	3/23
UC 55–UC 60	415 t 498 t	600 620	11,6 Kn 7,3 Kn	9 450 Sm/7 Kn 52 Sm/4 Kn	1-8,8 od. 10,5 cm 2 BTR, 1 HTR, 7 T 6 Schächte, 18 M	30 Sek.	50 m	3/23
UC 61–UC 64	422 t 504 t	600 620	11,9 Kn 7,2 Kn	8 000 Sm/7 Kn 59 Sm/4 Kn	1-8,8 od. 10,5 cm 2 BTR, 1 HTR, 7 T 6 Schächte, 18 M	30 Sek.	50 m	3/23
UC 65–UC 73	427 t 508 t	600 620	12,0 Kn 7,4 Kn	10 420 Sm/7 Kn 52 Sm/4 Kn	1-8,8 od. 10,5 cm 2 BTR, 1 HTR, 7 T 6 Schächte, 18 M	35 Sek.	50 m	3/23
UC 74–UC 79	410 t 493 t	580 620	11,8 Kn 7,3 Kn	8 660 Sm/7 Kn 52 Sm/4 Kn	1-8,8 od. 10,5 cm 2 BTR, 1 HTR, 7 T 6 Schächte, 18 Minen	30 Sek.	50 m	3/23
UC 80–UC 86	474 t 560 t	600 770	11,5 Kn 6,6 Kn	? ?	1-8,8 od. 10,5 cm 2 TR, 1 HTR, 7 T 6 Schächte, 14 M	45 Sek.	75 m	3/29
UC 87–UC 89	480 t 566 t	580 770	11,5 Kn 6,6 Kn	? ?	1-8,8 od. 10,5 cm 2 TR, 1 HTR, 7 T 6 Schächte, 14 M	45 Sek.	75 m	3/29
UC 90–UC 118	491 t 571 t	600 770	11,5 Kn 6,6 Kn	9 859 Sm/7 Kn 40 Sm/4,5 Kn	1-8,8 od. 10,5 cm 2 TR, 1 HTR, 7 T 6 Schächte, 14 M	45 Sek.	75 m	3/29
UC 119–UC 138	511 t 582 t	600 770	11,5 Kn 6,6 Kn	9 850 Sm/7 Kn 40 Sm/4,5 Kn	1-8,8 od. 10,5 cm 2 TR, 1 HTR, 7 T 6 Schächte, 14 M	45 Sek.	75 m	3/29
UC 139–UC 152	474 t 564 t	580 770	11,5 Kn 6,6 Kn	? ?	1-8,8 od. 10,5 cm 2 TR, 1 HTR, 7 T 6 Schächte, 14 M	45 Sek,	75 m	3/29
UC 153–UC 192	511 t 582 t	600 770	11,5 Kn 6,6 Kn	9 850 Sm/7 Kn 40 Sm/4,5 Kn	1-8,8 od. 10,5 cm 2 TR, 1 HTR, 7 T 6 Schächte, 14 M	45 Sek.	75 m	3/29

Versenkungserfolge

(einschließlich einbehaltener Prisen)

Boot	*durch Minen* Schiffe	BRT	*durch andere Waffenwirkung* Schiffe	BRT	Kriegsschiffe
UC 1	25	55 454	–	–	1 Zerstörer, 1 Torpedoboot 2 Minensucher, 10 Marinetrawler, 1 Marine-Yacht 2 Drifter
UC 2	–	–	–	–	–
UC 3	15	26 829	–	–	2 Minensucher, 2 Marinetrawler, 1 Marine-Yacht
UC 4	17	28 363	–	–	1 Minenleger, 3 Minensucher, 10 Marinetrawler
UC 5	20	34 354	–	–	1 Zerstörer, 1 U-Boot, 1 Minensucher, 5 Marinetrawler, 2 Drifter 1 Flugzeugabschuß
UC 6	32	58 053	1	1 000	1 Minensucher, 15 Marinetrawler, 1 Marine-Yacht 3 Drifter, 1 Flugzeugabschuß
UC 7	20	43 545	–	–	1 Kreuzer, 10 Marinetrawler, 1 Drifter
UC 8	–	–	–	–	
UC 9	–	–	–	–	
UC 10	15	30 108	–	–	1 Zerstörer, 1 Torpedoboot 1 Flugzeugabschuß
UC 11	18	33 020	–	–	1 Zerstörer, 2 Torpedoboote, 5 Marinetrawler, 2 Drifter 1 Flugzeugabschuß
UC 12	1	412	–	–	1 Marinetrawler, 3 Drifter, 1 Geleitfahrzeug
UC 13	–	–	3	387	–
UC 14	5	8235	–	–	1 Linienschiff, 1 Hilfskreuzer, 5 Marinetrawler, 5 Drifter, 3 Motorboote
UC 15	1	762	–	–	1 Torpedoboot
UC 16	4	16 717	38	26 423	–
UC 17	3	9882	82	115 916	6 Marinetrawler, 1 Drifter
UC 18	1	93	28	31 012	1 Minensucher, 2 Marinetrawler, 1 U-Falle
UC 19	2	3275	–	–	1 Marinetrawler
UC 20	–	–	21	20 957	–
UC 21	6	9908	87	120 497	1 Marinetrawler, 1 Drifter
UC 22	–	–	21	39 731	1 U-Boot
UC 23	3	16 184	42	23 470	2 Marinetrawler
UC 24	1	3187	3	6627	–
UC 25	3	719	12	14 860	1 Zerstörer, 1 Slopp 1 Minensucher
UC 26	9	28 031	21	26 903	1 Zerstörer, 1 Patrouillenboot 5 Marinetrawler
UC 27	2	3 928	51	67 303	1 Zerstörer, 1 Minensucher
UC 28	–	–	–	–	–
UC 29	4	7500	11	12 886	2 Marinetrawler
UC 30	–	–	3	5413	2 Marinetrawler
UC 31	5	4234	29	42 203	2 Marinetrawler, 1 Marine-Yacht
UC 32	3	7296	1	1112	–
UC 33	2	4407	29	15 157	1 Zerstörer, 2 Marinetrawler, 1 Marine-Yacht, 1 Drifter

Boot	*durch Minen* Schiffe	BRT	*durch andere Waffenwirkung* Schiffe	BRT	Kriegsschiffe
UC 34	3	11 233	15	47 707	1 Zerstörer
UC 35	3	9923	38	54 044	1 Minenschiff
UC 36	4	9469	13	18 687	1 Marinetrawler
UC 37	4	16 519	32	55 720	1 Fluß-Kanonenboot
UC 38	3	437	29	48 127	1 Kreuzer, 1 Monitor 1 Zerstörer, 1 Minensucher, 1 Marinetrawler, 1 U-Falle
UC 39	–	–	3	5150	–
UC 40	7	5690	17	34 045	1 Hilfskreuzer, 5 Marinetrawler, 1 U-Falle
UC 41	–	–	15	17 628	3 Marinetrawler
UC 42	2	1026	8	5526	1 Marinetrawler
UC 43	5	14 761	8	9314	–
UC 44	3	6873	25	17 609	–
UC 45	1	791	11	16 027	–
UC 46	2	1888	7	8458	1 Marinetrawler
UC 47	5	9244	46	55 839	1 Zerstörer, 2 Marinetrawler
UC 48	3	3766	31	63 823	1 Marinetrawler
UC 49	8	7444	12	30 817	3 Hilfskreuzer, 1 Bewacher
UC 50	3	7980	20	33 444	4 Marinetrawler
UC 51	5	17 364	23	16 985	1 Drifter
UC 52	–	–	17	18 193	–
UC 53	–	–	47	42 119	–
UC 54	–	–	17	58 603	–
UC 55	–	–	9	12 988	–
UC 56	–	–	1	6824	–
UC 57	–	–	7	4134	–
UC 58	3	1123	21	22 683	1 Torpedoboot, 4 Minensucher
UC 59	–	–	5	3216	1 Minensucher
UC 60	–	–	1	1426	–
UC 61	–	–	10	13 595	1 Kreuzer, 1 Zerstörer 1 Marinetrawler
UC 62	3	6690	8	12 918	1 Marinetrawler
UC 63	5	11 022	28	25 060	1 Marinetrawler, 2 U-Fallen
UC 64	3	5349	22	15 053	1 Marinetrawler
UC 65	6	19 682	91	88 648	1 Minenkreuzer, 3 Marinetrawler, 1 Drifter
UC 66	–	–	30	43 543	2 Sloop, 1 Marinetrawler
UC 67	3	9337	46	80 687	2 Marinetrawler 1 Minenleger
UC 68	–	–	–	–	1 Zerstörer
UC 69	4	7675	46	79 679	–
UC 70	3	5976	26	17 900	1 Bewachungsfahrzeug
UC 71	7	10 373	44	91 398	3 Marinetrawler, 1 U-Falle, 1 Marine-Yacht, 2 Drifter
UC 72	1	1140	35	63 039	1 Marinetrawler, 1 Drifter
UC 73	–	–	9	16 478	–
UC 74	1	4074	31	87 498	1 Marinetrawler
UC 75	3	5094	51	75 817	1 Sloop, 1 Marinetrawler
UC 76	–	–	13	5800	1 U-Boot, 1 Marinetrawler
UC 77	3	2325	30	48 175	1 Marinetrawler
UC 78	–	–	–	–	1 Torpedoboot
UC 79	–	–	11	17 943	2 Marinetrawler

Personenregister

Schiffsregister

Quellen- und Literaturverzeichnis

BA-MA Freiburg
KTB UC-Boote

Aichelburg; Wladimir
Die Unterseeboote Österreich-Ungarns, Bd. 1 u. 2
Graz 1981

Akermann, Paul
Encyclopaedia of British Submarines 1901 – 1955
1989

Bacon, Reginald
The Dover Patrol 1915-17, 2 Bde.
London o. J.

Bendert, Harald
U-Boote im Duell
Hamburg 1996

Brinkmann, Jürgen
Die Ritter des Orden Pour le Mérite 1914 – 18
1982

Bureau Veritas
Register div. Jahrgänge

Colledge, J. J.
Ships of the Royal Navy
An historical index Vol. 2
1970

Chatterton, E. Keble
Q-Ships and their Story
1922

Conway's All the Worlds Fighting Ships
1860-1905
London 1974

Conway's All the Worlds Figthing Ships
1906-1921
London 1985

Couhat, Jean Labayle
French Warships of World War I
1970

Dinklage, Ludwig
U-Bootfahrer und Kamelreiter
Stuttgart 1939

Ehrenrangliste der Kaiserlich
Deutschen Marine 1914 – 18
Berlin 1930

Fock, Harald
Flottenchronik
Hamburg 1995

Fraccaroli, Aldo
Italian Warships of World War I
London 1970

Gomm, Bernhard
Die russischen Kriegsschiffe 1856 – 1917
Band IV, Band V, Band VII
Wiesbaden 1995 - 2000

Grant, Robert
U-Boats Destroyed
London 1964

Greger, René
Die russische Flotte im Ersten Weltkrieg 1914 – 17
München 1970

Gröner, Erich
Die deutschen Kriegsschiffe 1815 – 1945, Bd. 3
Koblenz 1985

Hashagen, Ernst
U-Boote Westwärts!
Berlin 1931

Herzog, Bodo
60 Jahre deutsche U-Boote 1906 – 1966
München 1968

Hocking, Charles
Dictionary of Disasters of Sea 1824 – 1962
London 1990

Kagelmann, Paul
U-Boot-Minenleger im Weltkrieg
Bremen 1934

Kemp, Paul
Die deutschen und österreichischen U-Bootverluste
in beiden Weltkriegen
Gräfelfing 1998

Kutscher, W. A.; Manujlow, I. W.; Semjenow W. P.
Russische Unterseeboote 1834-1922, 2 Bde.
St. Petersburg 1994

Langsdorff, Werner von
U-Boote am Feind
Gütersloh 1937

Ledebur, Gerhard Freiherr von
Die Seemine
München 1977

Lloyd's Register of Shipping
verschiedene Jahrgänge

Lloyd's War Losses
The First World War
London 1990

Marine-Archiv
Der Krieg zur See:
Nordsee Bd. 1-7
Ostsee Bd. 1-3
Der Krieg in den türkischen Gewässern Bd. 1 u. 2
Der Handelskrieg mit U-Booten Bd. 1 – 5

Marschall, Wilhelm
Torpedo Achtung los!
Berlin 1938

Mowthorpe, Ces
Battlebags
British Airships of the First World War
Gloucestershire 1995

Naval Staff
British Vessels lost at Sea 1914 – 19
London 1919/1988

Ogliari, Francesco
Storia di Trasporti Italiani Bd. 3
Milano 1977

Reinhard, Wilhelm
Wir an den Maschinen – Kriegsfahrten auf und unter See
Leipzig 1940

Ritchie, Carson
Q-Ships
Lavenham 1985

Rogers, H.B.C.
Troopships & their Story
London 1963

Rössler, Eberhard
Geschichte des deutschen U-Bootbaus
München 1975

Ders.
Die Unterseeboote der Kaiserlichen Marine
Bonn 1997

Ryheul, Johann
Marinekorps Flandern 1914 – 18
Hamburg 1997

Schmelzkopf, Reinhard
Die deutsche Handelsschiffahrt 1888 – 1918
Cuxhaven 1981

Schiffbau 1919
Werner, Franz
Die deutschen Unterseeminenleger für Küstengewässer (C-Klasse)
Berlin 1919

Tarrant, V. E.
Kurs West
Stuttgart 1993

Techel, H.
Der Bau von Unterseebooten auf der Germaniawerft
München 1968

Wilson, Michael; Kemp, Paul
Mediterranean Submarines
Manchester 1997

216 Seiten, 21 x 27 cm
Festeinband mit Schutzumschlag
162 Abb. und 7 Karten
ISBN 3-8132-0713-7

Harald Bendert

Die UB-Boote der Kaiserlichen Marine 1914–1918

Einsätze – Erfolge – Schicksal

Es waren die kleinsten U-Boote der Kaiserlichen Marine, die man unter der Konstruktionsbezeichnung UB I im Spätherbst 1914 auf Kiel legte. Der Erste Weltkrieg war bereits im Gang. Unter entsprechend hohem Druck wurden die Boote als reine Torpedoträger konzipiert und gebaut, so daß bereits im Frühjahr 1915 die ersten Einheiten in Dienst gestellt werden konnten. Die Weiterentwicklung über den etwas größeren Typ UB II führte schließlich zum leistungsfähigen UB III. Dieses hochseetaugliche Unterseeboot war die Grundlage für den späteren Bau der Boote vom Typ VII, die wie keine anderen die Atlantikschlacht des Zweiten Weltkrieges prägen sollten.

Von den U-Booten wurden bis Kriegsende 136 Einheiten in Dienst gestellt. An allen Fronten eingesetzt, leisteten die UB-Boote und ihre Besatzungen Erstaunliches. Manche brachten es auf über hundert Feindfahrten. Sie versenkten u.a. 34 Kriegsschiffe, darunter sechs der gefürchteten U-Fallen. Siebzig Boote blieben auf See, elf Kommandanten erhielten den Orden »Pour le Mérite«.

Das Buch gibt Auskunft über sämtliche Einsätze, Erfolge und das Schicksal dieser Boote, die in bestimmten Operationsgebieten die Hauptlast des U-Boot-Krieges 1914–1918 trugen. Über 150 meist unveröffentliche Fotos, zahlreiche Tabellen und Register sowie mehrere Karten bieten eine außerordentliche Fülle an Informationen.

Koehler/Mittler
www.koehler-mittler.de

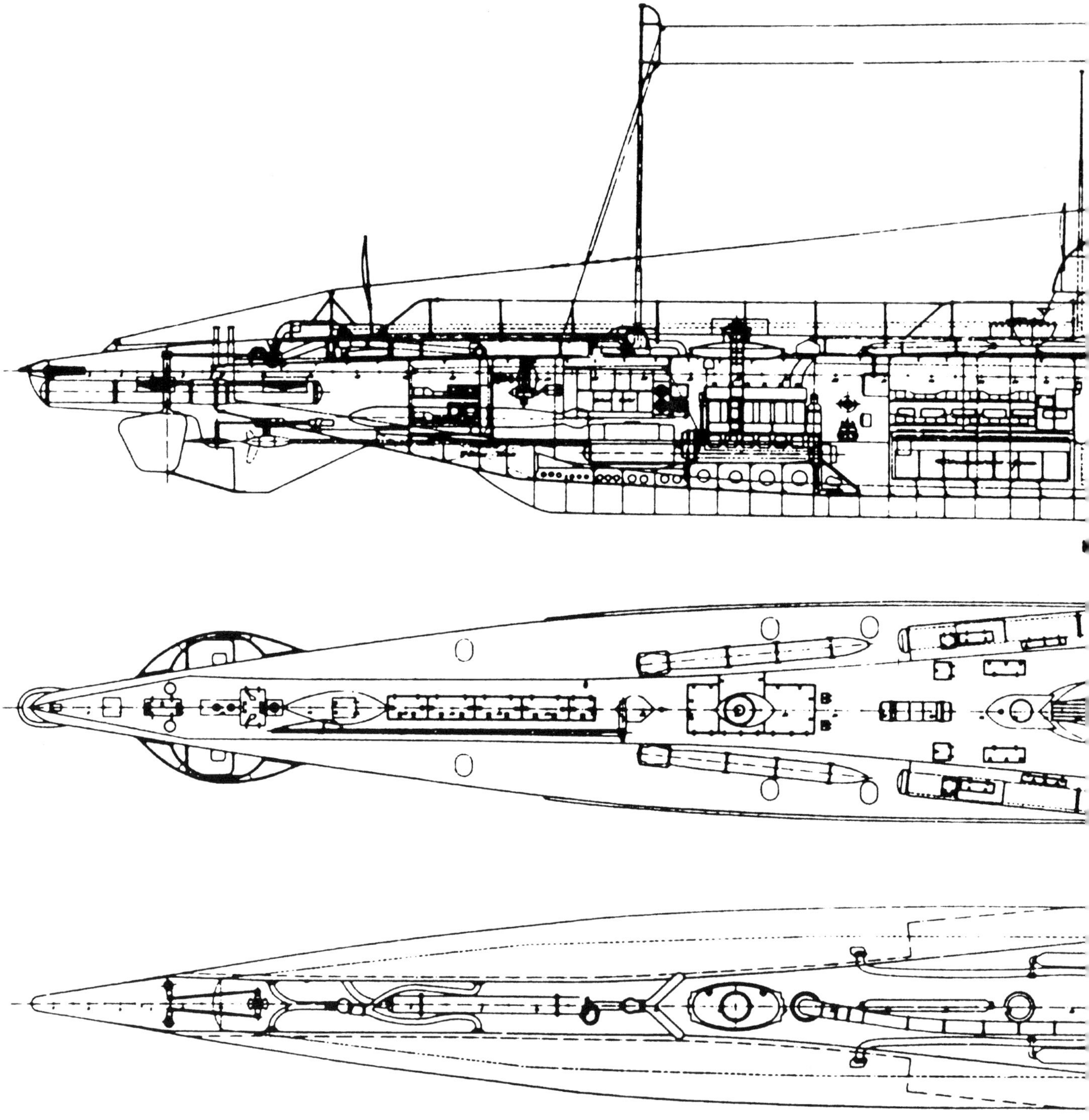

Rißzeichnung
Typ UC III
Serie UC 90 – UC 118